STUDIENKURS SOZIALE ARBEIT

Lehrbuchreihe für Studierende der Sozialen Arbeit
an Hochschulen und Universitäten

Praxisnah und in verständlicher Sprache führen die Bände der Reihe in die zentralen Anwendungsfelder und Bezugswissenschaften der Sozialen Arbeit ein und vermitteln die für angehende SozialarbeiterInnen und SozialpädagogInnen grundlegenden Studieninhalte. Die konsequente Problemorientierung und die didaktische Aufbereitung der einzelnen Kapitel erleichtern den Zugriff auf die fachlichen Inhalte. Bestens geeignet zur Prüfungsvorbereitung u.a. durch Zusammenfassungen, Wissens- und Verständnisfragen sowie Schaubilder und thematische Querverweise.

Claudia Lohrenscheit | Andrea Schmelz
Caroline Schmitt | Ute Straub [Hrsg.]

Internationale Soziale Arbeit und soziale Bewegungen

Stimmen zum Buch

»Mit dem Band wird ein klares Statement zur politischen Verantwortung Sozialer Arbeit zum Ausdruck gebracht, das sich aus dem internationalen Kontext heraus auf den nationalen Rahmen herunterbrechen lässt. Insgesamt ist das Buch ein spannendes Brennglas und Kaleidoskop. Es zeigt die Verwobenheit einer kritischen Internationalen Sozialen Arbeit mit sozialen Bewegungen, es wirft Blicke auf eine kritische und politische Soziale Arbeit, die sich an der Seite der Unterdrückten, Diskriminierten, Ausgegrenzten und Rassifizierten sieht.«

Prof. em. Dr. Ronald Lutz, Fachhochschule Erfurt, Dezember 2022

»Die Herausgeberinnen legen einen Band vor, der die Diskurse zu Internationaler Sozialer Arbeit und sozialen Bewegungen nachhaltig wird anregen können und nachvollziehbar untermauert, dass Soziale Arbeit erforderlich international auszurichten ist. Der Band eröffnet weitreichende Möglichkeiten, diese wichtige Thematik in das Studium Sozialer Arbeit nachhaltig zu implementieren.«

Dr. Jörgen Schulze-Krüdener, Universität Trier, Dezember 2022

»Der vorliegende Band widmet sich den massiven und komplexen Problemlagen unserer Welt, jedoch nicht mit erhobenem Zeigefinger, und auch nicht im Modus eines „Alarmismus", sondern aus diversen Perspektiven, besonders der von nationalen und internationalen sozialen Bewegungen. Die Beiträge zeigen, wie notwendig es ist, die Konzeptualisierung von Zivilgesellschaft, sozialen Bewegungen und Sozialer Arbeit kritisch zu durchleuchten und deren Aufgabe nicht, wie allzu oft im neoliberalen Kontext, „komplementär" zu Staat und Familie oder schlichtweg romantisch als positive soziale Veränderung zu betrachten. Vielmehr ist angesichts der globalen multiplen Krisen eine kritische Soziale Arbeit einzufordern – so die „Botschaft" der Publikation –, welche alternative politische Projekte selbstverständlich denken, gestalten und umsetzen kann und rechten populistischen Bewegungen sowie nationalstaatlicher oder europäischer Willkür nicht nur Grenzen, sondern Widerstand entgegenstellt. Der Band eröffnet weitreichende Möglichkeiten, diese wichtige Thematik in das Studium Sozialer Arbeit nachhaltig zu implementieren.«

Prof. Dr. Tanja Kleibl, Technische Hochschule Würzburg-Schweinfurt, Sprecherinnen-Kollektiv der Fachgruppe Internationale Soziale Arbeit in der Deutschen Gesellschaft für Soziale Arbeit (DGSA), Dezember 2022

Alle Beiträge dieses Bandes haben ein unabhängiges
Peer-Review-Verfahren durchlaufen.

Die Deutsche Nationalbibliothek verzeichnet diese Publikation in
der Deutschen Nationalbibliografie; detaillierte bibliografische
Daten sind im Internet über http://dnb.d-nb.de abrufbar.

ISBN 978-3-8487-6407-5 (Print)
ISBN 978-3-7489-0498-4 (ePDF)

Onlineversion
Nomos eLibrary

1. Auflage 2023
© Nomos Verlagsgesellschaft, Baden-Baden 2023. Gesamtverantwortung für Druck
und Herstellung bei der Nomos Verlagsgesellschaft mbH & Co. KG. Alle Rechte, auch
die des Nachdrucks von Auszügen, der fotomechanischen Wiedergabe und der Übersetzung, vorbehalten. Gedruckt auf alterungsbeständigem Papier.

Inhalt

I. Einführung

Utopien eines guten Lebens für alle Menschen: Internationale Soziale Arbeit und soziale Bewegungen — 9
Claudia Lohrenscheit, Andrea Schmelz, Caroline Schmitt & Ute Straub

(Re-)Visionen und Herausforderungen: Internationale Soziale Arbeit und soziale Bewegungen — 23
Ute Straub

II. Internationale Soziale Arbeit in sozialen Bewegungen

„Your body is a battleground" – Frauenbewegungen, Queer-Feminismus und Geschlechtergerechtigkeit — 47
Claudia Lohrenscheit

Rassismus und postkolonialer Widerstand — 69
Susan Arndt & Mario Faust-Scalisi

Die globalen Bewegungen für Kinderrechte – mit einem Interview mit Manfred Liebel — 83
Claudia Lohrenscheit

Globale Migration und Flucht — 99
Andrea Schmelz

Solidarity Cities. Urban Citizenship und Artivismus als Praxis inklusiver Solidarität — 121
Caroline Schmitt

Ökologisch-sozial bewegte Soziale Arbeit: Umwelt, Klima und nachhaltige Entwicklung — 143
Andrea Schmelz

Indigene Bewegungen in der Internationalen Sozialen Arbeit — 165
Monika Pfaller-Rott & Ute Straub

Nothing about us without us: Soziale Bewegungen von Menschen mit Behinderungen — 185
Ernst Kočnik, Rahel More & Marion Sigot

Geteilte Menschheit, geteilte Welt – Grundfragen und Perspektiven für eine
friedensorientierte Diversitätspädagogik als Global Citizenship Education 203

Hans Karl Peterlini

III. CHANCEN, GRENZEN, PERSPEKTIVEN

**Ausblick: Die Verhältnisse zum Tanzen bringen. Internationale Soziale Arbeit und
soziale Bewegungen als Bündnispartnerinnen** 223

Claudia Lohrenscheit, Andrea Schmelz, Caroline Schmitt & Ute Straub

Stichwortverzeichnis 229

Bereits erschienen in der Reihe STUDIENKURS SOZIALE ARBEIT 231

I. Einführung

Utopien eines guten Lebens für alle Menschen: Internationale Soziale Arbeit und soziale Bewegungen

Claudia Lohrenscheit, Andrea Schmelz, Caroline Schmitt & Ute Straub

1. Einführung

Dieses Lehrbuch verfolgt das Anliegen, mit grundlegenden Konzepten der Internationalen Sozialen Arbeit vertraut zu machen und sodann einen Einblick in die Verwobenheiten von Internationaler Sozialer Arbeit und sozialen Bewegungen zu geben. Hintergrund sind die sich verschärfenden globalen Ungleichheiten und die Frage, welche Aufgaben einer über nationalstaatliche Grenzen hinausdenkenden Sozialen Arbeit[1] mit Blick auf Krieg, Gewalt und Flucht, Klimakrise, Sexismus, Rassismus und Populismus, Diskriminierung und Marginalisierung von Menschen mit Behinderungserfahrung, LGTBIQ+ (Lesbian, Gay, Trans, Bi, Intersex, Queer+) oder BIPoC (Black, Indigenous, und People of Color) zukommt und wie sie mit sozialen Bewegungen zusammenarbeiten kann.

Die anhaltenden Berichte über Krieg und Gewalt auf der Welt, über Naturkatastrophen oder die Covid-19-Pandemie und die Zerstörung des Planeten Erde verdeutlichen die komplexen Herausforderungen unserer Zeit. Sie lassen viele Menschen wenig hoffnungsvoll in die Zukunft blicken und führen mitunter zu Ratlosigkeit oder dem Gefühl, wenig bewirken zu können. Soziale Bewegungen verweigern sich der Resignation. Sie stehen für eine Politik der Hoffnung und kämpfen seit jeher für eine Transformation von Ungleichheitsverhältnissen. Dabei orientieren sie sich an realen Utopien und bringen diese selbst hervor.

In der Sozialen Arbeit geht es darum, im Sinne der Adressat:innen zu handeln, sie zu unterstützen angesichts sich stellender Probleme und des Verlusts von Sicherheit in einer unübersichtlich gewordenen Welt. Hiermit verbunden ist die Aufgabe, die Handlungsfähigkeit stärkende Communities aufzubauen und mitzugestalten, nachhaltige Unterstützungsnetzwerke zu schaffen, und sich für sozialen Wandel, Menschenrechte, Inklusion, Partizipation, Gleichberechtigung, Gerechtigkeit, Gleichheit und Solidarität einzusetzen. Der Auftrag Sozialer Arbeit ist dabei in einer globalen Welt nicht nationalstaatlich begrenzt. Er macht auch nicht Halt an unterschiedlicher Herkunft oder weiteren Diversitätsdimensionen wie unserer sexuellen Identität, unserer Weltanschauung oder unterschiedlichen körperlichen, psychischen oder neuro-diversen Voraussetzungen. Die Soziale Arbeit ist für alle Menschen da, insbesondere für jene, die an den gesellschaftlichen Rand gedrängt

---

1 Die Bezeichnung „Soziale Arbeit" umfasst in diesem Band sowohl Studiengänge der Sozialarbeit als auch der Sozialpädagogik. Auch mit dem Begriff „Sozialarbeiter:innen" sind Professionelle der Sozialarbeit und der Sozialpädagogik gemeint.

werden. In unserer vernetzten Welt muss sie notwendig international ausgerichtet sein. Dieses Lehrbuch möchte den Rahmen noch erweitern und denkt über den Menschen hinaus auch die Erde in der Sozialen Arbeit mit – eine Perspektive, die angesichts der Klimakrise immer wichtiger wird und deutlich macht, dass sich der Mensch nicht über die Natur stellen darf und nicht Herrscher:in über diese, sondern ein Teil von ihr ist.

Wenn wir daran denken, wer auf die massiven Problemlagen unserer Welt, etwa auf das Artensterben, die Verletzung von Menschenrechten in der Unterbringung geflüchteter Menschen oder auf Femizide, d.h. auf die Ermordung von Mädchen und Frauen aufgrund ihres Geschlechts, aufmerksam macht – um nur einige Beispiele zu nennen –, ist es nicht immer die Soziale Arbeit, die uns als erstes in den Sinn kommt. Es sind oftmals soziale Bewegungen, die gesellschaftliche Missstände anzeigen und laut werden, wenn Menschenrechte verletzt werden und der Planet zerstört wird. Soziale Arbeit kann daher vom „Feuer" sozialer Bewegungen (Harms 2015) lernen, mit kreativ-rebellischen Protestformen intersektional für Menschenrechte und sozialökologische Gerechtigkeit als greifbare Utopien einzutreten. Für die Soziale Arbeit können Bündnisse mit internationalen Protestbewegungen wie z.B. *Black Lives Matter*, *Solidarity Cities*, *Friday for Future* oder mit indigenen Aktivist:innen zu Orten von Solidarität und Widerstand werden.

2. Soziale Bewegungen als Gradmesser

Soziale Bewegungen sind fluide Zusammenschlüsse von Menschen, die dann entstehen, wenn sich in den Augen der Involvierten ein gesellschaftlicher Handlungsbedarf zeigt. Der Soziologe Friedhelm Neidhardt (1985) schreibt davon, dass soziale Bewegungen in ihren jeweiligen gesellschaftlichen Kontexten als „störende Ereignisse" fungieren, die vermeintliche Selbstverständlichkeiten in Frage stellen. Sie intervenieren in gesellschaftliche Routinen mit dem Ziel, diese zu verändern. Hierfür müssen sie öffentlich wahrgenommen werden. Sie brauchen eine über die Bewegung hinausreichende Zustimmung in der Bevölkerung, eine gewisse Form von Akzeptanz, damit sie ihre Anliegen auch tatsächlich erreichen können. Kommen soziale Bewegungen an ihr Ziel oder gestaltet sich die Intervention schwierig und wird sie gar gewaltvoll zerschlagen, können sie mitunter wieder verschwinden, aber auch wiederbelebt werden.

Die Erziehungswissenschaftlerin Susanne Maurer (2019: 367) hebt die Schwierigkeit hervor, soziale Bewegungen eindeutig zu definieren und zu typisieren – Merkmale, die auf eine Bewegung zutreffen, können für andere soziale Bewegungen irrelevant sein. Entsprechend lässt sich festhalten, dass ein Charakteristikum sozialer Bewegungen gerade ihre Heterogenität ist. Nichtsdestotrotz lassen sich lose Eckpunkte formulieren: so sind Gründungszeitpunkte und Mitgliedschaften sozialer Bewegungen weniger eindeutig als bei hochgradig formalisierten Zusammenschlüssen. Abläufe und Prozesse sind durch ein höheres Maß an Fluidität gekennzeichnet. Vor allem geht es bei sozialen Bewegungen darum, dass sie auf eine bestimmte Sache, einen bestimmten gesellschaftlichen Zustand reagieren, sich hiervon abgrenzen und alternative Sicht- und Umgangsweisen entwickeln. Roth und Rucht (2002: 297) arbeiten als Besonderheit sozialer Bewegungen einerseits die Unterscheidung von kurzfristigen Initiativen, andererseits aber auch die Differenz zu formalisierteren Zusammenhängen heraus. Merkmal sei eine gewisse Dauer und Beständigkeit sozialer Bewegungen, die potenziell eine kollektive Identität ermögliche. Eine soziale Bewegung ist in den Augen der Autoren nur so lange eine soziale Bewegung, wie sie nicht in formalisierte Strukturen wie etwa eine Partei, einen Verein oder einen Verband überführt wird.

Bündnispartnerschaften zwischen Sozialer Arbeit und sozialen Bewegungen sind auch auf internationaler Ebene noch keine Selbstverständlichkeit, obwohl beide grundlegende Gemeinsamkeiten verbinden. Als Schnittmengen von Sozialer Arbeit und sozialen Bewegungen stellt Sabine Stövesand insbesondere gemeinsame Kernprinzipien wie Empowerment, Partizipation, Anti-Diskriminierung, Demokratisierung, Partizipation und Selbstbestimmung heraus (Stövesand 2014: 35). Doch musste die *International Federation of Social Workers* die berechtigte Kritik einstecken, dass in ihrem globalen Aktionsplan, der *Global Agenda*, ein Zusammenwirken mit sozialen Bewegungen fehle. Stattdessen richte sich das Augenmerk auf internationale Organisationen wie die Vereinten Nationen (UN), die Afrikanische Union (AU) oder die Europäische Union (EU) an Stelle von gezielten Bündnissen mit globalisierungskritischen sozialen Bewegungen und zivilgesellschaftlichen Aktionen (wie z.B. *Occupy Movement*, *Earth Day*, *World Day for Social Justice*), welche die tatsächlichen Ursachen globaler Ungleichheit in einer neoliberalen Weltordnung bearbeiten (Gray/Webb 2014). Soziale Arbeit kann von sozialen Bewegungen lernen, ihre Perspektive auf sozialökologische und intersektionale Realutopien gesellschaftlichen Wandels zu richten und die Vorstellungskraft dahingehend zu stärken, dass eine andere Welt möglich ist.

3. Möglichkeitsräume, Lückenfüller:innen und „shrinking spaces". Soziale Bewegungen als Teil der Zivilgesellschaft

Soziale Bewegungen gelten als Teil der Zivilgesellschaft. Die Bezeichnung Zivilgesellschaft blickt auf eine lange Tradition zurück (Zimmer 2021). Hiermit wurde im antiken Griechenland das freie Zusammenleben von Bürger:innen in der politischen Gemeinschaft bezeichnet – es gilt jedoch zu beachten, dass versklavte Menschen und Frauen hiervon ausgeschlossen waren. Im weiteren Verlauf der Geschichte differenzierte sich das Verständnis. Nach Geissel und Freise (2015) lassen sich allgemeinwohl- und handlungsbezogene von interessen- und bereichsbezogenen Definitionen unterscheiden. Allgemeinwohl- und handlungsbezogene Definitionen verstehen Zivilgesellschaft als Bündel ziviler Handlungsweisen, die etwa gemeinwohlorientiert und gewaltlos sind. Interessens- und bereichsbezogene Definitionen meinen mit Zivilgesellschaft den Bereich zwischen Staat, Markt und der Privatsphäre. Dieser Bereich wird mitunter auch als Dritter Sektor beschrieben und synonym mit dem Begriff „*Non-Profit*-Sektor" genutzt.

Das Lehrbuch richtet den Blick auf die Potenziale, die soziale Bewegungen innerhalb der Zivilgesellschaft erschließen. Es ist ein beeindruckendes Zeugnis davon, wie viele Menschen sich weltweit in sozialen Bewegungen und zivilgesellschaftlichen Organisationen engagieren. Die Zivilgesellschaft ist lebendig wie nie – so unsere These und Beobachtung! Gerade die jüngsten Entwicklungen der Klimaproteste von *Fridays for Future*, die Massenbewegungen gegen Rassismus und Sexismus und das Aufbegehren gegen den russischen Angriffskrieg gegen die Ukraine belegen das vielfache solidarische Engagement von Gruppen und Einzelnen, wie es sich z.B. bei der Aufnahme, Unterstützung und Begleitung von geflüchteten Menschen aus der Ukraine zeigt. Diese positive Bilanz kann und soll jedoch nicht über die teils widersprüchlichen Entwicklungen hinwegtäuschen. So sind Emanzipationskämpfe schon immer auf starke Abwehr und Anfeindungen gestoßen (Schutzbach 2021: 112) und müssen enorme Kräfte entwickeln, um ihre Ziele zu erreichen, wenn dies überhaupt möglich ist. Zum einen übernehmen zivilgesellschaftliche Gruppen und soziale Bewegungen dabei Aufgaben, die eigentlich von staatlichen Organisationen zu stemmen wären. Diese Formen von „Ersatzhandlungen" werden in der jüngsten wissenschaftlichen Auseinandersetzung u.a. als Kollaborationen beschrieben (Terkessides 2015); das meint, dass zivilgesellschaftliche Zusammenarbeit und solidarisches Engagement überall dort einspringen, wo sich der Staat zurückzieht bzw. staatliche Leistungen zu spät, in nicht ausreichendem Maße oder gar nicht erbringt. Zum anderen analysieren internationale Wissenschafts- und Menschenrechtsorganisationen seit Jahren *shrinking spaces* – schrumpfende (Handlungs-)Räume der Zivilgesellschaft. Weltweit haben soziale Bewegungen und zivilgesellschaftliche Akteur:innen immer weniger Handlungsspielräume. Der aktuelle „Atlas der Zivilgesellschaft", der in der deutschsprachigen Fassung von Brot für die Welt e.V. (2022)[2] herausgegeben wird, zeigt, dass heute nur noch verschwindende drei Prozent der Weltbevölkerung in Ländern mit offener Zivilgesellschaft leben, jedoch zwei Drittel in autoritären Staaten oder Diktaturen.

Die untersuchten 194 Staaten werden dabei in fünf Kategorien eingeteilt (offen, beeinträchtigt, beschränkt, unterdrückt, geschlossen). Dabei finden sich Unterdrückung und Gewalt auf allen Kontinenten und in vielen Ländern und Städten: in Brüssel genauso wie in Budapest, in repressiven Staaten genauso wie in (noch) demokratischen Staaten. Konkret bedeutet dies, dass gesellschaftliche Räume jenseits von Staat, Privatem und Ökonomie, in denen Vereine, soziale Bewegungen, Nichtregierungsorganisationen (NRO), aber auch Kirchen, Religionsgemeinschaften und Stiftungen etc. agieren, angetastet werden. Demokratisch und rechtsstaatlich verfasste Staaten garantieren die Versammlungs- und Vereinigungsfreiheit als Grundlage einer freien Zivilgesellschaft; autoritäre Staaten schränken sie ein oder verbieten sie ganz. Doch „erodiert der Handlungsraum, auch *Civic Space* genannt, durch Repression oder Gewalt, entfallen die zentralen gesellschaftlichen Korrektive. An die Stelle progressiven gesellschaftlichen Wandels tritt schleichende Entrechtung. Soziale Bewegungen können immer weniger politischen Druck entfalten, Mächtige nicht zur Verantwortung gezogen werden" (Jakob 2022: 12). In der Folge ist eine kritische Berichterstattung kaum noch möglich, werden Regierungen nicht mehr demokratisch kontrolliert und werden schlimmstenfalls korrupt und autoritär. Ungleichheit, Armut und Gewalt nehmen zu. „Wenn Proteste nicht

---

[2] Das Original „State of Civil Society Report" wird seit mehr als zehn Jahren von der südafrikanischen NGO Civicus einmal jährlich entwickelt und herausgebracht. Civicus mit Sitz in Johannesburg ist ein globaler Zusammenschluss zivilgesellschaftlicher Organisationen mit über 10.000 Mitgliedern weltweit (siehe: https://civicus.org/).

mehr möglich sind, gedeihen Misswirtschaft und Korruption. (...) Die Repression ist dabei so vielfältig wie uferlos. Sie kann tödlich sein, auch wenn Menschen nur Selbstverständliches einfordern" (ebd.: 12–13). Die NGO *Front Line Defenders* dokumentiert im Jahr 2022 fast 800 Menschenrechtsverteidiger:innen, die in akuter Gefahr sind, u.a. durch willkürliche Verhaftungen, Morde und Tötungsversuche, durch Verschwindenlassen, Folterpraktiken oder sexualisierte Gewalt.[3]

Deutschland gehört zurzeit noch zu den drei Prozent der Staaten, die als „offen" charakterisiert werden. Doch auch hier werden Seenotretter:innen nicht nur von populistischen Parteien kriminalisiert und Klimaschützer:innen zum Teil als Terrorist:innen stigmatisiert. Als eines der stärksten Länder der Europäischen Union muss hierbei auch das Unterlassen wirksamer politischer Schritte gegen den Abbau demokratischer Rechte an den EU-Außengrenzen und den Mittelmeeranrainerstaaten kritisiert werden. Italien und Österreich wurden herabgestuft von „offen" auf „beeinträchtigt". Als Gründe hierfür gelten unter anderem Wahlsiege der rechten Parteien Lega und FPÖ sowie politische Maßnahmen, die den Freiheitsgrad der Zivilgesellschaft in beiden Ländern einschränken.

4. Die Verhältnisse zum Tanzen bringen

In diesem Lehrbuch greifen wir gemeinsam mit allen Autor:innen die Ambivalenz sozialer Bewegungen mit ihren Praxen und Wirkmächtigkeiten und ihrer zeitgleichen Begrenzung, Kriminalisierung und Zerschlagung auf. Soziale Bewegungen wollen Gesellschaft bewegen und die gegenwärtigen gesellschaftlichen Verhältnisse verändern. Symbolisch für die Inspiration, die von sozialen Bewegungen ausgeht, greifen wir Herausgeberinnen an verschiedenen Stellen des vorliegenden Lehrbuchs auf das Bild des Tanzes zurück.

Tanz verstehen wir dabei sowohl wörtlich als auch als Metapher für Bewegung, denn schließlich stehen die sozialen Bewegungen im Zentrum dieses Bandes. Tanz ist darüber hinaus genauso wie die mit dem Tanz verbundene Musik eine universelle Sprache, die überall und intuitiv verstanden werden kann, die Menschen verbindet, auch über Grenzen und Kontinente hinweg, und neue Imaginationen und Utopien schaffen kann. Um die gesellschaftlichen Verhältnisse zum Tanzen zu bringen, braucht es, so Lutz (2018: 41), „tanzende Gedanken und Menschen, die dem Reigen ihre eigene Melodie geben".

Tanzende Gedanken und Melodien finden sich in diesem Band viele. Die ganz konkreten Beispiele reichen von Queerfeminismus bis hin zu Geschlechtergerechtigkeit (vgl. die Beiträge von Lohrenscheit in diesem Band). U.a. wird das feministische Kollektiv Las Tesis aus Chile vorgestellt, das mit seiner Performance *„Un violador en tu camino"* (ein Vergewaltiger auf Deinem Weg) feministische soziale Bewegungen international inspirierte. Diese Choreographie thematisiert patriarchale Gewalt als Verquickung von häuslicher und staatlicher, individueller und struktureller Gewalt. Im Text heißt es u.a.: „Es war nicht meine Schuld,

---

[3] Siehe: https://www.frontlinedefenders.org/en/violations; 15.7.2022; ähnliche Daten und Zahlen finden sich auch bei Amnesty International oder Reporter ohne Grenzen mit Blick auf spezifische Berufsgruppen wie Journalist:innen.

wo ich war oder was ich trug; der Vergewaltiger bist Du". Der Tanz bzw. die Performance wurde auf öffentlichen Plätzen in zahlreichen Städten in den Amerikas, in Europa, Asien sowie auf dem afrikanischen Kontinent aufgeführt, und Las Tesis veranstaltete begleitende Workshops, um die Choreographie zu lernen, aber auch, um die inhaltliche Auseinandersetzung mit Sexismus und Gewalt gegen Frauen voranzubringen, so etwa 2020 und 2022 in Berlin unter dem Titel „Zusammen verbrennen wir die Angst".[4] Das kreative und widerständige Potenzial von Tanz, Performance und Bewegung ist keine neue Entwicklung. Nicht ohne Grund kennen wir zahlreiche historische Beispiele für Tanzverbote. So war etwa der Tango in Argentinien zur Zeit der Diktatur verboten oder der Swing im faschistischen Nazideutschland. Solche tanzfeindlichen Machtdemonstrationen lassen sich bis ins Mittelalter zurückverfolgen, wo tanzende Frauen als Hexen verfolgt wurden, weil sie angeblich satanische Tänze aufführten. *„Strike. Dance. Rise!"* ist auch heute noch ein Appell, der vor allem Frauen* und FLINTA[5] bewegt. Die Bewegungsforscherin Kristina Stein-Hinrichsen zeigt dies in ihrer aktuellen Publikation „Tanzen als Widerstand" (2022) u.a. am Beispiel von „One Billion Rising" (Eine Milliarde erhebt sich). Diese choreographische Intervention im öffentlichen Raum ist eine weltweite Kampagne gegen Gewalt gegen Mädchen und Frauen, die ursprünglich von der New Yorker Künstlerin Eve Ensler initiiert wurde. „Tanzt, tanzt, sonst sind wir verloren"[6] – so möchten wir Herausgeberinnen im Anschluss an Wim Wenders Film für Pina Bausch formulieren, und hoffen, dass unser Lehrbuch dazu beitragen kann, auch in der (Internationalen) Sozialen Arbeit die Verhältnisse wieder mehr zum Tanzen zu bringen.

5. Kreative Protestformen

Ein faszinierender Bestandteil des vorliegenden Lehrbuchs ist die Vielfalt der unterschiedlichen Protestformen, die soziale Bewegungen nutzen, und von den die verschiedenen Autor:innen dieses Bandes berichten. Diese reichen von klassischen friedlichen Protesten wie öffentlichen Demonstrationen oder Blockaden und Menschenketten über kreative Widerstandsformen durch Theater, Tanz oder Performance Art (vgl. den Beitrag von Schmitt in diesem Band) bis hin zu provokativen, zuweilen auch gewaltförmigen Aktionen wie sie zurzeit etwa im Rahmen von Klimaprotesten auftreten, wenn sich z.B. Aktivist:innen bei Straßenblockaden mit ihren Händen auf den Asphalt kleben, wobei sie auch riskieren, dass sie sich selbst dabei Verletzungen zuziehen. Auch aus historischer Perspektive wird sichtbar, dass die Kreativität sozialer Bewegungen grenzenlos ist. Manche Protestformen entstehen dabei eher zufällig oder im Prozess, andere sind lange vorbereitet und strategisch geplant. Als eine der weltweit ersten sozialen Bewegungen gilt die

---

[4] Die Veranstaltungen wurden in Kooperation von der Rosa Luxemburg Stiftung und dem Theater HAU – Hebbel am Ufer durchgeführt; siehe: https://www.hebbel-am-ufer.de/nc/archiv/zusammen-verbrennen-wir-die-angst/, 19.7.2022.

[5] FLINTA steht für: Frauen, Lesben, inter, non-binär, trans und agender Menschen (vgl. Schutzbach 2021: 16)

[6] Das Filmmuseum Potsdam schreibt hierzu: „Tanzt, tanzt, sonst sind wir verloren" hatte Pina Bausch ihren Tänzer:innen immer wieder gesagt. Nach ihrem überraschenden Tod hielt Wim Wenders an einem gemeinsam geplanten Filmprojekt fest und arbeitete eng mit Pina Bauschs Ensemble zusammen. Entstanden ist eine ergreifende Hommage an die „Erfinderin einer neuen Kunst" (W. Wenders).

Anti-Sklavereibewegung um die Jahrhundertwende zum 18. Jahrhundert (vgl. Tilly/Tarrow 2015: 4). Bereits in dieser Zeit versuchten die Abolitionist:innen mit Hilfe von Demonstrationen, Petitionen, mit Vorträgen und sogar einem Boykott von Zucker als eines der wichtigsten Produkte, das durch die Ausbeutung von Sklavenarbeit gewonnen wurde, die öffentliche Meinung gegen den Sklavenhandel aufzubringen. Mit Erfolg, so „dass sich die Politik schließlich beugte: Im Februar 1807 stellte das britische Parlament als erste Kolonialmacht den Handel mit Sklaven unter Strafe" (Köpke 2008).

Ein weiteres frühes Beispiel für Widerstand, der im Prozess entstand, ist die sogenannte „Hutnadelgefahr", von der Katharina Schulzbach (2021: 25f.) berichtet. Als die junge Touristin Leoti Baker 1903 New York besuchte und unterwegs in einer Postkutsche von einem Mann angemacht und auch angefasst wurde, stach sie ihn mit ihrer Hutnadel. „In der folgenden Zeit berichteten Zeitungen über ähnliche Vorfälle im ganzen Land, bei denen Frauen sich gegen öffentliche Belästigungen mit Hutnadeln zur Wehr setzen, und bald schon wurde hitzig darüber debattiert" (ebd.: 26). Doch konzentrierte sich die Debatte nicht etwa auf den Schutz von Frauen vor sexuellen Belästigungen, sondern die „Hutnadelgefahr" nahm die Männer in Schutz, und es kam tatsächlich in vielen Städten zu Verboten, Frauen wurden inhaftiert und mussten Strafen für das Tragen von Hutnadeln zahlen, auch wenn sie diese nur als modisches Accessoire trugen.

Wie diese beiden recht unterschiedlichen historischen Beispiele zeigen, brauchen soziale Bewegungen oft einen langen Atem. Manche Themen scheinen unerschöpflich, manche Ziele schier unerreichbar, und dennoch hören soziale Bewegungen nicht auf, für ihre Rechte, ihre Träume, für ein besseres Leben, eine bessere Welt zu streiten. Manchmal führt dies auch zu einem aktivistischen Burn-out. Davon berichten aktuell z.B. die Klimaaktivist:innen bei *Fridays for Future* – kein Wunder, denn im Verhältnis zu ihrer Lebensdauer haben sie bereits einen großen Teil ihres Lebens in der sozialen Bewegung verbracht. Andere Bewegungen, die sich über lange Zeiträume spannen, wie etwa die anti-rassistischen und Bürgerrechtsbewegungen, haben hierfür eine eigene Begrifflichkeit entwickelt: *racial battle fatigue*, d.h. die Müdigkeit angesichts der andauernden Kämpfe gegen Rassismus und Diskriminierung. Gleichzeitig sind soziale Bewegungen mit ihren unterschiedlichsten Protestformen immer auch eine Demonstration und öffentliche Repräsentation von Macht, Stärke und Selbstbewusstsein. Auch wenn sie ihre politischen Ziele nicht immer erreichen können und auch, wenn diese oft in weiter Ferne liegen, tragen sie doch das Potenzial für Empowerment in sich, für Gemeinschaft und Kraft, die aus dem gemeinsamen Handeln entsteht.

6. Einblicke in die Vielfalt sozialer Bewegungen

Die folgenden Kapitel geben Einblick in diese Kraft gemeinschaftlichen Handelns, die in unterschiedlichen Zusammenhängen entsteht und sich in vielfältigen Handlungsfeldern und Aktionsformen entfaltet. Sie haben dabei nicht den Anspruch, einzelne Bewegungen peu à peu abzuarbeiten, sondern ausgehend von vielfältigen Themen die Verwobenheiten und Bezüge sozialer Bewegungen und der Internationalen Sozialen Arbeit herauszustellen. Die Diversität sozialer Bewegungen ist groß, wodurch die vorgenommene Auswahl notwendigerweise unzureichend bleiben muss. Fühlen Sie sich hierdurch gerne inspiriert, auch zu weiteren, in diesem Band nicht behandelten sozialen Bewegungen zu recherchieren.

Auf diese Einleitung folgt zunächst eine ausführliche Einführung in den Gegenstand dieses Bands. *Ute Straub* legt in ihrem Beitrag „Internationale Soziale Arbeit und soziale Bewegungen" die begrifflichen, historischen und theoretischen Grundlagen dieses Bandes dar, welche eine Verknüpfung des Gegenstands ‚soziale Bewegungen' mit der Internationalen Sozialen Arbeit möglich machen und soziale Bewegungen und Internationale Soziale Arbeit in ein Verhältnis setzen. Auf Begriffsbestimmungen folgt ein historischer Rückblick dazu, wie soziale Bewegungen zur Professionalisierung der Sozialen Arbeit beigetragen haben, wo es Überschneidungen, aber auch Abgrenzungen gab. Der Beitrag setzt sich im weiteren Verlauf mit aktuellen Entwicklungen auseinander und der Bedeutsamkeit sozialer Bewegungen innerhalb der Debatten der Internationalen Sozialen Arbeit. Zentraler Ausgangspunkt ist ein Verständnis Sozialer Arbeit als Menschenrechtsprofession, welche die Themen sozialer Bewegungen aufgreift und sich u.a. beim jährlichen *International Day of Social Work and Social Development* in Stellungnahmen und in der Gremienarbeit bei der UN positioniert. Hierbei ist wichtig, die Leerstellen, die durch das solidarische Engagement von Bewegungen bearbeitet werden, nicht als selbstverständlich anzunehmen und auch den Staat nicht aus seiner sozialen Verantwortung zu entlassen. Denn: die Agenden sozialer Bewegungen leuchten dahin, wo Unterstützung fehlt oder unzureichend bleibt, so ist hiermit immer auch die Frage verbunden, ob diese Leerstellen in einen institutionalisierten Rahmen von Unterstützung, etwa in wohlfahrtsstaatlich zu erbringende Leistungen, überführt werden können. Der Beitrag legt dieses Spannungsfeld offen und fragt: Kann die Internationale Soziale Arbeit einen Beitrag leisten, soziale Strukturen – in Kooperation mit sozialen Bewegungen und NGOs – aufzubauen und zu erhalten? Das führt zu der abschließenden Frage: Ist die Soziale Arbeit selbst eine Bewegung?

Auf diese grundlegende Einführung folgen neun Kapitel, welche sich einzelnen sozialen Bewegungen und ihren Bezügen zur Sozialen Arbeit widmen.

Claudia Lohrenscheit befasst sich in ihrem Beitrag „Your body is a battleground. Frauenbewegungen, Queer-Feminismus und Geschlechtergerechtigkeit" mit Interventionen sozialer Bewegungen gegen Sexismus und Gewalt gegen Frauen und LGBTIQ+. Eine Auseinandersetzung mit Gewalt gegen marginalisierte Personen(-gruppen) gehört zu den Kernthemen der Sozialen Arbeit im Inland sowie in zahlreichen Ländern rund um den Globus. Lohrenscheit weist in ihrem Kapitel jedoch darauf hin, dass diese Themen in den Curricula und in der Praxis an den Hochschulen nicht selbstverständlich verankert sind. Sie führt daher grundlegend in Fragen der Geschlechtergerechtigkeit ein, und nimmt anhand dreier aktueller Beispiele in den Blick, wie soziale Bewegungen für Geschlechtergerechtigkeit und queer-feministische Ziele eintreten; dies sind erstens die sozialen Kämpfe gegen Femizide (Morde an Frauen), zweitens der Widerstand gegen die Kriminalisierung von Schwangerschaftsabbrüchen und für reproduktive Rechte sowie drittens die Kämpfe für die Menschenrechte von intergeschlechtlichen Menschen.

Der Beitrag „Anti-Rassismus und postkoloniale Theorie" von *Susan Arndt* und *Mario Faust-Scalisi* greift wie Claudia Lohrenscheit ein Thema auf, das eine weiterführende Verankerung in den Curricula Sozialer Arbeit benötigt. In ihrem Beitrag setzen sich Arndt und Faust-Scalisi mit Dekolonialisierungsbewegungen und der Anti-Apartheid-Bewegung auseinander und reflektieren die Bedeutsamkeit postkolonialer Theorie an den Hochschulen und für das konkrete praktische Handeln in der Weltgesellschaft. Der Beitrag gibt einen Einblick in Definitionen und Verständnisse von Rassismus, Postkolonialismus, Black Studies und Kritischer Weißseinsforschung. Hierbei nimmt er Protest und Errungenschaften von sozialen Bewegungen – vor allem mit Blick auf die historischen und gegenwärtigen Entwicklungen in Deutschland – zum Ausgangspunkt.

Die globale Bewegung für Kinderrechte und das Menschenrecht auf Bildung stehen im Fokus des Kapitels „Die globalen Bewegungen für Kinderrechte". *Claudia Lohrenscheit* wählt als Einstieg die Auseinandersetzung mit der Kinderrechtskonvention der Vereinten Nationen, die zu den bekanntesten und weltweit anerkanntesten Menschenrechtskonventionen gehört. Dies gilt zwar auch für die Soziale Arbeit, doch in den Curricula an deutschsprachigen Hochschulen dominiert zumeist der Fokus auf das nationale Kinder- und Jugendhilferecht, wenn auch durchaus mit Bezug zu Kinderrechten. Hier kann der Blick auf die globale Bewegung für Kinderrechte sowie das Recht auf Bildung hilfreich sein, um neue Perspektiven zu entdecken und dominante Haltungen kritisch zu hinterfragen. Dies wird besonders deutlich im Interview mit *Manfred Liebel*, der sich seit Jahrzehnten wissenschaftlich, politisch und als Aktivist für Kinderrechte und Kinderbewegungen einsetzt. Er zeigt auf, dass Kinder und Jugendliche selbst für die Achtung ihrer Rechte, einstehen, auch wenn sie dies nicht immer in der Sprache oder mit Bezug auf Kinderrechte tun. Weiterhin werden einige bedeutende Persönlichkeiten in diesem Rahmen vorgestellt wie Janusz Korczak aus historischer Perspektive und Malala Yousafzai als aktuelles Beispiel. Einen Schwerpunkt setzt die Autorin weiterhin auf das Menschenrecht auf Bildung, das für Kinder und Jugendliche zentral ist, darüber hinaus jedoch als Recht auf Menschenrechtsbildung und lebenslanges Lernen jeden Menschen zu jeder Zeit und an jedem Ort betrifft.

Mit der grenzenlosen Gültigkeit von Menschenrechten für alle Menschen, unabhängig von der Herkunft oder eigenen Migrations- und Fluchterfahrungen, befasst sich auch *Andrea Schmelz* in ihrem Beitrag „Globale Migrationskontrolle, grenzenlose Gewalt und Internationale Soziale Arbeit". Schmelz führt in das für die Internationale Soziale Arbeit grundlegende Arbeitsfeld von Flucht und Migration ein, das ganz besonders in Europa, aber auch andernorts, von Politiken der Migrationskontrolle und des Rassismus geprägt ist. Das Kapitel nimmt entstehende Spannungsfelder und potentielle Bündnispartnerschaften von Sozialer Arbeit und aktivistischen Bewegungen in den Blick. Mit mutigen Protesten fordern geflüchtete Menschen und Migrant:innnen ihre Rechte ein, setzen sich zur Wehr gegen rassistische Ausgrenzung, Kriminalisierung und Gewalt, und werden von Solidaritätsbewegungen unterstützt. Die Handlungsansätze von *Social Workers without borders*, eine politische Soziale Arbeit und die menschenrechtsorientierte, rassismuskritische Soziale Arbeit zeigen hierbei Perspektiven auf, wie die Soziale Arbeit sich mit Flüchtlingen und Migrant:innen verbünden und Macht- und Ungleichheitsverhältnisse kritisch reflektieren und transformieren kann. Lernen kann Soziale Arbeit von der politischen Selbsthilfearbeit von geflüchteten Frauen in *Women in Exile* (WiE), die beispielhaft das widerständige Handeln, die Selbstermächtigung und politische Kreativität der vielen Initiativen weltweit aufzeigt, die Männer, Frauen und Kinder in Kontexten globaler Fluchtmigration tagtäglich gegen Repression und Unterdrückung auf den Weg bringen.

Anschließend an Schmelz befasst sich das Kapitel „Solidarity Cities. Urban Citizenship und Artivismus als Praxis inklusiver Solidarität" von *Caroline Schmitt* mit visionären Ansatzpunkten, die Grenzziehungen in der Stadt und auf dem Land Vorstellungen und ganz konkrete Praxen für ein inklusives Zusammenleben entgegenhalten. In ihrem Beitrag werden solidarische Stadtbewegungen ins Zentrum gerückt, die sich für eine Stadt für alle Menschen unabhängig von Diversitätsdimensionen wie Aufenthaltsstatus, Nationalität und Herkunft einsetzen. Solidarische Stadtbewegungen finden sich unter der Bezeichnung *sanctuary cities* seit den 1980er Jahren in den USA und verbreiteten sich auch in Kanada. Spätestens seit dem ‚langen Sommer der Migration' sind sie unter dem Begriff *solidarity cities* auch in Europa bekannt. Nach einer Einführung in Historie und Anliegen von *sanctuary* und *solidarity cities* widmet sich das Kapitel dem Konzept und der Praxis kommunaler Stadtausweise als Ausdruck städtischer Solidarität. Anhand des Fallbeispiels der *Züri City Card* werden Möglichkeiten wie Herausforderungen von Stadtbürger:innenschaft (*urban citizenship*) diskutiert, bevor im Weiteren ein künstlerischer Zugang im Zentrum steht. Am Beispiel der „Wochenenden für Moria Kärnten/Koroška" wird aufgezeigt, wie solidarische Allianzen mit künstlerischen Aktionen Aufmerksamkeit für gesellschaftliche Missstände generieren und eine Öffentlichkeit in der Stadt herstellen (*artivism*). Abschließend werden solidarische Stadtbewegungen in ihrer Bedeutung für eine Internationale Soziale Arbeit diskutiert und mit den Ansätzen von *Popular Social Work* und Kommunalpädagogik verbunden.

Die Idee solidarischer Städte ist prinzipiell offen für ein Denken über den Menschen hinaus. Ebenso ist die Frage notwendig, wie Städte, Kommunen, Regionen und Länder „grün" und nachhaltig gestaltet werden können. Die bisher vor allem auf den Menschen fokussierte Auseinandersetzung im Band wird entsprechend ausgeweitet. Die Welt bewegt sich von der Klimakrise auf ein Klimadesaster zu, wenn wir lokal und global die nicht länger aufschiebbare sozial-ökologische Transformation verstreichen lassen. Dafür setzt sich der Klimaaktivismus mit zunehmend radikalen Protesten ein. Überall auf dem Planeten sind die Folgen der Klimakrise für Wohlbefinden und Gesundheit der Menschen, der Tiere, der Pflanzen und der gesamten Natur spür- und sichtbar. Was in Deutschland noch erklärungsbedürftig erscheint, hat einen festen Platz in sozialarbeiterischen Diskursen auf internationaler Ebene. So beleuchtet das Kapitel „Ökologisch-sozial bewegte Soziale Arbeit: Umwelt, Klima und nachhaltige Entwicklung" von *Andrea Schmelz* die Zusammenhänge von Umwelt- und Klimabewegungen und einer „grünen", ökologisch-sozialen internationalen Sozialen Arbeit. Die Autorin arbeitet heraus, wie sich Bewegungen zu Umwelt- und Klimagerechtigkeit als Bezugsrahmen in der Sozialen Arbeit historisch herausgebildet haben. Sie führt ein in die Diskurse und Ansätze von *Green Social Work*, *Ecosocial Work* und *Ecological/Environmental Social Work*. Als globale Vorkämpferin der Umweltbewegung porträtiert sie Wangari Matthai (1940–2011), die als Klima-, Frauen-, Menschenrechts- und Friedensaktivistin aus Kenia zur globalen Ikone der Umwelt- und Klimabewegung wurde. Das von ihr initiierte *Green Belt Movement* (GBM) fokussiert ein Zusammenwirken von nachhaltiger, ökologisch-sozialer Community-Entwicklung und Frauen-Empowerment in Kenia und hat mit großer Strahlkraft viele Projekte weltweit inspiriert.

Es sind unter anderem indigene Communities, die mit Praxen eines nachhaltigen Lebens auf diesem Planeten verbunden und in der Sozialen Arbeit als Wegbereiter:innen diskutiert werden. Gleichzeitig sind es auch sie, die ihre Rechte auf Land und Rechte auf ihre Lebensweise vehement verteidigen müssen. Diese Paradoxie ist Thema des Beitrags „Indigene Bewegungen in der Internationalen Sozialen Arbeit" von *Monika Pfaller-Rott* und *Ute Straub*. Indigene Ansätze sind ein Element der „Sozialen Arbeit des Südens". Lokale und indigene Hilfesysteme und Unterstützungstraditionen sind im Zuge von Kolonialisierung und Professionellem Imperialismus lange Zeit missachtet bzw. unterdrückt worden. Zum Verlust der kulturellen Wurzeln und damit zum Verlust eines für die Persönlichkeitsentwicklung unerlässlichen identitätsstiftenden Rahmens hat Soziale Arbeit nicht unerheblich beigetragen. In den letzten Jahren erlebt das „vergessene Wissen" (Smith 2005) durch die lauter und selbstbewusster werdenden Stimmen aus dem Globalen Süden in Form von Befreiungsbewegungen und Bewegungen für die Rechte von indigenen Völkern eine Renaissance, die auch die Forderung einschließt, indigene Ansätze als gleichberechtigt in den Kanon der Ansätze Sozialer Arbeit aufzunehmen. Diese Ansätze gaben und geben Impulse für die Weiterentwicklung der Sozialen Arbeit und werden im Beitrag in Zusammenhang mit ökosozialer Arbeit sowie *Green Social Work* diskutiert. Exemplarisch wird Einblick in Handeln und Lebenswerk von Rigoberta Menchú Tum, einer Quiché-Maya aus Guatemala, gegeben, als eine der wichtigsten Vertreterin und Initiatorin indigener Bewegungen.

Der hieran anschließende Beitrag von *Ernst Kočnik*, *Rahel More* und *Marion Sigot* mit Titel „Nothing about us without us: Soziale Bewegungen von Menschen mit Behinderungen" beschäftigt sich mit sozialen Bewegungen von Menschen mit Behinderungen und deren Bedeutung für die Soziale Arbeit. Der politische Slogan „Nothing about us without us" (Nichts über uns ohne uns) ist dabei bezeichnend für die Forderung nach Selbstbestimmung. Die Verbindungen von Menschenrechten und Sozialer Arbeit mit psychiatriekritischen Bewegungen, der Selbstbestimmt-Leben-Bewegung sowie der People-First-Bewegung werden mit internationalen Bezügen skizziert. Es folgen Kurzporträts dreier Aktivistinnen, die Teil sozialer Bewegungen sind sowie die Vorstellung des österreichischen Vereins „Beratungs-, Mobilitäts-, und Kompetenzzentrums (BMKz)" in Klagenfurt und der inklusiven Arbeitsgruppe „Mensch Zuerst Kärnten". Das BMKz ist Teil der Selbstbestimmt-Leben-Initiative und des Projekts Persönliche Assistenz inklusiv, das ebenfalls vorgestellt wird.

Hans Karl Peterlini schließt den Einblick in verschiedene soziale Bewegungen mit seinem Beitrag „Geteilte Menschheit, geteilte Welt – Grundfragen und Perspektiven für eine friedensorientierte Diversitätspädagogik als Global Citizenship Education". Die in der Sozialen Arbeit bisher nur unzureichend geführte Auseinandersetzung zu Fragen von Krieg und Frieden (Peters 2019) erfährt vor dem Hintergrund der vielen Kriege und Konflikte auf der Welt eine Würdigung. Der Krieg in der Ukraine hat einmal mehr zu einer Suchbewegung dazu geführt, wie friedenspolitische und friedenspädagogische Perspektiven in der Sozialen Arbeit berücksichtigt und vor dem Hintergrund des sozialarbeiterischen Mandats gestärkt und gestaltet werden können. Dieses Kapitel will hierzu Anregungen bieten. Es eröffnet aus der Perspektive einer diversitätspädagogisch orientierten Erziehungswissenschaft Reflexionsangebote und lädt dazu ein, diese mit einer Internationalen Sozialen Arbeit in Bezug zu setzen. Der Beitrag diskutiert grundsätzliche Fragen einer internationalen Friedensbewegung wie etwa: Wie entstehen Gewalt und Krieg im Denken sowie in den Strukturen? Was bedeuten positiver und negativer Frieden und was bedeutet Frieden als Prozess? In diesem Zusammenhang wird die Macht von Spaltungen zwischen einem ‚Wir' und den ‚Anderen', zwischen den Geschlechtern und zwischen Menschen, Tieren und der Natur diskutiert. Die Folge hiervon ist ein Verlust an Mitgefühl für das jeweils abgespaltene Andere, gegen das dann Krieg geführt und Gewalt ausgeübt wird. Als Gegenmodell diskutiert der Beitrag ein planetares Verantwortungsbewusstsein im Sinne einer *Global Citizenship*. In Porträts zu einem Vordenker einer Citizenship of the Earth, Edgar Morin, und zur Friedens- und Menschenrechtsaktivistin Sima Samar, werden gelebte Beispiele eines solchen Bewusstseins sichtbar.

7. Die Debatten und Praxen weiterführen und -gestalten

Wenn Sie, liebe Leser:innen, mit den Autor:innen der einzelnen Kapitel auf eine Reise in das vielfältige Engagement sozialer Bewegungen gegangen sind und dabei Bezüge zu Internationaler Sozialer Arbeit verhandelt wurden, kommt der mit diesem Band eröffnete Tanz fürs Erste zu einem Ende. Wir reflektierten im Schlusskapitel „Die Verhältnisse zum Tanzen bringen: Internationale Soziale Arbeit und soziale Bewegungen als Bündnispartnerinnen" wie es weitergehen kann mit der aufgemachten Auseinandersetzung, welche weiteren Tänze die Internationale Soziale Arbeit zusammen mit sozialen Bewegungen und weiteren Partner:innen auf das Parkett bringen kann, und welche Herausforderungen sich – insbesondere von Seite anti-demokratischer und Menschenrechte verletzender Bewegungen – stellen. Hierbei scheint uns wichtig, Internationale Soziale Arbeit immer auch als ein visionäres Projekt zu denken mit einem Blick nach vorne, das eine Kritik an den gesellschaftlichen Verhältnissen mit einer Veränderungsbereitschaft und einem öffnenden Denken über das Hier und Jetzt hinaus verbindet.

Veränderungen sind dabei immer auch eingebettet in intergenerationale Dialoge, Dialoge mit möglichst vielen, verschiedenen Akteur:innen und im Idealfall in Netzwerke, die gemeinsam eine Wirkkraft entfalten. Wir freuen uns, wenn der Band zu einer solchen Blickrichtung einen Beitrag leisten kann und darauf, mit Ihnen in Austausch zu kommen.

Literatur

Brot für die Welt (Hrsg.) (2022): Atlas der Zivilgesellschaft. Freiheitsrechte unter Druck. Schwerpunkt Digitalisierung. Berlin.
Gray, Mel/Webb, Stefen A. (2014): No issue, no politics: towards a New Left in Social Work Education. In: Noble, Carol/Strauss, Helle/Littlechield, Brian: Global Social Work Education. Crossing Borders, Blurring Boundaries. Sydney: Sydney University Press, S. 327–340.
Harms, Linda (2015): What should Social Work learn from „The fire of social movements that burns at the heart of society". In: Critical and Radical Social Work Journal 3, H. 1, S. 19–34.
Jakob, Christian (2022): Zivilgesellschaft unter Druck. In: Südlink. Das Nord-Süd-Magazin H. 4, S. 12–15.
Köpke, Monika (2008): Das Ende der Sklaverei. Deutschlandfunk. Archiv. https://www.deutschlandfunkkultur.de/das-ende-der-sklaverei-104.html, 21.7.2022.
Lutz, Ronald (2018): Tanzende Verhältnisse. In: Lutz, Ronald/Preuschoff, Sarah (Hrsg.): Tanzende Verhältnisse. Zur Soziologie politischer Krisen. Weinheim/Basel: Beltz Juventa, S. 9–49.
Maurer, Susanne (2019): Soziale Bewegung. In: Kessl, Fabian/Reutlinger, Christian (Hrsg.): Handbuch Sozialraum. Sozialraumforschung und Sozialraumarbeit. Wiesbaden: VS, S. 359–380.
Neidhardt, Friedhelm (1985): Einige Ideen zu einer allgemeinen Theorie sozialer Bewegungen. In: Hradil, Stefan (Hrsg.): Sozialstruktur im Umbruch. Wiesbaden: VS, S. 193–204.
Peters, Alina (2019): Frieden – (k)ein Thema Sozialer Arbeit? In: neue praxis. Zeitschrift für Sozialarbeit, Sozialpädagogik und Sozialpolitik 49, H. 6, S. 556–567.
Roth, Roland/Rucht, Dieter (2002): Neue soziale Bewegungen. In: Greiffenhagen, Martin/Greiffenhagen, Sylvia/Neller, Katja (Hrsg.): Handwörterbuch zur politischen Kultur der Bundesrepublik Deutschland. Opladen: Westdeutscher Verlag, S. 296–303.
Schutzbach, Katharina (2021): Die Erschöpfung der Frauen. Wider die weibliche Verfügbarkeit. München: Droemer.
Stövesand, Sabine (2014): Soziale Arbeit und Soziale Bewegungen. In: Benz, Benjamin et al. (Hrsg.): Politik Sozialer Arbeit. Weinheim: Beltz Juventa, S. 22–42.
Stein-Hinrichsen, Kristina (2022): Tanzen als Widerstand. Bielefeld: transcript.
Terkessides, Mark (2015): Kollaboration. Berlin: edition suhrkamp.
Tilly, Charles/Tarrow, Sidney (2015): Contentious Politic (second revised edition). Oxford: Oxford University Press.
Zimmer, Annette (2021): Zivilgesellschaft. In: Andersen, Uwe/Bogumil, Jörg/Marschall, Stefan/Woyke, Wichard (Hrsg.): Handwörterbuch des politischen Systems der Bundesrepublik Deutschland. Wiesbaden: Springer VS, S. 1053–1059.

(Re-)Visionen und Herausforderungen: Internationale Soziale Arbeit und soziale Bewegungen

Ute Straub

Jährlich am dritten Dienstag im März – World Social Work Day
17. April – The International Day of Peasants' Struggle

> **Zusammenfassung**
>
> Zum Einstieg in das Thema dieses Lehrbuches bietet dieses Kapitel einen Überblick über Internationale Soziale Arbeit und die aktuellen Fachdiskussionen, die Entwicklung der sozialen Bewegungen und das Zusammenspiel dieser beiden Akteurinnen. Eine zentrale Frage ist: Könnte die Internationale Soziale Arbeit mit ihrer Positionierung außerhalb des wohlfahrtsstaatlichen Rahmens – der in vielen Ländern nicht oder nur rudimentär vorhanden ist – mit ihrem Einsatz für Menschenrechte, soziale Gerechtigkeit und mit ihrem Bestreben, politisch Einfluss zu nehmen, selbst als Bewegung bezeichnet werden?
> Zwei Porträts illustrieren das Kapitel: Für die Internationale Soziale Arbeit steht Vishantie Sewpaul aus Südafrika, die wesentlich zur Weiterentwicklung der verschiedenen globalen Standards für die Soziale Arbeit beigetragen hat. Für die sozialen Bewegungen wird Mentona Moser, Sozialarbeiterin aus der Schweiz, vorgestellt, die vieles, was heute für die sozialen Bewegungen wichtig ist, bereits vorweggenommen hat.

Einleitung: Auf zum Tanze!

Was verbindet Internationale Soziale Arbeit (ISA) und soziale Bewegungen (SB)? In dieser Frage steckt viel Dynamik, fast wie in den Tanzschritten beim Cha-Cha-Cha: rück, vor, chachacha, drehen-drehen, chachacha. Entsprechend sind die Fragestellungen in diesem Kapitel:

- Rück: Welche Rolle spielten soziale Bewegungen bei der Professionalisierung der Sozialen Arbeit vor gut 100 Jahren?
- Vor: Wie sieht die Kooperation wohl in Zukunft aus? Welche Forschungsfragen müssen gestellt werden?
- Chachacha: Auf der internationalen/transnationalen Ebene über Staatsgrenzen und Kontinente hinweg: Wie arbeiten soziale Bewegungen und Soziale Arbeit zusammen und wo gibt es Überschneidungen? Was können wir voneinander lernen?
- Drehen-drehen: Wie haben sich soziale Bewegungen und die Profession in ihrer Entwicklung gegenseitig beeinflusst? Wie sehen Austausch, Verknüpfung bzw. Abgrenzung aktuell aus?

- Chachacha: International und im weltweiten Zusammenschluss: Welche Rolle spielen die SB in den Konzepten und den Debatten der ISA

Und schließlich: Ist die Soziale Arbeit selbst eine Bewegung?

Zunächst geht es um die Definitionen: Was heißt Internationale Soziale Arbeit? Was sind soziale Bewegungen?

1. Definition Internationale Soziale Arbeit (ISA)

„Internationale Soziale Arbeit betrifft alle Themen, die über den nationalen Rahmen hinausgehen: die Organisation in globalen Dachverbänden, übergreifende Diskurse zu Themen wie Ethik, Standards für die professionelle Ausbildung und indigene und lokale Ansätze sowie Praxisfelder, die besonders im internationalen Kontext relevant sind" (Straub 2020).

1.1 Die Bedeutung von ISA

Warum ist ISA wichtig? Gibt es vor Ort nicht genügend Probleme zu lösen? Im Prinzip ja, doch Fakt ist, dass es längst nicht mehr ausreicht, Probleme nur „vor Ort" anzugehen:

- Globale Verflechtungen führen dazu, dass sich neue bedeutende Bereiche internationaler Verantwortlichkeit auftun, womit sich Aufgaben und (Arbeits-)Umgebung von Sozialer Arbeit verändern.
- Die Anforderungen an nationalstaatliche Soziale Arbeit und die Probleme, für die sie zuständig ist, entstehen immer häufiger außerhalb der eigenen Grenzen.
- Soziale Probleme wirken sich stärker als früher sowohl in den Industrieländern als auch in den sich entwickelnden Ländern aus. Außerdem entstehen im Globalen Süden Innovationen in der Praxis mit Zielgruppen, die auch im Norden relevant sind, v.a. Straßenkinder, alte Menschen und sich in ihren Strukturen verändernde Familien.
- Gemeinsam erarbeitetes Wissen und die Vernetzung über Praxisprojekte, Lehre und Forschung, also eine *global professional literacy*, stärken das Profil im Hinblick auf den professionellen Beitrag zur Bearbeitung globaler sozialer Probleme (Healy 2014: 378).
- Soziale Arbeit ist unterschiedlich entwickelt; in manchen Ländern gibt es berufsförmige Soziale Arbeit seit über 100 Jahren, in manchen wird eben erst damit begonnen und lokale und indigene Ansätze werden einbezogen. ISA muss sich also selbstkritisch fragen, welche Stimmen an der Definition Sozialer Arbeit beteiligt waren/sind.
- Die weltweiten sozialen Verwerfungen, die Folgen von Klimawandel, Krieg, Flucht und Migration verändern die Soziale Arbeit vor Ort und erfordern Kompetenzen in neuen Praxisfeldern wie Katastrophenschutz und -management (Dominelli 2014, Mathbor/Bourassa 2012), Friedensaufbau (vgl. den Beitrag von Peterlini in diesem Band) und ökologisch orientierten Ansätzen (vgl. den Beitrag von Schmelz in diesem Band).

- Neoliberalismus als sich immer weiterverbreitende politische Leitlinie macht die Verteidigung der Profession als politisch eigenständige Instanz auf globaler Ebene notwendig (Abramowitz 2012; Ferguson 2008).
- *Global governance*: die politische Mitgestaltung gemeinsam mit nichtstaatlichen Akteur:innen ist eine wichtige Dimension internationaler Sozialer Arbeit geworden (Bähr et al. 2014: 15).
- *Policy practice* ist das Bestreben, auf die Politik in Gesetzgebung, Behörden und Kommunen einzuwirken und gilt auf internationaler Ebene als integraler Bestandteil sozialarbeiterischer Praxis mit zunehmender Bedeutung, je weiter die transnationalen Verknüpfungsprozesse fortschreiten (Pawar 2019).
- Neue Kommunikationstechnologien ermöglichen einen schnellen Austausch, der dazu genutzt werden kann, im Sinne einer globalen Anwaltschaft zivilgesellschaftliche Aktionen zu unterstützen (Healy 2014).
- Die Selbstdefinition als Menschenrechtsprofession (IASSW/ IFSW 2014; Staub-Bernasconi 2008; UN 1992) ist nicht auf nationalstaatliche Grenzen beschränkbar.
- Über die internationalen Dachverbände und verschiedenen globale Initiativen, zuletzt über die *Global Agenda for Social Work and Social Development* (vgl. Abschn. 3.1) hat sich die Profession globale Aufgaben gestellt.

1.2 Internationale Dach-Organisationen

Die drei großen internationalen Dachorganisationen, die *International Association of Schools of Social Work (IASSW,* Mitglied für Deutschland: Fachbereichstag Soziale Arbeit), die *International Federation of Social Workers (IFSW,* Mitglied für Deutschland: DBSH – Deutscher Berufsverband Soziale Arbeit*)* und der – in Deutschland weitgehend unbekannte – *International Council on Social Welfare (ICSW,* Mitglied für Deutschland: DV – Deutscher Verein für öffentliche und private Fürsorge) bilden das Dach für die Soziale Arbeit auf globaler Ebene und stehen in enger Kooperation mit ihren regionalen Zusammenschlüssen: Afrika, Asien/Pazifik, Europa, Lateinamerika/Karibik und Nordamerika. Sie alle haben ihren Ursprung in der ersten Internationalen Konferenz Sozialer Arbeit, die 1928 in Paris stattfand (Healy/Hall 2009; Kruse 2009). Die Rolle, die engagierte Frauen bei der Internationalisierung gespielt haben, kann nicht hoch genug eingeschätzt werden: der enge Zusammenschluss von Frauen in nationalen und internationalen Frauenbewegungen und Frauenbünden und vor allem in dem schon 1888 gegründeten *International Council of Women* (ICW) bildete die Basis für ein einflussreiches grenzüberschreitendes Netzwerk. Zum Teil waren es dieselben Frauen, die sich in Frauen- und Friedensbewegung wie auch in der Entwicklung der Sozialen Arbeit als Frauenberuf einbrachten (Kruse 2009; Kniephoff-Knebel 2006).

Nach der Unterbrechung des weltweiten Austauschs durch den Zweiten Weltkrieg konnte in den 1950er Jahren die internationale Dimension Sozialer Arbeit und der Einsatz für Menschenrechte und soziale Gerechtigkeit wieder aufgenommen werden. Die Fokussierung auf Europa und Nordamerika wich mit der Zeit einer „realen Internationalisierung", die den Globalen Süden einbezog, was sich schließlich unter anderem in der neuen globalen Definition der Profession Soziale Arbeit 2014 niederschlug (Hall 2013; Cox/Pawar 2012: 55–64; Healy/Hall 2009)[7].

1.3 Grundlagenpapiere und Global Agenda

Die wichtigsten gemeinsamen Grundlagenpapiere der Dachorganisationen sind neben der Definition die *„Ethics in Social Work, Statement of Principles"* und die *„Global Standards for Social Work Education and Training of the Social Work Profession"*, an deren jeweiligen Aktualisierungen sich professionstheoretische Paradigmenwechsel wie auch Debatten um Konflikte im Kontext von Postkolonialismus und Globalisierung ablesen lassen (u.a. Gray et al., 2010; Rehklau/Lutz, 2001; Midgley 2010). So wurden Begriffe wie sozialer Zusammenhalt (*social cohesion*) und soziale Entwicklung in die Globale Definition neu aufgenommen, sowie indigenes Wissen als eine wesentliche Komponente der Sozialen Arbeit anerkannt (Straub 2014).

Die *„Global Standards for Social Work Education and Training"* beschreiben die Leitlinien und Ziele für die (Hoch-)Schulen, für das Curriculum einschließlich der Praktika, für die Lehrenden, die Studierenden sowie für die Verwaltung und Leitung der Bildungseinrichtungen. Im Anhang wird betont, wie wichtig der Prozess der Erarbeitung für den Austausch der Hochschulen untereinander war, Diskussionsverlauf und Minderheitenmeinungen werden dargestellt. Ein zweiter Anhang bezieht sich darauf, dass die Standards mit Sorgfalt und Umsicht (*caution*) zu handhaben sind, dass es nicht um Bevormundung geht (durch die Länder, in denen die Profession weiter entwickelt ist), sondern u.a. um eine Argumentationshilfe für eine bessere Ausstattung der Hochschulen.

Ethikstandards gehören zu jeder Profession. Für die Soziale Arbeit sind die *„Ethics in Social Work, Statement of Principles"* umso wichtiger, weil Sozialarbeiter:innen in der alltäglichen Praxis Konflikte zwischen Anwaltschaft im Interesse der Klient:innen und gesellschaftspolitischen Anforderungen an Effektivität und Effizienz lösen müssen (Doppelmandat). Die eigenen menschenrechtlich begründeten Ansprüche (Tripelmandat) sind mit restriktiven Maßnahmen von Regierungen gegenüber marginalisierten und/oder vulnerablen Gruppen oft nicht vereinbar. Deshalb wird auf verschiedene UN-Konventionen Bezug genommen, und es werden Menschenrechte und Menschenwürde sowie Soziale Gerechtigkeit als zentrale Prinzipien herausgestellt. Weitere Ausführungen betreffen professionelles Verhalten, einerseits natürlich in Bezug auf die Adressat:innen, andererseits aber auch in Bezug auf das eigene Wohlergehen im Sinne von Selbstfürsorge.

Das jüngste gemeinsame Engagement ist das Projekt *„Global Agenda for Social Work and Social Development"*, eine Art langfristig angelegter Aktionsplan. Er wurde für den Zeitraum 2010–2020 gestartet, die Nachfolgeagenda 2020–2030 ist in Arbeit. Über ein Monitoring (Berichterstattung) sollen die Aktivitäten von Praktiker:innen, Lehrenden und Forscher:innen im Bereich Soziale Entwicklung in der politischen Arena sichtbar gemacht und Einflussmöglichkeiten erweitert wer-

---

[7] Zum Vergleich der Definitionen von 2004 und 2014 vgl. Straub 2015

den. Dieses Überprüfungsinstrument speist sich aus Informationen der Mitglieder zu gelungenen Ansätzen (*good practice*) in Praxis und Lehre. Ein wesentlicher Fokus liegt dabei auf der Einbeziehung von Praktiker:innen in die Forschung oder von Klient:innen in die Lehre und Entwicklung von Konzepten in sozialen Einrichtungen (*service user involvement*). Die Agenda steht im Einklang mit der Post 2015-Entwicklungsagenda, *den Social Development Goals (SDG)*, wodurch die Nähe der ISA zu globaler Sozialer Entwicklung herausgestellt wird. Leider wurden die kontinuierlichen und etablierten Aktivitäten von NGOs und anderen nicht-professionellen sozial Aktiven nicht ausreichend einbezogen.

1.4 Kritik und Weiterentwicklung

Kritische Stimmen bezweifeln, dass diese Standards (wie auch eine globale Definition) die breite Spanne sozialer, politischer, ökonomischer, geografischer und kultureller Unterschiede und den *global/local divide* überbrücken können (Gray/Webb 2008, Straub 2018: 29–31) – was ja auf nationaler Ebene schon schwierig genug ist.

Doch hat sich in den letzten Jahren viel verändert: Stand anfangs die globale Vereinheitlichung von (ethischen) Normen und professionellen Standards im Vordergrund, um eine gemeinsame Grundlage für all die unterschiedlichen Mitglieder zu schaffen und um dem Anliegen Sozialer Arbeit auf politischer Ebene mehr Gehör zu verschaffen, so richtet sich der Blick jetzt verstärkt auf die Diversität innerhalb der global agierenden Profession.

In diesem Kontext ist auch die Forderung nach „Entkolonialisierung" der Sozialen Arbeit zu betrachten (Tamburro 2013). Ein zunehmend wichtiger Bereich der ISA ist deshalb die Soziale Arbeit des Südens, also der Blick auf jene Länder, wo einerseits das Sozialsystem noch wenig/gar nicht entwickelt ist und andererseits in Ablehnung oder Anpassung an die Konzepte/Methoden der Sozialen Arbeit im Globalen Norden eigene, regionale und lokale Ansätze entwickelt werden. Gleichzeitig wirft diese Perspektive „aufgrund postkolonialer Entwicklungen und globaler Migrationsbewegungen Fragen in Bezug auf Macht, Anerkennung und Diversität sozialarbeiterischen Wissens und Handlungsmöglichkeiten im Globalen Norden auf und stellt deren Hegemonieanspruch [...] in Frage. Insbesondere befindet sich die Umsetzung der Menschenrechte bei gleichzeitiger Anerkennung von Differenz und globalen Machthierarchien im Fokus" (Lutz et al. 2021). Hierzu gehört auch die Einbeziehung indigener Wissenssysteme. Diese bewährten, über viele Generationen vermittelten traditionellen Denk- und Handlungsweisen befassen sich von jeher mit den heutzutage dringlichen Problemen von Nahrungsmittelversorgung, Gesundheit und Beziehung zwischen Mensch und Tier, Erziehung, Umwelt und Umgang mit natürlichen Ressourcen. Gemeinschaftsorientierte Verfahren des Versammelns, der Konsensfindung und Heilung (auch bezogen auf den Zusammenhalt der Gemeinschaft) sind für die traditionellen Unterstützungssysteme und Problemlösungsstrategien indigener Völker kennzeichnend. Diese Ansätze geben Impulse für die Weiterentwicklung der Sozialen Arbeit (Straub et al. 2020; vgl. den Beitrag von Pfaller-Rott/Straub in diesem Band).

Porträt: Vishantie Sewpaul

Vishantie Sewpaul, geboren am 11. Januar 1956 in Durban, indischer Abstammung, wächst in Südafrika unter der Apartheid auf. Ihr Vater begeht Selbstmord als sie fünf Monate alt ist; sie und ihre sechs Geschwister werden von der Mutter, einer Hausangestellten und Analphabetin, allein großgezogen. Ihre Kindheit und Jugend verbringt sie in verschiedenen segregierten indischen Communities in Durban. Die durch das Apartheidregime vorgeschriebene „Rassentrennung" stellt sie zunächst nicht in Frage, da es für sie etwas Selbstverständliches ist. Bewusste Diskriminierungserfahrungen macht sie erst, als sie die „geschützte" indisch geprägte Umgebung verlässt und gleichzeitig beginnt sie, die mit Privilegien verknüpfte Hierarchie zu begreifen: die *Whites* an der Spitze, gefolgt von *Indian/Asian*, dann *Coloured* und am Ende die *African Black*. Auch mit der Tatsache, dass in einer solchen Struktur Unterdrückte gleichzeitig Unterdrückende sein können, setzt sie sich auseinander.

Sie erreicht, dass sie auf die weiterführende Schule gehen darf und es gelingt ihr, ein Studienstipendium zu bekommen. Sie schreibt sich für Soziale Arbeit an einer „ethnischen", d.h. ausschließlich für indische Studierende vorgesehenen Universität ein, der University of Durban-Westville (UDW). Die Lehre erfolgt ausnahmslos durch weiße Professor:innen und fußt auf eurozentrischen Theorien mit dem Schwerpunkt auf Einzelfallhilfe und auf Pathologie sowie Dysfunktion. In ihrem zweiten Studienjahr, 1976, bricht in Soweto, dem größten *township* Johannesburgs, der Aufstand überwiegend jugendlicher Schwarzer aus, die *Soweto-Riots*. Sie protestieren gegen die Einführung der Burensprache Afrikaans im Schulunterricht, die nur wenige *African Blacks* beherrschen, und die als Sprache der Unterdrückung wahrgenommen wird. Dies ist eine Maßnahme der Regierung, um die bröckelnde burische Identität zu beschwören, einhergehend mit einem Ausbau des Sicherheits- und Polizeistaats. Der Aufstand wird blutig niedergeschlagen, doch gilt er als Anfang vom Ende der Apartheid.

Vishantie Sewpaul nimmt aktiv an den Protesten teil, die sich mehr und mehr gegen das rassistische und diskriminierende Bildungssystem und gegen die „Rassentrennung" insgesamt richten. Sie wird Teil der *Black Consciousness Movement* (BCM), entwickelt eine positiv besetzte *„identity of black"*. Ihren Master in Sozialer Arbeit macht sie im Schwerpunkt Medical Science an der UDW, was u.a. mit ihrem Engagement im Bereich HIV/AIDS zu tun hat. In diesem Rahmen entwickelt sie für die Soziale Arbeit als *community work* verschiedene (Ausbildungs-)Programme für betroffene Mütter und Kinder. In ihrer Dissertation beschäftigt sie sich mit feministischen, ethischen und religiösen Aspekten von Unfruchtbarkeit und den neuen Reproduktionstechnologien; Hintergrund ist ihre eigene Kinderlosigkeit. Sie lehrt, nach einigen Zwischenstationen, an der University KwaZulu Natal, die 2004 durch den Zusammenschluss einer „weißen" und einer „schwarzen" Universität gegründet wurde. Als *Head of the Social Work Discipline* hat sie die schwierige Aufgabe zu meistern, curriculare, ethnische, ideologische und historisch gewachsene Spannungen konstruktiv zu wenden.

In ihrer akademischen Karriere sind ihr zwei Themen wichtig: da ist zum einen die Kritik an den zunehmend neoliberalen, auf reine Effizienz ausgerichteten Strukturen an den Universitäten, die Vernachlässigung der Lehre, der Studierenden und des Praxisbezuges zugunsten von Forschung und aufgrund des Publikationsdrucks. Zum zweiten sind für Vishanti Sewpaul die Praxis, speziell *community work*, und die Biografie-Arbeit mit ihren Student:innen mit all deren

Unterdrückungserfahrungen unabdingbar für eine gute Lehre. Als sie beides nicht mehr gewährleistet sieht, geht sie 2015 in den vorzeitigen Ruhestand, aber nur um weiterhin international engagiert zu sein. Während ihrer Lehrtätigkeit und mit dem Ende der Apartheid widmet sie sich immer mehr auch internationalen Aktivitäten. Als (Vize-)Präsidentin der *Association of South African Social Work Education Institutions (ASASWEI)* und der *National Association of Social Workers, South Africa (NASW, SA)*, dem ersten vereinigten, *non-racial* Berufsverband für Sozialarbeiter:innen in Südafrika organisiert sie viele internationale Kongresse, inner-afrikanisch (Afrika allein hat schon 54 Nationen!) aber auch weltweit. Ihr internationales Renommée ist herausragend: sie hat an zahlreichen ausländischen Universitäten gelehrt und die Ehrendoktorwürde von einer schwedischen, einer norwegischen und einer chilenischen Universität verliehen bekommen. Auch als Vizepräsidentin der *IASSW* (2010–2015) hat sie immer die Position einer kritischen Sozialen Arbeit vertreten und Themen wie Rassismus und (Neo-)Kolonialismus in die Diskussion gebracht. Besonders hervorzuheben ist ihr Einsatz für die *Global Standards for Social Work Education and Training*, obwohl sie zunächst große Bedenken hatte: „*It smacks of colonialism*" (Sewpaul 2021: 131). Doch dann übernahm sie doch den Ko-Vorsitz der *task force*, denn „*[...] most colleagues wanted global standards, with a tall order that they be broad enough to apply to any context, but specific enough to have salience. Thus began our four years of global consultations, which called for active listening, understanding and humility in responding to a wide range of disparate interests and worldviews*" (Sewpaul 2021: 131).

Gerade sie hat mit ihrem Verständnis für Widersprüchlichkeiten und Ambiguitäten viel dazu beigetragen, dass ein für alle Mitglieder der *IASSW* und der *IFSW* akzeptables Ergebnis einstimmig verabschiedet werden konnte. Gleiches gilt für ihr Engagement für die Überarbeitung der *Global Definition for the Social Work Profession* und der *Global Social Work Statement of Ethical Principles* (IASSW). Der Weg aus einer indischen *Community* im Südafrika der Apartheid auf die internationale Bühne der Sozialen Arbeit war Vishantie Sewpaul nicht vorgezeichnet. Ihr Einsatz, besonders für die Weiterentwicklung der globalen Standards für die Soziale Arbeit, bei dem sie mit dem nötigen Fingerspitzengefühl oft die Vermittlung zwischen hochgradig unterschiedlichen Positionen übernahm, hat dazu beigetragen, die internationale Soziale Arbeit ein gutes Stück voranzubringen.

Quellen: Die Autobiografie von V. Sewpaul und viele Gespräche während unserer Zusammenarbeit in der IASSW und in der Task Force für die Ausbildungs- und Lehrstandards

2. Definition soziale Bewegungen (SB)

Bislang wurden SB kaum im Zusammenhang mit Sozialer Arbeit betrachtet, sondern überwiegend aus einer soziologischen Perspektive, wie z.B. im Standardwerk *Oxford Handbook of Social Movements* (Della Porta/Diani 2015). Eine Definition, die auch aktuell noch immer zugrunde gelegt wird, ist die von Raschke (1991): Bewegungen sind kollektive Akteur:innen, die mobilisieren wollen. Sie handeln „mit einer gewissen Kontinuität auf der Grundlage hoher symbolischer Integration und geringer Rollenspezifikation mittels variabler Organisations- und Arbeitsformen. Ihr Ziel ist, [...] grundlegenderen sozialen Wandel herbeizuführen, zu verhindern oder rückgängig zu machen" (Raschke 1991: 32).

„Übersetzt" heißt das, dass diejenigen, die sich für ein Thema engagieren, gemeinsam versuchen, andere, möglichst viele, Menschen zum Mitmachen zu bewegen. Bis ihrem Anliegen Gehör verschafft wird und um öffentlich wirksam zu werden (um z.B. von den Medien wahrgenommen zu werden), braucht es Zeit, weshalb eine Bewegung über einen gewissen Zeitraum bestehen bleiben muss. Die „symbolische Integration" zeigt sich in einem stark ausgeprägten Wir-Gefühl in Bezug auf eine gemeinsame Meinung („für oder gegen etwas sein"), aber auch in Umgangsformen, Sprache, Symbolen bis hin zum Kleidungsstil. Einer sozialen Bewegung kann man sich anschließen, ohne formal Mitglied werden zu müssen (anders als in einem Verein). Natürlich gibt es auch Hierarchien, z.B. durch das Ausmaß des Engagements wie zwischen Initiator:innen, Aktiven und Sympathisant:innen. Aber die Rollen sind nicht spezifisch, nicht festgelegt, sondern eher flexibel. Wo und wie man sich bei Organisation (von Treffen, Öffentlichkeitsarbeit etc.) und Aktivitäten (z.B. Demo-Teilnahme, Plakate entwerfen...) einbringt, ist offen. Wie weitreichend das Vorhaben einer gesellschaftlichen Veränderung formuliert ist, hängt von der Zielsetzung ab. Diese kann weltumspannend sein, wie in der *Global Justice*-Bewegung, oder lokale Bezüge haben wie beispielsweise die Gegenwehr von Indigenen gegen den Bau von Staudämmen in Brasilien am Xingu-Fluss. Diese lokalen Bewegungen können aber auch ein nationales oder gar globales Ausmaß erlangen. Für den Transnationalisierungsprozess kann exemplarisch die *Fridays for Future*-Bewegung herangezogen werden. Hier lässt sich die transnationale Mobilisierung auf drei Ebenen verdeutlichen: (1) ihre Akteur:innen sind transnational vernetzt, (2) ihre Proteste thematisieren grenzüberschreitende Themen, (3) sie sprechen internationale Organisationen an (vgl. den Beitrag von Schmelz in diesem Band).

Bis in die frühen 2000er Jahre wurden SB in erster Linie als Ansätze der Demokratisierung und der normativen und kulturellen Öffnung gesehen, als ein Gegengewicht zu Neoliberalisierung und zur herkömmlichen Klassen- und Geschlechterordnung; auf alle Fälle stehen sie für emanzipatorische Alternativen. Mittlerweile wird durch die Analyse der Entwicklungen deutlich, dass SB teilweise auch rückläufige („*norm regress*"-)Tendenzen unterstützen und dass es durchaus (internationale) Aktivitäten von anti-liberalen, exkludierenden und reaktionären Akteur:innen in der Zivilgesellschaft gibt (Davies/Peña 2021: 55f.), z.B. die rechtsextremen *Proud Boys*, die eine an traditionellen, männerdominierten westlichen Normen orientierte Gesellschaftsordnung, *white supremacy*, (wieder) herstellen wollen und politische Gewalt ausüben, z.B. als sie sich im Januar 2021 im Zusammenhang mit der Präsidentschaftswahl in den USA am Sturm auf das Kapitol in Washington maßgeblich beteiligten.

Da SB einen Gegenentwurf zu formalisierten und institutionalisierten Systemen wie Parteien oder Organisationen darstellen und im Gegensatz zum Idealtyp einer Organisation nicht durchformalisiert sind, sind sie eher als Netzwerke zu verstehen (Rucht/Neidhardt 2020: 636). Dennoch verfügen sie über ein „Minimum an organisatorischer Struktur, die ihnen Bestand verleiht, und eine bestimmte Führungsstruktur, die ihnen strategisches Handeln ermöglicht" (Brand et al. 1986: 36), wodurch sie sich von Revolten und Unruhen abgrenzen lassen. Hier die

Balance zu halten ist eine der großen Herausforderungen für SB. Werden nämlich explizite, offen gelegte Zuständigkeiten durch informelle Hierarchien und Willkür ersetzt, kann eine Willensbildung von unten nach oben und damit auch die Einbeziehung interner Minderheiten nicht gewährleistet werden. Die Folge: die Bewegung erstarrt. Rammstedt (1978) hat die Gesetzmäßigkeit des Bewegungsprozesses herausgearbeitet. Demnach sind Krisen, gemeinsam geteilte Unrechtserfahrungen, von der viele Menschen betroffen sind oder eine Solidarisierung von nicht unmittelbar Betroffenen die Bedingung dafür, dass eine SB entsteht. Die Propagierung dieser Krisenfolgen führt zu einer Konsensbildung unter den Mitgliedern. Die sich daraus entwickelnde Ideologie, also eine gemeinsam geteilte Anschauungsweise, wird öffentlich gemacht, um weitere Mitglieder bzw. Anhänger:innen auch außerhalb des engsten Kreises zu gewinnen. Denn damit die Bewegung in Bewegung bleiben kann, ist eine stetig wachsende Ausbreitung lebenswichtig. Trotz des Vorrangs der horizontalen Kommunikation und Interaktion wird aus der Notwendigkeit heraus, die immer größer werdende Anhänger:innenschaft zu koordinieren, die Bewegung für manche Mitglieder zur Quasi-Profession und es entsteht eine Führungsgruppe. „Mit der Quasi-Professionalisierung der Beteiligten im Zentrum der sozialen Bewegung wandelt sich das interaktionistische Gebilde zur formalen Organisation...[dies] ist zugleich das idealtypische Ende jeder sozialen Bewegung" (Rammstedt 1978: 168). Oft bilden sich Nichtregierungsorganisationen (*Non Governmental Organisations/NGOs*, s. Abschn. 3.5) heraus, die die Anliegen weiter vertreten und ihnen einen institutionalisierten Rahmen zu geben. Andere Gründe für die Auflösung einer SB können auch Misserfolg sein, nachlassendes Interesse oder die Tatsache, dass das Ziel erreicht wurde oder – schlimmstenfalls –, dass autoritäre Regime eine Bewegung behindern und verbieten (Roth/Rucht 2016: 35).

Um die angestrebten gesellschaftlichen Veränderungen durchzusetzen nutzen SB verschiedene Protest-, Vernetzungs- und Kommunikationshandlungen (Herbers/Zobel 2022).

2.1 Protestformen und mediale Vernetzung

Ein „Protestereignis" wird als öffentliche, kollektive, über Routinehandeln hinausgehende Aktion zur Artikulation von Widerspruch bzw. zur Durchsetzung eines gesellschaftlichen oder politischen Anliegens definiert. Wichtig ist der Aktionscharakter, der dann entsteht, wenn die Grenzen routinemäßiger Kommunikation überschritten werden. Das reicht von offenen Briefen, Flugblättern, Resolutionen und Pressekonferenzen, politischen Kulturveranstaltungen oder gerichtlichen Klagen bis hin zu Blockaden, Streiks, Sachbeschädigung, Einbruch oder gar Hungerstreik. Zunehmende Bedeutung erlangen Online-Petitionen und -kampagnen oder Hacking (Institut für Protest- und Bewegungsforschung 2022). Allerdings sind auch kritische Tendenzen zu verzeichnen: „Verschiedene wissenschaftliche Studien stellen im jüngeren Protestgeschehen einen Trend zu stärker spezialisierten und personalisierten Protesten fest im Kontext von digitalem ‚clicktivism', Spaßprotest, Professionalisierung und NGOisierung" (Daphi/Deitelhoff 2017: 311), also Entwicklungen, die zu einer Entpolitisierung des Protestes führen (können).

Wie lässt sich Aufmerksamkeit erzeugen in einer Zeit, in der diese durch den *information overflow* zu einem knappen Gut geworden ist? Rucht (2016) fasst die Möglichkeiten wie folgt zusammen: ein Spektakel hat hohen Neuigkeits- oder Überraschungswert und provoziert. Die Dramatisierung und Skandalisierung betont einen nicht hinnehmbaren, empörenden oder gefährlichen Sachverhalt. Mit Personalisierung und Symbolisierung werden komplexe Fakten anschaulich gemacht. Erzählungen (Narrative) ordnen die Themen in geschichtliche oder traditionelle Zusammenhänge ein. Mit Hilfe von Deutungsstrategien (*framing*) werden Interpretationen nahegelegt, positive oder negative Assoziationen heraufbeschworen, denkbare Lösungsperspektiven und verantwortliche Träger von Reformansätzen benannt. Durch Grenzziehungen und Identitätsbehauptungen wird Geschlossenheit hergestellt, ein Wir-Gefühl erzeugt (Rucht 2016: 7–10).

Für eine massenwirksame Aufmerksamkeitserzeugung müssen möglichst viele Menschen die Botschaft verkünden. Netzwerke sind deshalb die Adern der SB, Vernetzung ihre Überlebensstrategie. Dabei ist die Art der Kommunikation sehr spezifisch, denn sie „[...] entfaltet sich in jener schwer fassbaren Zwischenzone von privat und öffentlich, spontan und organisiert, informell und verregelt, von kultureller Innovation und politischer Intervention, von Selbstveränderung und Gesellschaftskritik" (Roth/Roland 1991: 263).

Gestaltete sich das Interaktionsgeflecht in den 1970er Jahren über Kneipen, Buchläden oder alternative Medien wie „Stattzeitungen" oder „Piratensender" (Radio), ist die Vernetzung intern wie extern heute ohne Internet nicht mehr denkbar. Zwar ist für das Zusammengehörigkeitsgefühl – die affektive Seite des Protestes – die physische Präsenz auf Demonstrationen, bei Versammlungen oder in Zeltlagern unbedingt wichtig, aber genauso relevant ist die digitale Vernetzung und die Nutzung des virtuellen Protestraums über Websites, Pressehandy und v.a. die Sozialen Medien. So müssen bei der Betrachtung der Vernetzung folgende Fragen gestellt werden: An welchen Orten haben die Proteste stattgefunden und auf welche Weise wurden sich Räume angeeignet? Inwieweit sind digitale und analoge Räume in Verbindung zueinander gesetzt worden? Die weltweiten Proteste zwischen 2009 und 2011 (mehr dazu unter Abschn. 3.3) beginnen in der Regel in den digitalen Netzen, werden dadurch transnational. Gleichzeitig besetzen die Aktivist:innen durch Demonstrationen und Kundgebungen öffentliche Plätze und sind so auch lokal und regional verankert; die SB haben einen viralen Charakter, sind aber auch vor Ort und physisch erfahrbar. In jüngerer Zeit sind vermehrt Kampagnenorganisationen entstanden, die überwiegend das Internet zum Beispiel für digital gestreute Petitionen nutzen (in Deutschland z.B. Campact.de und eine Reihe kleinerer Gruppen; auf internationaler Ebene agieren avaaz.org und change.org). Damit bieten sie die Möglichkeit, individuell Kampagnen zu starten: die Plattformen sind offen für alle, jede:r kann mitmachen (Daphi/Deitelhoff 2018). Bewegungen verändern sich und erproben mit innovativen Protest- und Mobilisierungsaktionen neue Tanzschritte und Choreographien.

Nachdem Internationale Soziale Arbeit und soziale Bewegungen definiert sind, wird es in den nächsten Abschnitten darum gehen, wie sich ihr Verhältnis in den letzten ca. 120 Jahren entwickelt hat.

3. Soziale Bewegungen und Soziale Arbeit

Die Zuschreibung „sozial" findet sich bei den Bewegungen wie bei der Profession/Disziplin und beider Gegenstand sind die gesellschaftlichen Verhältnisse. Beide sind von Beginn an international vernetzt und stehen in transnationalem Austausch. Bringen die SB soziale Probleme und gesellschaftliche Widersprüche in die Öffentlichkeit, so übernimmt die Soziale Arbeit die Aufgabe, diese aufzugreifen und zu bearbeiten (Wagner 2010: 9). Durch dieses Zusammenspiel wurde und wird die Verbreitung von Ideen, Wissen und Konzepten über nationale und kontinentale Grenzen hinweg entscheidend befördert (Köngeter 2013). Gleichzeitig ist Soziale Arbeit in nationale Traditionen und Diskurse eingebunden. Dieses widersprüchlich scheinende Verhältnis sieht Lorenz „[...] als zentrales Element ihres historischen Charakters und als solches als den eigentlichen Ausgangspunkt für ihre weitere wissenschaftliche und professionelle Ausarbeitung" (Lorenz 2015: 1437). Es gilt festzuhalten: Soziale Arbeit hat ihren Ursprung nicht ausschließlich in Mildtätigkeit und Wohltätigkeit/Wohlfahrt, sondern auch in den politisch agierenden gesellschaftsverändernden SB. „Sozialer Wandel" und „soziale Entwicklung" werden auch aktuell als zentrale Aufgaben der Profession und Disziplin definiert.

3.1 Alte soziale Bewegungen

Soziale Arbeit ist eine relativ junge Profession und Disziplin, die sich erst im ausgehenden 19. und ersten Drittel des 20. Jahrhunderts herauszubilden beginnt. Eine Vielzahl bislang nicht gekannter sozialer Probleme, bedingt durch die Industrialisierung und ihre Folgen und dann durch den Ersten Weltkrieg, erfordert neue sozialpolitische Maßnahmen. Gleichzeitig entwickeln sich – auch aus diesem Kontext heraus – die ersten sozialen Bewegungen: die Arbeiter:innenbewegung, die beiden Frauenbewegungen (die bürgerliche und die proletarische), später auch die Sozialreformbewegungen, die Jugendbewegungen und die Friedensbewegung. Viele Pionierinnen der Sozialen Arbeit sind gleichzeitig auch in den verschiedenen Bewegungen aktiv, besonders in der Frauenbewegung. In Deutschland sind dies u.a. Alice Salomon, Marie Baum, Hilde Lion, Margarete Meusel, Hildegard von Gierke, Siddy Wronsky, Helene Weber und Gertrud Bäumer (Hering/Waaldijk 2002).

Soziale Arbeit und soziale Bewegungen sind historisch betrachtet also nicht nur über die von ihnen geteilte Kritik an den gesellschaftlichen, politischen oder wirtschaftlichen Verhältnissen verbunden, sondern auch über professionelle und persönliche Beziehungsnetzwerke. Zwar gibt es durchaus Spannungen: Die Frauenbewegung kritisiert die mangelnde Professionalität der Sozialen Arbeit, die eher aus caritativen Motiven denn aus sozialer Verantwortung heraus geleistet werde. Der Arbeiter:innenbewegung steht die Soziale Arbeit zu sehr auf der Seite der repressiven Politik und sie kritisiert den Druck, mit dem versucht wird, bürgerliche Normen durchzusetzen (vgl. Wagner 2010: 14–16), der Klassenkampf steht für sie im Vordergrund. Die bürgerliche Frauenbewegung hingegen, aus der die Mehrzahl der Sozialarbeiterinnen kommt, strebt die Versöhnung der Klassen an und will mehr soziale Gerechtigkeit über Maßnahmen der Familienfürsorge und der Gesundheits- und Jugendpflege erreichen.

Hinsichtlich des Pazifismus, international durch den Weltfriedenskongress von Glasgow 1901 in das öffentliche Bewusstsein gerückt, spalten sich in der Zeit vor dem Ersten Weltkrieg die ersten professionellen Sozialarbeiterinnen in diejenigen, die nationalistisch gesonnen sind und die Kriegsbegeisterung teilen, und diejenigen, die internationalistisch denken und sich (meist) mit der sozialistisch und kommunistisch orientierten Frauenbewegung einer internationalen Friedensbewegung anschließen.

Doch bleibt festhalten, dass die gemeinsame Kritik an den gesellschaftlichen, sozialen und politischen Verhältnissen zu einer gegenseitigen Inspiration führt. „So hat die Frauenbewegung [...] maßgeblich zur Etablierung der Berufsausbildung und Professionalisierung der Sozialen Arbeit beigetragen, die Jugendbewegung nach dem Ersten Weltkrieg in sozialpädagogischer Hinsicht Pionierarbeit geleistet und die Arbeiterbewegung zumindest indirekt zur Schaffung eines differenzierten sozialpolitischen Systems beigetragen" (Wagner 2010: 9). Die internationalistisch und koedukativ ausgerichtete Arbeiterjugendbewegung beeinflusst die Methoden der politischen Bildung und der internationalen Jugendarbeit, die bürgerliche Jugendbewegung die der Sozialpädagogik. Die Friedensbewegung hat dazu beigetragen, dass sich die Soziale Arbeit (aktuell) mit dem Friedensaufbau in Post-Konflikt-Gesellschaften ein neues Praxisfeld erschlossen hat und auf bewährte Ansätze und Strategien wie zivile Konfliktbearbeitung und gewaltfreie Intervention zurückgreifen kann.

Porträt: Mentona Moser

Mentona Moser ist eine Pionierin der Sozialen Arbeit, nicht nur als Mitbegründerin der ersten Ausbildung für Soziale Arbeit in der Schweiz, sondern vor allem in Bezug auf ihre Aktivitäten im Zusammenhang mit Internationalismus und ihrem politischen Engagement als Sozialarbeiterin und Aktivistin (Schmelz 2021).
Am 9.10.1874 wird sie in Badenweiler/Schweiz als Tochter der Baroness Fanny Louise von Sulzer-Wart und dem Uhrenfabrikanten Heinrich Moser geboren und damit in eine der reichsten Familien der Schweiz. Sie distanziert sich früh und nutzt ihr in späteren Jahren ererbtes Vermögen für soziale Zwecke. Zunächst aber studiert sie Soziale Arbeit in den Jahren 1898 bis 1901 an der Women's University in Cambridge, England, die in Southwark, einem Londoner Armenviertel ein Settlement unterhielt. So kommt sie in Kontakt zur Settlementbewegung und darüber auch zur Arbeiter:innen- und Frauenbewegung. Als sie in die Schweiz zurückkehrt, versucht sie, die Ansätze der Settlementbewegung in die neu entstehende Ausbildung zu Sozialer Arbeit zu integrieren: Keine Anpassung an die Normen der bürgerlichen Klasse, sondern eine Unterstützung, die reale Lebensbedingungen und Bedürfnisse der Arbeiter:innen und die Überwindung der Klassengegensätze zugrunde legt, also Partnerschaft statt Paternalismus. Als sie sich damit nicht durchsetzen kann, legt sie ihre leitende Funktion nieder. Ein Zitat aus ihrer Autobiografie macht ihre Einstellung drastisch deutlich: „Nie ist die Bourgeoisie so abstoßend als da, wo sie Wohltätigkeit treibt; stinkende Wohlfahrt" (Schiel 1987: 250, zit. nach Schmelz 2021: 338).
Die Ideen der Genossenschaftsbewegung, in der sie eine Zeit lang als Sozialdemokratin aktiv ist, entsprechen ihrer Einstellung: durch solidarische Selbsthilfe die Verbesserung prekärer Lebensverhältnisse zu erreichen. Ihre endgültige

„ideologische Heimat" findet sie, nachdem sie von der Sozialdemokratie zum Kommunismus übergetreten ist, in der Internationalen Roten Hilfe (IRH). Diese wurde in der Folge des ersten Weltkriegs gegründet, nachdem verschiedene Revolutionen gescheitert waren und Fluchtwellen der von Polizei und Militär verfolgten Kommunist:innen deren Unterstützung erforderlich machten. Als Weltorganisation zählt die IRH auf ihrem Höhepunkt 1932 nationale Sektionen in 68 Ländern mit nahezu zwölf Millionen Mitgliedern, viele davon parteilos.

Moser engagiert sich ideell und finanziell im Laufe ihres Lebens in vielerlei Hinsicht auch auf internationaler Ebene: für die Gleichstellung der Frau, Sexualberatung und das Recht auf Abtreibung, in der Flüchtlingshilfe, als Produzentin von Schallplatten mit Arbeiter:innenliedern, für politische Bildung auf dem Land, für eine Gefangenenbibliothek, für internationale Kinderheime in der Sowjetunion für die Kinder politischer Emigrant:innen oder Gefangener – immer getreu ihrer Maxime, dass Aktivierung, *ownership* und Partizipation die Grundlagen einer politisch verstandenen und gesellschaftlich relevanten Sozialen Arbeit sind.

Krankheits- und altersbedingt lebt sie in den 1940er Jahren in prekären Verhältnissen bis sie 1950 auf Einladung der SED die Staatsbürgerschaft der DDR annimmt und dort versorgt und verehrt nach zwei Jahrzehnten 1971 stirbt. Kritisch zu vermerken ist, dass sie in dieser Zeit öffentlich keine Kritik an den Menschenrechtsverletzungen in der DDR geäußert hat.

Was verbindet Mentona Moser und das Thema dieses Kapitels?

Mentona Moser hat Soziale Arbeit immer nur im Zusammenhang mit Internationalismus und politischer Einmischung als sinnvoll erachtet. Insofern kann sie – auch wenn die Rote Hilfe als parteigebundene Bewegung nicht den eigentlichen, wie oben definierten SB zugeordnet werden kann – als frühe Vertreterin und Protagonistin für *anti-oppressive social work* (AOSW) und *popular social work* betrachtet werden. Beide Ansätze stehen Sozialen Bewegungen nahe und verstehen sich als Teil der radikalen Sozialen Arbeit.

AOSW ist in Kanada und Großbritannien ein Oberbegriff für verschiedene Praxisansätze antirassistischer, feministischer und anderer sozialer Bewegungen und kritisiert die etablierte Soziale Arbeit als „*oppressive caring profession*", eine „unterdrückend-helfende Profession". „Private" Probleme sollen als gesellschaftliche Angelegenheit gewertet werden, woraus sich eine kritische Beziehung zwischen Gesellschaftsstruktur und Bewusstsein der Individuen ableitet. Bewusstsein und Analyse von Unterdrückung sind notwendige aber nicht hinreichende Anteile von AOSW, ebenso wichtig ist der gesellschaftsverändernde Impetus (Straub 2006). *Popular social work* bezieht sich ebenfalls explizit auf die sozialen Bewegungen, die auch als „populäre Klassen" bezeichnet werden. Der Ansatz geht davon aus, dass die professionelle Auseinandersetzung mit innovativen und „populären", also bewegungsorientierten Formen der (gegenseitigen) Unterstützung, die außerhalb der selbstgesetzten Grenzen der Profession entstehen, die Soziale Arbeit bereichert und politisiert (Lavalette 2019).

Hier finden sich Gedanken, Überzeugungen und Aktivitäten von Mentona Moser wieder, die damit vieles, was heute (wieder) in die Fachdiskussion Eingang findet, schon vorweggenommen, propagiert und gelebt hat.

> **Empfohlene Lektüre**
>
> Schmelz, Andrea (2021): Rebellin gegen Klassenverhältnisse: Mentona Moser (1874–1971). Eine Pionierin der internationalen Sozialen Arbeit. In: Soziale Arbeit, 9/2021: 337–334
> Zu *popular social work*: Lavalette, Michael (2019): Popular social work. In: Webb, Steven A (Hrsg.): The Routledge Handbook of Critical Social Work, London: Routledge:536–548
> Zu *anti-oppressive social work*: Straub, Ute (2006): Anti Oppressive Social Work als kritische Soziale Arbeit. In: Widersprüche, 6/2006: 19–25

3.2 Neue soziale Bewegungen (ab den 1970er Jahren)

Soziale Bewegungen können in der Bundesrepublik erst nach dem Ende des Nationalsozialismus wieder entstehen. Eine der ersten ist das Wiederaufleben der Friedensbewegung, die sich zwischen 1951 und 1955 gegen die Wiederbewaffnung der BRD richtet. Viele weitere Bewegungen der 1970er und 1980er Jahren werden durch die internationale Student:innenbewegung ausgelöst. Es geht ihnen nicht nur um Veränderungen in der Politik, um die Aufdeckung der sozialen Kosten der gesellschaftlichen Modernisierung, sondern auch um eine Veränderung der Lebensweise in den „Alternativbewegungen", in denen gemeinschaftliche Lebens- und Arbeitsformen ausprobiert werden. In der Gegen- oder Subkultur entstehen zahlreiche alternativer Projekte und Einrichtungen (vgl. Wagner 2010: 12) wie genossenschaftliche Betriebe, Frauengesundheitszentren, *free clinics* für Drogenberatung, Bio- und Eine-Welt-Läden, die z.T. bis heute fortbestehen.

Die Themen der Neuen SB umfassen Gender, Rassismus, Sexualität, Umwelt und Abrüstung. Dazu gehören die neue Frauenbewegung, die neue Friedensbewegung, die Ökologiebewegung und die Anti-Atomkraftbewegung. „Ihre Grundmuster passen zu modernen Lebensstilen und zu den gesteigerten Selbstverwirklichungs- und Gestaltungsansprüchen ihrer Trägerschaft: fluide, netzwerkartige Kooperationsformen statt bürokratischer Großorganisationen, die Betonung thematischer und ideologischer Vielfalt statt Vereinheitlichung, eher ‚führerlose' Strukturen statt Fixierung auf prominente Spitzen, eine breite Palette von zivilen, kreativen Mobilisierungs- und Aktionsformen statt einer Kultur von Militanz und Entschlossenheit, umfassende innere Demokratie und Mitgestaltung statt Unterordnung und Disziplin" (Roth 2012: 3-4). Die Bezeichnungen „Graswurzelbewegungen" oder „Gesellschaft von unten" weisen auf die zivilgesellschaftliche Bedeutung hin. Andererseits sind SB selbst Hegemonieprojekte, d.h. sie reproduzieren soziale Ungleichheiten und sind selbst an Differenzproduktion (Entwicklung von Strukturen, die Benachteiligungen hervorrufen) beteiligt. Oft werden sie von Aktivist:innen aus sozial gut gestellten Milieus getragen. Diese analytische Leerstelle wird in den 1990er Jahren durch das Konzept der Intersektionalität (Crenshaw 1991) gefüllt und damit zum expliziten Gegenstand der politischen Artikulation von sozialen Bewegungen. Es geht um das Zusammenwirken verschiedener Formen der gesellschaftlichen Hierarchisierung und Differenzierung, etwa Klasse, Geschlecht, rassistische Diskriminierung, Behinderung und Körper. Die Wurzeln liegen im Umfeld des *Black Feminism,* der feministischen, anti-rassistischen und anti-kapitalistischen Bewegung Schwarzer Frauen und Lesben in den USA (Ganz 2019).

3.3 „Neue" neue soziale Bewegungen oder Post 2011-Bewegungen

Schon lange gibt es SB im Globalen Süden, z.B. von Frauen, von Kleinbäuer:innen, von Indigenen, die über die nationalen Grenzen hinaus wenig bekannt sind. Dies ändert sich 2011, das als Startjahr einer neuen Welle von Protestbewegungen gilt. Es ist das Jahr weltweiter, transnationaler (Jugend-)Proteste gegen autoritäre Regime und soziale Missstände, Bankenkrisen und Staatsverschuldung, u.a. in der Folge der Bankenkrise von 2008.

„The Protester" wird in jenem Jahr vom US-amerikanischen Nachrichtenmagazin Time 2011 zur *„person of the year"* gekürt (diese Auszeichnung wird seit 1827 vergeben). Das zeigt, welche Relevanz die SB im gesellschaftlichen Bewusstsein bekommen haben.

Über nationale Grenzen hinweg kann sich „[...] im politischen Raum neben und teilweise gegen die dominierenden Institutionen (wie etwa Parteien, Parlamente, Regierungen) ein meist bunter Bewegungssektor etablieren [...], von dem wichtige politische Impulse ausgehen. Die Proteste haben zudem verdeutlicht, dass die nationalen Grenzen von Bewegungen offener geworden sind. Internationale Impulse, Themen und Aktionsformen werden aufgegriffen und Ansätze einer gemeinsamen Agenda entstehen" (Roth 2012: 2–3). Beispiele für diese internationale Bewegung gegen politische Bevormundung und wirtschaftliche Ungleichheit sind der Arabische Frühling in Nordafrika und im Nahen Osten, gefolgt von den Platzbesetzungen der „Empörten" in Madrid, Athen und anderen Städten durch Anti-Austeritäts-Aktivist:innen, die sich ausdrücklich auf die Aufstände in der arabischen Welt beziehen. Es folgen die Occupy-Wall-Street-Proteste mit dem kritischen Fokus auf das globale Finanzsystem, die von New York ausgehend in vielen Metropolen der Welt aufgegriffen werden.

Ein verbindendes Element der Protestakteur:innen ist, dass diese Protestbewegungen überwiegend von Jugendlichen und jungen Erwachsenen getragen werden. Neben der Kritik an den Wirtschafts- und Finanzsystemen geht es auch darum, gegen die Enteignung von Lebenschancen Anklage zu erheben. Die Protestierenden verfügen meist über eine gute Bildung, sind aber v.a. in Südeuropa und den arabischen Ländern sozialer Deprivation und beruflicher Perspektivlosigkeit ausgesetzt. Es ist ein „Aufruhr der Ausgebildeten" (Kraushaar 2012), der durch die Globalisierung an Vehemenz gewinnt.

3.4 Globalisierung

Die länderübergreifenden Bewegungen sind von der Struktur und den Zielen her mit nationalen SB zu vergleichen, zeichnen sich jedoch dadurch aus, dass sie die politischen und sozialen Transformationen über die Grenzen einzelner Staaten hinaus vorantreiben.

Darüber hinaus umfassen sie die Aktivitäten der sogenannten „transnationalen sozialen Bewegungsorganisationen", z.B. Amnesty International, Attac, Friends of the Earth International (FoEI) und andere. Um das Verständnis für globale Probleme zu formen und Einfluss auf zwischenstaatliche und transnationale Arenen auszuüben, ist es wichtig, die länderübergreifenden Ähnlichkeiten der Protestursachen zu vermitteln. So tragen die transnationalen Bewegungen dazu bei, Hindernisse für nationale SB (in autoritären Gesellschaften) zu überwinden und (unterdrückte) Anliegen auf mehreren Ebenen zu transportieren und damit potentielle restriktive Maßnahmen zu umgehen. Ein weiterer wichtiger Aspekt ist das globale „*knowledge empowerment*": einerseits die Ermächtigung der Protestakteur:innen durch Wissen, andererseits die Ermächtigung von Wissensinhalten, die im politischen Diskurs unberücksichtigt oder stigmatisiert sind. „Eine zentrale Rolle spielen dabei unterschiedliche Expert:innen, die entsprechendes Wissen für die Bewegung produzieren, identifizieren und bereitstellen sowie als legitimierende Referenzen fungieren. […] Beim Gegenwissen handelt es sich jedoch nicht nur um alternative Wissensinhalte, sondern auch um disparate Wissens- und Erkenntnisformen, wenn etwa dem als nüchtern und distanziert empfundenen Expertenwissen angeblich ‚ganzheitliche', etwa emotionale Beweisführungen und eine Argumentation aus subjektiver Betroffenheit entgegengehalten wird" (Pantenburg et al. 2021: 7).

Nicht nur die SB, auch die Soziale Arbeit hat sich – auch in Folge der Digitalisierung –globalisiert, was sich in Publikationen mit internationaler Herausgeber:innenschaft und Kongressen mit Teilnehmer:innen aus der ganzen Welt zeigt. Darüber hinaus konstituieren sich neue soziale Probleme über nationale Grenzen hinweg, „alte" soziale Probleme gleichen sich über die Grenzen hinweg immer mehr an. Themen wie Pendelmigration und Transmigration, Reproduktionshandel/Leihmutterschaft, transnationale Familienbiografien oder die *care chains* (Versorgungsketten) fordern von Sozialer Arbeit nicht nur, ihr Wissen und ihre Kenntnisse zu erweitern, sondern auch neue Formen der Intervention und der Interessenvertretung zu entwickeln (Diwersy/Köngeter 2022; Schwarzer et al. 2016).

3.5 SB, Nichtregierungsorganisationen (NGOs) und Soziale Arbeit

Der Blick auf dieses Verhältnis ist relevant, weil sich in vielen NGOs Sozialarbeiter:innen engagieren. NGOs bilden häufig einen Teil von SB, aber sie sind im Aufbau eher eine Organisation und grenzen sich manchmal auch von SB ab, die oft radikalere Forderungen haben und zivilen Ungehorsam einsetzen. „Und während das eine oder andere Selbstverständnis als Sozialarbeiter:in aus der eigenen Protestvergangenheit herrührt, ist für manche Aktivist:innen undenkbar, sich einer solchen Institutionalisierung zu unterwerfen. Zugleich kommt im Begriff ‚sozial' und dem Anspruch, das Soziale zu gestalten, dennoch eine gewisse Verbundenheit dieser beiden Phänomene zum Ausdruck. Wobei immer zu bedenken ist, dass soziale Bewegungen vielgestaltig sind, wie auch Soziale Arbeit nicht gleich Soziale Arbeit ist" (Bunk 2018: 266).

Ob NGOs für die SB einen institutionellen Kern oder ein transnationales Spielbein darstellen, ob sie deren gesellschaftliche und politische Basis sind oder ob die SB die Avantgarde internationaler NGOs bilden oder beide gemeinsam Träger einer „Weltzivilgesellschaft" sind (vgl. Roth 2001: 51) – welches Deutungsmuster auch immer betrachtet wird, eines steht fest: In den Ländern des Globalen Südens sind professionelle und parasoziale Arbeit, politischer Aktivismus und eigene Betroffenheit oft schwer trennbar. Die anhaltenden Folgen von Sexismus, Antisemitismus, Kolonialismus und Rassismus, Unruhen und Kriegen, ehemaligen und aktuellen Unabhängigkeits- und Reformkämpfen sowie der Mangel an sozialstaatlichen Strukturen führen dazu, dass Gruppierungen und Bewegungen außerhalb staatlicher Organisationen sowohl das Soziale abdecken wie auch gleichzeitig gesellschaftskritische Positionen vertreten und öffentlich machen.

Daraus ergibt sich eine radikalere Form der Sozialen Arbeit, für die sich nach Lutz et al. (2021) nicht nur auf transnationaler und internationaler Ebene, sondern auch national die folgende Forderung aufstellen ließe: „Sie muss ihren liberalen Charakter einer wertfreien Wissenschaft abstreifen und radikalere sowie befreiende Positionen einnehmen, um sich von den Einrichtungen und Prozessen lösen zu können, welche die sozialen Probleme, die durch die Sozialarbeit bekämpft werden sollen, erst schaffen; sie muss als politische Akteurin auftreten und sich einmischen".

Daran schließt sich die eingangs gestellte Frage an: Ist die Internationale Soziale Arbeit selbst eine Bewegung? Genügt die Selbstmandatierung zur „Menschenrechtsprofession" (Staub-Bernasconi 2008; UNO 1992)?

4. Soziale Arbeit als Bewegung?

An dieser Frage scheiden sich die Geister, nicht nur in der professionspolitischen Diskussion im Globalen Norden, sondern auch in der Nord/Süd-Debatte. Zugleich ist es auch eine Frage des „Zeitgeistes".

In den 1970er Jahren vertritt Karam Khella (1982), ausgehend von einem marxistischen Theorieverständnis, mit seiner „Sozialarbeit von unten" eine radikale Position, die er als Antithese zur etablierten, offiziell geförderten, von den staatlichen oder ‚freien' Trägern (Anführungszeichen im Original, Anm. d.V.) getragenen Sozialen Arbeit versteht. In einem 10-Phasen-Programm stellt er eine Strategie auf, in der Schritte zur Mobilisierung marginalisierter Gruppen durch Soziale Arbeit entwickelt werden. Findet diese praktische Anleitung bereits kurz nach ihrer Veröffentlichung großen Zuspruch, verschwindet dieser Ansatz in den neoliberalen Tendenzen der 1980er Jahre.

Merten (2001) hingegen bezeichnet das politische Mandat als (Selbst-)Missverständnis des professionellen Auftrags Sozialer Arbeit, das dazu beiträgt, die realen Wirkmöglichkeiten Sozialer Arbeit zu verkennen. Er vertritt die These, dass Soziale Arbeit kein politisches Mandat habe, sondern („nur") einen professionellen Auftrag. Allerdings: „Wenn sie diesen mit einem Höchstmaß an Kompetenz wahrnehmen will, dann wird sie dazu beitragen, dass ihre Klientel die ihr zustehenden Rechte erhält, ja besser noch, dass sie sie dazu befähigt, ihre Rechte selbstständig wahrnehmen und realisieren zu können" (Merten 2001: 89). Aber gerade diese Aufgabe, Ressourcen zu gewinnen, ist, so Kusche/Krüger, das gesellschaftspolitische Mandat. Sie vertreten die Meinung, dass es keine Rolle spielt, ob diesem Mandat sozialrechtliche Regelungen zugrunde liegen, ob es gesellschaftspolitisch legitimiert ist oder eben durch Selbstaneignung realisiert wird. „Entscheidend ist die inhaltliche Ausgestaltung dieses Auftrages in der Wahrnehmung sozialpolitischer Verantwortung und Gestaltung. Hierzu bedarf es des politisch motivierten beruflichen Alltagshandelns, der *Unterstützung in sozialen Bewegungen* (Herv.d.Verf.), des Einflusses auf berufspolitische Organisationen und der Curricula an Hochschulen" (Kusche/Krüger 2001: 16). Ähnlich argumentiert Schröder in Bezug auf die transnationale Verzahnung von Sozialer Arbeit und SB in dem gemeinsamen Ziel, den Neoliberalismus zu bekämpfen. Soziale Arbeit kann hier jedoch "[...] nur eine Randstellung einnehmen. Sie wird stets ihrer staatlichen Anbindung und Verortung [...] verbunden bleiben. Dennoch kann Soziale Arbeit als Unterstützerin solcher Proteste agieren" (Schröder 2016: 125) und in der Anlaufphase von SB eine wichtige Rolle spielen. Diese Position leitet er aus einem Abgleich der Definition SB von Raschke (s.o.) mit den Merkmalen der Sozialen Arbeit ab. Es gibt viele Übereinstimmungen, doch der wesentliche Unterschied liegt darin, dass Soziale Arbeit in die Organisationen des Wohlfahrtsstaats eingebunden ist, während SB qua definitionem Nicht-Organisationen sind, die sich häufig gegen staatliche Maßnahmen oder Eingriffe wenden.

Fragen der politischen Einmischung der Sozialen Arbeit werden auf internationaler Ebene schon seit Beginn der 1990er Jahre unter dem Stichwort *policy practice* diskutiert (vgl. Wyers 1991). Jansson war einer der Ersten, der *policy practice* als eigenständigen Aspekt der Sozialarbeitspraxis konzeptualisierte. Er unterscheidet zwischen politischer Praxis (*policy practice*) und politischer Interessenvertretung (*advocacy*) auf folgende Weise: *Policy practice* ist das Engagement, auf die Politik in Gesetzgebung, Behörden und Kommunen einzuwirken und sie zu verändern. Advocacy ist „nur" ein Aspekt der politischen Praxis, der das eher traditionelle Soziale repräsentiert, nämlich die Interessenvertretung der Adressat:innen der Sozialen Arbeit, die versuchen, ihre sozialen und wirtschaftlichen Lebensbedingungen zu verbessern. Damit ist *advocacy* Teil der politischen Praxis, aber nicht die gesamte politische Praxis (Jansson 2014; Pawar 2019).

Für Healy (2014) ist es zumindest für die Internationale Soziale Arbeit unstrittig, dass sie eine Bewegung ist. Sie benennt drei Richtungen, in die ISA sich entwickelt bzw. bewegt: erstens als eine Bewegung, die sich für die Verbreitung von Standards für Lehre, Praxis und Forschung einsetzt, und die zweitens eine Form spezifischer Praxis global umsetzt und drittens als (professions-)politische Akteurin mit dem Anspruch, sich in die globale Politikentwicklung einzumischen und sich für weltweite sozialpolitische Standards einzusetzen (vgl. Healy 2014: 370).

Sucht man in verschiedenen Ethikkodizes verschiedener nationaler Berufsverbände weltweit, wo und wie politisches Engagement eingeschrieben ist, findet man regelhaft die (Auf-)Forderung, dass Sozialarbeiter:innen sich in die politische Praxis einbringen sollen, um sozialen Wandel und Entwicklung zu fördern. Im globalen

Ethikcodex (s.o.) ist das folgendermaßen formuliert: „*Social workers recognize the political dimension of the profession as a consequence of the power and authority conferred on them by the State to take action with or on behalf of people, within the boundaries of the profession's ethical principles*" (IASSW/IFSW 2018).

5. Ausblick und Forschungsfragen: Tanzt Soziale Arbeit aus der Reihe?

Die Frage, ob ISA eine Bewegung ist, kann hier nicht abschließend beantwortet werden. Festzuhalten ist, dass sich das Ausmaß der Integration in und die Partizipation an SB im Globalen Norden anders darstellt als im Süden. Es stellt sich also die Frage, inwieweit die Theorien und Perspektiven der bisherigen Bewegungsforschung aus dem Norden auch jene Bewegungen erfassen können, die unter anderen Bedingungen agieren müssen. Leistet sie eine Analyse der Verhältnisse, in denen die Grenzen zwischen sozialer Sicherung und existenziell-politischen Kämpfen verschwimmen, wo das Engagement für soziale Gerechtigkeit und gegen repressive Regierungen einerseits und sozialen Bewegungen andererseits oft nicht trennbar sind? Der deutsche Verband Entwicklungspolitik und humanitäre Hilfe (VENRO) warnt vor dem Phänomen der *„shrinking spaces"*, der Beschränkung der Handlungsspielräume zivilgesellschaftlicher Akteure. Dies zeigt das Beispiel Russlands, wo NGOs, die mit internationalen Partner:innen zusammenarbeiten, auf Listen „ausländischer Agent:innen" registriert und damit tendenziell der Spionage verdächtig gemacht werden. Ähnliches gilt für Indien, das zwar auf zivilgesellschaftliche Dienstleistungen angewiesen ist, aber keine Regierungskritik zulässt und Vorstellung, die „Hand des Auslands" (*„the foreign hand"*) nehme schädlichen Einfluss auf indische Politik zum Vorwand nimmt, soziale Bewegungen zu überwachen und ggf. abzustrafen. Das Engagement in Bewegungen kann für die Aktiven zum Tanz auf dem Vulkan werden.

Einen weiteren Kritikpunkt sehen Altmann et al. (2017) in der Voreingenommenheit der nördlichen Bewegungsforschung. Diese beschreibt, dass die Entstehung sozialer Bewegungen mit den politischen Entwicklungen im Norden einhergegangen sei, was zu einer „Unsichtbarmachung" der Bewegungen des Südens geführt habe.

In diesem Kontext sei an die Ansätze Soziale Entwicklung und *community development* als zentrale Schwerpunkte der Sozialen Arbeit des Südens erinnert, wobei „*community*" nicht auf den Ort begrenzt ist, sondern das Gefühl der Zusammengehörigkeit mit einbezieht. Für die in diesem Bereich engagierten Sozialarbeiter:innen gibt es häufig eine Übereinstimmung zwischen persönlicher Überzeugung und professioneller Tätigkeit. Sie sind in ihrer Praxis an sozialpolitischen Maßnahmen beteiligt, um eine Änderung bestehender Missstände über politische Einflussnahme herbeizuführen. Unabdingbar hierfür sind u.a. ein Verständnis historischer Prozesse und die Priorisierung der sozialpolitischen Rahmenbedingungen bei der Analyse sozialer Probleme, also die Verlagerung vom Fokus auf den individuellen Problemen hin zur Konzentration auf strukturelle Unterdrückung und ihre vielen Formen und Orte (Altmann 2017). Weiterhin geht es darum, eine gleichberechtigte Zusammenarbeit mit Servicenutzer:innen zu entwickeln und kreative

Ansätze aus Kunst, Musik, Literatur, Poesie, *storytelling*, Radio, Film, Theater und sozialen Medien für die Aktivierung einzusetzen, die Teil der lokalen Kultur sein können (Goel 2014; Nobel 2015).

Wie bewegungsorientiert ist die Soziale Arbeit als Profession? Dies wird zweifelsohne eine der spannenden Forschungsfragen für die Zukunft sein und zwar nicht nur hinsichtlich der emanzipativen Bewegungen, sondern auch bezüglich der „rückwärtsgewandten".

Soziale Bewegungen und Soziale Arbeit haben, wie dieses Kapitel aufzeigt, viel gemeinsam, auch historisch. Dies wird durch Globalisierung und transnationale Problemstellungen noch verstärkt. Soziale Arbeit im Norden könnte stärker als bisher – wie es im globalen Ethikcodex formuliert ist – die ihr vom Staat übertragene Macht und Einflussmöglichkeit nutzen, wie auch die Befugnis, Maßnahmen für mehr soziale Gerechtigkeit für und gemeinsam mit Menschen zu ergreifen. Sie könnte dabei viel von der Sozialen Arbeit des Südens und den dortigen Bewegungen lernen.

Reflexionsaufgaben

- Setzt sich Soziale Arbeit mit SB auseinander, wenn ja, in welcher Form?
- Was glauben Sie, welche Motivationen und Einstellungen haben die Aktivist:innen, die auch im Sozialen tätig sind, wie ist ihr Einfluss auf die Soziale Arbeit?
- Welche Verantwortung hat die Internationale Soziale Arbeit in Bezug auf das Risiko der Gefährdung von Aktivist:innen aus den eigenen Reihen in repressiven Regimen?
- Wird sich ihrer Einschätzung nach die Soziale Arbeit insgesamt (wieder) politisieren und radikalisieren?
- Würden Sie Internationale Soziale Arbeit als Bewegung definieren?
- Waren/sind Sie selbst in einer sozialen Bewegung/NGO aktiv oder haben Sie Kontakt?
- Recherchieren Sie die Situation sozialer Bewegungen in einem Land Ihrer Wahl.

Literatur zur Einführung

Straub, Ute (2020): Internationale Soziale Arbeit. socialnet Lexikon. Bonn: socialnet, www.socialnet.de/lexikon/Internationale-Soziale-Arbeit, 11.8.2022.

Nobel, Carolyn (2015): Social Protest Movements and Social Work Practice www.researchgate.net/publication/304193330_Social_Protest_Movements_and_Social_Work_Practice, 11.8.2022.

Weiterführende Literatur

Abramowitz, Mimi (2012): Theorising the Neoliberal Welfare State for Social Work. In: Sage Handbook of Social Work. Thousand Oaks: Sage, S. 33–50.

Almeida, Paul/Cordero Ulate, Allen (2015): Social Movements Across Latin America. In: Dies. (Hrsg): Handbook of Social Movements across Latin America. Wiesbaden: Springer VS, S. 3–10.

Alston, Margaret/Besthorn, Fred H. (2012): Environment and Sustainability. In: Lyons, Karen H./Hokenstad, Terry/Hall, Nigel/Pawar, Manohar S. (Hrsg.) (2012): Sage Handbook of International Social Work. London: Sage, S. 56–69.
Altmann, Philipp/Demirhisar, Deniz Günce/Mwathi Mati, Jacob (2017): Social Movements in the Global South, www.researchgate.net/publication/327856967_Social_Movements_in_the_Global_South, 11.8.2022.
Bähr, Christiane/Homfeldt, Hans-Günther/Schröder, Christian/Schröer, Wolfgang/Schweppe, Cornelia (2014): Weltatlas Soziale Arbeit. Jenseits aller Vermessungen (Vorwort). In: Dies. (Hrsg.): Weltatlas Soziale Arbeit. Jenseits aller Vermessungen. Weinheim, Basel: Beltz Juventa, S. 9–30.
Brand, Karl-Werner/Büsser, Detlef/Rucht, Dieter (1986): Aufbruch in eine andere Gesellschaft. Neue soziale Bewegungen in der Bundesrepublik. 2., aktualisierte Ausgabe. Frankfurt a.M.: Campus.
Bunk, Benjamin (2018): Zur Differenz von Sozialer Arbeit und sozialen Bewegungen. Annäherungen über die brasilianische Movimento dos Sem Terra. In: Franke-Meyer, Diana/Kullmann, Carola (Hrsg.) (2018): Soziale Bewegungen und Soziale Arbeit. Von der Kindergartenbewegung zur Homosexuellenbewegung. Wiesbaden: Springer VS, S. 265–282.
Cox, David/Pawar, Manohar (2012): International Social Work. Issues, Strategies, and Programs. 2. Aufl., Thousand Oaks: Sage.
Crenshaw, Kimberlé (1991): Mapping the Margins: Intersectionality, Identity Politics, and Violence Against Women of Color. In: Stanford Law Review, Ausgabe 43, Nr. 6, S. 1241–1299.
Daphi, Priska/Deitelhoff, Nicole (2018): Protest im Wandel? Jenseits von Transnationalisierung und Entpolitisierung. In: Leviathan, 45. Jg., Sonderbd. 33/2018, S. 306–322.
Davies, Thomas R./Peña, Alejandro M. (2021): Social movements and international relations: a relational framework. In: Journal of International Relations and Development, Heft 24, S. 51–76.
Della Porta, Donatella/Diani, Mario (Hrsg.) (2015): The Oxford Handbook of Social Movements. Oxford: Oxford University Press.
Diwersy, Bettina/Köngeter, Stefan (Hrsg.) (2022): Internationale und Transnationale Soziale Arbeit. Baltmannsweiler: Schneider Verlag Hohengehren.
Del Valle Dávila, Oscar (2018): Shrinking Spaces: Was steckt dahinter und wie können NRO darauf reagieren? In: http://blog.venro.org/shrinking-spaces-was-steckt-dahinter-und-wie-koennen-nro-darauf-reagieren/. 9.9.2022.
Dominelli, Lena (2014): Learning from our past: climate change and desaster interventions in practice. In: Noble, Carolyn/Strauss, Helle/Littlechild, Brian (Hrsg.): Global Social Work. Crossing borders, blurring boundaries. Sydney: Sydney University Press, S. 341–351.
Ferguson, Iain (2008): Reclaiming Social Work. Challenging Neo-liberalism and Promoting Social Justice. London: Sage.
Ganz, Kathrin (2019): Kollektive Identitäten als Koalitionen denken. Intersektionalität in der sozialen Bewegungsforschung. In: Vey, Judith/Leinius, Johanna/Hagemann, Ingmar (Hrsg.) (2019): Handbuch Poststrukturalistische Perspektiven auf soziale Bewegungen. Bielefeld: transcript Verlag, S. 168–183.
Goel, Kalpana (2019): Understanding Community and Community Development – Defining the Concept of Community. In: Goel Kalpana, Pulla Venkat, Francis P. Abraham (Hrsg): Community Work: Theories, Experiences and Challenges, 2. Aufl., Niratanka:Niruta Publications, S. 1–15.
Gray, Mel/Coates, John (2010): Conclusion. In: Gray, Mel/Coates, John/Yellow Bird, Michael: Indigenous Social Work around the World. Towards Culturally Relevant Education and Practice. Southhampton: Ashgate, S. 271–274.

Gray, Mel/Webb, Stephen A. (2008): The Myth of Global Social Work – Global double standards in Social Work. In: Journal of Progressive Human Service, June 2008, 19 (1), S. 61–66. www.researchgate.net/publication/248920653_The_Myth_of_Global_Social_Work_Double_Standards_and_the_Local-Global_Divide, 11.8.2022.

Hall, Nigel (2015): International Federation of Social Workers (IFSW). In: Encyclopedia of Social Work. oxfordre.com/socialwork/view/10.1093/acrefore/9780199975839.001.0001/acrefore-9780199975839-e-202, 11.8.2022.

Healy, Lynne (2014): Global education for social work: old debates and future directions for international social work. In: Noble, C./Strauss, H./Littlechild, B. (Hrsg.) (2014): Global Social Work. Crossing borders, blurring boundaries. Sydney: Sydney University Press, S. 369–280.

Healy, Lynne/Hall, Nigel (2009): Internationale Organisationen der Sozialen Arbeit. In: Wagner, Leonie/Lutz, Ronald (Hg.): Internationale Perspektiven Sozialer Arbeit, 2. Aufl., Wiesbaden: VS-Verlag, S. 243–260.

Herbers, Lena/Zobel, Mareike (2022): Soziale Bewegung. In: socialnet Lexikon. Bonn: Socialnet, https://www.socialnet.de/lexikon/Soziale-Bewegung, 25.8.2022.

Hering, Sabine/Waaldijk, Berteke (Hrsg.) (2002): Die Geschichte der Sozialen Arbeit in Europa (1900–1960). Wichtige Pionierinnen und ihr Einfluss auf die Entwicklung internationaler Organisationen. Opladen: Leske + Budrich.

Homfeldt, H.-G./Reutlinger, C. (Hrsg.) (2009): Soziale Arbeit und Soziale Entwicklung. Baltmannsweiler: Schneider Verlag Hohengehren.

IFSW/IASSW (2018): Global Social Work Statement of Ethical Principles. www.ifsw.org/global-social-work-statement-of-ethical-principles/, 25.8.2022.

IFSW (2014): Global Definition of the Social Work Profession. http://ifsw.org/get-involved/global-definition-of-social-work/, 25.8.2022.

IFSW, IASSW, ICSW (2012): The Global Agenda for Social Work and Social development – committment to action. In: Social Dialogue, 2/2012, S. 46–49.

Institut für Protest- und Bewegungsforschung (ipb) (2021): Basiscodebuch-Protestereignisanalyse. https://protestinstitut.eu/wp-content/uploads/2021/05/ipb-Basiscodebuch-Protestereignisanalyse.pdf, 23.8.2022.

Jansson, Bruce S. (2014). Becoming an Effective Policy Advocate: From Policy Practice to Social Justice. Belmont, CA: Brooks/Cole.

Kniephoff-Knebel, Anette/Seibel, Friedrich W. (2008): Establishing international cooperation in social work education: the first decade of the „International Committee of Schools for Social Work" (ICSSW). In: International Social Work, November 2008 (51), S. 790–812.

Khella, Karam (1982): Sozialarbeit von unten. Praktische Methoden der fortschrittlichen Sozialarbeit. Einführung in die Sozialarbeit und Sozialpädagogik Bd. 1, Teil 3. Hamburg: Theorie und Praxisverlag.

Köngeter, Stefan (2013): Transnationales Wissen in der Geschichte der Sozialen Arbeit. Zur Bedeutung religiöser Verbindungen für die grenzüberschreitende Verbreitung der Settlement-Bewegung. In: Bender, Desireé/Duscha, Annemarie/Huber, Lena/Klein-Zimmer, Kathrin (Hrsg.): Transnationales Wissen und Soziale Arbeit. Weinheim: Beltz Juventa, S. 80–97.

Kraushaar, Wolfgang (2012): Aufruhr der Ausgebildeten. Vom Arabischen Frühling zur Occupy-Bewegung. Hamburger Edition: Hamburg.

Kruse, Elke (2009): Zur Geschichte der internationalen Dimension in der Sozialen Arbeit: In: Wagner, Leonie/Lutz, Ronald (Hrsg.): Internationale Perspektiven Sozialer Arbeit. Wiesbaden: VS-Verlag, S. 15–32.

Kusche, Christoph/Krüger, Rolf (2001): Sozialarbeit muss sich endlich zu ihrem politischen Mandat bekennen! In: Merten, Roland (Hrsg.): Hat Soziale Arbeit ein politisches Mandat? Positionen zu einem strittigen Thema. VS Verlag für Sozialwissenschaften: Wiesbaden S. 15–25.

Lorenz, Walter (2015): Soziale Arbeit in Europa. In: Otto, Hans-Uwe/Thiersch, Hans (Hrsg.): Handbuch Soziale Arbeit. München und Basel: Reinhardt, S. 1436–1443.

Lutz, Ronald/Kleibl, Tanja/Neureither, Franziska (2021): Soziale Arbeit des Südens. social-net Lexikon. Bonn: socialnet. www.socialnet.de/lexikon/Soziale-Arbeit-des-Suedens.

Mathbor, Golam M./Bourassa, Jennifer (2012): Desaster Management and Humanitarian Action. In: Lyons, Karen H./Hokenstad, Terry/Hall, Nigel/Pawar, Manohar S. (Hrsg.): Sage Handbook of International Social Work. London: Sage, S. 294–310.

Merten, Roland (2001). Politisches Mandat als (Selbst-)Missverständnis des professionellen Auftrags Sozialer Arbeit. In: ders. (Hrsg.): Hat Soziale Arbeit ein politisches Mandat? Wiesbaden: VS Verlag, S. 89–100.

Midgley, James (2010): Promoting Reciprocal International Social Work Exchanges: Professional Imperialism Revisited. In: Gray, Mel/Coates, John/Yellow Bird, Michael: Indigenous Social Work around the World. Towards Culturally Relevant Education and Practice. Southhampton: Ashgate, S. 31–45.

Nobel, Carolyn (2015): Social Protest Movements and Social Work Practice. www.researchgate.net/publication/304193330_Social_Protest_Movements_and_Social_Work_Practice, 25.8.2022.

Pantenburg, Johannes/Reichardt, Sven/Sepp, Benedikt (2021): Corona-Proteste und das (Gegen-)Wissen sozialer Bewegungen. In: Aus Politik und Zeitgeschichte (ApuZ 15.1.2021), Bundeszentrale für politische Bildung. www.bpb.de/apuz/wissen-2021/325605/corona-proteste-und-das-gegen-wissen-sozialer-bewegungen, 11.8.2022.

Pawar, Manhar (2019): Social Work and Social Policy Practice: Imperatives for Political Engagement https://doi.org/10.1177%2F2516602619833219.

Rammstedt, Otthein (1978): Soziale Bewegung. Frankfurt: Suhrkamp.

Raschke, Joachim (1991): Zum Begriff der sozialen Bewegung. In: Roth, Roland/Rucht, Dieter (Hrsg.): Neue Soziale Bewegungen in der Bundesrepublik Deutschland. Bonn: Bundeszentrale für Politische Bildung, S. 31–39.

Rehklau, Christine/Lutz, Ronald (2010): Partnerschaft oder Kolonisation? In: Wagner, Leonie/Lutz, Ronald (Hrsg.): Internationale Perspektiven Sozialer Arbeit, Wiesbaden: VS-Verlag, S. 33–53.

Roth, Roland (2012): Occupy und Acampada: Vorboten einer neuen Protestgeneration? In: Aus Politik und Zeitgeschichte (APuZ) Bundeszentrale für politische Bildung, 11.6.2012 https://www.bpb.de/shop/zeitschriften/apuz/138286/occupy-und-acampada-vorboten-einer-neuen-protestgeneration/, 25.8.2022.

Roth, Roland (2001): NGO und transnationale soziale Bewegungen: Akteure einer „Weltzivilgesellschaft"? In: Brand, Ulrich/Demirovic, Alex/Görg, Christoph/Hirsch, Joachim (Hrsg): Nichtregierungsorganisationen in der Transformation des Staates, Münster: Westfälisches Dampfboot, S. 43–63.

Roth, Roland (1991): Kommunikationsstrukturen und Vernetzungen in den neuen sozialen Bewegungen. In: Roth, Roland/Rucht, Dieter (Hrsg.): Neue soziale Bewegungen in der Bundesrepublik Deutschland, 2. überarb. und erw. Aufl.Bonn: Bundeszentrale für politische Bildung (bpb).

Roth, Roland/Rucht, Dieter (2008): Einleitung. In: Roth, Roland/Rucht, Dieter (Hrsg.): Die sozialen Bewegungen in Deutschland seit 1945. Ein Handbuch. Frankfurt/Main, New York: Campus, S. 9–38.

Rucht, Dieter (2016): Die medienorientierte Inszenierung von Protest. APUZ 9.12.2016, bpb. bpb.de/themen/medien-journalismus/medienpolitik/236953/die-medienorientierte-inszenierung-von-protest/, 25.8.2022.

Rucht, Dieter (1994): Öffentlichkeit als Mobilisierungsfaktor für soziale Bewegungen, In: Neidhardt, Friedhelm (Hrsg): Öffentlichkeit, öffentliche Meinung, soziale Bewegungen, Opladen: Westdeutscher Verlag, S. 337–358.

Rucht, Dieter/Neidhardt, Friedhelm (2020): Soziale Bewegungen und kollektive Aktionen. In: Joas, Hans/Mau (Hrsg.): Lehrbuch der Soziologie, 4. Aufl. Frankfurt, New York: Campus.

Schmelz, Andrea (2021): Rebellin gegen Klassenverhältnisse: Mentona Moser (1874–1971). Eine Pionierin der internationalen Sozialen Arbeit. In: Soziale Arbeit, 9/2021, S. 337–334.

Schwarzer, Beatrix/Kämmerer-Rütten, Ursula/Schleyer-Lindenmann, Alexandra/Wang, Yafang (2016) (Hrsg.): Transnational Social Work and Social Welfare: Challenges for the Social Work Profession. London, New York: Routledge.

Sewpaul, Vishantie (2021): The Arc of our Paths – Growing into Wholeness. 2. Aufl., Eigenverlag:Wandsbek.

Staub-Bernasconi, Silvia (2008): Menschenrechte in ihrer Relevanz für die Theorie und Praxis Sozialer Arbeit. Oder: Was haben Menschenrechte überhaupt in der Sozialen Arbeit zu suchen? In: Widersprüche, H. 107. Bielefeld: Kleine Verlag, S. 9–32.

Straub, Ute (2020a): Internationale Soziale Arbeit. socialnet Lexikon. Bonn: socialnet, www.socialnet.de/lexikon/Internationale-Soziale-Arbeit, 11.8.2022.

Straub, Ute/Rott, Gerhard/Lutz, Ronald (Hrsg.) (2020b): Indigenous and Local Knowledge. Bd. IX Soziale Arbeit des Südens. Opladen: Paulo Freire-Verlag.

Straub, Ute (2018): Definitionen Sozialer Arbeit. In: Wagner, Leonie/Lutz, Ronald/Rehklau, Christine/Friso Ross (Hrsg.): Handbuch Internationale Soziale Arbeit. Weinheim, Basel: Beltz Juventa, S. 22–34.

Straub, Ute (2016): „All my relations" – indigene Ansätze und Relationalität in der Sozialen Arbeit. In Früchtel, Frank/Strassner, Mischa/Schwarzloos, Christian (2016): Relationale Sozialarbeit – versammelnde, vernetzende und kooperative Hilfeformen. Weinheim, Basel: Beltz-Juventa, S. 54–74.

Straub, Ute (2015) Machtungleichgewichte – Konflikte in der Internationalen Sozialen Arbeit. Die neue Globale Definition und indigene Soziale Arbeit. In: Stövesand, Sabine/Röh, Dieter: Konflikte – theoretische und praktische Herausforderungen für die Soziale Arbeit. Opladen, Berlin &Toronto: Verlag Barbara Budrich, S. 58–68.

Straub, Ute (2006): Anti Oppressive Social Work als kritische Soziale Arbeit. In: Widersprüche, 6/2006, S. 19–25. https://www.researchgate.net/publication/277720183_Straub_Ute_2006_Anti_Oppressive_Social_Work_als_kritische_Soziale_Arbeit_in_Widerspruche_Ausgabe_100_Juni_2006_S_19-25, 11.8 2022.

Tamburro, Andrea (2013): Including Decolonization in Social Work Education and Practice. In: Journal of Indigenous Social Development, H. 3 (1), S. 1–16.

Wagner, Leonie (2010) (Hrsg.): Soziale Arbeit und soziale Bewegungen – Einleitung. In: Dies. (Hrsg.): Soziale Arbeit und Soziale Bewegungen. Wiesbaden: VS Verlag, S. 9–19.

II. Internationale Soziale Arbeit in sozialen Bewegungen

„Your body is a battleground"[1]
– Frauenbewegungen, Queer-Feminismus und Geschlechtergerechtigkeit

Claudia Lohrenscheit

> 8. Mai – Internationaler Frauentag/Frauenstreiktag
> 17. Mai – Internationaler Tag für die Menschenrechte von LSBTIQ+
> 26. Oktober – Internationaler Intersex Awareness Day
> 25. November – Internationaler Tag gegen Gewalt gegen Frauen

Zusammenfassung

Kritische Beiträge und Interventionen gegen Sexismus und Gewalt gegen Frauen und LGBTIQ+ gehören zu den Kernthemen der Sozialen Arbeit im Inland sowie auch in zahlreichen Ländern rund um den Globus. Jedoch ist es keine Selbstverständlichkeit, dass diese Themen in den Curricula und in der Praxis an den Hochschulen verankert sind. Das folgende Kapitel führt deshalb zunächst grundlegend in Fragen der Geschlechtergerechtigkeit ein, und nimmt dann drei aktuelle Beispiele für internationale soziale Bewegungen in den Blick, die für Geschlechtergerechtigkeit und queer-feministische Ziele eintreten; dies sind die sozialen Kämpfe gegen Femizide (Morde an Frauen), für reproduktive Rechte und die Entkriminalisierung von Schwangerschaftsabbrüchen sowie für die Menschenrechte von intersexuellen bzw. intergeschlechtlichen Menschen.[2]

1. Einführung

Die queeren und feministischen Bewegungen sind weltweit zu Beginn des 21. Jahrhunderts so stark und vielfältig wie nie. Sie inspirieren soziale Bewegungen und führen immer wieder dazu, kritische Machtfragen zu stellen (vgl. Wolff et al. 2015: 109). Sie umfassen die Anliegen von heterosexuellen, lesbischen oder bisexuellen Frauen[3] und Mädchen mit und ohne Behinderungen, von intergeschlecht-

---

1 *Your body is a battleground* – dieser Titel bezieht sich auf eine ikonische Arbeit der US-amerikanischen Künstlerin und Feministin Barbara Kruger für den Frauenmarsch in Washington 1989, die bis heute international verwendet wird. Asia Leofredi nutzte sie als Kuratorin 2021 für das gleichnamige internationale Symposion im Frankfurter Kunstverein.
2 Ich danke Dr. Regina Frey (Gender-Institut für Gleichstellungsforschung) für wertvolle und hilfreiche Anregungen als Peer-Reviewerin für dieses Kapitel (siehe: www.gender.de).
3 Frauen*: In diesem Text verwende ich zwar kein Asterix, wenn von Frauen die Rede ist, jedoch sind mit dem Terminus „Frauen" alle angesprochen, die sich als solche identifizieren (wollen), unabhängig von anderen Kategorien wie etwa dem Geschlechtseintrag im Personenstand.

lichen und Transfrauen. Sie verknüpfen die Menschenrechte von Schwarzen und *weißen* Frauen, Migrant:innen und geflüchteten Frauen mit unterschiedlichen Glaubens- oder Weltanschauungen.

„Das ist Gender-Gaga"; „Jungs weinen nicht"; „Lesben (wahlweise auch Feminist:innen) sind frustrierte Männerhasser:innen". Viele werden solche oder ähnliche Kommentare schon gehört und sich darüber geärgert haben. Andere sind mit frauenrechtlichen und queer-feministischen Themen vertraut, weil sie direkt oder indirekt betroffen sind, z.B. weil sie die Furcht kennen, nachts allein unterwegs zu sein; oder weil ihnen sexualisierte Gewalt angetan wurde; oder weil sie sich verstecken und verleugnen aus Angst, dass ihnen aufgrund ihrer sexuellen Orientierung oder geschlechtlichen Identität Gewalt angetan wird. Laurie Penny (2022: 51) spricht in diesem Zusammenhang von einer Kultur der Gewalt, einer Vergewaltigungskultur: „In der *Rape Culture* heißt es: *Meide diese oder jene Straße*. Frauen, Mädchen oder Queere werden ermahnt, sich zu beherrschen, zu kontrollieren. Alles dreht sich um Kontrolle. Die Botschaft lautet, dass diese oder jene Straße nicht für uns da ist. Dass die Welt nicht für uns da ist. (...) Mit *Rape Culture* ist nicht einfach nur eine Gesellschaft gemeint, in der Vergewaltigung an der Tagesordnung ist (...) Sie ist eine Kultur, in der solches geschieht und *normal* ist." Dagegen beteiligen sich jährlich Millionen Menschen an feministischen Streiks z.B. am 8. März. Frauenrechte sind durch Kampagnen wie #metoo, die sich gegen Sexismus und sexualisierte Gewalt richten, öffentlich und medial präsent. Gleichzeitig existieren vielerorts völlig gegenläufige Tendenzen und Entwicklungen: In Polen wurden Schwangerschaftsabbrüche jüngst vollständig verboten. Die Türkei ist aus der Istanbul Konvention[4] ausgetreten. In Ländern wie Bulgarien oder Ungarn werden queer-feministische Bewegungen, Lesben, Schwule und Transgender attackiert, und viele konservative, populistische oder rechte Parteien rufen zur Verteidigung „christlicher Werte" oder der sogenannten „natürlichen" Familie auf. Dabei machen sie aktiv Politik gegen sexuelle Selbstbestimmungsrechte und bilden zunehmend auch transnationale Allianzen.

Die Geschlechterverhältnisse und die Beziehungen zwischen den Geschlechtern beschäftigen die Internationale Soziale Arbeit seit ihren Anfängen in Deutschland, Europa und weltweit (vgl. Hering 2002). Pionierinnen der entstehenden Sozialen Arbeit zu Beginn des 20. Jahrhunderts waren gleichzeitig Protagonistinnen der internationalen Frauen- und Friedensbewegungen vor Beginn des Ersten Weltkrigs (vgl. Franger 2015; den Beitrag von Straub in diesem Band). Geschlechterverhältnisse bedeuten im Weiteren nicht nur ein binäres Verständnis von Männern und Frauen im Sinne einer dual konstruierten Zweigeschlechtlichkeit, sondern weit darüber hinaus alle Fragen, die sich mit Geschlecht als Strukturkategorie, mit der Geschlechtsidentität und/oder der geschlechtlichen und sexuellen Selbstbestimmung befassen (vgl. Pimminger 2012). Als Zieldimension betrifft die Forderung nach Geschlechtergerechtigkeit alle Handlungsfelder der Sozialen Arbeit sowie auch die Soziale Arbeit als Feld an sich, das seit jeher strukturell stark nach Ge-

---

4 Das Übereinkommen des Europarats zur Verhütung und Bekämpfung von Gewalt gegen Frauen und häuslicher Gewalt (2011); s.u.

schlecht differenziert ist. Die historischen Wurzeln der Arbeit in sozialen, reproduktiven, erzieherischen sowie gesundheits- und pflegeorientierten Berufen finden sich häufig in weiblich konnotierter, schlecht bezahlter oder unterbewerteter *Care* Arbeit von Frauen, die bis heute um gesellschaftliche und finanzielle Anerkennung kämpfen müssen. „Sie nennen es Liebe, wir nennen es unbezahlte Arbeit" – so kommentiert es Silvia Federici (zit. nach Tsomou 2018). Der Fortschritt in Sachen Geschlechtergerechtigkeit ist nie gesichert. Ganz im Gegenteil zeigen sich gerade in Krisenzeiten auch Rückschritte und fortdauernde Ungerechtigkeit. So war die Coronakrise auch eine Krise der Pflege- und Sorgearbeit, die Frauen vielfach raus aus der Erwerbsarbeit und in die unbezahlte *Care*-Arbeit zurückgedrängt hat. Und während die bezahlte *Care* Arbeit zwar auf der symbolischen Ebene als „systemrelevant" viel Wertschätzung erhielt, blieben die schlechten Arbeitsbedingungen vor allem auch für prekarisierte Beschäftigte erhalten. Auch der Krieg in der Ukraine zeigt aktuell auf sehr brutale Weise wie trotz aller Fortschritte, tradierte Geschlechterrollen mit Macht zurückkommen: „Männer erschießen, Frauen kümmern sich um die Leichen. Männer ziehen an die Front, Frauen tragen ihre Kinder über die Grenze. In Talkshows und auf Zeitungsseiten erklären Männer Militärstrategien. Und hinter den Grenzen verteilen polnische und slowakische Frauen Tee und Salamibrote an geflüchtete Ukrainer:innen" (Fromm/Fichtner 2022).[5]

Zu den sozialen Bewegungen rund um das Thema Geschlechtergerechtigkeit zählen die feministischen – und Frauenrechtsbewegungen, die es mit Unterbrechungen seit Ende des 19. Jahrhunderts gibt, genauso wie die Les-Bi-Schwulen Bewegungen seit Mitte des 20. Jahrhunderts, die sich heute ausdifferenzieren in LGBTIQ+ = Lesbian, Gay, Bisexual, Trans*, Intersex, Queer, als Menschen verschiedenster Hintergründe, Geschichten und Erscheinungen. Ihre politischen Initiativen und sozialen Bewegungen sind umfassend, und gehören heute mit zu den dynamischsten Treibern gesellschaftlicher und demokratischer Entwicklungen weltweit. Im Folgenden sollen nach einem kurzen Hinweis auf die (fach-)politischen Grundlagen sowie eine allgemeine Einführung in die queer-feministischen Bewegungen, die folgenden Schwerpunkte und Fragen im Mittelpunkt stehen:

1. Feministische Bewegungen in Lateinamerika: Was sind Femizide; und welche (neuen) Formen für Widerstand, Aufklärung und Solidarisierung haben sich im Kampf gegen Frauenmorde entwickelt?
2. „*My Body my Choice*" – Sexuelle Selbstbestimmung und der Kampf gegen die Kriminalisierung von Schwangerschaftsabbrüchen;
3. Globale queer-feministische Bewegungen für die Rechte von intergeschlechtlichen Menschen.

Was ist Geschlecht?

Geschlecht ist eine mehrdimensionale Kategorie, die sich in den vergangenen Jahrzehnten entwickelt und ausdifferenziert hat. In der Regel wird eine Unterscheidung zwischen den biologischen Geschlechtern (*sex*), und den sozialen

---

5 Ganz so einfach ist es natürlich nicht, aber Fromm und Fichtner weisen darauf hin, dass verschiedene Konflikte auf der Welt gezeigt haben, dass Frieden dort stabiler ist, wo Frauen an der Aushandlung beteiligt sind. Hierzu existiert die Resolution 1325 der UN zu „Frauen, Frieden und Sicherheit".

Geschlechtern (*gender*) getroffen. Die Definitionen lassen sich weiter ausdifferenzieren in den Geschlechtsausdruck (wie wir uns zeigen) und die Geschlechtsidentität (wie wir uns fühlen). Hier gibt es Menschen, die sich mit dem ins Geburtsregister eingetragenen Geschlecht identifizieren (*cisgender*), und Menschen, die sich im Laufe des Lebens transformieren (*transgender*) sowie auch Menschen, die sich weder noch oder gar nicht identifizieren (lassen) wollen (*non-binär*). Geschlecht wird weiterhin als Konstrukt verstanden; es kann als feststehend oder als fluide wahrgenommen werden, da Gesellschaften genauso wie individuelle Menschen sich im Zeitverlauf im Hinblick auf Geschlechterrollen und -identitäten wandeln. Geschlechterverhältnisse beschreiben dabei nicht nur das Verhältnis zwischen Individuen, sondern auch strukturelle Kategorien, die in Sozialstrukturanalysen klar zeigen können, wo Benachteiligungen weiter fortbestehen. Auf globaler Ebene finden sich hierzu aktuelle Daten bei der Bewertung zu *Goal 5 „Achieve gender equality and empower all women and girls"* der *Sustainable Development Goals* durch die Vereinten Nationen.

Das somatische (auch biologische) Geschlecht setzt sich zusammen aus Chromosomen (z.B. XX oder XY oder XXY), den Gonaden (oder Keimdrüsen), Hormonen sowie den äußeren und inneren Geschlechtsorganen. Zum psychischen Geschlecht gehören das empfundene und das zerebrale Geschlecht. Die soziale Dimension beinhaltet das zugeschriebene Geschlecht, das in der Geburtsurkunde eingetragen wird, das anerzogene (Erziehungs-)Geschlecht sowie das juristische Geschlecht (vgl. Plett 2021: 162). Weiterhin umfasst das soziale Geschlecht vielfältige gesellschaftliche, historische und kulturelle Aspekte, die verschiedene Varianten der Geschlechtsidentität zulassen. So bricht das ehemals bipolare oder duale Geschlechterverhältnis, dass nur zwei Geschlechter und nur eine sexuelle Orientierung (Heteronormativität) kennt, zunehmend auf, und schließt (biologisch und sozial) auch dritte Optionen (z.B. Inter*, divers oder non-binär) bzw. Geschlechterdiversität ein. Damit werden mehr und mehr auch die patriarchalen Strukturen verändert, in denen das Geschlechterverständnis und die Geschlechterverhältnisse durch Macht, Herrschafts- und Hierarchiegrenzen geprägt sind, die den heterosexuellen, *weißen* Cis-Mann an die gesellschaftliche Spitze stellen, und Frauen sowie LGBTIQ+ diskriminieren und unterdrücken. Dies kann jedoch nicht darüber hinwegtäuschen wie stabil Geschlecht als Strukturkategorie weiterhin ist – insbesondere auch mit Blick auf die unterschiedlichen Berufsgruppen in der Sozialen Arbeit sowie im Gesundheitsbereich: Geschlecht ist eingeschrieben in den segregierten Arbeitsmarkt, in dem Frauen, vielfach auch Migrantinnen, in prekären Situationen arbeiten, häufig schlechter bezahlt als Männer (*Gender Pay Gap*) und mit der Aussicht im Alter schlechter abgesichert zu sein (*Gender Pension Gap*).

Zum Weiterdenken: Eine bekannte graphische Darstellung dieser Vielfalt der Geschlechterdimensionen findet sich im Netz (am besten die Bildsuche einstellen) unter dem Titel „*Genderbread-Person*", weil sie geformt ist wie das berühmte *Gingerbread* (Ingwerbrot), hier vergleichbar mit dem Lebkuchenmännchen.

2. (Fach-)Politische Grundlagen für die Internationale Soziale Arbeit im Feld der Geschlechtergerechtigkeit

Aus institutioneller Perspektive existieren fundierte fachliche Grundlagendokumente zum Thema Geschlechtergerechtigkeit u.a. bei den (inter-)nationalen Fachverbänden Sozialer Arbeit und bei den Vereinten Nationen. Hinzu kommen die internationalen Menschenrechtsabkommen, auf die in den nachfolgenden Teilkapiteln jeweils verwiesen wird.

Die *International Federation of Social Work* (IFSW) und die *International Association of Schools of Social Work* (IASSW) geben gemeinsam seit 2004 die *Global Standards for Social Work Education and Training* heraus, die zuletzt 2020 aktualisiert wurden.[6] Diese Standards sollen zu einem gewissen Maß Übereinstimmung und Einheitlichkeit im Studium bzw. in der Aus- und Fortbildung von Sozialarbeiter:innen herstellen. Geschlechtergerechtigkeit nimmt dabei sowohl als ethische Grundlage, als Zielsetzung sowie auch als Inhalt des Curriculums eine zentrale Stellung ein (vgl. insbesondere das vierte Kapitel, *Core Curriculum*). Die Empfehlung ist, dass im Studium der Sozialen Arbeit Basiswissen vermittelt wird über Menschenrechte, soziale Bewegungen und ihre Verbundenheit mit Klassenfragen, mit Geschlechterthemen sowie auch mit anti-rassistischen Themen. Das Studium sollte darüber hinaus einen klaren inhaltlichen Schwerpunkt auf Geschlechtergerechtigkeit legen sowie auf ein vertieftes Verständnis der strukturellen Bedingungen für geschlechtsspezifische Gewalt.

Auf der globalen Ebene formulieren die Vereinten Nationen siebzehn Ziele für nachhaltige Entwicklung (SDGs, *Sustainable Development Goals*) als politische Agenda der Weltgemeinschaft bis zum Jahr 2030. Die Ziele richten sich an alle: Staaten, Zivilgesellschaft, Wirtschaft, Wissenschaft und (Hoch-)Schulen im Allgemeinen sowie die Soziale Arbeit im Besonderen. Die IFSW unterstützt die Arbeit zu den SDGs und entwickelt hierzu eigene *Policy Papers*. Gleichzeitig versteht sie sich auch als kritische Begleiterin für die Analyse von Chancen und Hindernissen bei der Umsetzung der Ziele.[7] Geschlechtergerechtigkeit ist in den Zielen sowohl implizit als Querschnittsthema aufgenommen (z.B. im Ziel Nr. 4 zu Bildung), als auch explizit als Ziel Nr. 5 *Gender Equality*. Geschlecht wird hier als Strukturkategorie gefasst, die auf Ungleichheit zwischen den sozialen Gruppen Frauen und Männer verweist. Die UN begründen dies mit den nach wie vor existierenden Ungleichheiten zwischen den Geschlechtern, die bis heute Frauen als soziale Gruppe benachteiligen, und die in allen Gesellschaften weltweit existieren, wenn auch in unterschiedlichen Ausmaßen. Exemplarisch nennen die UN (2022) hierzu folgende Daten (Übersetzung durch d.A.):

---

[6] Die 2020er Version der *Global Standards for Social Work Education and Training* wurde im Rahmen einer globalen Konsultation mit Expert:innen aus 125 Ländern, fünf regionalen Verbänden der Sozialen Arbeit und über 400 Hochschulen und Fortbildungsinstituten entwickelt; vgl.: https://www.iassw-aiets.org/global-standards-for-social-work-education-and-training/, 9.2.2022.

[7] Siehe hierzu: Social Work and the United Nations Sustainable Development Goals (SDGs, Policy Topic: IFSW, UN, April 1, 2021; https://www.ifsw.org/social-work-and-the-united-nations-sustainable-development-goals-sdgs/, 9.2.2022.

- Weltweit sind bis zu 200 Millionen Mädchen und Frauen in 30 Ländern von FGM – *Female Genital Mutilation* betroffen.
- In 18 Staaten können Männer ihren Ehefrauen noch immer verbieten, zu arbeiten; in 39 Staaten haben Söhne und Töchter keinen gleichen Zugang zum Erbrecht, und 49 Staaten haben keine gesetzlichen Grundlagen geschaffen, die Frauen vor häuslicher Gewalt schützen.
- Weltweit hat eine unter fünf Frauen oder Mädchen in den letzten zwölf Monaten physische und/oder sexualisierte Gewalt erfahren, häufig im Rahmen ihrer Familien und/oder Paarbeziehungen.
- Nur etwa jede zweite Frau kann im Rahmen ihrer heterosexuellen Paarbeziehung oder Ehe frei über ihre sexuellen Beziehungen und Verhütungsmethoden entscheiden.
- Lediglich 13 % des weltweiten Ackerlandes sind im Besitz von Frauen.
- In politischen Entscheidungsgremien konnten Frauen in 46 Staaten 30 % der Parlamentssitze gewinnen; weltweit kommen sie so auf einen Prozentsatz von 23,7 in den nationalen Parlamenten.

3. Die Vielfalt queer-feministischer Bewegungen gegen patriarchale Gewalt und Sexismus

(Queer-)Feministische Bewegungen existieren schon immer nur im Plural. Rückblickend werden diese Bewegungen für Frauenrechte, Emanzipation und Befreiung von Geschlechternormen und Gewalt – hier nur grobschnittartig – in drei Wellen oder Phasen unterteilt, d.h. in eine erste (ab der Aufklärung), eine zweite (1950er Jahren mit Höhepunkten in den 1970er Jahren) und eine dritte Welle (1990er Jahre bis heute).[8] Insbesondere die erste Welle der bürgerlichen, sozialistischen und radikalen Frauenbewegungen in Europa und den USA, die vor allem für das Frauenwahlrecht und für Friedenspolitik eintraten, war eng verwoben mit der Entstehungsgeschichte Sozialer Arbeit und der Etablierung erster Ausbildungsstätten und Lehrplänen vor rund 100 Jahren. Es waren dieselben Frauen, die sich international vernetzten und gemeinsame Ziele verfolgten auf der politischen Ebene genauso wie auf der sozialen. Rita Braches-Chyrek (2013) und Gaby Franger (2015) stellen heraus, dass Studierende der Sozialen Arbeit heute zwar ihre Begründerinnen kennen, nicht aber ihren Einsatz als internationale Friedensaktivistinnen und Feministinnen. Das Leben und Wirken von Frauen wie Alice Salomon und Jane Addams steht exemplarisch dafür, dass die Soziale Arbeit seit ihren Anfängen konstitutiv international mit der Friedensbewegung und den sozialen Bewegungen für Frauen- und Menschenrechte verbunden war. Spätestens mit der zweiten Welle rückte das Recht auf den eigenen Körper sowie die sexuelle und reproduktive Gerechtigkeit in den Fokus. Viele der heutigen Dozent:innen an Hochschulen und Universitäten erinnern sich noch gut an den Slogan „Mein Bauch gehört mir" oder die Kampagne „Ich habe abgetrieben", die Ende der 1970er Jahre in Deutschland und Frankreich für Furore sorgte. Doch beschreiben

---

8 Eine detaillierte Geschichte der Frauenbewegungen kann an anderer Stelle nachgelesen werden; z.B. Gerhard, Ute (2009, 2020), Wichterich, Christa (2000).

diese Kampagnen nicht die Breite der feministischen Bewegungen dieser Zeit. So unterschieden sich beispielsweise die Themen der Frauen im Globalen Norden zum Teil maßgeblich von denen des Globalen Südens, die immer wieder betonten, dass Feminismus auch ein Kampf gegen Rassismus und Armut sein muss (vgl. Frey 2003). Bis heute ist auch in Deutschland vielen nicht bekannt, dass es spätestens seit Mitte der 1980 Jahre eine starke Schwarze Deutsche Frauenbewegung gab mit eigenen Vereinen und Organen, und bis heute bedeutenden Akteurinnen wie May Ayim und Audre Lorde, die erstmalig auch den Begriff „afrodeutsch" prägten (vgl. auch den Beitrag von Arndt/Scalisi in diesem Band).[9]

Aktuelle Bewegungen versuchen, Brücken zu schlagen und konzeptionell inklusiv zu agieren (so z.B. „Der Feminismus der 99%", Arruzza et al (2019). Exemplarisch verdeutlicht dies auch der Streikaufruf, den Nancy Fraser, Angela Davis und andere im englischen *Guardian* im Januar 2018 veröffentlichten (zit. nach Wiedemann 2021: 105). Er charakterisiert die sog. dritte Welle: „Die neue internationale feministische Bewegung ist anti-rassistisch, anti-imperialistisch, anti-heterosexistisch und anti-neoliberal", (...) weil Gewalt gegen Frauen nicht zu trennen ist von der „Gewalt des Marktes, von Schulden, kapitalistischen Eigentumsverhältnissen und vom Staat; von der Gewalt staatlicher Kriminalisierung von Migrationsbewegungen; von der Gewalt der massenhaften Einsperrung und der institutionellen Gewalt gegen Frauen durch Abtreibungsverbote und fehlenden Zugang zu kostenloser Gesundheitsversorgung." Auch wenn dieser Aufruf vielleicht negativ („anti") klingt, die aktuellen Frauen- und queer-feministischen Bewegungen sind progressiv und stärken die Resilienz von Gesellschaften und die Demokratie. Aus dem Zusammenspiel von #metoo, internationalen Streiktagen und neuen kreativ, popkulturellen und künstlerischen Initiativen wie z.B. dem chilenischen Kollektiv *Las Tesis* (s.u.) wächst eine neue globale antipatriarchale Massenbewegung. Hier solidarisieren sich längst auch kritische Männer sowie queere Menschen und Transgender. Dieser neue transnationale Feminismus ist vielstimmig, divers und durch die Verbindung zu sozialen Netzwerken und digitalen Informationskanälen zum Teil auch populär. Exemplarisch hierfür steht beispielsweise der viral gegangene TED Talk *We should all be feminists* von Chimamanda Ngozi Adichie, den bis heute weltweit mehr als 7,9 Millionen Menschen gesehen bzw. später auch als Essay gelesen haben.[10]

4. Femizide: *Justicia para nuestras hijas* – Gerechtigkeit für unsere Töchter

Geschlechtsspezifische Gewalt richtet sich gegen eine Person aufgrund ihres biologischen oder sozialen Geschlechts. Sie betrifft weltweit überproportional Frauen. Femizide, d.h. Morde an Frauen, sind dabei nur die „Spitze des Eisbergs". Geschlechtsspezifische Gewalt umfasst sexualisierte Gewalt, aber darüber hinaus auch psychische, wirtschaftliche oder soziale Gewalt – bis hin zum Mittel der

---

9 Zentral war hier der 1986 von May Ayim, Katharina Oguntoye und Dagmar Schultz vom Berliner Frauenverlag Orlanda herausgegebene Buch „Farbe bekennen. Afro-deutsche Frauen auf den Spuren ihrer Geschichte".
10 Wer den Titel bei YouTube eingibt gelangt direkt zum Link der etwa dreißigminütigen Rede, die Adichie 2013 in der TED-Reihe gehalten hat.

Kriegsführung. Der gefährlichste Ort für Frauen ist das eigene Zuhause; die gefährlichste Person häufig der eigene (Ex-)Partner. *Rape Culture* und Gewalt gegen Frauen sind weltweit in pandemischen Ausmaßen verbreitet. In vielen Ländern ist ein Frauenleben nichts wert. Doch immer noch wird diese Gewalt nicht als schweres Verbrechen und Menschenrechtsverletzung charakterisiert, sondern bagatellisiert oder unsichtbar gemacht. Politik und Medien betrachten das Phänomen der häuslichen Gewalt häufig als ein privates Problem. Dementsprechend berichten Journalist:innen, wenn ein Mann seine (Ex-)Partnerin ermordet, immer noch verharmlosend von einer „Beziehungstat", einem „Familiendrama" oder einer „Eifersuchtstat". Die verfügbaren Zahlen und Daten sind alarmierend: In Deutschland erlebt jede vierte Frau mindestens einmal im Leben sexuelle Gewalt. Jeden Tag werden Frauen von ihren Partnern verprügelt, eingesperrt, kontrolliert oder beschimpft. Jeden zweiten bis dritten Tag stirbt eine Frau an sog. Partnerschaftsgewalt, wobei die Dunkelziffer vermutlich sehr viel höher ist. Hierbei sind 95% der Täter:innen männlich, und 95% der Opfer weiblich[11], wobei Trans- oder Interpersonen von den offiziellen Statistiken nicht explizit erfasst werden (vgl. Clemm 2020: 19). Dies gilt auch aus internationaler Perspektive. Die WHO, Weltgesundheitsorganisation der UN stellt fest, dass insbesondere sexualisierte Gewalt gegen Frauen und Gewalt in Partnerschaften zu den größten Risiken und Problemen des öffentlichen Gesundheitssektors zählen. Schätzungen der WHO (2021) zufolge sind 30% aller Frauen weltweit mindestens einmal im Laufe ihres Lebens von sexualisierter Gewalt betroffen. Der Großteil dieser Gewalttaten findet im Rahmen von intimen Paarbeziehungen statt. Die Folgen für die Betroffenen von Gewalt und die Gesellschaft sind gravierend. Geschlechtsspezifische Gewalt kann die physische, psychische, sexuelle und reproduktive Gesundheit schwer belasten, und darüber hinaus auch dazu führen, dass sich das Risiko, an HIV/AIDS zu erkranken, deutlich erhöht.

#NousToutes, #metoo, #NiUnaMenos – diese Hashtags stehen weltweit für neue transnationale queer-feministische Bewegungen, die sich gegen Gewalt wehren und vehement dafür kämpfen, geschlechtsbasierte Gewalt öffentlich zu skandalisieren. Sie werden maßgeblich von Initiativen aus dem Globalen Süden gespeist, insbesondere aus Lateinamerika. Diese haben für geschlechtsbasierte Gewalt gegen Frauen den Begriff Femizid geprägt.

Femizid

Bereits 1976 beim ersten internationalen Tribunal zu Gewalt an Frauen in Belgien wurde der Begriff Femizid von der südafrikanischen Soziologin Diana Russel eingebracht, in Abgrenzung zum genderneutralen Homicide (Mord, Ermordung). Femizid definierte sie als Hassverbrechen und als Mord an einer Frau, weil sie eine Frau ist (*the intentional killing of women or girls because they are female*). Dies geschieht meist im häuslichen Bereich sowie auch in Verbindung mit sexualisierter Gewalt (vgl. Backes/Bettoni 2021). Marcela Lagarde, mexikanische Aktivistin, Professorin und Autorin, erweitert später den Begriff, um die mangelhafte Strafverfolgung und häufige Straflosigkeit für die Täter hervorzuhe-

---

[11] Nur bei Kindern und Jugendlichen weichen diese Zahlen ab: bei sexuellem Missbrauch an Kindern sind 20% der Opfer männlich (vgl. Clemm 2021: 19).

ben; d.h. auch das staatliche Versagen wird als systemisch verstanden. Es ist Teil der institutionellen Gewalt gegen Frauen und LGBTIQ* (vgl. Lateinamerika Nachrichten 2020). Der Begriff ist auch deshalb gut, weil er den vielfachen Namen für tödliche Gewalt gegen Frauen (wie Beziehungsdrama, häusliche Gewalt, Partnergewalt, „Ehrenmorde" etc.) zu einem klaren Begriff zusammenfasst, und so auch die „Verbesonderung" einzelner Phänomene mit irreführenden Titeln wie etwa „Ehrenmord" aufgehoben wird; es geht um Morde an Frauen. Punkt.

Transfemizid

Auch der Begriff Transfemizid hat sich vor allem in lateinamerikanischen Kontexten entwickelt. Er zeigt an, dass sich bei der Gewalt gegen Transfrauen der Hass gegen Menschen, die von binären Geschlechternormen abweichen mit misogynem Frauenhass verbindet. Morde an Transfrauen bleiben häufig unsichtbar, weil sie in vielen Staaten im Personenstand weiter als Männer geführt werden.

Der Begriff Femizid wird jedoch nicht einheitlich definiert, denn er ist jeweils eingebettet in spezifische historische, politische oder auch regionale Kontexte, und „von Beginn an durch ein Wechselverhältnis zwischen aktivistischer, akademischer und staatlich-juridischer Debatte geprägt" (Dyroff et al. 2020: 4). Die Autorinnen beziehen sich auf den 1992 von Diane Russel und Jill Radford herausgegeben Sammelband *„Femicide. The Politics of Women Killing"*, in dem Radford u.a. vorgeschlagen hatte, auch in solchen Situationen von Femizid zu sprechen, „in denen Frauen aufgrund frauenfeindlicher Haltungen oder sozialer Praxen sterben, etwa durch Zwangsheirat, illegalisierte Schwangerschaftsabbrüche oder sogenannter Infantizide, die Abtreibung weiblicher Föten". Die Weltgesundheitsorganisation WHO (2012) unterscheidet weiterhin verschiedene Typen von Femiziden, wie z.B. *intimate* oder *non-intimate femicide*. Festzuhalten bleibt, dass Femizide eine Prävalenz von 35% aufweisen, d.h. mehr als jeder dritte Mord an Frauen geht von ihren (Ex-)Partner aus, während diese Zahl für Morde an Männern im Vergleich nur etwa 5% beträgt (ebd.). Die Daten sind ernüchternd, denn global bleiben die Zahlen zu Gewalt gegen Frauen konstant hoch. Sie vervielfachen sich, wenn auch digitale Gewalt und Hass in den sozialen Medien und Netzwerken hinzugezogen werden. Auf der praktischen Ebene sind die Ressourcen zum Schutz der Opfer meist mangelhaft und die vorgehaltenen Plätze in Frauenhäusern und Gewaltschutzzentren reichen nicht aus (vgl. Clemm 2021). Hoffnung machen können die Entwicklungen auf der internationalen rechtlichen Ebene; jüngstes und umfassendstes Dokument ist hier die sog. Istanbul Konvention für den europäischen Raum, weiterhin auch die Frauenrechtskonvention CEDAW und die Sonderberichterstatterin gegen Gewalt gegen Frauen auf der Ebene der Vereinten Nationen.

Istanbul-Konvention – Übereinkommen des Europarats zur Verhütung und Bekämpfung von Gewalt gegen Frauen und häuslicher Gewalt (2011/2014)

Die Istanbul Konvention ist ein völkerrechtlicher Vertrag, der für die Mitgliedsstaaten des Europarats nach Ratifikation verbindliche Rechtsnormen zum Schutz von Frauen vor Gewalt schafft, die in nationales Recht implementiert werden. Die Konvention verfolgt das Ziel (vgl. Art. 1), Betroffene vor Gewalt zu schützen, einen Beitrag zur Beseitigung jeder Form von Diskriminierung der Frau zu leisten, und die Möglichkeiten der Strafverfolgung zu verbessern. Sie deckt verschiedenste Bereiche ab wie Bildung und Prävention, Absicherung des Zugangs zu Hilfsangeboten und Schutzeinrichtungen sowie die Bestrafung von Täter:innen. Auch Forschung im Bereich geschlechtsspezifischer Gewalt soll durch die Konvention gestärkt werden, um Daten zu erheben über die Formen, Ursachen und Auswirkungen geschlechtsbasierter Gewalt sowie auch die Strafverfolgung und Verurteilungsraten. Die Konvention verpflichtet die Mitgliedsstaaten außerdem eine nationale Koordinierungsstelle einzurichten, die für die Umsetzung, Kontrolle und Evaluierung aller Maßnahmen verantwortlich ist. (Council of Europe Convention on preventing and combating violence against women and domestic violence); https://www.coe.int/en/web/istanbul-convention/home (9.9.2022).

UN-Frauenrechtskonvention CEDAW – Convention on the Elimination of all forms of Discrimination Against Women (1979/1981)

Das Übereinkommen der Vereinten Nationen zur Beseitigung jeder Form von Diskriminierung der Frau ist international das wichtigste Menschenrechtsinstrument für die Rechte von Frauen und trat 1981 in Kraft. Seitdem haben 189 Staaten, darunter Deutschland im Jahr 1985, die Konvention ratifiziert. Die Vorgaben stehen damit in Deutschland im Rang eines Bundesgesetzes. Der aktuelle CEDAW-Staatenbericht wurde 2021 vom Bundeskabinett beschlossen und dem CEDAW-Ausschuss in Genf zugeleitet. Weitere Informationen zu CEDAW finden sich beim zuständigen Ministerium, dem BMFSFJ sowie beim Deutschen Institut für Menschenrechte und beim CEDAW-Komitee, dem Monitoring-Organ der Frauenrechtskonvention (siehe: https://www.ohchr.org/en/treaty-bodies/cedaw, 7.7.2022).

UN-Sonderberichterstatterin zu Gewalt gegen Frauen

Das Mandat wurde durch den UN-Menschenrechtsrat 1994 eingerichtet und gehört zu den *Special Procedures*. Dies sind Mandate für ausgewählte Themen oder Länder, deren Träger:innen regelmäßig dem Menschenrechtsrat Bericht erstatten. Ziel ist es, Gewalt gegen Frauen als Menschenrechtsverletzung innerhalb des UN-Systems sowie auch in der Kooperation mit den Mitgliedsstaaten umfassend zu analysieren und zu bekämpfen.
Weitere Informationen: https://www.ohchr.org/en/special-procedures/sr-violence-against-women.

Theorie, Praxis und Aktivismus verknüpfen: Das Kollektiv Las Tesis und die Performance „Ein Vergewaltiger auf deinem Weg"

Feministische Bewegungen fordern vielerorts die Einführung eines eigenen Straftatbestandes zu Femizid in die jeweiligen Strafgesetzbücher. In Spanien, Mexiko, Brasilien und Argentinien wurde dies in den letzten Jahren bereits umgesetzt. Die feministischen Bewegungen sind – gerade in Lateinamerika – kämpferisch, innovativ und lautstark in ihren Protesten gegen sexualisierte Gewalt (vgl. Dyhoff et al. 2020). Eine Gruppe, die in diesem Kontext die sozialen Bewegungen international inspirierte ist das Kollektiv *Las Tesis*, das sich zum Ziel gesetzt hat durch Kunst (Art) und Aktivismus (Artivism), feministische Theorie zugänglich und verfügbar zu machen. Berühmt wurde die Performance „*Un violador en tu camino*" – eine Performance mit Augenbinde und choral vorgetragenem Text. Sie thematisiert patriarchale Gewalt als Verquickung von häuslicher und staatlicher, individueller und struktureller Gewalt. Im Text heißt es: „Das Patriarchat ist wie ein Richter, der uns verurteilt für unsere Geburt." Höhepunkt ist der Refrain, in dem wiederholt wird: „Es war nicht meine Schuld, wo ich war oder was ich trug. Der Vergewaltiger bist Du" (vgl. Wiedemann 2021: 99ff).[12] Nach der Uraufführung in Chile im November 2020 ging die Performance viral und verbreitete sich wie ein Lauffeuer in zahlreichen lateinamerikanischen Städten, in den USA, in Deutschland, Frankreich, Indien, Spanien oder der Türkei. Durch die Performance wird Vergewaltigung als strategisches Mittel männlichen Machterhalts thematisiert. Diese Kultur der Gewalt gegen Frauen beginnt mit der Darstellung von Frauen(-körpern) als Objekte männlicher Lust, in der Werbung und Alltagskultur. Sie wird offensiv zur Schau getragen von Männern in öffentlichen Ämtern und Machtpositionen wie etwa in den USA von Donald Trump.[13] Diese Haltung führt zu Unterdrückung von Frauen, zur Kontrolle ihrer sexuellen Selbstbestimmung und zuletzt auch zum Femizid, der am Ende dieser Gewaltspirale steht.

Fast zeitgleich mit Las Tesis entstand in Mexico eine zweite feministische „Hymne": *Cancion sin miedo* – Lied ohne Furcht von Vivir Quintara. Mexico ist eines der Länder mit den weltweit höchsten Mordraten an Frauen. Dagegen bildete sich in den vergangenen Jahren eine breite Protestbewegung, die am 8. März 2020 in Mexico City beeindruckende 80.000 Menschen gegen die Gewalt an Frauen auf die Straße brachte. Das Lied ohne Furcht (zit. in der Übersetzung von Keller 2022) zeigt die kämpferische Aufbruchsstimmung der Bewegung „*Justicia para nuestras hijas*" (Gerechtigkeit für unsere Töchter) und der starken feministischen Bewegungen in Chile, Mexico – und international.

Vivir Quintana: Lied ohne Furcht

Der Staat soll erzittern, der Himmel, die Straßen,
erzittert, ihr Richter und ihr Ermittler!
Ihr lasst uns Frauen nicht in Ruhe leben,
ihr habt Furcht gesät, aber uns wuchsen Flügel.

In jeder Minute, Woche für Woche
entführt man unsere Freundinnen, tötet unsere Schwestern,
zerfetzt ihre Körper, lässt sie verschwinden.
Vergessen Sie nicht ihre Namen, Herr Präsident! (…)

Wir singen ohne Furcht, wir fordern Gerechtigkeit!

---

12 Die Performance von Las Tesis „Un violador en tu camino" in Chile sowie zahllose hiervon inspirierte Aufführungen können bei YouTube angeschaut werden (als Suchbegriff den Namen des Kollektivs oder der Performance eingeben).
13 Dessen misogyne Haltung brachte er im Wahlkampf 2005 mit seinem Ausspruch „*Grab'em by the pussy*" zum Ausdruck, der zu zahlreichen künstlerischen und aktivistischen Widerstandsaktionen geführt hat (im Netz zu finden z.B. per Bild- oder Videosuche).

Wir erheben unsere Stimmen für jede Verschwundene.
Dass alle es hören: Wir bleiben am Leben!
Nieder mit dem Femizid! Bringt die Täter zu Fall!

Ich zünde alles an, ich schlag alles kaputt,
wenn irgendein Kerl dir das Licht ausbläst.
Ich schweige nicht mehr, mir reicht es jetzt!
Wenn sie eine von uns anrühren, dann antworten wir alle.

Ich bin Claudia, ich bin Esther und ich bin Teresa
Ich bin Ingrid, ich bin Fabiola und ich bin Valeria
Ich bin das kleine Mädchen, das du entführt hast
Ich bin die Mutter, die um ihre toten Töchter weint
Und ich bin es, die sagt: Jetzt wirst du bezahlen. (…)

5. „My Body, my Choice: Raise your Voice!" – Sexuelle Selbstbestimmung, reproduktive Rechte und die Entkriminalisierung von Schwangerschaftsabbrüchen

Sexuelle Selbstbestimmung und reproduktive Rechte gehören seit der zweiten Welle der feministischen Bewegungen zu ihren Kernthemen weltweit. Jeder Mensch soll frei und selbstbestimmt über den eigenen Körper und die eigene Sexualität bestimmen können. Dazu gehören Fragen der sexuellen und reproduktiven Gesundheit, der Verhütung und Familienplanung sowie die eigene Entscheidung darüber, ob ich Kinder haben will oder nicht, mit wem, wann und wie viele. Um solche Entscheidungen informiert treffen zu können, sind entsprechende Mittel, Kenntnisse und Informationen notwendig. Dies gilt selbstverständlich für alle Mädchen und Frauen unabhängig davon, ob sie z.B. eine Behinderung haben oder nicht. Der Staat muss außerdem Schutz bieten vor (sexualisierter) Gewalt und Not in jedem Feld der reproduktiven Gesundheit; d.h. bei der Begleitung von Sexualität und Schwangerschaft, bei Verhütung und Schwangerschaftsabbrüchen, Geburt und Mutterschaft bzw. Elternschaft. Diese menschenrechtlichen Schutzpflichten des Staates umfassen weiterhin auch die Entstigmatisierung von Frauen, die alleinerziehend sind oder die sich bewusst gegen Schwangerschaft und Kinder entschieden haben sowie die Gleichstellung von Regenbogenfamilien.[14]

Seit über einem Jahrhundert kämpfen Frauenbewegungen weltweit für das Recht auf Selbstbestimmung über ihre eigenen Körper. Auf manch einer Demonstration ist deswegen auf den Transparenten zu lesen „*I can't believe I still have to protest this shit*" (den Slogan z.B. in die Suchmaschine als Bildersuche eingeben). Bereits 1916 eröffnete Margaret Sanger in den USA die erste Klinik für Geburtenkontrolle mit der Überzeugung: „Keine Frau, die nicht selbst über ihren Körper bestimmt, kann sich selbst als frei bezeichnen" (zit. nach Gerhard/Tucker 2020: 50). Doch Margret Sanger war auch Eugenikerin, und ist heute eine zurecht umstrittene Figur, die exemplarisch auch verdeutlicht, dass die sozialen Kämpfe um reproduktive Rechte zwar einerseits dafür stehen, diese als Menschenrechte anzuerkennen;

---

14 Familien, in denen mindestens ein Elternteil lesbisch, schwul, bisexuell, trans- bzw. intergeschlechtlich ist.

sie aber andererseits nicht allen Menschen, allen Frauen gleichermaßen gewähren wollte. Solche Widersprüche, Spaltungen und Exklusionstendenzen ziehen sich wie ein roter Faden durch die Geschichte der Frauenbewegungen. Denn durch das Feld der reproduktiven Rechte ziehen sich auch neo-koloniale, klassistische und rassistische Strukturen, wenn beispielsweise im Rahmen von Bevölkerungspolitik darüber verhandelt wird, welche reproduktiven Rechte schützenswert sind, und welche nicht: „Wie reproduktive Rechte in Gesellschaften geregelt sind, sagt viel über den Stand von Geschlechtergerechtigkeit, letztlich über den Stand der jeweiligen Demokratie aus" (Agena et al. 2022a).

Anti-Feminismus, Rechtsextremismus und Rassismus

„Es sind die Geburtenraten. Es sind die Geburtenraten. Es sind die Geburtenraten – mit diesen manischen Worten eröffnet der Attentäter sein 74 Seiten langes Manifest" (Agena et al 2022: 17). Gemeint ist der terroristische Anschlag auf zwei Moscheen in Christchurch Neuseeland 2019. Viele weitere rechtsextremistische Terrorakte weltweit, fußen nicht nur auf rassistischen, sondern dezidiert auch auf anti-feministischen Motiven. Der Feminismus sei schuld am angeblichen „großen Bevölkerungsaustauschs", weil *weiße* Frauen zu wenig, und *nichtweiße* zu viele Kinder kriegen würden. Deswegen sind die Anhänger:innen der rechtspopulistischen und rechtsextremen Bewegungen zumeist auch vehement gegen reproduktive Rechte und die Entkriminalisierung von Schwangerschaftsabbrüchen. Sexismus und Frauenverachtung sind entscheidende Triebkräfte der rechten und rassistischen Bewegungen weltweit und reichen auch in die sog. *Incel-Szene – Involuntarily Celibate*, d.h. ungewollt zölibatär lebende Männer (Wiedemann 2021). Solche Argumentationen sind übrigens nicht neu. Bereits 1902 erschien die Streitschrift „Die Anti-Feministen" von *Hedwig Dohm,* deren Analysen auch heute noch erschreckend aktuell sind.

Kann Feminismus auch rassistisch sein?

Immer wieder analysierten schwarze Frauen und Lesben das fehlende Bewusstsein der *weißen* feministischen Bewegungen, die regelmäßig intersektionale Perspektiven etwa der Überschneidung von Rassismus, Klassismus und Sexismus ausblenden. Dies gilt auch aus historischer Perspektive, denn meist entschieden weiße Europäer:innen darüber, „welche Frauen für *weiße* profitable Gebärmütter besaßen, und welche Frauen das Recht hatten, Mütter der von ihnen geborenen Kinder zu sein (…), wessen Babys frei, und wessen Babys versklavt geboren wurden (Ross/Loretta, zit. nach Agena et al 2022: 29f.). Die Folgen dieser rassistisch-reproduktiven Politik reichen zum Teil bis in die Gegenwart, wenn z.B. in Kanada 2021 die sterblichen Überreste von über 1.000 indigenen Kindern gefunden werden (ebd.: 47).
Bereits in der ersten Welle der Frauenbewegung, stritten weiße Frauen zwar für ihr Wahlrecht, bezogen schwarze Frauen aber nicht mit ein. Manche der *Suffragetten* (von suffrage – die Wahl) sahen es nicht als Gegensatz, weiterhin den Sklavenhandel zu befürworten. Wer hierzu weiter recherchieren möchte, kann sich mit der Geschichte der ehemaligen Sklavin, Frauenrechtlerin und Abolitionistin **Sojourner Truth** bekannt machen sowie mit einer ihrer Reden, die unter dem Titel „*Ain't I a Woman*" berühmt wurde (z.B. ihren Namen oder den Titel als Suchbegriff für die Bilder- und Videosuche eingeben).

Die Sicherheit von Frauen bei Schwangerschaftsabbrüchen steht im Folgenden im Zentrum, weil sie ein wichtiges internationales Thema der Sozialen Arbeit ist, und weil sich positive wie negative Meldungen fast täglich überlagern. Amnesty International berichtet hierzu beispielsweise über Irland, das 2018 für die Aufhebung des Abtreibungsverbots stimmte sowie auch Argentinien und die Slowakei 2020. Gleichzeitig wird in Polen 2021 das Gesetz verschärft, so dass es de facto einem Verbot jeglicher Schwangerschaftsabbrüche gleichkommt. Gleiches gilt für die USA, die aktuell extrem strenge Gesetze wieder in Kraft setzen, so dass Schwangerschaftsabbrüche praktisch in jedem Fall unmöglich sind (vgl. Amnesty Schweiz 2022).[15] Entkriminalisierung und Sicherheit beim Schwangerschaftsabbruch bleiben zentrale Forderungen internationaler feministischer Bewegungen. Ihr Symbol ist der Kleiderbügel, der dafürsteht, dass viele Frauen mit solchen Mitteln ihr Leben riskieren, wenn sie eine ungewollte Schwangerschaft illegalisiert beenden müssen. Wenn eine Frau gezwungen wird, eine Schwangerschaft auszutragen, ist das in jedem Fall ein Zwangskontext, der bis zum Tod führen kann. Die WHO berichtet von 73 Millionen Schwangerschaftsabbrüchen jährlich weltweit, von denen mehr als die Hälfte unter unsicheren Bedingungen stattfinden. Die meisten Frauen sterben dabei auf dem afrikanischen Kontinent (vgl. Agena et al 2022: 76ff.). Doch auch in den wohlhabenden Ländern des Globalen Nordens wie beispielsweise in den USA zeigen sich Differenzen aufgrund von Armut, Rassismus und Klassenzugehörigkeit. So schreibt Angela Davis: „Während Frauen of Colour auf Schritt und Tritt aufgefordert sind, dauerhaft unfruchtbar zu werden, drängen die gleichen Kräfte wohlhabende weiße Frauen, sich fortzupflanzen" (zit. nach ebd.: 48). Reproduktive Gerechtigkeit heißt deshalb, dass die Entscheidung gegen eine Schwangerschaft genauso zu achten ist, wie die Entscheidung für eine Schwangerschaft.

Verbote und Kriminalisierung: Die angebliche Pro-Life-Bewegung

Gesetzliche Verbote führen nie dazu, dass es keine Schwangerschaftsabbrüche gibt. Doch weltweit strengen konservative Gruppen und Regierungen immer wieder Gesetzesinitiativen an, die den Zugang zu sicheren Schwangerschaftsabbrüchen einschränken oder ganz verbieten – selbst nach Vergewaltigungen oder bei Gefahr für Leib und Leben der Schwangeren. Agena et al (2022: 76) dokumentieren einen besonders drastischen Fall: „Im August 2020 versuchen KatholikInnen, Evangelikale und Rechtsextreme, eine Klinik in Brasilien zu stürmen. Der Grund: ein zehnjähriges Mädchen betritt sie gerade. Das Kind wurde seit seinem sechsten Lebensjahr immer wieder von seinem Onkel vergewaltigt. Doch nicht dieses Verbrechen ist Grund für die Erregtheit der Masse, sondern die Tatsache, dass die Zehnjährige deshalb einen Schwangerschaftsabbruch braucht". Dieses Fallbeispiel zeigt unmissverständlich die Doppelmoral und Lebensfeindlichkeit der Abtreibungsgegner:innen. Sie sind nicht für das Leben, sondern für Kontrolle, denn es geht ihnen explizit nicht um den Schutz des Mädchens, das durch die

---

15 Hintergrund ist, dass die Grundsatzentscheidung „Roe vs. Wade" aus dem Jahr 1973 zur Entkriminalisierung von Schwangerschaftsabbrüchen 2022 durch den Obersten Gerichtshof der USA gekippt wurde. Seitdem kommt es in mehr und mehr Staaten zu einer erneuten Kriminalisierung von Frauen, die eine Schwangerschaft beenden wollen.

Austragung der Schwangerschaft und bei der Geburt sein Leben riskieren würde. Doch in vielen Ländern sind die angeblichen Pro-Life-Bewegungen stark, und führen dazu, dass sich Ärzt:innen aus der medizinischen Betreuung von Abbrüchen zurückziehen. Darüber hinaus ist die medizinische Ausbildung in diesem Bereich in vielen Ländern kein verpflichtender Bestandteil in Studium und Ausbildung der Gesundheitsberufe. *Medical Students for Choice* setzen sich deshalb weltweit vernetzt dafür ein, dass Mediziner:innen eine fundierte Ausbildung erhalten.[16] In der Zwischenzeit üben sie an Papayas, die in Größe und Form der Gebärmutter ähnlich sind. Mit Blick auf die Situation in Deutschland glauben viele Studierende der Sozialen Arbeit, dass Schwangerschaftsabbrüche hier legal seien. Dies ist jedoch mitnichten der Fall: Auch hierzulande sind Schwangere verpflichtet die Schwangerschaft auszutragen. Nur unter eng definierten Bedingungen bleibt ein Abbruch straffrei (vgl. Piesche 2018).

Für die (Internationale) Soziale Arbeit ist das Thema Schwangerschaftsabbrüche erneut im Fokus. Kritische Wissenschaftler:innen und Fachverbände fordern die Soziale Arbeit angesichts zunehmend restriktiver Tendenzen dazu auf, sich für das Recht ihrer Klient:innen auf Selbstbestimmung zu positionieren (Beddoe 2022). Unabhängig davon, ob und wie stark die Frage nach reproduktiver Selbstbestimmung moralisch aufgeladen ist, und auch unabhängig davon wie jede:r einzelne Sozialarbeiter:in zu diesem Thema steht, ist es nicht ihre Aufgabe Entscheidungen zu übernehmen, sondern die Klient:innen in ihren eigenen Entscheidungen bezüglich Sexualität, Verhütung, Kinderwunsch oder Schwangerschaftsabbruch zu unterstützen. Maggie Rosenbloom, Gründerin der US-amerikanischen Initiative *„Social Workers for Reproductive Justice"* drückt dies gestützt auf den amerikanischen Ethikcodex für Sozialarbeiter:innen wie folgt aus:

> „For me the issue has always come down to self-determination. The National Association of Social Workers Code of Ethics (2008) states that social workers are ethically obligated to respect their clients' right to self-determination in decision-making. This means that when in practice a social worker should support a client who has chosen to engage in sex, use contraception or have an abortion" (zit. nach West/Rachel 2013).

Den menschenrechtlichen Zugang zu legalen und sicheren Schwangerschaftsabbrüchen definiert Amnesty International wie folgt: „Ein Schwangerschaftsabbruch muss unter sicheren, niederschwelligen und diskriminierungsfreien Bedingungen durchgeführt werden können. Die Entkriminalisierung von Schwangerschaftsabbrüchen dient dazu als erster Schritt: weder die schwangere Person noch die Person, die den Abbruch vornimmt, soll nach einem Schwangerschaftsabbruch strafrechtlich verfolgt werden. Wichtig sind zudem präventive Maßnahmen: Jede schwangere Person muss zu Informationen über Sexualität und zu sicheren Methoden der Schwangerschaftsverhütung Zugang haben" (Amnesty Schweiz 2022). Seit Mitte der 1990er Jahre haben mehr als 50 Länder ihre Gesetzgebungen liberalisiert. Das heißt zwar nicht unbedingt, dass reproduktive Rechte und Selbstbe-

---

16 Siehe etwa die Berliner Gruppe von Medical Students for Choice: https://msfcberlin.com/, 26.5.2022.

stimmung umfassend gewährt werden. Aber es stellt in jedem Fall einen wichtigen Schritt in Richtung eines legalen und sicheren Zugangs zu Schwangerschaftsabbrüchen dar (Agena et al. 2022: 105). Kanada gilt hier als Beispiel einer guten Praxis. Abbrüche sind in Kanada eine Gesundheitsleistung, die als medizinisch notwendig anerkannt ist. Dies hat im Übrigen nicht dazu geführt, dass die Zahlen steigen, wie Anti-Choice-Aktivismus oftmals beschwört. Seit der Entkriminalisierung in Kanada Ende der 1980er Jahre bleiben die Zahlen der Schwangerschaftsabbrüche konstant (ebd.: 104).

6. Queer-feministische Bewegungen für die Rechte von intergeschlechtlichen Menschen

Die internationalen sozialen Bewegungen für die Menschenrechte intergeschlechtlicher Menschen verbreiten sich weltweit mit Beginn des neuen Jahrtausends, und werden seitdem mehr und mehr öffentlich sichtbar. Aus der bewegungsorientierten Perspektive zählen die Rechte intergeschlechtlicher Menschen mit zu den unter LGBTIQ+ gefassten Gruppen. Was diese Gruppen eint, ist, dass sie in Bezug auf ihre *sexuelle Orientierung* und/oder *Geschlechtsidentität* häufig Diskriminierung, Ausgrenzung und Gewalt erfahren, und zwar sowohl mit Blick auf die rechtliche und medizinische Definition, als auch hinsichtlich der gesellschaftlichen und politischen Repräsentation. Das Pluszeichen (+) weist darauf hin, dass es künftig durchaus noch weitere Gruppen oder Personen geben kann, die hierzu gezählt werden, von denen wir heute noch nicht wissen. Neben den gemeinsamen Anliegen und Erfahrungen, die durch das Kürzel LGBTIQ+ gefasst werden, existieren jedoch viele Faktoren, die diese Gruppen unterscheiden wie beispielsweise ihre unterschiedliche Sichtbarkeit und Sicherheit. Dies gilt insbesondere für intergeschlechtliche Menschen, weshalb ihre sozialen Bewegungen und menschenrechtlichen Anliegen im Folgenden im Mittelpunkt stehen. Sie zeigen, dass das menschliche Geschlecht – auch das biologische – sehr viel komplexer ist, als gedacht. Variationen innerhalb der Geschlechtsidentität sind dabei ein natürlicher Ausdruck dieser Komplexität; d.h. in den allermeisten Fällen sind intergeschlechtlich geborene Menschen weder krank noch abnormal, sondern einfach der Ausdruck für eine geschlechtliche Vielfalt und Spielart von „Mutter Natur" (vgl. Lohrenscheit 2009). Diese Komplexität muss auf breiter gesellschaftlicher Ebene Eingang finden in das Denken und Handeln in der Medizin und im Recht genauso wie etwa in der Sozialen Arbeit oder Pädagogik. „Aber eine Zweigeschlechtlichkeit des Menschen (wird) vorausgesetzt: mensch ist entweder männlich oder weiblich, etwas anderes gibt es nicht. Dies ist so tief in unserer Kultur verankert, dass man meinen könnte, das Recht greift hier nur eine unbestreitbar gegebene Realität auf. Und doch findet gerade in Bezug auf Geschlecht eine Normierung des Menschen auch *durch* das Recht statt" (Plett 2021: 111).

Was ist Intergeschlechtlichkeit?

Was ist es denn, Mädchen oder Junge? – Die Frage nach dem Geschlecht ist häufig die erste Frage, die nach einer Geburt oder während der Schwangerschaft gestellt wird, noch vor der Frage, ob es Mutter und Kind gut geht oder ob beide gesund sind. Intergeschlechtliche Menschen passen nicht in die üblichen Definitionen und Kategorisierungen von männlich und weiblich. Zu allen Zeiten und vermutlich auch in allen Regionen und Kulturen der Welt hat es schon immer Menschen gegeben, deren Geschlecht über das vorherrschende binäre Mann-Frau-Modell hinausging. Bezeichnungen wie Zwitter oder Hermaphroditen sind jahrhundertealt, und auch in Mythen und Geschichten eingeflossen wie etwa der antike Mythos des griechischen Göttersohns Hermaphrodit. Heute finden solche Begriffe keine Verwendung mehr für Menschen, da sie als beleidigend gelten. Die Selbstbezeichnung ist Intersex (manchmal auch intersexy) oder intergeschlechtlich, wobei diese als Dachbegriffe zu verstehen sind, die eine Vielzahl unterschiedlicher Variationen umfassen. In manchen Fällen werden intergeschlechtliche Merkmale schon bei der Geburt sichtbar, in anderen nicht oder erst später in der Pubertät oder bei einem Kinderwunsch. Schätzungen zufolge sind weltweit bis zu etwa 1,7% der Bevölkerung intergeschlechtlich (vgl. UNHCHR 2015, Jones et al 2016: 12).

Die sozialen Bewegungen und Selbstvertretungsorganisationen intergeschlechtlicher Menschen wehren sich gegen Fremdzuschreibungen und Pathologisierungen der Geschlechtsidentität, für die meist Mediziner:innen die Definitionsmacht beanspruchen. Noch im ICD-10, der zehnten Auflage des *International Statistical Classification of Diseases and Related Health Problems* (Internationale statistische Klassifikation der Krankheiten und verwandter Gesundheitsprobleme) der WHO wurde Intersex als *Disorder of Sex Development* (DSD; Störung der Geschlechtsentwicklung) geführt, was von den Bewegungen kreativ umbenannt wurde in *Differences of Sex Development* (Varianten der Geschlechtsentwicklung). Im aktuellen ICD-11 werden diese Formen von Pathologisierungen nicht zurückgenommen, sondern – ganz im Gegenteil – noch weiter spezifiziert. Viele Intersex-Organisationen weltweit wehren sich dagegen (exemplarisch hierzu: Intersex Human Rights Australia 2019). An dieser Stelle kann beispielhaft verdeutlicht werden, wie unterschiedlich die menschenrechtlichen Anliegen der Gruppen Beachtung finden, die unter LGBTIQ+ zusammengefasst werden. Der ICD-11 ist für Intergeschlechtliche Menschen eine Katastrophe, da nun auf dieser Grundlage, medizinisch nicht notwendige Eingriffe überall gerechtfertigt werden können. Dagegen „sprechen sich Inter*-Aktivist*innen gegen eine medizinische Behandlungspraxis aus, die die körperliche Integrität und die Menschenrechte von intergeschlechtlichen Menschen verletzt. Bis heute kritisieren sie diese Behandlungspraxis als Genitalverstümmelung an inter*Menschen bzw. Intersex Genital Mutilation (IGM)" (Haller et al. 2022: 15). Für Transgender ist der ICD-11 ein (Teil-)Erfolg, denn der Index listet Transgender bzw. Transidentität nicht mehr als psychische Störung, sondern gliedert es ein in das Kapitel über sexuelle Gesundheit. Hierzu sei grundsätzlich erläutert: Intersex/Intergeschlecht und Transgender sind nicht dasselbe, obwohl sie häufig verwechselt werden. Die wichtigste Unterscheidung liegt in der Selbstbestimmung der physischen Integrität: Während an intergeschlechtlichen Kindern in vielen Ländern weltweit ohne ihre explizite Zustimmung medizinisch nicht notwendige chirurgische Eingriffe vorgenommen werden, die ihr Geschlecht vereindeutigen sollen, müssen Transgender dafür kämpfen, dass sie medizinische Behandlungen diskriminierungsfrei in Anspruch nehmen dürfen, die ihnen jedoch systematisch verweigert oder verunmöglicht werden. Eine weitere Lücke im Verständnis der Menschenrechte intergeschlechtlicher Menschen ist auch die Verwechslung von Geschlechtsidentität und sexueller Orientierung: Die sozialen Bewegungen intergeschlechtlicher Menschen kämpfen für die Anerkennung ihrer selbstbestimmten Geschlechtsidentität, für ihre körperliche Unversehrtheit und die Freiheit von jeglicher Form von entwürdigender, erniedrigender oder verletzender Behandlung und Stigmatisierung. Dabei geht es explizit nicht um ihre sexuelle Orientierung.

Wahl (2022) dokumentiert in diesem Zusammenhang wie die sozialen Bewegungen weltweit das Menschenrechtsschutzsystem nutzten (insbesondere CEDAW, s.o.), um ihre Anliegen voranzubringen. In vielen Ländern haben sie erfolgreich personenstandsrechtliche Regelungen erkämpft, die ein drittes (oder non-binäres) Geschlecht umfassen sowie auch das Verbot, chirurgische Eingriffe an Kindern vorzunehmen, die nicht einwilligungsfähig in eine informierte Entscheidung sind. Das folgende Porträt gibt exemplarisch einen Einblick in diese wichtige Arbeit.

Born Julia and Julius: Porträt von Julius Kaggwa, Intersex-Aktivist, und der *Support Initiative for People with atypical Sex Development* aus Uganda

Intersex/Intergeschlechtlich ist die Bezeichnung für Menschen, die außerhalb der typischen Charakteristika von „weiblich" und „männlich" geboren werden. Manchmal fällt dies erst in der Pubertät auf, und manchmal schon bei der Geburt – so wie bei Julius Kaggwa aus Uganda, der heute die NGO SIDP leitet, die *Support Initiative for People with atypical Sex development*. Er setzt sich für die Menschenrechte von intergeschlechtlichen Menschen ein sowie für sexuelle Gesundheit und soziale Unterstützung von LGBTIQ+. „In unserer Kultur wird das Inter*-Sein als Fluch betrachtet – als etwas, das man loswerden muss. Manche Familien isolieren das Kind Zuhause, oft werden die Babys sogar getötet. Manchmal werden sie genital verstümmelt, um sie zu ,normalisieren'" (Kaggwa, zit. nach Ausserer 2021: 51). Seine Kindheit beschreibt Julius als sehr kompliziert. Die Eltern erzogen ihn als Julia, und versuchten seine Besonderheit zu verbergen. Aber Julius wusste immer, dass er kein Mädchen ist, und fühlte sich fremd auf dem Mädcheninternat, in das seine Eltern ihn geschickt hatten. Mit der Pubertät wuchsen „Julia" Barthaare und seine Stimme wurde tiefer. Er konnte seine wahre Identität nicht länger verbergen, und verließ sein Land. Bei seiner Rückkehr gab er sich zunächst als „Julias Bruder" aus, aber die Menschen erkannten ihn. Er wurde – zunächst gegen seinen Willen – geoutet, und floh nach Südafrika. Als er dort allerdings im Radio die Geschichte eines intergeschlechtlichen Jungen verfolgt, kommt er zurück nach Uganda, um ihn zu unterstützen. Nun erzählt er öffentlich seine Geschichte, und erhält dafür viel Zuspruch, auch wenn es noch immer lebensgefährlich sein kann, in Uganda öffentlich für die Rechte von intergeschlechtlichen Kindern und LGBTIQ+ einzutreten. 2010 erhielt er für sein Engagement den Menschenrechtspreis von *Human Rights First*, einer US-amerikanischen Menschenrechtsorganisation.

„Wir arbeiten größtenteils über strategische lokale Partnerschaften und setzen sowohl auf die Aufklärung der Bevölkerung als auch auf die Entwicklung der Fähigkeiten von Verbündeten, um das Bewusstsein für die besonderen Rechte und Gesundheitsprobleme intergeschlechtlicher Kinder zu schärfen" (ebd.: 52). SIDP arbeitet hierfür in den Gemeinden auch mit Hebammen zusammen, und schafft es so Schritt für Schritt Stigmatisierung und Diskriminierung zu bekämp-

fen. Julius Kaggwa ist heute glücklich verheiratet und lebt mit seiner Frau und vier Kindern zusammen. Sein Glaube und sein Engagement geben ihm Kraft, und lassen ihn an seiner Vision festhalten, dass LGBTIQ+ und intergeschlechtliche Kinder nicht „korrigiert" werden müssen, sondern ein glückliches Leben führen können, genauso wie sie sind und sein wollen.
Julius Kaggwas Geschichte ist als animiertes Graphic Novel unter dem Titel *„Born Julia and Julius"* bei YouTube abrufbar. Sein Porträt ist außerdem von Carolin Ausserer in der lesenswerten Publikation der Hirschfeld-Eddy-Stiftung dokumentiert: „Es ist ein täglicher Kampf!" 15 Porträts von LSBTI-Menschenrechtsverteidiger*innen aus vier Kontinenten (Berlin 2021). Weiterführende Informationen über SIDP gibt es auf der Webseite: https://sipdug.org/

„Darauf stolz zu sein, intergeschlechtlich zu sein, wird ... als radikal wahrgenommen, da die Gesellschaft Intergeschlechtlichkeit als etwas ansieht, wofür du dich schämen, und was du verstecken solltest. (...) Wir zeigen, dass es toll ist, intergeschlechtlich zu sein, und dass es die Menschenrechtsverletzungen sind, die schlecht sind" (Anonym, zit. nach Haller et al. 2022). Für die Soziale Arbeit bedeutet dies, die gegebene Pluralität der geschlechtlichen Identitäten in jedem Fall mitzudenken und anzuerkennen. Sie kann in jeder Begegnung, in jedem Kontakt mit Kindern, Jugendlichen und Erwachsenen einen offenen, geschlechtergerechten Raum gestalten, in dem intergeschlechtliche Menschen ihre Würde genauso entfalten können wie alle anderen.

Soziale Arbeit und soziale Bewegungen sind im Einsatz für Geschlechtergerechtigkeit und queer-feministische Ziele verbunden. Dies sollte durch die hier vorgestellten sozialen Kämpfe gegen Femizide, für reproduktive Rechte und die Menschenrechte von intergeschlechtlichen Menschen deutlich gemacht werden. In Studium und Lehre, in der Forschung und Praxis lohnt es sich deshalb immer wieder an queer-feministische Bewegungen anzuknüpfen, und umgekehrt finden Sozialarbeiter:innen weltweit in den Bewegungen einen Ort, an dem sie sich „Zuhause" fühlen – ob im Einklang oder in Opposition zur Politik der Träger und Organisationen, für die sie arbeiten. Sexismus, so schreibt es Susan Arndt (2021: 353), ist wirkmächtig. Um ihn zu überwinden braucht es die Gleichheit vor dem Gesetz, die Anerkennung von Differenz, „Liebe und Verantwortung statt Hass und Gewalt – kurzum ein Recht auf Selbstbestimmung bei Wahrung ebendieses Rechtes anderer".

Reflexionsfragen

- Warum sind Themen der Geschlechtergerechtigkeit für die (Internationale) Soziale Arbeit von Bedeutung?
- Mit welchen Themen, Anliegen, Forderungen der internationalen queer-feministischen Bewegungen können Sie sich identifizieren, mit welchen eher nicht?
- Welche Gedanken und Gefühle entstehen bei Ihnen, wenn Sie sich das Video von der Performance von *Las Tesis „Un violador en tu camino"* anschauen?
- Unabhängig davon wie Sie persönlich zu reproduktiven Rechten und zur Legalisierung von Schwangerschaftsabbrüchen stehen, welchen Schutz muss die Soziale Arbeit für alle garantieren, die eine Schwangerschaft abbrechen müssen/wollen?

- Wie kann und muss Soziale Arbeit in Theorie und Praxis dazu beitragen Geschlechtergerechtigkeit und die Rechte intergeschlechtlicher Menschen zu schützen?
- Was kann die (Internationale) Soziale Arbeit von Frauen- und Queer-Feministischen Bewegungen lernen?

Literatur zur Einführung

Agena, Gesine/Hecht, Patricia/Riese, Dinah (2022): Selbstbestimmt. Für reproduktive Rechte. Berlin

Arndt, Susan (2020): Sexismus. Geschichte einer Unterdrückung. München

Clemm, Christina (2020): Akteneinsicht. Geschichten von Frauen und Gewalt. München

Gerhard, Ute (2009): Frauenbewegung und Feminismus. Eine Geschichte seit 1789. München

Haller, Paul/Pertl, Luan/Ponzer, Tinou (Hrsg.) (2022): Inter*Pride. Perspektiven einer weltweiten Menschenrechtsbewegung. Hiddensee: w_orten & meer

Weiterführende Literatur

Agena, Gesine/Hecht, Patricia/Riese, Dinah (2022): Frauenrechte bei Fortpflanzung: Kinder oder keine; Die Tageszeitung, 13.3.2022, https://taz.de/Frauenrechte-bei-Fortpflanzung/!5838230/, 26.5.2022)

Amnesty International Schweiz (2022): Schwangerschaftsabbruch Das Recht auf eine selbstbestimmte Entscheidung und auf Entkriminalisierung – weltweit; https://www.amnesty.ch/de/themen/frauenrechte/schwangerschaftsabbruch/das-recht-auf-eine-selbstbestimmte-entscheidung-und-auf-entkriminalisierung-weltweit (26.5.2022)

Arruzza, Cinzia/Bhattacharya, Tithi/Fraser, Nancy (2019): Feminismus für die 99%. Ein Manifest. Berlin: matthes & seitz

Backes, Laura/Bettoni, Margherita (2021): Alle drei Tage. Warum Männer Frauen töten und was wir dagegen tun müssen. München

Beddoe, Liz (2022): Reproductive justice, abortion rights and social work. Critical and radical Social Work, vol 10, no 1, 7–22, DOI: 10.1332/204986021X16355170868404

Braches-Chyrek, Rita (2013): Jane Addams, Mary Richmond und Alice Salomon. Professionalisierung und Disziplinbildung Sozialer Arbeit. Opladen, Berlin, Toronto, Verlag Barbara Budrich

Commission International Association of Schools of Social Work, International Federation of Social Workers- Interim Education (Hrsg.) (2020): Global Standards for Social Work Education and Training.

Digitales Deutschs Frauenarchiv (Hrsg.) (2021): Dossier § 218 und die Deutsche Frauenbewegung. Akteurinnen, Debatten, Kämpfe. Berlin 2021; siehe: https://www.digitales-deutsches-frauenarchiv.de/angebote/dossiers/218-und-die-frauenbewegung, 19.5.2021

Dyhoff, Merle/Pardeller, Marlene/Wischnewski, Alex (2020): #keinemehr. Femizide in Deutschland. Berlin, Rosa Luxemburg Stiftung

Franger, Gaby (2015): Women's Peace Movements and Pioneers of Social Work at the Dawn of World War I. In: Franger, Gaby/Lohrenscheit, Claudia (Hrsg.): Peacebuilding-Gender-Social Work: International Human rights Dialogue: Celebrating the 100th Anniversary of the Women's Peace Congress. Oldenburg: Paulo Freire Verlag, S. 31–48

Frey, Regina (2002): Gender im Mainstreaming. Geschlechtertheorie und -praxis im internationalen Diskurs. Ulrike Helmer Verlag. Königstein/Taunus

Fromm, Anne/Fichtner, Sophie (2022): Weibliche Solidarität. Care Arbeit im Krieg. In: Die Tageszeitung, Schwerpunkt Frauentag. Berlin; siehe: https://taz.de/Weibliche-Solidaritaet/!5838894/, 16.3.2022

Gerhard, Jane/Tucker, Dan (2020): Feminismus. Die illustrierte Geschichte der weltweiten Frauenbewegung. Prestel Verlag, München, London, New Yorck

Hering, Sabine (2002): Die Geschichte der Sozialen Arbeit in Europa (1900–1960). Wichtige Pionierinnen und ihr Einfluss auf die Entwicklung internationaler Organisationen. Leske und Budrich, Opladen

Hirschfeld-Eddy-Stiftung (Hrsg.) (2021): „Es ist ein täglicher Kampf!" 15 Porträts von LSBTI-Menschenrechtsverteidiger:innen aus vier Kontinenten, Schriftenreihe der Hirschfeld-Eddy-Stiftung, Bd. 6. Berlin

Intersex Human Rights Australia (2019): Media statement – International Classification of Diseases 11 and intersex people; https://ihra.org.au/35321/media-statement-icd11-intersex/, 16.3.2022

Jones, Tiffany/Hart, Bonnie/Carpenter, Morgan/Ansara, Gavi/Leonard, William/Lucke, Jayne (2016): Intersex: Stories and Statistics from Australia. Cambridge, UK: Open Book Publishers.

Keller, Henriette (2021): Gewalt gegen Frauen. Lied ohne Furcht, Hymne der mexikanischen Frauenbewegung; https://www.graswurzel.net/gwr/2021/10/lied-ohne-furcht/, 26.5.2022

Lateinamerika Nachrichten e.V. (Hrsg.) (2020): Vivas nos queremos! Perspektiven auf und gegen patriarchale Gewalt (Dossier Nr. 18). Berlin

Lohrenscheit, Claudia/Deutsches Institut für Menschenrechte (Hrsg.) (2009): Sexuelle Selbstbestimmung als Menschenrecht. Baden-Baden: Nomos Verlag

Penny, Laurie (2022): Sexuelle Revolution. Rechter Backlash und feministische Zukunft, Hamburg: Edition Nautilus

Piesche, Peggy (2018): Einführung: Reproduktive Rechte – Definition und Debatten; siehe: https://www.boell.de/de/2018/02/28/reproduktive-rechte, 20.5.2022

Pimminger, Irene (2012): Was bedeutet Geschlechtergerechtigkeit? Normative Klärung und soziologische Konkretisierung. Leverkusen/Opladen: Verlag Barbara Budrich

Plett, Konstanze (2021); Hrsg. von Hulverscheidt, Marion: Geschlechtergerechtigkeit. Aufsätze zu Recht und Geschlecht – vom Tabu der Intersexualiät zur Dritten Option. Bielefeld: transcript

Tsoumu, Margarita (2018): Eine andere Art der Liebe. Silvia Federici über romantische Liebe, die Ausbeutung und ungleiche Machtverhältnisse stützt. In: Missy Magazin, 1.11.2018; siehe: https://missy-magazine.de/blog/2018/11/01/eine-andere-art-der-liebe/, 26.5.2022

Wichterich, Christa (2000): Strategische Verschwisterung, multiple Feminismen und die Glokalisierung von Frauenbewegungen; in Lenz, Ilse/Mae, Michiko/Klose, Karin (Hrsg.): Frauenbewegungen weltweit. Aufbrüche, Kontinuitäten, Veränderungen, Opladen, S. 233–257

UN, Department of Economic and Social Affairs (2022): Goal 5. Achieve Gender Equality and empower all women and girls, https://sdgs.un.org/topics/gender-equality-and-womens-empowerment, 10.2.2022

UNHCHR (United Nations Office of the High Commissioner for Human Rights (2015): "Free & Equal Campaign Fact Sheet: Intersex"

WHO (2012): Understanding and Addressing Violence Against Women. Femicide. (WHO/RHR/12.38)

WHO (2020): Fact Sheet: Preventing unsafe abortion; https://www.who.int/news-room/fact-sheets/detail/preventing-unsafe-abortion, 19.5.2021

WHO (2021): Fact Sheet on Violence against Women; https://www.who.int/news-room/fact-sheets/detail/violence-against-women, 18.3.2021

Wahl, Angelika von (2022): From Private Wrongs to Public Rights: The Politics of Intersex Activism in the Merkel Era. In: German Politics, Volume 31, 2022 – Issue 1: Special Issue: Leading from Behind: Gender Equality in Germany during the Merkel Era

West, Rachel (2013): Interview with Social Workers for Reproductive Justice, Maggie Rosenbloom; https://swhelper.org/2013/03/21/interview-with-social-workers-for-reproductive-justice/, 26.5.2022

Wiedemann, Carolin (2022): Zart und frei. Vom Sturz des Patriarchats. Berlin, Mathes & Seitz Verlag
Wolff, Stephen/Bernstein, Mary/Taylor, Verta (2015): New theoretical Directions from the Study of Gender and Sexuality Movements. In: Della Porta, Donatella/Diani, Mario: The Oxford Handbook of Social Movements. Oxford University Press

Rassismus und postkolonialer Widerstand

Susan Arndt & Mario Faust-Scalisi

21. März – Internationaler Tag gegen Rassismus

23. August – Internationaler Tag zur Erinnerung an den Sklavenhandel und an seine Abschaffung

> **Zusammenfassung**
>
> Der Beitrag gibt einen Einblick in Definitionen und grundlegende Verständnisse von Rassismus, Postkolonialismus, *Black Studies* und Kritischer Weißseinsforschung. Hierbei bilden der Protest und die Errungenschaften von sozialen Bewegungen – vor allem mit Blick auf die historischen und gegenwärtigen Entwicklungen in Deutschland – den Ausgangspunkt. Ziel ist es, anhand von Aktivist:innen und ihren Zusammenschlüssen zu veranschaulichen, wie sich Betroffene gegen Rassismus zur Wehr setzten und wie die *Black Studies* und die Kritische Weißseinsforschung entstanden sind. Eine zentrale These des Beitrags ist, dass es einer weiterführenden, gesamtgesellschaftlichen Auseinandersetzung mit Rassismus und den Privilegien von *weißen* Menschen bedarf. Rassismus ist kein Thema der Vergangenheit und auch für die Soziale Arbeit hoch relevant. So kann die Internationale Soziale Arbeit von postkolonialen Widerstandskämpfen lernen und sich stets die Frage stellen, wie sie selbst Widerstand gegen Rassismus in ihren Handlungs- und Arbeitsfeldern leisten, und zu einer Stärkung von antirassistischen Perspektiven und Zugängen beitragen kann und muss.

Postkolonialismus führt ein ‚nach' im Munde, meint jedoch nicht, dass Kolonialismus vorbei sei. Vielmehr geht es um die Frage, wie Kolonialismus bis heute fortwirkt, strukturell und diskursiv, und wie Kolonialismus erinnert und seine Gegenwart debattiert wird. Entsprechend muss sich Postkolonialismus auch der viel zu langen Geschichte des Rassismus stellen und seine Auswirkungen auf die Gegenwart debattieren, ohne seine gewaltvollen Codes zu reproduzieren. Das ist es auch, was Dekolonisierung meint: das Streben, das noch immer lebendige giftige Erbe von Kolonialismus und Rassismus zu bekämpfen. Dekolonisierung meint nicht, dass die Geschichte vorbei sei. Dekolonisierung fordert ein, sich ihr zu stellen. Rassismus als *weiße* Vorherrschaft hat ein Machtpotenzial, das Weltgeschichte schrieb. Umgekehrt aber liegt auch im Widerstand Macht für Interventionen. Dieser Widerstand ist vor allem etwas, was *Black, Indigenous* und *People of Color (BIPoC)* leisten. *Weiße* hingegen reduzieren Rassismus häufig nur auf seine extremen Ausformungen (wie etwa Sklaverei, Apartheid und Rechtsextremismus) und darauf, Geschichte zu sein. Jedoch ist jede Weigerung, über Rassismus zu sprechen, eine dezidiert politische Positionierung. Von dieser Eingangsthese aus möchten wir Rassismus definitorisch rahmen und aus der Geschichte von Rassismus und dem Widerstand dagegen, wie ihn soziale Bewegungen leisten, auch die Genesis von Postkolonialität und Dekolonialität mit Blick auf Deutschland herleiten.

1. Rassismus. Eine Definition

Rassismus ist eine ideologisch basierte Herrschaftsform, die sich als *weiße* Vorherrschaft äußert. Rassismus behauptet, dass es ‚Menschenr~~assen~~' gäbe und dass die ‚weiße R~~asse~~' allen anderen überlegen sei. Wir setzen in unserem Beitrag den ‚R~~asse~~begriff' von anderen Begriffen optisch ab, um auf den Konstruktionscharakter von ‚R~~assen~~' hinzuweisen, also deutlich zu machen, dass es sich bei ‚R~~assen~~' um eine Erfindung des Rassismus handelt. Denn: Rassismus konstruiert Körperkonstrukte und entsprechende Unterschiede und lädt diese mit Aussagen auf über antithetische, d.h. über vermeintlich widersprüchliche Fähigkeiten und Zugehörigkeiten. Rassismus stellt also nicht nur Gruppen her, sondern stellt diese einander gegenüber und wertet eine der Gruppen ab. Im Kern geht es darum, dass sich *Weiße* aus einer Machtposition heraus als Norm und Normalität setzen. „*Weiße*" und „*weiß*" schreiben wir in unserem Text bewusst kursiv, da wir „*weiß*" als soziale Position auf der Basis einer ideologischen Konstruktion verstehen, die einen Unterschied macht, und die sich von der sozialen Position von BIPoC maßgeblich unterscheidet. Zunächst wurden durch die *weiße* Position Kolonialismus und damit einhergehende Eroberungen und Gewaltausübungen zu rechtfertigen gesucht und allen BIPoC wurde das (vollwertige) Menschsein abgesprochen. Daraus ergaben sich wiederum Privilegien für *Weiße*. Bis heute ist Kolonialismus, gerade in Deutschland, kaum aufgearbeitet. Sein Erbe wirkt fort und *Weißsein* ist noch immer eine der wirkmächtigsten Währungen, in Deutschland und weltweit. Entsprechende Macht- und Herrschaftsstrukturen und Privilegien sind allen *Weißen* zugänglich, *Weißsein* heißt Zugang zu Privilegien. Jenen, die rassistisch diskriminiert und dadurch aus dem *Weißsein* ausgegrenzt werden, bleiben diese Privilegien verwehrt. Das äußert sich als Diskriminierung. Rassismus als Wechselwirkung von Privilegien und Diskriminierung zeigt sich einerseits strukturell und institutionell. Beispielhaft sei hier *racial profiling* genannt oder auch fehlende Chancengleichheit bei der Beruf- oder Wohnungssuche. Zugleich äußert sich Rassismus auch in Wissen oder Moralvorstellungen. Dazu gehören rassistische Stereotype in Medien oder Lehrbüchern ebenso wie die Hyperpräsenz von *Weißen* etwa im Lesekanon oder in Lehrbuchabbildungen. Beide Ebenen wirken sich auf Repräsentationen aus: Wer wird als Norm/alität gesetzt und ist hyperpräsent (etwa im Professorium oder in Leitungsgremien) – *Weiße*. Und wer wird wie erzählt oder abgebildet – als „unsichtbar herrschende Normalität" (Wachendorfer 2001: 87) mit Anrecht auf Individualität (das gilt für *Weiße*) oder eben stereotypenhaft-abwertend verallgemeinert und verabsolutiert (das gilt für BIPoC)? Aus diesem Rahmen heraus wirkt Rassismus alltäglich und systemisch. Das heißt, dass es strukturell bedingte Wiederholungen von rassistischen Handlungen gibt. Diese werden zwar individuell ausgeübt und erfahren. Das bedeutet aber nicht, dass Rassismus auf Einzelfälle oder gar individuelle Erfahrungen reduziert werden kann. Rassismus ist keine Meinung, sondern Herrschaft und Gewalt, welche sich systemisch bedingt wiederholt. Dies nicht zu benennen, entzweit Gesellschaften. Umgekehrt ist es ja gerade das Kerngeschäft des Rassismus, Menschen zu segregieren und ihren Leben und Ansprüchen unterschiedliche Wertigkeiten zuzuschreiben. Auf diese Weise erzeugt Rassismus soziale Positionen. Das muss – so die These des Beitrags – benannt und anerkannt werden. Denn wer Rassismus leugnet, reproduziert ihn.

Zwar ist es eine rassistische Lüge, dass es biologische ‚R~~assen~~' gäbe (vgl. Cavalli-Sforza/Cavalli-Sforza 1994). Insofern aber Rassismus bis heute wirkmächtig ist, erzeugt er soziale Positionen, die benannt werden müssen. Denn diese biologistischen ‚R~~assen~~konstruktionen' haben sich nachhaltig in Denk- und Verhaltensmuster eingeschrieben, die gesellschaftliche, kulturelle und politische Prozesse und Hegemonien konstituieren und irreversibel rassialisierte Identitäten und Positionen hergestellt haben. Collette Guillaumin brachte dies auf die polemische Formel: „Race does not exist. But it does kill people" (1995: 107).

Aus diesem Grund bedarf es einer dekonstruierenden Bewegung, die wegführt von ‚R~~asse~~' als biologistischem Konstrukt und hin zu *Rasse* als sozialer Position und kritischer Analyse- und Wissenskategorie. Shankar Raman (2006) nennt dies ‚racial turn'. Hiermit korrelieren Begriffe wie *Weiße, weiß* positionierte Menschen oder *weiße* Personen einerseits und Widerstandsbegriffe wie etwa Schwarze,[17] *People of Color* oder Indigene Menschen andererseits, auch zusammengefasst als BIPoC. Diese Begriffe bilden ab, dass es verschiedene Ausformungen des Rassismus gibt, wie etwa Antisemitismus, Rassismus gegenüber Schwarzen, Zigianistischer Rassismus oder Orientalistischer Rassismus, etwa gegen Muslim:innen oder auch Menschen aus Südostasien oder entsprechenden Diasporas. Diese Rassismen, die nach innen gerichteten sowie auch kolonialistisch ausgerichteten, gehen Hand in Hand und haben sich dabei, bei gegebenen Unterschieden, immer auch wechselseitig strukturell Recht und ideologischen Halt gegeben.

2. Rassismus befeuert und bekämpft. Ein kurzer historischer Abriss mit Blick auf Deutschland und antirassistische Bewegungen

2.1 Frühe Entwicklungen

Rassismus wurde erfunden, um europäische Eroberungen nicht-europäischer Räume und Ressourcen samt der Versklavung und Ausbeutung von BIPoC zu legitimieren. Sie seien keine vollwertigen Menschen, so Rassismus in a *nutshell*, das seien allein die *Weißen*, welche angeblich allen anderen überlegen waren. Dafür erschufen Kunst und Wissenschaft eine Erzählung, die Rassismus ideologisch diente.

Kolonialismus traf von Beginn an auf Widerstand. Dieser ging von Kolonisierten und rassistisch Diskriminierten aus. Das waren einzelne Individuen oder kleinere Gruppen, aber auch Aufstände und Revolutionen. Diese mussten mit Waffengewalt und körperlich geführt werden, wurden aber immer auch diskursiv und durch wissensgesättigte Rhetoriken und Erzählungen getragen, die auch um eine diskriminierungssensible Repräsentation in und durch Sprache rangen (vgl. Arndt 2021).

Unter *Weißen* gab es immer wieder vereinzelte Unterstützungen antikolonialer Proteste. Diese aber stellten sich vor dem ausgehenden 20. Jahrhundert zu keinem Zeitpunkt dezidiert und grundsätzlich gegen Kolonialismus und Rassismus. Vor

---

[17] Die adjektivische Großschreibung markiert beides, dass ‚Schwarz' ein Konstrukt ist und Widerstand gegen hierfür verantwortliche Prozesse des Rassismus leistet.

allem aber beschränkten sie sich auf Einzelaspekte. Rassismus war eine Mordmaschinerie, die immer parallel auch wissenschaftlich befeuert bzw. bekämpft wurde. Im Zuge der Aufklärung jedoch kam es aus dem Abolitionismus heraus zu einer strukturellen Unterstützung im Kampf gegen die europäische Versklavung von Afrikaner:innen. Das bewegte vor allem das Königreich Großbritannien, dann das Vereinigte Königreich Großbritannien und Irland, die zunächst noch junge USA oder Frankreich; in Deutschland fiel der abolitionistische Widerspruch fast vollständig aus. Vielmehr gehörten Aufklärer:innen wie Immanuel Kant zu den wichtigen Befürworter:innen der Sklaverei und zu Architekt:innen des Rassismus (vgl. Kant 1775). Dem stand nicht entgegen, dass es zu dieser Zeit bereits Schwarze in deutschen Königreichen oder Fürstentümern gab und diese sich auch kritisch mit Rassismus auseinander setzten. Das für Deutschland berühmteste Beispiel ist hier vermutlich Anton Wilhelm Amo.

> **Porträt: Anton Wilhelm Amo**
>
> 1703 wurde der Junge geboren, von dem nur der Name Anton Wilhelm Amo überliefert ist. Er wurde zunächst 1707 aus dem heutigen Ghana nach Amsterdam verschleppt. Von dort gelangte er an den Hof der Herzöge von Braunschweig-Wolfenbüttel. Diese unterzogen ihm dem rassistischen Experiment, das der Frage nachging, ob Schwarze lernfähig seien. Amo besuchte ab 1717 die Ritterakademie und studierte von 1721 bis 1727 an der Universität Helmstedt. 1727 begann er ein Studium der Philosophie und Rechtswissenschaften an der Universität Halle als erster, und zugleich für Jahrhunderte letzter Schwarzer. 1729 veröffentlichte er *De jure Maurorum*, vermutlich, so lässt sich rekonstruieren, eine kritische Auseinandersetzung mit der Rechtslosigkeit von Schwarzen in Europa. 1734 erwarb er schließlich seinen Doktortitel und begann in Halle und Jena zu lehren. Vermutlich aufgrund von massiven Diskriminierungserfahrungen kehrte er nach Westafrika zurück und starb dort in den 1750er Jahren (vgl. Ette 2014). Amos Handeln und Wirken sind als widerständig zu begreifen, als Gegendiskurs zu rassistischen Diskursen seiner Zeit (vgl. Kant 1923). Weil er aber das zentrale Narrativ des Rassismus gefährdete, wurde er vergessen gemacht. Schwarzen blieb der Zugang zu deutschen Universitäten verwehrt. Deswegen blieb Amo lange eine Ausnahme.

An die Negation Schwarzer *Agency* und die Rechtfertigung von Rassismus und Sklaverei knüpfte Georg Wilhelm Friedrich Hegel direkt an. Noch nach der erfolgreichen Revolution von Haiti behauptete er, dass Schwarze keine Vorstellungen von Freiheit hätten und ihr Widerstand eher von emotional geleiteter ‚Unfähigkeit' herrühre, die eigene Unterlegenheit anzuerkennen. Die Revolution führte er zurück auf „die große von ungeheurer Körperstärke unterstützte Tapferkeit der N.",[18] die aber keinem Streben nach Freiheit folge, sondern vielmehr einer „Nichtachtung des Lebens", da Schwarze auf Haiti „sich zu Tausenden niederschießen lassen im Kriege gegen die Europäer. Das Leben hat nämlich nur da einen Wert, wo es ein Würdiges zu seinem Zwecke hat." (Hegel 1837/1961: 159) Umso frappierender war es, dass sich Deutschland in seiner imperialen Phase als

---

[18] Im Original ausgeschrieben. Hier abgekürzt, denn der Beitrag arbeitet bewusst mit dem N-Wort, da dieser rassistische Sprache nicht reproduzieren, sondern sie kritisieren will.

‚Schutzherrschaft' inszenierte, die Afrikaner:innen vor ‚arabischer Versklavung' zu beschützen vorgab (vgl. Anton 2022). Während der deutschen Beteiligung an der europäischen Versklavung von Afrikaner:innen und der deutschen imperialen Kolonialphase von circa 1884 bis 1914 wurden Kolonialismus oder Rassismus nur vereinzelt thematisiert. So stehen etwa deutschstämmige US-Migrant:innen für eins der ersten Anti-Versklavungsdokumente der späteren USA, die *Germantown Petition Against Slavery* von 1688. Eine entsprechende dezidierte Positionierung gab es in deutschen Staaten hingegen kaum. Gegen Ende des 19. Jahrhunderts entwickelte sich ein gewisser, wenn auch nicht besonders starker oder gar mehrheitlicher wissenschaftlicher Antirassismus. Dafür steht etwa der deutsche Ethnologe Adolf Bastian (1826–1905), der wissenschaftlich versuchte, die Gleichheit, oder eher Ursprungsgleichheit aller Menschen zu postulieren und nachzuweisen – und sich damit deutlich gegen Postulate rassistischer Unterschiede aussprach – und doch in rassistischen Gedanken verblieb (vgl. Köpping 2005).

Vergleichbare Problemlinien zeigten sich auch in kommunistischen Kreisen. Zunächst bedeutete kommunistischer Widerstand die Alleinbetonung von Klassismus als Grundproblematik von Ungleichheit und treibende Kraft von Geschichte, wobei teleologische Annahmen analog zu naturwissenschaftlichen Beobachtungen leitend waren. Dies inkludierte eindeutig auch ‚r~~assen~~theoretische' Annahmen, womit einerseits Rassismus lediglich als Symptom abgetan werden konnte und zugleich entsprechende Grundannahme von Binarität und Ungleichheit den eigenen Kampf leiteten. Dies schloss deutlich auch rassistische Gedanken und Begriffe ein. Dagegen stand und steht auch nicht die kommunistische Tradition von Antiimperialismus und einer Kommunistischen Internationale, denn diese verblieb paternalistisch *weiß* in der nominellen Unterstützung Schwarzen oder BIPoC Widerstands (vgl. Adi 2013).

Aus der *weißen* deutschen Mehrheitsgesellschaft heraus gab und gibt es bislang kaum Widerstand gegen Rassismus. Eine Ausnahme bildet das ökumenische Antirassismus-Programm von 1969, welches sich gegen die Apartheid in Südafrika wandte und auch innerhalb der Kirchen hoch umstritten war – insbesondere entlang der Frage, ob sich Kirchen in diesem Feld überhaupt engagieren sollten. Eine Rückreflektion auf Deutschland fand nur insofern statt, als eine Zusammenarbeit mit ‚rassistischen Staaten' abgelehnt, nicht aber Rassismus auch in Deutschland gesehen und kritisiert wurde (vgl. Fuchs/Karner 1979).

2.2 Widerstand und Aktivist:innen ab den 1980er Jahren

Für die Etablierung und Stabilisierung von BIPoC-Widerstand gegen Rassismus und dessen Institutionalisierung waren die 1980er Jahre, West-Berlin und Schwarze Frauen von besonderer Bedeutung. Katharina Oguntoye wurde 1959 in Zwickau geboren worden, siedelte jedoch 1965 mit der Familie nach Nigeria, woher ihr Vater stammte. Nach Ausbruch des Biafra-Krieges zog sie mit ihrer Mutter nach Heidelberg. 1982 ging sie nach Berlin und machte dort an der Kreuzberger Schule für Erwachsenenbildung das Abitur. Dort begegnete sie zwei Jahre später der Poetin, Wissenschaftlerin und Aktivistin Audre Lorde, die 1984 eine Gastprofessur an der FU Berlin innehatte.

> Porträt: Audre Lorde, May Ayim und die *Initiative Schwarze Menschen in Deutschland* (ISD)
>
> Als globales Leuchtfeuer konnte Audre Lorde die brodelnden Flammen in Deutschland bündeln. Als sie nach Deutschland kam war sie bereits eine erprobte und bekannte Akteurin der Schwarzen Bürger:innenrechtsbewegung sowie der frühen LGBTIQ*-Bewegung in den USA. In Deutschland nun formierte sich mit ihrer Unterstützung die afrodeutsche Bewegung. Zu ihr gehörte auch May Ayim, die 1960 in Hamburg geboren wurde. Nach einer gewaltvollen Kindheit, studierte May Ayim in Regensburg und zog von dort 1984 nach West-Berlin (vgl. Piesche 2019). Diese Entwicklungen erreichten Ende 1985, Anfang 1986 neue Kulminationspunkte. Zum einen erfolgte Ende 1985 die Gründung der *Initiative Schwarze Menschen in Deutschland* (ISD), zunächst noch als *Initiative Schwarze Deutsche*, die auf ein erstes Bundestreffen Schwarzer Deutscher in Wiesbaden im November 1985 zurückging. Schnell bildeten sich Regionalgruppen, in denen sich etwa auch Theodor Wonja Michael – ein deutscher Schauspieler und afrodeutscher Zeitzeuge der Weimarer Republik und des Nationalsozialismus – engagierte. Von Beginn an setzte sich die ISD dafür ein, Rassismus zu begegnen und rassismusfreie Räume als Insel für und von Empowerment zu schaffen. Dies erfolgte durch Bildungsangebote aber auch Vernetzungen in einem intersektionellen Verständnis. Bis heute ist die ISD eine zentrale Akteurin Schwarzen Widerstandes in Deutschland (vgl. ISD 2022).

Parallel entstand zudem *ADEFRA – Schwarze Frauen in Deutschland*, zunächst als *Initiative Schwarzer Deutscher Frauen*. Auch ADEFRA setzte auf Empowerment und Bildungsarbeit, auf Vernetzung und ein intersektionelles Verständnis von Rassismus. Gerade internationale Kontakte waren dabei und dafür von Beginn an besonders bedeutsam (vgl. ADEFRA 2016).

Diese Entwicklungen erfuhren dann Ende der 1980er Jahre mit der Ostdeutschen Revolution und der dann folgenden ‚Wiedervereinigung' sowie der Begegnung mit Aktivist:innen aus der DDR eine deutliche Zäsur. Der Mauerfall bedeutete auch für BIPoC in der DDR ein Ende der staatlichen Repression, allerdings keinesfalls ein Ende von Rassismuserfahrungen. Nicht wenige wurden verbal aus ‚dem Volk', welches nach Freiheit rief, ausgeschlossen, und spätestens als aus ‚Wir sind das Volk' ‚Wir sind ein Volk' wurde, war der *weiß*-nationalistische Anstrich der Proteste deutlich und nicht mehr zu negieren. Vielmehr wurde bald Rassismus noch deutlicher sichtbar als zuvor (vgl. Piesche 2019). Zur gleichen Zeit begegneten die bereits erwähnten Schwarzen Frauen, die in West-Berlin aktiv waren, Schwarzen Aktivist:innen aus der dann bald ehemaligen DDR, so beispielsweise Peggy Piesche, die bereits in der DDR aktiv gewesen war und nun zu einer zentralen Person der afrodeutschen Bewegung wurde. Einige Kontakte bestanden bereits vor 1989 etwa durch die Ausreise von Raja Lubinetzki nach West-Berlin, die als Lyrikerin und Malerin aktivistisch wirkte und bis heute wirkt. Neben diesen neuen Vernetzungen und Mobilisierungen, gerade auch im Rahmen von ADEFRA und der ISD, stellten sich diese Jahre durchaus auch als traumatisch für Schwarzen Widerstand dar. So verstarb 1992 Audre Lorde. May Ayim analysierte die Zunahme von Nationalismus und Gewalt, beispielsweise mit Bezug auf die Ermordung von Amadeu Antonio im Dezember 1990 in Eberswalde, als erstes

Opfer des ‚wiedervereinigten' Rassismus. In diesen Jahren gab es eine zunehmende Gewalteskalation des Rassismus, gerade in der ehemaligen DDR, aber auch im ehemaligen Westen (vgl. Begrich 2016). Auch diese Erfahrungen erschwerten den weiteren Widerstand und hatten möglicherweise auch Einfluss auf den Suizid von May Ayim Mitte 1996. Zuvor jedoch hatte May Ayim – neben anderen BIPoC-Wissenschaftler:innen – wesentlichen Anteil an der Entstehung Kritischer Weißseinsforschung in Deutschland, aufbauend auf internationale Entwicklungen, und die Etablierung von *Black Studies* aus der postkolonialen Forschung heraus.

Ab den 1990er Jahren prägt eine neue Generation von Schwarzen Wissenschaftlerinnen und Aktivistinnen die Rassismusforschung in Deutschland. Maßgeblich dabei war unter anderem Peggy Piesche (s.o.). Ein entscheidender Schritt war ihre Koordination des Drittmittelprojekts ‚*Black European Studies*' an der Johannes Gutenberg-Universität Mainz (2004–2007). Später wurden Diaspora-Forschung und *Critical Race/Whiteness Studies* zu ihren Schwerpunkten. Das Wirken von Peggy Piesche überschnitt sich dabei mit jenem von Maisha Auma, die in den frühen 1990er Jahren Sozialpädagogik in Kiel studierte und dies dann um Psychologie und Soziologie erweiterte. Nach ihrer Promotion wirkte sie im Bereich *Gender Studies* an der Humboldt Universität zu Berlin Mitte der 2000er Jahre, bevor sie 2008 Professorin für Diversity Studies wurde. Beide hatten früh Rassismus zu einem zentralen Thema ihres Wirkens gemacht und dazu auch Öffentlichkeit gesucht. So wirkten beide daran mit erstmals ein gewisses, wenn auch noch sehr begrenztes Bewusstsein für Rassismus in Deutschland zu schaffen. In diesem Rahmen hatte auch Katja Kinder eine bedeutende Rolle inne. Katja Kinder war Mitbegründerin von ADEFRA und ist als Erziehungswissenschaftlerin mit einem rassismuskritischen Ansatz tätig. Alle drei wirkten für sich alleine, immer wieder aber auch zusammen, um Rassismus in der Gesellschaft und gerade auch im Bereich Bildung zu thematisieren und zu problematisieren (vgl. Auma et al. 2020).

2.3 Neue soziale Bewegungen und Initiativen ab den 1990er Jahren

Erst in den 1990er Jahren etablierten sich auch unter *Weißen* erste breitere Debatten über Rassismus in Deutschland, wobei aber der Fokus meist auf Rechtsextremismus lag. Unterdessen entwickelten sich die Institutionen von Schwarzen und BIPoC weiter und über jene der 1980er Jahre hinaus. Dies erfolge im Rahmen einer Ausdifferenzierung des Widerstandes, auch um mehr Bewusstsein für die Existenz des multiplen Rassismus in Deutschland zu erreichen. Dafür steht unter anderem die NGO *Neue Deutsche Medienmacher*innen*, gegründet 2008 in Berlin. Erklärtes Ziel dieser NGO ist es, Diversität und Vielfalt der Gesellschaft eine Stimme zu verleihen. Deutschland als Einwanderungsland verstehend, versucht die NGO dies auch medial abzubilden. Dafür werden insbesondere Medienschaffende vernetzt. Eindeutig wurde hier über Schwarzen Widerstand hinausgegangen und dieser intersektionell angebunden, wobei sich zugleich auf einen bestimmten Bereich konzentriert wird (vgl. Neue Deutsche Medienmacher*innen 2022). In einem vergleichbaren Feld wirkte auch der Verein *Der Braune* Mob, der von Noah Sow 2001 gegründet wurde. Dieser verfolgte dezidiert das Ziel, die Darstellung von Schwarzen Menschen in der Öffentlichkeit zu verändern und vorhandene Diskriminierungsstrukturen dabei zu problematisieren. Auch über den Verein hinaus wirkt Noah Sow aktivistisch, sowohl mit Bezug auf Medien und Mediendarstellungen, aber auch als Autorin, Musikerin oder Sprecherin (vgl. Der Braune Mob 2014). Deutlicher wiederum aus der Bewegung Schwarzer Menschen in Deutschland heraus wurde 2012 *Each One Teach One* (EOTO) in Berlin gegründet als eine Bibliothek Schwarzer Literatur zum Empowerment und zum gemeinsamen Austausch und Lernen. Schwarze Perspektiven sollen so gestärkt und ein diverserer Wissenskatalog geschaffen werden. Dies sind nur drei Beispiele für die Institutionalisierung von BIPoC Widerstand in Deutschland, wie sich dieser seit den 1990er Jahren zunehmend ausdifferenzierte und etablierte, teilweise mit lokalen oder regionalen, teilweise mit bundesweiten Initiativen und Institutionen.

Dazu gehörte auch ein zunehmend breites Verständnis von Rassismus, beispielsweise auch Antisemitismus oder Antiziganismus umfassend. So werden zunehmend auch Verbindungen mit Institutionen gestärkt, die teilweise schon bedeutend länger existieren, aber noch nicht im gemeinsamen Widerstand gegen Rassismus gesehen wurden. Dieses vernetztere Verständnis von Rassismus zeigt sich auch in der entsprechenden Forschung und Aktivismus. Dabei wurde auch immer wieder aus der Forschung heraus Handeln eingefordert und initiiert. Beispiele dafür sind etwa unterschiedliche Initiativen zu einem dekolonialen Umgang mit urbanen Räumen, etwa Berlin oder Hamburg Dekolonial. Die Initiative *Dekoloniale Erinnerungskultur in der Stadt* in Berlin problematisiert die Materialisierung von Rassismus und zielt auf die Dekolonialisierung des Raumes ab. Dazu gehören rassismuskritische Stadtführungen, aber gerade auch Initiativen zur Umbenennung von Straßen. In diesem Rahmen verbinden sich Wissenschaft, Kultur und Aktivismus in unterschiedlichen Weisen (vgl. Dekoloniale 2022).

Dennoch gibt es unter *Weißen* bis heute die Tendenz, Rassismus zu leugnen. Dazu gehört es, sich selbst nicht als *weiß* zu positionieren und Rassismus mit dem Fingerzeug nur bei anderen *Weißen* zu verorten.

3. Black Studies als Ort des Widerstands

Revolutionen und Aufstände von BIPoC wurden also von Beginn an immer auch rhetorisch und mit entsprechendem Wissen ausgetragen, d.h. Wissen über koloniale Herrschaftsmodi, über Rassismus und seine Wirkungsweisen, über Macht und Widerstand. Generationen afrikanischer und afrikanisch-diasporischer Schriftsteller:innen, unter ihnen W.E.B. Du Bois, Ida B. Wells, James Baldwin und Toni Morrison, haben *weiße* rassialisierte Positionen konkretisiert und hinterfragt. Auch die Oralliteratur als wichtige soziale Instanz stellte sich Rassismus in den Weg. Wissen über *Weiße/Weißsein* und Kolonialismus zu haben, war über/lebenswichtig für BIPoC (vgl. Roediger 1998). Die feministische, afrikanisch amerikanische Theoretikerin bell hooks schreibt:

> „[B]lack folks have from slavery on, shared in conversations with one another 'special knowledge' of whiteness gleaned from close scrutiny of white people." (hooks 1992: 165)

Ein Hauptziel war es dabei, sich gegenseitig zu unterstützen, „to [...] cope and survive in a white supremacist society" (hooks 1992: 165). Rassismus-Theoretiker:innen wie Frantz Fanon (1952) und Albert Memmi (1957) haben sich im Kontext ihrer Analysen von Kolonialismus und Rassismus mit dem Subjekt dieser Herrschafts- und Diskriminierungsformen auseinandergesetzt und damit *Weißsein* thematisiert, wohl wissend, dass Wissen über *Weiße/Weißsein* im Kontext von Sklaverei und Kolonialismus über/lebenswichtig für *People of Color* war. Doch lag der eigentliche Untersuchungsschwerpunkt auf Schwarzen und ihren Erfahrungen unter Kolonialismus und Rassismus. Zudem implizierte der Blick auf *Weiße* vornehmlich, *weiße* Verhaltensmuster im Kontext von Kolonialismus und Rassismus zu beschreiben. Was als Prisma einsetzte, das Kolonialismus und Rassismus sezierte, entwickelte sich im Zuge der sich verstetigenden dekolonialen Bewegung sowie unter dem Signum der Bürger:innenrechtsbewegungen in den USA ab den 1950er Jahren auch als Forschungszweig. Dieser nahm aber zunächst v.a. als *Black Studies* Gestalt an. Im Fokus standen Erfahrungen von kolonisierten Gesellschaften und mit ihnen verschränkte Diasporas im Globalen Norden. Ab den 1960er Jahren kam es zu einer Theoretisierung von ‚R$_{asse}$' und Rassismus im Rahmen der Soziologie der ‚*Race Relations*'. Die Veröffentlichung von Michael Bantons Buch *Race Relations* (1967) und John Rex' *Race Relations in Sociological Theory* (1970) können als paradigmatisch für allgemeinere gesellschaftliche Trends und ihren Einfluss auf die akademische Forschung und Debatte gesehen werden. Diese Debatten wurden am grundlegendsten aus den Geschlechterstudien heraus und/oder von neomarxistischen, kulturwissenschaftlichen und postkolonialen Ansätzen mit ihren Ausläufern der Kritischen Weißseinsforschung und des Kritischen Okzidentalismus (vgl. Couze 2000) geprägt. In enger methodischer und theoretischer Verwandtschaft mit den *Cultural Studies* hat der Schwarze Feminismus ebenfalls zur Erkenntnis der Dynamik und Komplexität der Kategorie *Rasse* beigetragen. Die Black Studies waren patriarchalisch geprägt geblieben. Für den Kontext kolonialer Geschichte haben Wissenschaftler:innen wie Ania Loomba (1998) und Oyèrónké Oyewúmí (1997) aufgezeigt, dass wegweisende Rassismus-Theoretiker wie etwa Frantz Fanon und Albert Memmi, letztlich nur die Situation und Erfahrungen von Männern diskutierten, dabei bestehende Geschlechterhierarchien reproduzierten und die Kategorie Geschlecht völlig vernachlässigt haben. Insofern diese Studien aus den 1950er und 1960er Jahren stammen, ist dies zwar freilich keineswegs überraschend, doch muss dennoch konstatiert werden, dass diese Theoretiker:innen in ihrer Analyse des Kolonialismus an analytische Grenzen stoßen mussten. Oyèrónké Oyewúmí betont: „The two radically distinct and hierarchical categories of the colonizer and the native should be expanded to four, incorporating the gender factor." (1997: 122) Zugleich aber zeigte der Feminismus of Color auf, dass der Mainstream-Feminismus fast ausschließlich Interessen *weißer* Frauen des Globalen Nordens verfocht und jene von Frauen of Color systematisch ignorierte (vgl. den Beitrag von Lohrenscheit in diesem Band). Der Feminismus von Frauen of Color forderte *Black Studies* ebenso heraus wie den *weiß* tradierten Feminismus. So wurden entscheidende Schritte dafür geleistet, dass sich die wissenschaftliche Auseinandersetzung entlang der Kategorie *Rasse* einer Berücksichtigung anderer Differenzen öffnen muss (vgl. Frankenberg 1993; Hill Collins 1990).

In Deutschland gilt *Farbe Bekennen. Afro-deutsche Frauen auf den Spuren ihrer Geschichte*, herausgegeben von May Ayim (noch unter dem Namen May Opitz), Dagmar Schultz und Katharina Oguntoye (1986), als Zäsur. Es enthielt unter anderem die Diplomarbeit von May Ayim, *Afro-Deutsche: Ihre Kultur- und Sozialgeschichte auf dem Hintergrund gesellschaftlicher Veränderungen*, die vom zuständigen Regensburger Professor zuvor mit der Behauptung abgelehnt wurde, dass es in Deutschland keinen Rassismus gäbe. Umgekehrt bleibt dieses Werk das erste wissenschaftliche Buch in deutscher Sprache mit einer gewissen Reichweite, welches Alltagsrassismus als Erfahrung beschrieb und die Politisierung Schwarzen Widerstands in Deutschland weiter befeuerte. Das Werk mobilisierte BIPoC in Deutschland, wurde aber beispielsweise in *weißen* feministischen Kreisen kaum beachtet, obwohl es doch dezidiert feministisch angelegt war.

4. Kritische Weißseinsforschung

In den frühen 1990er Jahren gingen bell hooks und die afrikanisch amerikanische Schriftstellerin Toni Morrison über die Ansätze der frühen Rassismusforschung hinaus. Das Innovative der Ansätze von hooks und Morrison war und ist, dass sie für *Weißsein* als kultur- und sozialwissenschaftlicher Analysekategorie plädierten und *Weißsein* als Subjekt und Motor von Rassialisierungsprozessen ins Zentrum von Dekonstruktionsprozessen stellten.

4.1 Weißsein als Analysekategorie

Dabei weist die afrikanisch amerikanische Schriftstellerin Toni Morrison in ihren Essayband *Playing in the Dark* (1992) darauf hin, dass die im frühen 20. Jahrhundert einsetzende und sich seit den 1960er Jahren theoretisch formierende kritische Forschung zu *Rasse* vornehmlich als *Black Studies* und mit Fokus auf Schwarze Erfahrungen, Identitäten und Kulturen präsentiert hat. Dabei entstehe dann schnell der Eindruck, Rassismus sei (allein) eine Angelegenheit von Schwarzen bzw. BIPoC – und *weiße* Personen seien diesbezüglich ‚neutral', so als wären sie unbeteiligt. Jedoch müsse jede Analyse von Herrschaftsmustern an Grenzen geraten, wenn sie sich allein auf deren Objekte konzentriere. Erst wenn mensch zudem die Subjekte der Herstellungsprozesse (gewissermaßen die Erfinder:innen und Begünstigten von ‚R$_{assen}$theorien') und ihre Mythen ergänzend und komplementär in die Betrachtung einbeziehe, könne sich ein komplexeres und dynamischeres Verständnis für die Mechanismen und Wirkungsformen von Herrschaftsprozessen entwickeln. Aus diesem Grund sei es notwendig, *Weißsein* relational, d.h. zusätzlich zu Schwarzsein und in seinem komplexen Verhältnis zu Schwarzsein, in den Mittelpunkt der Analyse gesellschaftlicher und politischer Prozesse sowie deren sprachlicher, fiktionaler wie medialer Repräsentation zu rücken. Dabei geht es Morrison nicht darum, *Weißsein* zu verunglimpfen (*vilify*), sondern darum, es zu konkretisieren (*reify*). Auf diese Weise wird *Rasse* als soziale Position und als kritische Wissenskategorie relational und symmetrisch konturiert und der analytische Blick auf Repräsentationen von Schwarzsein um jene auf *Weißsein* komplementiert.

Katalysatorisch beeinflusst durch die Nobelpreisverleihung an Toni Morrison im Jahre 1992, die u.a. auch zu einer Popularisierung ihres Essaybandes *Playing in the Dark* führte, sowie durch die Werke von bell hooks (1992), kam es in den frühen 1990er Jahren zur Formierung der Forschungsrichtung, für die sich im angloamerikanischen Raum die von David Stowe (1996) aufgeworfene Bezeichnung „Critical Whiteness Studies" durchgesetzt hat. Rosi Braidotti und Gabriele Griffin (2002) haben sich bald danach mit den Transferpotenzialen und -grenzen der Critical Whiteness Studies auf den europäischen Kontext auseinandergesetzt. Zunächst im Vereinigten Königreich aufgegriffen, hat diese angloamerikanische Theoriebildung dann auch in anderen Teilen Europas, insbesondere den ehemaligen Kolonialgesellschaften, einen fruchtbaren Resonanzraum gefunden. Auch in Deutschland und mit Blick auf die deutsche Gesellschaft gewann die Auseinandersetzung mit *Weißsein* zunehmend an Gewicht, wobei augenfällig ist, dass die ersten Impulse für diesen Ansatz von Schwarzen deutschen Forscher:innen kamen und wahrscheinlich kommen mussten, die in oder aus den USA wissenschaftlich und politisch sozialisiert worden sind. Dafür stehen insbesondere Peggy Piesche und Maisha Auma und das von ihnen mitherausgegebene Buch *Mythen, Masken und Subjekte. Kritische Weißseinsforschung in Deutschland* (2005), das erstmalig die Arbeit aller rassismuskritischen Forscher:innen zusammenführte und dabei Rassismus als *weiße* Vorherrschaft sezierte. So angelegt, fand die Kritische Weißseinsforschung ihren Weg nach Deutschland über Kritische Ansätze in der Anglistik/Amerikanistik oder Afrikawissenschaft.

4.2 Auseinandersetzungen mit Weißsein. Historische Perspektiven

Ein inhaltlicher Schwerpunkt der frühen Kritischen Weißseinsforschung war die Tendenz, dass es *weißen* Personen in den USA bzw. Deutschland mehrheitlich unmöglich ist, über ihr *Weißsein* und ihren Anteil an der Existenz des Schwarzseins Auskunft zu geben. So nennen *weiße* Deutsche etwa, wenn sie sich beschreiben – wie Ursula Wachendorfer (2001) ausführt – Dinge wie Beruf, Alter, Geschlecht, religiöse Orientierung und Familienstand. Alle diese Beschreibungen werden vermutlich aus dem Grund genannt, weil die entsprechende Person für sich diese Kategorien als wichtig ansieht und auch möchte, dass andere dies tun. *Weißsein* ist in der Regel als Selbstkonzept nicht bewusst vorhanden. Werden *Weiße* mit dieser Lücke konfrontiert, so erklären sie oft, dass *Weißsein* nichts über ihr ‚eigenes' Leben aussagt. Gern ergänzen sie dann auch, dass sie ‚R$_{asse}$' überhaupt unwichtig finden und auch Schwarze gar nicht als Schwarze wahrnähmen. Hier zeigt sich, dass *Weißsein*, gerade in Deutschland, „strukturell unsichtbar" bleibt und sich gleichzeitig als „unsichtbar herrschende Normalität" präsentiert (Wachendorfer 2001: 87). bell hooks spricht diesbezüglich vom „*myth of sameness*" (1992: 338) und Toni Morrison (1992: 342) von „*evasion*" („Ausweichmanöver"). Morrison betont dabei, dass diese Verweigerungshaltung eben gerade dadurch noch verkompliziert werde, dass „the habit of ignoring race is understood to be a graceful, even generous, liberal gesture". Dabei ist es eben nicht problematisch, eine bestehende Differenz zu benennen, sondern sie zu ‚entnennen'. Denn dies verhindert einen Diskurs im Sinne einer verantwortungsbewussten und -orientierten Auseinandersetzung, was dem „black body a shadowless participation in the dominant cultural body" (alles Morrison 1992: 9–10) aufzwinge.

Gesellschaftliche, politische und kulturelle Formationsprozesse fußen auf einem historischen Rassialisierungsprozess, bei dem *Weißsein* eine hegemoniale Rolle zukommt. Diese Hegemonien und die Differenzen können nicht einfach nur dadurch überwunden werden, dass sie negiert oder ignoriert werden. Im Gegenteil: Wenn *Weißsein* ‚entnannt' wird, werden auch die sozialen Positionen, Privilegien, Hegemonien und Rhetoriken verleugnet, die an *Weißsein* gebunden sind, und wird den Ausgrenzungs- und Gewalterfahrungen, die Schwarze, oder allgemeiner BIPoC durch *Weiße* real erleben, keine Rechnung getragen. Dadurch wird *Weißsein* nicht nur verstärkt und naturalisiert, zudem bleibt sein Status als „unmarked marker" (Stowe 1996: 68) unerschüttert.

5. Postkolonialität

Während sich die Kolonialismusforschung um die Darstellung ‚offenkundiger materieller Seiten kolonialer Herrschaft' bemüht, zeigt sich die postkoloniale Theorie bestrebt, theoretische und methodische Grundlagen dafür zu entwickeln, das Zusammenwirken von Ideen, Strukturen und Institutionen historisch nachzuzeichnen und die gewaltvolle Macht der Repräsentation von Kolonialismus und Rassismus in ihren komplexen Wechselwirkungen zu identifizieren, dekonstruieren und restituieren (vgl. Castro Varela/Dhawan 2015). Dabei wird Postkolonialität definiert durch ein Widerstandspotenzial, dem das Ziel immanent ist, die aktuelle Präsenz diskursiver Prozesse von Kolonialismus und Rassismus nicht nur zu identifizieren, sondern eben auch zu dekonstruieren und zu resituieren (vgl. Castro Varela/Dhawan 2015). Etablierte Wissensarchive beggenen postkolonialen Ansätze von jeher jedoch mit reservierter Ablehnung. Akademische Codewörter tragen im Kern die Botschaft, dass Postkolonialität wissenschaftliche Inkompetenz, ja, fehlende Wissenschaftlichkeit innewohnt. Dabei wird ihr ein zu politisches Herangehen und Emotionalität vorgeworfen, die eine Subjektivität zulasse, die objektive Blickweisen verstelle. Diese Abwehrmechanismen werden zunehmend auch um eine Inflationalisierung und Depolitisierung von Postkolonialität erweitert, die diese in die Krise treibt. Oft wird postkolonial als Stichwort in einen Text eingeflochten, ohne das in einer tatsächlich gesättigten Weise postkolonial gearbeitet werden würde. Andererseits hat die postkoloniale Forschung eine Pluralität erreicht, die partiell divergierende Wege im Kontext von Migrations- und Diasporaforschung, Globalisierung und Digitalisierung, Technologie und Ethik verfolgen und dabei tradierte Fächergrenzen trans- und postdisziplinär transzendiert. Gerade hat die postkoloniale Forschung einen Punkt erreicht, bei dem es unabdingbar ist, neue Parameter etwa des *Ecocriticism, Posthumanism* oder der *Digital Studies* zuzulassen. Das heißt konkret, dass sie sich die postkoloniale Forschung entlang von divers verfolgten Spuren, Aspekten und Theoremen ausdifferenzieren muss, um das sie tragende Fundament zu verstärken.

6. Schluss

Postcolonial Studies stecken in Deutschland ebenso in ihren Anfängen fest wie die Dekoloniale Debatte im Ganzen. Eine adäquate Aufarbeitung von Kolonialismus fehlt ebenso wie die Anerkennung von Rassismus als strukturell. So wie Wissen/schaft und Kunst Kolonialismus den Rücken stärkten, muss jetzt die Wissenschaft, verstanden als Forschung und Lehre, aber auch als gesamtgesellschaftliche Intervention, eine Debattenkultur rahmen, die Deutschland und andere Länder und Regionen der Welt dekolonial bewegt.

Reflexionsfragen

- Was ist mit einer dekolonialen Perspektive gemeint?
- Wie hängen Rassismus und Kritische Weißseinsforschung zusammen?
- Welche Rolle spielen soziale Bewegungen und Aktivist:innen in dekolonialen Kämpfen?
- Wo spielt Rassismus auch in Feldern der Sozialen Arbeit eine Rolle?
- Wie kann eine rassismuskritische Internationale Soziale Arbeit aussehen? Welche Ideen haben Sie, wie Rassismuskritik in Ihren Arbeits- und Praktikumsfeldern umgesetzt und gestaltet werden kann?

Einführende Literatur

Arndt, Susan (2021): Rassismus begreifen. München: C.H. Beck.
Banton, Michael (1967): Race Relations. New York: Basic Books.
Eggers, Maisha/Kilomba, Grada/Piesche Peggy/Arndt, Susan (2005): *Mythen, Masken und Subjekte. Kritische Weißseinsforschung in Deutschland*. Münster: Unrast.
Loomba, Ania (1998): Colonialism/Postcolonialism. London: Routledge.
Morrison, Toni (1992): Playing in the Dark. Whiteness and the Literary Imagination. Cambridge: Harvard University Press.
Oguntoye, Katharina/Opitz, May/Schultz, Dagmar (Hrsg.) (1986): Farbe Bekennen. Afrodeutsche Frauen auf den Spuren ihrer Geschichte. Berlin: Orlanda.
Piesche, Peggy (2019): Labor 89. Intersektionale Bewegungsgeschichte*n aus West und Ost. Berlin: Yilmaz-Günay.

Weiterführende Literatur

ADEFRA (2016): That's us. adefra.com/index.php/about/3-ueber-uns, 13.9.2022.
Adi, Hakim (2013): Pan-Africanism and Communism. The Communist International, Africa and the Diaspora, 1919–1939. Trenton: Africa World Press.
Anton, Ralph (2018): Großfriedrichsburg. www.deutsche-schutzgebiete.de/grossfriedrichsburg.htm, 13.9.2022.
Auma, Maisha/Kinder, Katja/Piesche, Peggy (2020): Generation ADEFRA. www.adefra.com/index.php/blog, 27.9.2022.
Begrich, David (2016): Hoyerswerda und Lichtenhagen. Urszenen rassistischer Gewalt in Ostdeutschland. In: Kleffer, Heike/Spangenberg, Anna (Hrsg.): Generation Hoyerswerda: Das Netzwerk militanter Neonazis in Brandenburg. Berlin: be.bra, S. 32–44.
Braidotti, Rosi/Griffin, Gabriele (2002): Whiteness and European Situatedness. In: Dies. (Hrsg.): Thinking Differently. A Reader in European Women's Studies. London/New York: Zed Books, S. 221–236.
Castro Varela, María do Mar/Dhawan, Nikita (2015): Postkoloniale Theorie. Eine kritische Einführung. 2. Aufl., Bielefeld: transcript.

Cavalli-Sforza, Lucio/Cavalli-Sforza, Francesco (1994): Verschieden und doch gleich. Ein Genetiker entzieht dem Rassismus die Grundlage. München: dtv.
Couze, Venn (2000): Occidentalism. Modernity and Subjectivity. London: SAGE.
Dekoloniale (2022): Über uns. www.dekoloniale.de/de/about, 27.9.2022.
Der Braune Mob (2014): Homepage. Über Uns. web.archive.org/web/20200721051152/https://www.derbraunemob.de/uber-uns/, 27.9.2022.
Fanon, Frantz (1952): Peau noire, masques blancs. Paris: Éditions du seuil.
Frankenberg, Ruth (1993): White Women, Race Matters. The Social Construction of Whiteness. Minneapolis: University of Minnesota Press.
Fuchs, Erika/Karner, Peter (Hrsg.) (1979): Antirassismus-Programm: 1969–1979. Eine Dokumentation. Wien: Evangelischer Oberkirchenrat.
Guillaumin, Collette (1995): Racism, Sexism, Power and Ideology. London: Routledge.
Hegel, Georg Friedrich Wilhelm (1837/1961): Vorlesungen über die Philosophie der Geschichte. Stuttgart: Universal Bibliothek.
Hill Collins, Patricia (1990): Black Feminist Thought. Knowledge, consciousness, and the politics of empowerment. Boston: Hyman.
hooks, bell (1992): Representations of Whiteness. In: Dies: Black Looks. Race and Representation. Boston: South End Press, S. 165–178.
ISD (2022): Über uns. Geschichte. 2022. isdonline.de/ueber-uns/#geschichte, 13.9.2022.
Kant, Immanuel (1923): Reflexionen zur Anthropologie. In: Ders.: Kants Gesammelte Schriften. Bd. XV. Berlin/Leipzig: Walter de Gruyter, S. 877–879.
Kant, Immanuel (1775): Von den Verschiedenen Racen Der Menschen. Zur Ankündigung der Vorlesungen der physischen Geographie im Sommerhalbjenjahre 1775. Königsberg: Hartung.
Köpping Klaus Peter (2005): Adolf Bastian and the Psychic Unity of Mankind. The Foundations of Anthropology in Nineteenth Century Germany. Münster: LIT.
Memmi, Albert (1957): Portrait du colonisé; précédé du portrait du colonisateur. Paris: Buchet-Chastel/Corrêa.
Neue Deutsche Medienmacher*innen (2022): Das Volle Programm. neuemedienmacher.de/#DasVolleProgramm, 13.9.2022.
Oyewùmí, Oyèrónké (1997): The Invention of Women. Making an African Sense of Western Gender Discourses. Minneapolis: University of Minnesota Press.
Raman, Shankar (1995): The Racial Turn: 'Race', Postkolonialität, Literaturwissenschaft. In: Pechlivanos, Miltos/ Rieger, Stefan/ Struck, Wolfgan/Weitz, Michael (Hrsg.): Einführung in die Literaturwissenschaft. Stuttgart: Metzler, S. 241–255.
Rex, John (1970): Race Relations in Sociological Theory. London: Weidelfeld&Nicolson.
Roediger, David R. (1998): Black on White. Black Writers on What it Means to be White. New York: Schocken.
Stowe, David (1996): Uncolored People. The Rise of Whiteness Studies. In: Lingua Franca, September/October, S. 68–77.
Wachendorfer, Ursula (2001): Weiß-Sein in Deutschland. Zur Unsichtbarkeit einer herrschenden Normalität. In: Arndt, Susan (Hrsg.): AfrikaBilder. Studien zu Rassismus in Deutschland. Münster: Unrast, S. 87–101.

Die globalen Bewegungen für Kinderrechte
– mit einem Interview mit Manfred Liebel

Claudia Lohrenscheit

20. November – Internationaler Tag der Kinderrechte

> **Zusammenfassung**
>
> Im Fokus des folgenden Kapitels steht die Kinderrechtskonvention der Vereinten Nationen, die zu den bekanntesten weltweit anerkannten Menschenrechtskonventionen gehört. Dies gilt zwar auch für die Soziale Arbeit, doch in den Curricula an deutschsprachigen Hochschulen dominiert zumeist der Fokus auf das nationale Kinder- und Jugendhilferecht. Hier kann der Blick auf die globale Bewegung für Kinderrechte hilfreich sein, um neue Perspektiven zu entdecken und dominante, auch adultistische Haltungen kritisch zu hinterfragen. Seit Generationen setzen sich Kinderrechtsaktivist:innen, Sozialpädagog:innen und nicht zuletzt Kinder und Jugendliche selbst für die Achtung ihrer Rechte ein. Einige bedeutende Persönlichkeiten werden in diesem Rahmen vorgestellt wie etwa Janusz Korczak aus historischer Perspektive oder der Kampf um das Recht auf Bildung für Mädchen und Jungen von Malala Yousafzai als aktuelles Beispiel. Ein besonderer Beitrag ist in diesem Kapitel das Interview mit Manfred Liebel, Soziologe, Sozialwissenschaftler und Vorkämpfer für die Menschenrechte von Kindern- und Jugendlichen, der die globalen Bewegungen für Kinderrechte kritisch reflektiert und einordnet.

1. Einführung

Kinderrechte sind „ganz normale" Menschenrechte. Sie präzisieren diese aus der spezifischen Perspektive von Kindern und Jugendlichen. „Es hat eine sehr besondere Bedeutung, Kinder als Träger von Rechten zu akzeptieren. Es ist nicht ausreichend, nett und freundlich zu Kindern zu sein oder sich im Sinne der Wohlfahrt um sie zu sorgen. Kinder haben Rechte und diese Rechte können manchmal mit den Interessen von Erwachsenen in Konflikt geraten", so sagt es der ehemalige Menschenrechtskommissar Thomas Hammarberg (zit. nach Kerber-Ganse 2009:11, Übersetzung durch d.A).

Für Kinderrechte, die nach der Definition der UN-Kinderrechtskonvention (UN-KRK) die Lebensspanne von 0–18 Jahren umfassen, gelten die gleichen strukturellen Merkmale wie für alle Menschenrechte: Sie sind Rechte, die wir allein aufgrund der Tatsache haben, dass wir Menschen sind. Sie sind nicht gebunden an einen bestimmten Status, den eine Person haben kann, auch nicht an das Lebensalter. Die universelle Gültigkeit der Kinder- und Menschenrechte knüpft allein an die Kategorie „Mensch" an, und als Menschen sind wir, so ist es in Artikel 1 der Allgemeinen Erklärung der Menschenrechte verankert, mit gleicher Würde und gleichen Rechten ausgestattet. Die Notwendigkeit, Kindern und Jugendlichen besonderen Schutz zu gewähren, fand ihren internationalen Niederschlag erstmals in der Genfer Erklärung von 1924. Die Verfasserin dieser ersten Erklärung für Kinderrechte, so schreibt Kittel (2008: 17), war eine „pfiffige Lobbyistin für Kinder", Eglantyne Jebb, geboren 1876 in Großbritannien. Sie hatte nach Ende des ersten Weltkriegs eine Kinderhilfsorganisation gegründet (*Save the Children*), die auch heute noch eine der bedeutendsten Kinderrechtsorganisationen weltweit ist.[19] Ziel der Gründung von *Save the Children* war es vor allem, den zahllosen Kindern überall in Europa zu helfen, die der Krieg zu Waisen und Kriegsgeschädigten gemacht hatte „Ich bin davon überzeugt", so Eglantyne Jebb (zit. nach Kittel ebd.) „dass wir auf bestimmte Rechte der Kinder Anspruch erheben und für die allumfassende Anerkennung dieser Rechte arbeiten sollten." Ihre *Declaration on the Rights of the Child* umfasste fünf Rechte oder Rechtsgruppen, und ist auch aus heutiger Perspektive noch erstaunlich aktuell: (1) das Recht auf Leben und Entwicklung, (2) das Recht auf umfassende soziale, materielle und medizinische Versorgung, (3) Schutz vor Ausbeutung, (4) Schutz in Kriegs- und Krisenzeiten sowie (5) das Recht, die eigenen Talente im Dienst der Gemeinschaft zu entfalten.[20] Jedoch waren diese Rechte nicht als einklagbare Rechte formuliert, sondern eher als Appelle an Staaten und Regierende.

Eglantyne Jebb war eine Zeitgenossin von Janusz Korczak, und gilt wie er als eine der wichtigsten Vordenker:innen der Kinderrechte. Korczak selbst nimmt jedoch, wie im Folgenden klar wird, eine grundlegend andere Perspektive ein, die er aus seiner eigenen Praxis als Arzt, Pädagoge und Heimleiter entwickelt hat.

2. Porträt Janusz Korczak: Das Recht des Kindes auf Achtung

„Kinder haben ein Recht auf den heutigen Tag."

Janusz Korczak wurde 1879 unter dem bürgerlichen Namen Henryk Goldschmidt in eine wohlhabende Familie von assimilierten Juden im polnischen Warschau geboren. Der Pädagoge und Autor studierte zunächst Medizin, und wurde ein angesehener Kinderarzt. Später beginnt er, unter dem Pseudonym Janusz Korczak auch Kinderromane zu schreiben, und behält diesen Namen zeitlebens bei. Während des ersten Weltkriegs arbeitete er als russischer Militärarzt im Lazarett. Erste pädagogische Erfahrungen sammelte er in verschiedenen Ferienkolonien für arme Kinder, bevor er 1912 die Leitung des nach seinen Plänen entworfenen jüdischen Waisenhauses in Warschau übernahm, und seine private Arztpraxis aufgab. 1919 übernahm er dann gemeinsam mit Maria Falska die Leitung eines Waisenhauses für polnische Arbeiterkinder. 1929 veröffentlicht er eine seiner bekanntesten Schriften „Das Recht des Kindes auf Achtung" (vgl. Coellen 2013).

Waltraud Kerber-Ganse beschreibt Korczak als leidenschaftlichen praktischen Pädagogen: „Er hat mit dieser Kraft für Kinder geschrieben und für Erwachsene ausbuchstabiert, bis in welche Facetten des Lebens und Zusammenlebens die Ach-

---

[19] *Save the Children* Thailand hat einen sehenswerten Animationsfilm produziert, der unter dem Suchbegriff „*The life of Eglantyne Jebb – Animation*" bei YouTube zu sehen ist.
[20] Übersetzt durch d.A. und zit. nach Museum of Cambrige, UK; siehe: https://www.museumofcambridge.org.uk/resources/family-fun/story-time-with-cambridge-characters/eglantyne-jebb-founder-of-save-the-children/; 17.6.2022.

tung vor der Würde des Kindes reicht" (Kerber-Ganse 2009: 42). Unermüdlich schreibt Korczak Berichte und Geschichten für Kinder und Erwachsene, bringt Kinderbücher heraus, hält Vorträge, bildet Erzieher:innen aus und veranlasst eine Zeitung, eine wöchentliche Kinderbeilage zu produzieren (vgl. Korczak 1998). Unbedingte Voraussetzung für das Verständnis Korczaks ist die Tatsache, dass er seine Ideen nicht theoriegeleitet entwickelt hat, sondern durch seine Praxis. In den Waisenhäusern, die Korczak mit leitete, waren Kinder und Jugendliche umfassend in die Gestaltung des Alltags mit einbezogen. So gab es Zeitungen, die in Eigenregie publiziert wurden und Selbstverwaltungsorgane, die ähnlich wie Gerichte, Streitigkeiten unter den Kindern und Jugendlichen auf höchst konstruktive Weise regelten. Korczak war überzeugt, dass es künftig keine Schulen oder pädagogischen Einrichtungen mehr geben würde, die auf solche Selbstvertretungsorgane verzichten könnten. Für ihn war das pädagogische Verhältnis eine Begegnung des jungen Menschen mit einem älteren, und dies bedeute ihm, dem Kind mit Achtung und in Partnerschaft gegenüber zu treten. Zentrale Elemente seiner Pädagogik sind: die Rolle der Erzieher:innen, die Besonderheiten des pädagogischen Ortes und die drei Dimensionen von Rechten, die Korczak folgendermaßen definiert: „das Recht des Kindes auf seinen Tod", „das Recht des Kindes auf den heutigen Tag" und „das Recht des Kindes, zu sein was es ist" (vgl. Kerber-Ganse 2009). Im Vergleich mit den fünf Rechten der *Declaration on the Rights of the Child* von Eglantyne Jebb wird der fundamental andere Ansatz Korczaks deutlich. Diesen Formulierungen gemein ist das unbedingte Bestehen auf die Selbstbestimmung des Kindes – über den eigenen Körper, das eigene Leben und die eigene Persönlichkeit, die eigene Zeit. Ganz entgegen der Rede über Kinder als „unsere Zukunft" pocht Korczak auf ihr Recht auf Gegenwart.

Noch in den 1930er Jahren wird Korczak durch die „Radioplaudereien des Alten Doktors" berühmt, doch durfte bedingt durch den Naziterror und Antisemitismus der Name des jüdischen Arztes Korczak nicht mehr genannt werden. Heute tragen vielerorts Straßen und Plätze Korczaks Namen, Gedenkstätten und Denkmäler halten die Erinnerung an ihn wach: Sie zeigen ihn häufig als einen Mann inmitten von Kindern auf dem Weg ins Vernichtungslager. Kerber-Ganse betont die unbedingte Konsequenz seiner Entscheidung, mit den ihm anvertrauten Kindern im Warschauer Ghetto zu leben und diese auch nicht zu verlassen, als sie 1942 in Treblinka in den Gastod geschickt werden. Dabei hat er sich keineswegs als Märtyrer gesehen (Kerber-Ganse 2009: 40). Die Ideen Janusz Korczaks sind bis heute bahnbrechend, und werden später auch an verschiedenen Stellen im Interview mit Manfred Liebel aufgenommen und weiter ausgeführt. Zunächst steht nach diesem kurzen Einblick in die Entwicklungsgeschichten der Kinderrechte die UN-Kinderrechtskonvention im Mittelpunkt.

3. Das Übereinkommen über die Rechte des Kindes (UN-Kinderrechtskonvention, UN-KRK)

Die Idee, dass Kinder besonderen Schutz bedürfen gerade in Not-, Kriegs- und Krisensituationen, war zu Beginn des 20. Jahrhunderts noch relativ neu, und es war noch ein weiter Weg bis 1989 das Übereinkommen über die Rechte des Kindes von den Vereinten Nationen verabschiedet wurde. Als erstes rechtsverbindliches Dokument auf diesem Gebiet gilt es als Meilenstein in der Entwicklung der Kinderrechte. Der Idee der Schutzrechte von Kindern und Jugendlichen fügt die UN-KRK auf internationaler Ebene zwei weitere bedeutende Dimensionen hinzu: die Förderrechte und die Teilhaberechte. Denn Kinder benötigen nicht nur Schutz, Fürsorge und Unterstützung, sondern sie sind grundsätzlich Träger eigener Rechte. Dieser Grundsatz, Kinder als eigenständige Rechtssubjekte zu achten, gilt als maßgeblicher Paradigmenwechsel. Die Achtung und der Schutz ihrer unveräußerlichen Würde soll zentrale Leitlinie sein für alle, die mit Kindern und Jugendlichen arbeiten. Sie sind somit nicht nur die Objekte von Schutz und Fürsorge durch Erwachsene, sondern sie sind auch Subjekte ihrer eigenen Entwicklung, die sie selbst mitbestimmen wollen, sollen und können. Deutschland hat die UN-KRK 1992 ratifiziert und sich damit verpflichtet, die in der Konvention und ihren derzeit drei Zusatzprotokollen verbrieften Rechte von Kindern zu achten, zu schützen und zu gewährleisten (Pflichtentrias).

Grundprinzipien der UN-Kinderrechtskonvention

Die Kinderrechtskonvention umfasst Schutz-, Förder- und Beteiligungsrechte. Sie definiert in 54 Artikeln bürgerliche, politische, wirtschaftliche, soziale und kulturelle Rechte von Kindern und Jugendlichen, und ist in drei Teile gegliedert: nach der Präambel umfasst der erste Teil (Art. 1–41) die konkreten materiellen Bestimmungen für Kinder und Jugendliche, deren Lebenssituation umfassend in den Blick genommen wird. Hierzu gehören z.B. die Rechte auf Bildung, Gesundheit und ausreichende Ernährung, die Meinungs- und Religionsfreiheit sowie das Recht auf eine eigene Identität, auf Mitsprache, auf Kontakt zu den Eltern, auf Freizeit, Spiel und Erholung und den Schutz vor Missbrauch, Gewalt und Ausbeutung jeglicher Art.
Der zweite Teil (Art. 42–45) bezieht sich auf die Umsetzung der Kinderrechtskonvention auf nationaler und internationaler Ebene. Er erläutert die Zusammensetzung und Arbeitsweise des UN-Kinderrechtsausschuss zur Überwachung der Konvention, die Berichtspflichten der Vertragsstaaten sowie die Zusammenarbeit mit anderen Organen der Vereinten Nationen, etwa dem Kinderhilfswerk UNICEF. Im dritten Teil (Art. 46–54) werden die Schlussbestimmungen zur Unterzeichnung, Ratifizierung und zum Inkrafttreten der KRK näher bestimmt. Hierbei wird den Vertragsstaaten auch die Möglichkeit eingeräumt, Vorbehalte zu definieren, die allerdings nicht dem Ziel und Zweck des Übereinkommens widersprechen dürfen (Art. 51). Die Praxis hierzu zeigt jedoch, dass solche Vorbehalte dazu führen können, bestimmte Kinder (z.B. Flüchtlingskinder) aus dem umfassenden Schutzbereich der KRK partiell auszuschließen, weil nationale rechtliche Regelungen wie etwa Bestimmungen im Ausländer- und Asylrecht höher gewertet werden.
Die einzelnen Bestimmungen der KRK werden durch vier Grundprinzipien erläutert (Art. 2, 3, 6 und 12), die allen Rechten zugrunde liegende Standards formulieren:

1. *Recht auf Leben und persönliche Entwicklung* (Art. 6): Die Vertragsstaaten der UN-KRK, sind verpflichtet das Recht auf Leben des Kindes zu achten und zu gewährleisten, dass „im größtmöglichen Umfang das Überleben und die Entwicklung des Kindes" gesichert ist.

2. *Kindeswohlvorrang* (Art. 3): Das zweite Prinzip und grundlegender Leitgedanke der UN-KRK ist das Wohl des Kindes (*best interest of the child*). Es soll vorrangig bei allen Entscheidungen, die Kinder und Jugendliche betreffen, Berücksichtigung finden (z.B. in Einrichtungen der sozialen Fürsorge, Gerichten, Behörden oder bei der Gesetzgebung).
3. *Recht auf Mitbestimmung* (Art. 12): Im direkten Zusammenhang mit dem Kindeswohl steht als drittes Prinzip das Beteiligungsrecht von Kindern und Jugendlichen. Die beste Basis, das Wohl des Kindes zu ermitteln, besteht darin, den Kindern die Möglichkeit zu geben, ihre Meinung frei zu äußern und Gehör zu finden. Der Grundgedanke dabei ist, dass jedes Kind entsprechend seiner Fähigkeiten einbezogen werden kann. Hierfür braucht es einen sicheren Rahmen, in dem sich Kinder frei von Angst oder Beeinflussung durch bestimmte Erwachsene und Erziehungsberechtigte äußern können.
4. *Diskriminierungsverbot* (Art. 2): Viertes Grundprinzip der KRK ist die Achtungs- und Gewährleistungspflicht der gleichen Rechte aller Kinder durch die Vertragsstaaten frei von Diskriminierung und ohne Ausnahmen.

Drei Zusatzprotokolle zur UN-KRK
Für Zusatzprotokolle gelten dieselben Umsetzungsbestimmungen wie für die Konvention selbst. Sobald ein Vertragsstaat beitritt, verpflichtet er sich zur Realisierung der Rechte sowie dazu regelmäßige Rechenschaftsberichte vorzulegen. Die drei Zusatzprotokolle der UN-KRK gestalten explizit die folgenden ausgewählten Rechtsbereiche:

- die Beteiligung von Kindern in bewaffneten Konflikten (2000)
- den Schutz von Kindern vor Verkauf, Kinderprostitution und Kinderpornographie (2000)
- das Individualbeschwerdeverfahren für Kinder (2011). Deutschland hat die drei Zusatzprotokolle 2005, 2009 und 2012 in Kraft gesetzt.

4. Wer überwacht die Einhaltung der Kinderrechte?

„Alles wird 5-mal in Plastik verpackt...
Überall ist Plastik in Plastik. Wie soll ich es da reduzieren?
Dabei würde ich gerne weniger verbrauchen.
Es nervt mich!" (National Coalition 2019: 32)

Das Monitoring bzw. die Kontrolle der Einhaltung der Kinderrechte erfolgt über Rechenschaftsberichte, die sog. Staatenberichte, die jeder Mitgliedsstaat periodisch bei den Vereinten Nationen einzureichen hat. Die Staatenberichte[21] werden durch den Kinderrechtsausschuss geprüft, der dazu die sog. abschließenden Bemerkungen vorlegt. Diese enthalten Lob und Kritik, Informationsanfragen sowie konkrete Empfehlungen an den Vertragsstaat zur besseren Realisierung der Kinderrechte. Der Kinderrechtsausschuss wertet hierfür auch Parallel- oder Alternativberichte aus, die nicht von Regierungsstellen, sondern von Nichtregie-

---

21 Federführend für das Verfassen der Staatenberichte ist in Deutschland das Bundesministerium für Familie, Senioren, Frauen und Jugend. In Österreich finden sich umfassende Informationen sowie auch die Staaten- und Alternativberichte auf den Seiten der Kinder- und Jugendanwaltschaften Österreichs: https://www.kija.at/kinderrechte.

rungsorganisationen und der Zivilgesellschaft eingereicht werden. In Deutschland werden diese Berichte koordiniert von der *National Coalition*, dem Netzwerk zur Umsetzung der UN-Kinderrechtskonvention. Ihm gehören derzeit mehr als 100 Organisationen und Institutionen an, darunter auch einige Hochschulen und Fakultäten der Sozialen Arbeit.[22] Das Netzwerk kümmert sich auch darum, Kinder und Jugendliche als Akteur:innen für ihre eigenen Rechte in den Berichtsprozess miteinzubeziehen. Hierzu werden sie z.B. befragt oder in Workshops darauf vorbereitet, die Befragungen und die Berichterstellung gleich selbst zu übernehmen. Die Praxis solcher Kinder- und Jugendreports ist bereits in einigen Ländern in Europa sowie auch auf dem afrikanischen Kontinent und in Indien erprobt worden.[23] In Deutschland wurde 2019 der zweite Kinderrechtsreport erarbeitet. Über 3.000 Kinder und Jugendliche haben maßgeblich daran mitgewirkt u.a. in Workshops, durch Befragungen und durch Dialoge in Kitas. Neben ihrer Analyse der Lebensbedingungen von allen Kindern und Jugendlichen, die in Deutschland leben, formulieren sie hunderte von konkreten Ideen, Vorschlägen und Forderungen an die Politik, von denen hier nur einige exemplarisch genannt werden (zit. nach National Coalition 2019: 14ff.):

- „Die Politik soll die Verantwortung übernehmen, Kindern und Jugendlichen politische Strukturen, Abläufe und Inhalte in verständlicher Sprache zugänglich zu machen."
- „Es soll mehr Raum in Bildungseinrichtungen geben, wo Kinder und Jugendliche über ihre Probleme und über Verletzungen ihrer Rechte sprechen können."
- „Es soll mehr und bessere Maßnahmen gegen häusliche Gewalt und für eine gewaltfreie Erziehung geben".
- „Jede Schülerin und jeder Schüler soll einen barrierefreien Zugang zu Bildung haben. Kinder und Jugendliche sollen genug Freizeit und keinen Leistungsdruck haben. Geld darf kein Schlüssel zu einer guten Bildung sein".
- „Geflüchtete sollen schnell eine Wohnung bekommen und die Kinder sollen schnell in die Schule gehen können. Menschen auf der Flucht sollen sich wohlfühlen dürfen und sollen nicht in Angst leben müssen".
- „Plastiktüten sollen verboten werden".

Um die Entwicklung, Einhaltung und Umsetzung der Kinder- und Menschenrechte voranzutreiben und kritisch zu begleiten spielt das Staatenberichtverfahren mit seinen vielfältigen Akteur:innen eine zentrale Rolle. In den entsprechenden Handlungsfeldern der Sozialen Arbeit sollten daher die jeweiligen Berichte und abschließenden Bemerkungen bekannt gemacht, und zur Anwendung gebracht werden. Darüber hinaus beteiligen sich einzelne Wissenschaftler:innen und Persönlichkeiten, junge Menschen genauso wie Erwachsene, mit eigenen Beiträgen und Reflexionen immer wieder maßgeblich an der (Weiter-)Entwicklung der Kinderrechte.

---

22 National Coalition zur Umsetzung der UN-Kinderrechtskonvention in Deutschland – siehe: https://netzwerk-kinderrechte.de/.
23 Alle Dokumente zur UN-KRK können auf der Homepage des Deutschen Instituts für Menschenrechte herunter geladen werden unter dem Stichwort/Suchbegriff „Umsetzung CRC in Deutschland". Das Institut ist auch die unabhängige Monitoringstelle zur UN-Kinderrechtskonvention; siehe: https://www.institut-fuer-menschenrechte.de/das-institut/abteilungen/monitoring-stelle-un-kinderrechtskonvention.

Aus historischer Perspektive war hier bereits die Rede von Janusz Korczak. In direkter Tradition zu Korczak steht Manfred Liebel, einer der international anerkannten Expert:innen im Feld der Kinderbewegungen und Kinderrechte, der im folgenden Interview einen kritischen Blick auf den aktuellen Stand der Kinderrechtsdebatte wirft.

5. Interview mit Manfred Liebel: „Es sind verbindende Erfahrungen, die Kinder veranlassen, jetzt aktiv zu werden, sich zu Wort zu melden und gemeinsam zu protestieren."[24]

Manfred Liebel ist unermüdlicher Initiator und Vorkämpfer für die Menschenrechte von Kindern und Jugendlichen. Sein Wirken an Hochschulen, in Gewerkschaften und sozialen Bewegungen, als Sozialwissenschaftler, Pädagoge und Autor ist international anerkannt. Seine Forschungs- und Arbeitsschwerpunkte sind vielfältig, und zeichnen sich vor allem durch seine grundlegende emanzipatorische und solidarische Ausrichtung aus, die wie ein „roter Faden" sein Lebenswerk durchzieht. Hervorzuheben sind seine wesentlichen Beiträge zur Entwicklung einer Theorie prekarisierter Kindheit und Jugend in globaler Perspektive.[25]

Kinderrechte, Kindheitsvorstellungen und Konstrukte von Kindheit

Claudia Lohrenscheit: Bedeutende Persönlichkeiten und Vordenker:innen der Kinderrechte wie Eglantyne Jebb und Janus Korczak haben sich bereits zu Beginn des 20. Jahrhunderts für Kinderrechte stark gemacht. Waren damals Kinder und Jugendliche selbst auch schon kinderrechtsbewegt? Oder anders gefragt: Seit wann gibt es Kinder(rechts)Bewegungen?

Manfred Liebel: Aus der historischen Perspektive ist immer mitzudenken, dass junge Menschen aktiv waren, sich gewehrt, und eine Rolle gespielt haben in der Geschichte der Kinderrechte. Aber diese Rolle blieb weitgehend unsichtbar, weil Kinder keine Zeugnisse hinterlassen haben oder diese nicht wahrgenommen wurden. Das ist eine permanente Herausforderung, überhaupt darüber nachzudenken, die Geschichte aus der Perspektive von jungen Menschen zu schreiben. Wann immer wir uns auf Kinder beziehen, denken wir bestimmte Kindheitsvorstellungen mit, die sich vom Erwachsensein oder vom Jungsein unterscheiden. Dabei haben sich Kinder, die in der Geschichte aktiv waren, gar nicht als Menschen verstanden, die grundsätzlich anders als Erwachsene waren. Wenn wir hier weit zurückgehen, z.B. zum Kinderkreuzzug im Mittelalter oder auch zu Revolutionen und Aufständen, sehen wir: Da haben junge Menschen immer wieder eine aktive Rolle gespielt, aber sie haben sich nicht ausdrücklich als Kinder verstanden. Hier gibt es interessante Zeugnisse, wo Kinder z.B. als aktiver Teil von Streiks und Aufstandsbewegungen eigene Forderungen vorgebracht haben. Das ist nach meinem

---

[24] Das Gespräch führten Claudia Lohrenscheit und Manfred Liebel auf der Grundlage eines Leitfadens im Juli 2022 per Videokonferenz; es wurde anschließend transkribiert, gekürzt und als Textfassung überarbeitet.
[25] Liebels jüngste Publikationen sind: Kinderinteressen. Zwischen Paternalismus und Partizipation (2015); Postkoloniale Kindheiten. Zwischen Ausgrenzung und Widerstand (2017); Unerhört. Kinder und Macht (2020), Adultismus. Die Macht der Erwachsenen über die Kinder. Eine kritische Einführung (zusammen mit Philip Meade, 2022.).

Eindruck der zentrale Punkt: Es geht ihnen darum, dass sie nicht so mies behandelt werden, dass sie anerkannt werden als Menschen, dass ihre Menschenwürde geachtet wird. Es gibt z.b. eine Petition aus dem Jahr 1836 von arbeitenden Kindern, die sich in Manchester, England, an das Parlament richteten, und sich über miese Arbeitsbedingungen beklagten. Solche oder ähnliche Zeugnisse gibt es auch aus Dänemark oder Belgien. Trotzdem werden Kinder nicht als Schöpfer:innen der Kinderrechte genannt.

C.L.: Heute ergibt es Sinn, wenn man unter Kinderrechtsbewegung auch die aktive Beteiligung und Initiative von jungen Menschen mitdenkt, oder?

M.L.: Ja, im Englischen bezeichnen wir das auch als *child-led* (d.h. von Kindern/Jugendlichen geleitet oder geführt). *Child-led* bedeutet, dass Kinder sich einsetzen für andere, in diesem Fall auch für andere Kinder, aber eben selbstbestimmt, und nicht nur durch Erwachsene, die sich stellvertretend engagieren. Denn es waren durchweg Erwachsene, die den Terminus Kinderrechte erfunden und eingeführt haben. Sie wurden ausdrücklich als Schutzrechte verstanden z.B. als besserer Schutz gegen Gewalt und Ausbeutung. Bereits Ende des 19. Jahrhunderts entstanden erste internationale Vereinbarungen, die dem Schutz der Kinder dienten, auch wenn diese nicht ausdrücklich von Kinderrechten sprachen. Vor diesem Hintergrund ist es ein großer Verdienst von Menschen wie Janusz Korczak und anderen, dass Kinder nicht nur unter dem Aspekt des Schutzes gesehen werden sollen. Oder dass Schutz auch so verstanden wird, dass Kinder eine bessere Chance haben, in der Gesellschaft Anerkennung zu finden und mitzuwirken. Heute bezeichnen wir das als Partizipationsrechte.

CL: Korczak dachte nicht nur für die damalige Zeit radikal anders z.B. mit dem von ihm definierten „Recht auf Tod", womit er meinte: Kinder haben das Recht auf Selbstbestimmung, Kinder haben das Recht auf eine eigene Stimme, oder?

ML: Ja, da war er Pionier! Eine weitere Perspektive ergibt sich mit Blick auf die Jugendbewegungen. Bereits in den letzten 20 bis 30 Jahren des 19. Jahrhunderts gab es so etwas wie Aufstände von Jugendlichen. Das waren nicht unbedingt politische Aufstände, aber die Jugendlichen haben sich als Altersgruppe artikuliert und ihre eigenen Kommunikations- und Aktionsformen entwickelt. Sie haben gesagt: „Irgendetwas stimmt nicht". Sie waren wie ein Seismograf für Probleme, die in der Zeit des Obrigkeitsstaats existiert haben, aber auch für mögliche Veränderungen. Es gab in dieser Zeit auch unter den eher sozial ausgegrenzten, oder proletarischen Schichten Kinder, die eigenständige Bewegungen hervorgebracht haben. Sie nannten sich z.B. „Wilde Cliquen" und haben eine Bedeutung gehabt, und Einfluss auf das Denken genommen, dass man junge Menschen eher respektiert, sie ernst nimmt und ihnen eine gewisse Autonomie zugesteht.

Kinderrechte als Prozess und Lerngeschichte

CL: Die UN-Kinderrechtskonvention ist als internationaler Menschenrechtsvertrag einmalig, und gilt als Meilenstein. Was ist das Besondere an der UN-KRK, und was siehst Du evtl. auch kritisch?

ML: Ganz klar ist die UN-KRK mit ihren Vorläufern ein großes Glück. Es ist in der Tat erstaunlich, dass sowas überhaupt zustande gekommen ist. Das ist fast schon ein Wunder. Aber Kinder waren damals nicht beteiligt. Und es war auch von Korczak nicht die Rede, denn er galt als zu radikal und wurde in diesem diplomatischen Kontext verschwiegen. Das Hauptproblem der Kinderrechtskonvention ist, dass ein bestimmtes Kindheitsbild absolut gesetzt wird, auch wenn es heißt, dass andere Kulturen mitbedacht werden müssen. Dieses bestimmte Kindheitsbild macht es schwer, sich andere Kindheiten vorzustellen, z.B. solche, in der Kinder nicht so separiert von Erwachsenen leben, sondern in denen sie selbst eine aktive Rolle spielen und Teil der Gesellschaft und des Handelns sind. Wenn es um die aktive Mitwirkung der Kinder geht, werden die Rechte auf Mitwirkung bedingt durch Reife und durch Rationalität. Den Kindern wird Teilhabe nicht vorbehaltlos zugestanden, denn das Urteil darüber behalten sich Erwachsene vor. Deswegen ist es wichtig, dass wir die UN-KRK auch mit kritischem Blick anschauen, und sie selbst als Teil eines Prozesses begreifen, der in einem bestimmten historischen Kontext erkämpft worden ist, und der weiterentwickelt werden muss. Wir sollten deshalb Kinderrechte nicht nur als Rechte der Kinder verstehen, sondern in Verbindung mit sozialen Bewegungen, Kämpfen und Protestaktionen. Die Forderungen und Ideen, die hier entstehen, können eine Bereicherung der Rechte sein, auch wenn das nicht immer in Form von Rechten formuliert ist.

CL: Kannst Du hierzu ein Beispiel nennen?

ML: Ein Beispiel, das sehr offenkundig ist, ist die afrikanische Bewegung arbeitender Kinder. Sie haben 1994 zwölf Rechte formuliert. In einem heißt es: „Wir haben das Recht darauf, in unsere Dörfer zurückzukehren". Das ist ganz konkret. Da wird sofort deutlich, dass sie emigrieren mussten, weil sie nicht überleben konnten, oder weil ihre Eltern sie als Babys mitgenommen haben. Auch wenn sie außerhalb der Dörfer aufgewachsen sind, haben sie eine Bindung zu ihrer Herkunft und dem Dorf, dem Ort ihrer Herkunft. Das findet sich so nicht in der Kinderrechtskonvention. Und weiter: Wenn eine Bewegung arbeitender Kinder ein Recht auf Arbeit in Würde, oder würdigende Arbeit definiert, dann betrifft das wieder die prinzipielle Frage, welches Kindheitskonzept den Kinderrechten zugrunde liegt. Denn die Kinderrechtskonvention geht davon aus, dass Kinder nicht arbeiten. Und wenn sie arbeiten, ist das tendenziell negativ oder gefährlich. Dann müssen sie davor geschützt werden, und es muss ein Mindestalter festgelegt werden. Das atmet den Geist des Kindes als ein Mensch, der eigentlich eine abgängige Sonderexistenz führt. Als sei das normal, oder als sei das eine Naturtatsache. Die Idee, dass Kinder das Recht haben, in Würde zu arbeiten, steht dem diametral entgegen.

Rechte und Verantwortung in Gemeinschaften

CL: In der Menschenrechtsbildung zum Thema Kinderrechte begegnet mir häufig der Ausspruch „Kinderrechte sind wichtig, aber genauso auch ihre Pflichten". Wofür stehen solche Aussagen, und wie sollte man ihnen begegnen?

ML: Die Frage ist, wie Kinderrechte jeweils verstanden werden. Wie werden sie z.B. in Gemeinschaften aufgenommen, in denen die Trennung von Kind-Sein und Erwachsen-Sein nicht so strikt ist? Oder was passiert, wenn Kinder schon früh Verantwortung mit übernehmen? Das Problem ist, wenn die Pflichten angeführt werden, um die Rechte zu relativieren – nach dem Motto: Kinder bekommen die Rechte erst, wenn sie ihre Pflichten erfüllen. Das ist zurückzuweisen! Aber es gibt viele Situationen und Kulturen, wo Kinder Verantwortung übernehmen und sich auch verpflichtet fühlen; wo gleichsam das Zusammenleben ein Leben geteilter Verantwortung und geteilter Pflichten ist. In der *Afrikanischen Charta der Kinderrechte und Wohlfahrt des Kindes* ist das ausdrücklich mit aufgenommen, aber nicht als Bedingung oder Voraussetzung dafür, dass Kinder Rechte haben, sondern als spezifische Ausformulierung der Umsetzung von Rechten. Die Herausforderung ist dabei, genauer auszutarieren, wie die jeweiligen Rollen bestimmt werden. Eine reale Gefahr ist die Überwältigung von Kindern. Je jünger sie sind, desto vulnerabler sind sie auch, und können zum Objekt von Gewalt, Manipulation oder Bevormundung werden. Deswegen ist es auch so wichtig, dass wir die Interdependenz sehen, d.h. die Wechselseitigkeit, die Angewiesenheit aufeinander. Kinder sind Menschen; sind soziale Wesen in spezifischen konkreten Lebensverhältnissen. Das, finde ich, ist auch eine Herausforderung in der Sozialen Arbeit: Dass man Kinder nicht nur befragt, welche Rechte ihnen wichtig sind, sondern mit ihnen lernt über ihre gegenwärtigen Erfahrungen und ihre Hoffnungen und Wünsche. Sozialarbeiter:innen können helfen, die Ideen, die Wünsche, die Kinder haben, umzuformulieren in Rechte.

Fallstricke

CL: Als Erwachsene setzen wir uns advokatorisch für Kinderrechte ein. Auf welche Fallstricke müssen wir hier besonders achten?

ML: Im Deutschen sind bereits in der Sprache etliche Fallstricke z.B. die Wörter „minderjährig" und „Kleinkinder". Das klingt nach einem Problem – mit dieser Doppelung „klein" und „Kind" oder der Vorsilbe „minder". In der Sprache steckt vieles an Adultismus oder an Diskriminierung. Auch dass wir ständig meinen, Kinder beteiligen zu müssen. So steht es auch in Gesetzen. Zum ersten Mal bin ich im ersten Kinderrechtereport für Deutschland auf eine Kritik dieser Formulierung gestoßen. Es wurden Kinder zitiert, die diese Formulierung blöd finden. Sie wollen nicht beteiligt werden, sie wollen es selbst tun.

CL: Das ist Paternalismus oder?

ML: Das ist Paternalismus pur, aber wir denken, das ist irgendwie kinderrechtsfreundlich, wenn wir Kindern eine Stimme geben. Wir sind gleichsam wieder im Zentrum, und machen das von oben: „Bravo, jetzt geben wir dir ab". Von daher ist es wichtig, dass wir unsere Verantwortung sehen, und Bedingungen herstellen, die es Kindern ermöglichen, zu handeln, als Subjekte zu handeln, und auf diese Weise ihre Stellung, ihre Anerkennung in der Gesellschaft stärken. Aber nicht in dem Sinne, dass ich Kindern gleichsam freundlich und gnädiger Weise eine Stimme gebe oder sie empowere. Der Gedanke der Kinderrechte steht dem eigentlich entgegen, dieser paternalistischen Bevormundung und Haltung.

Der Bevormundung und Missachtung von Kindern begegnen

CL: Mit Studierenden spreche ich manchmal darüber, ob sie sich daran erinnern, wann sie als Kind das erste Mal selbstbestimmt eine Entscheidung getroffen haben, die von Erwachsenen respektiert wurde. Diese Frage ist überhaupt nicht harmlos, weil viele sich in diesem Rahmen auch an Situationen erinnern, in denen Erwachsene sie ignoriert haben.

ML: Ja das ist mir auch passiert, mit meinen Kindern, dass sie mir vorgeworfen haben: du hörst mir gar nicht zu oder du quatschst weiter, obwohl ich was sagen will. Kinder unterbrechen einen dann auch einfach. Trotzdem habe ich es erstmal überhört oder gar nicht wahrgenommen. Ich beobachte das gerade an meiner Enkelin. Seit einigen Monaten bin ich Opa, und das ist faszinierend, weil ich nehme das jetzt aus der Distanz viel bewusster wahr, was sich in den ersten Lebensmonaten tut bei einem Kind. Etwas, das mir auffällt ist, dass das Kind ständig angetatscht und abgeküsst wird. Und schon in den ersten Tagen hat das Kind signalisiert, dass es ihm zu viel ist. Es hat sich abgewendet, oder ich habe den Gesichtsausdruck so gedeutet, dass sie das irgendwie nicht will. Auch schon Kinder in den ersten Lebenstagen und Lebenswochen haben ein Bedürfnis nach Autonomie. Sie wollen auch sie selbst sein. Sie wollen natürlich geliebt und umsorgt werden und sie brauchen die anderen Menschen, erwachsene Menschen, aber sie brauchen auch einen eigenen Raum, ihre Selbstständigkeit. Das ist Teil dessen, was ich Respekt nennen würde. Korczak hat das ja auch wunderschön formuliert: das Kind so anzuerkennen, wie es ist. Es ist schon, und wird nicht erst ein Mensch.

CL: Du engagierst Dich schon Dein Leben lang in und mit sozialen Bewegungen für die Rechte der Kinder insbesondere auch der arbeitenden Kinder. Wie ist der aktuelle Stand, wo sind sie aktiv, für was setzen sie sich ein, wofür sind sie solidarisch?

ML: *Fridays for Future* ist das aktuelle Beispiel einer fast weltweiten Bewegung von jungen Menschen, vor allem jungen Frauen. Jedoch verstehen sie sich nicht als Kinderrechtbewegung, obwohl sie natürlich Rechte einfordern: ökologische Rechte, die ihnen selbst als junge Menschen zustehen, die für sie anders, gleichsam noch wichtiger sind als für Menschen, die jetzt schon erwachsen sind, oder die künftigen Generationen zustehen, die sich dazu noch gar nicht äußern können. Meine Erfahrungen sind ansonsten vor allem die Bewegungen der arbeitenden Kinder. Das Verbindende bei *Friday for Future* ist etwas Generationales, ein gemeinsames Interesse oder ein empathisches, auf künftige Generationen projiziertes Interesse. Bei den arbeitenden Kindern ist das Verbindende die Diskriminierungserfahrung, aber auch dass sie Verantwortung übernehmen. Es sind verbindende Erfahrungen, die die Kinder veranlassen, jetzt aktiv zu werden, und gemeinsam etwas zu tun, gemeinsam zu protestieren oder gemeinsam sich zu Wort zu melden.

Wenn wir von Bewegungen reden, dann denken wir oft an das, was sichtbar wird, was auffällt. Aber Kinder und Jugendliche wehren sich auch oft in ihrem Alltag, oder sie versuchen sich eigene Räume zu schaffen. Bereits Babys, wie ich vorhin beschrieben habe, artikulieren ihren Wunsch nach Autonomie. Dieses widerständige Handeln ist zum Teil individuell, aber es findet auch Ausdruck in informellen Gruppen, die Kinder bilden: in Freundschaftsgruppen, Geschwistergruppen, die versuchen, sich zu wehren gegenüber Dingen und Handlungsweisen, die sie als ungerecht empfinden, die ihnen nicht passen. An diesem Punkt finde ich, fängt bereits soziale Bewegung an. Hier liegt eine der größten Herausforderungen auch in der Sozialen Arbeit: Wie kann man sich solidarisch darauf beziehen?

6. Menschenrechtsbildung und Kinderrechte

> "One child, one teacher, one pen, and one book can change the world."
> *Malala Yousafzai*

Für das Verständnis der Kinderrechte, ihre Realisierung und Weiterentwicklung spielen Lernprozesse eine zentrale Rolle, das ist im vorangegangenen Interview mit Manfred Liebel deutlich geworden. Zum Abschluss dieses Kapitels steht daher Bildung – auch als zentrales Handlungsfeld der Sozialen Arbeit – im Mittelpunkt. Anstelle eines konkreten Praxisprojekts wird Malala Yousafzai portraitiert, die als Kämpferin für das Kinder- und Menschenrecht auf Bildung (insbesondere auch für Mädchen) international bekannt wurde. Zur Einstimmung sollen Bildung und Soziale Arbeit als komplementäre Professionen verknüpft werden, die vielfach gemeinsame Ziele teilen (vgl. Huxtable et al. 2012). Bildung ist als Kinder- und Menschenrecht gleichzeitig auch ein wirksames Mittel zur Überwindung von Armut und zur Stärkung des sozialen Zusammenhalts, wie es etwa die *International Federation of Social Workers* formuliert:

> „Education is not only a right, but also one of the more proven ways to overcome poverty and enhance social cohesion. As is evident in many affluent countries, educated and well-trained populations, far more than raw materials, are the safest source of their wealth. Therefore, the right of every person to education directed to the full development of the human personality not only lays obligations on State Parties to the Covenant on Economic, Social and Political Rights, but constitutes one of the surest means to further the progress of those States" (IFSW 2005).

Soziale Arbeit interveniert und operiert sowohl direkt in Bildungsprozesse und Institutionen (z.B. als Schulsozialarbeit) als auch indirekt bzw. außerhalb der traditionellen Bildungssysteme z.B. als non-formale oder informelle Bildung, und dies über die ganze Spanne menschlichen Lebens und Lernens, d.h. von der frühkindlichen Bildung und Erziehung über die Schule, die berufliche Bildung und das lebenslange Lernen bis hin zu Bildungs- und Kommunikationsprozessen im Alter. Trotz der enormen Bedeutung von Bildung für die individuelle und kollektive Entwicklung überall auf der Welt, taucht sie in der einschlägigen deutschsprachigen Fachliteratur zur Internationalen Sozialen Arbeit meist nur am Rande –

wenn überhaupt – auf (vgl. Wagner et al. 2018; Graßhoff et al. 2016). Die menschenrechtsbasierte Perspektive auf Bildung, die den folgenden Ausführungen zugrunde liegt, teilt mit der Sozialen Arbeit den Blick vor allem auf die Gruppen von Kindern, Jugendlichen und Erwachsenen, die diskriminiert oder benachteiligt oder gleich ganz von Bildung ausgeschlossen werden (Lohrenscheit 2021, Niendorf/Reitz 2016). Derer gibt es viele. Aus der globalen Perspektive gehören hierzu u.a. arme Kinder, die arbeiten müssen, Mädchen und schwangere junge Frauen, Sinti und Roma, behinderte Kinder und Jugendliche oder geflüchtete Kinder – mit oder ohne ihre Familien.

Bildung für alle – nur ein Traum!?

In zu vielen Ländern heißt Bildung auch heute noch: marode Schulgebäude, überfüllte Klassenräume, hohe Kosten für Schulgebühren, -Uniformen und -Bücher, fehlende oder kaputte Sanitäranlagen und fehlender Zugang zu sauberem Wasser. „Bildung für alle", das ist seit vielen Jahren das Versprechen der internationalen Staatengemeinschaft, dass jedes Kind an jedem Ort zur Schule gehen kann (vgl. Brock-Utne 2000; Lohrenscheit 2013). Dahinter steckt die Einsicht, dass Bildung ein Schlüssel für persönliche Entfaltung, Entwicklung und Demokratie ist, auch wenn die Tatsache des Schulbesuchs allein noch nichts über die Bildungsqualität aussagt oder darüber, wie die Bedingungen in den Schulen sind, ob etwa Kinder geschlagen werden, das Curriculum veraltet und an kolonialen Inhalten ausgerichtet ist oder Lehrpersonal so schlecht entlohnt wird, dass der Beruf zum Nebenjob degeneriert. Immerhin kann die überwiegende Mehrheit der Kinder, vor allem die jüngeren im Grundschulalter, weltweit zur Schule gehen, auch wenn die meisten von ihnen noch nie davon gehört haben, dass es ihr Menschenrecht auf Bildung ist, um das es geht, und dass sie dieses Recht zudem noch genießen können sollten, oder dass Bildung wohlmöglich Spaß machen darf. Für viele Kinder und Jugendliche bringt ein fehlender Schulzugang massive weitere Benachteiligungen mit sich, beispielsweise mit Blick auf Ernährung und Gesundheit, weil gesundes Trinkwasser und die regelmäßigen Schulmahlzeiten fehlen. Dies wird durch humanitäre Katastrophen, Kriege und Pandemien noch verschärft wie jüngst weltweit die Covid-19 Pandemie und in Europa der Krieg gegen die Ukraine gezeigt haben. Weltweit wurden etwa durch die plötzliche Schließung von Schulen zu Beginn der Pandemie mehr als 1,5 Milliarden Kindern, Jugendlichen und jungen Erwachsenen in 191 Staaten der Zugang zu Bildung erschwert oder verwehrt (UN-Human Rights Council 2020: 4). Erfahrungen aus vorangegangenen Epidemien wie etwa der Ebola-Krise[26] zeugen davon, welche massive Konsequenzen es für Schüler:innen hat, wenn ihnen der Zugang zu Schulen verwehrt wird: Kinder und Jugendliche sind erhöhten Risiken ausgesetzt, weil die Verbindung zu Schulen, Lehrer:innen, Sozialarbeiter:innen und Mitschüler:innen fehlen. Die aktuelle UN-Sonderberichterstatterin zum Recht auf Bildung, Koumbou Boly Bar-

---

26 Ebola ist eine lebensgefährliche extrem ansteckende Virus-Erkrankung, die in den Jahren 2014ff2016 im westlichen Afrika zu einer großen Epidemie führte. Erkrankte leiden nach einer Ansteckung zunächst meist unter grippeähnlichen Symptomen. Im weiteren Verlauf steigt das Fieber, und es kommen innere Blutungen hinzu, die ohne Behandlung bis zum Tod führen können (siehe: www.unicef.de/informieren/aktuelles/blog/ebola-fakten-und-lichtblicke/201558; letzter Zugriff am 17.6.21).

ry, erläutert, dass Millionen Mädchen nach einem Lockdown nicht mehr in die Schule zurückkehren, dass mehr Kinder, vor allem Mädchen, in Ehen gezwungen werden sowie in schädliche Kinderarbeit, und dass mehr Kinder Gefahr laufen, als Kindersoldat:innen – oder durch Menschenhandel in die Zwangsprostitution rekrutiert zu werden (ebd.: 8). Auch *Save the Children* weist auf die erhöhten Gewaltrisiken durch die Schließung von Bildungs- und Betreuungseinrichtungen hin. Während der Ebola-Krise hatte sich etwa die Zahl der Schwangerschaften bei Teenagerinnen in manchen Regionen um bis zu 65% erhöht und vor allem Mädchen und junge Frauen waren verstärkt sexualisierter Gewalt sowie Verletzungen der sexuellen Selbstbestimmungsrechte ausgesetzt (Save the Children 06/2020; UNESCO 2020). Hier zeigt sich die Verwobenheit der Kinder- und Menschenrechte, ihre Interdependenz. Kein Recht kann vernachlässigt werden ohne nicht massive Auswirkung auf die Verwirklichung anderer Rechte zu haben. Bereits die erste Sonderberichterstatterin zum Recht auf Bildung, Katarina Tomasevski, wies wiederholt auf diesen Zusammenhang hin:

> „Leaving seven-year-olds to fend for themselves routinely drives them into child labour, child marriage, or child soldiering. The Right to education operates as a multiplier. It enhances all other human rights when guaranteed and forecloses the enjoyment of most, if not all, when denied" (Tomasevski 2003: 1).

7. Porträt: Malala Yousafzai – eine Kinder- und Menschenrechtsaktivistin für das Recht auf Bildung

Als *Empowerment Right* hat das Recht auf Bildung eine zentrale Bedeutung für die Befähigung (junger) Menschen, sich die Kinder- und Menschenrechte anzueignen, sich für die eigenen Rechte einzusetzen, und sich im solidarischen Einsatz auch für die Menschenrechte anderer zu engagieren. Die Biografie von Malala Yousafzai, geb. 12. Juli 1997 in Pakistan, steht heute wie kaum eine andere dafür, dass Bildung ein Menschenrecht ist, und kein unerfüllter Traum bleibt. Deswegen schließt dieses Kapitel mit ihrer Geschichte. Über und von Malala gibt es neben ihren beiden Biographien unzählige Dokumente, u.a. einen für die Kinoleinwand gedrehten Dokumentarfilm sowie zahlreichen Filme u.a. bei YouTube, von denen insbesondere allen ihre Rede ans Herz gelegt wird, die sie hält, als sie zusammen mit dem indischen Kinderrechts- und Bildungsrechtsaktivisten Kailash Satyarthi 2014 den Friedensnobelpreis entgegennahm – mit 17 Jahren als mit Abstand jüngste Preisträgerin aller Zeiten.

„Gott sei Dank, ich bin nicht tot" (Yousafzai 2014: 333). Dies war der erste Gedanke, an den Malala sich erinnert, als sie am 16. Oktober 2012 in einem englischen Krankenhaus erwacht, eine Woche nachdem islamistische Kämpfer ein Attentat auf sie verübt hatten. Sie waren gewaltsam in den Schulbus eingedrungen, und schossen ihr gezielt in den Kopf. Die Notoperation in Birmingham rettete ihr Leben. Was war geschehen?

Malala Yousafzai und ihre zwei Brüder wuchsen mit ihrer Familie im Swat-Tal in Pakistan auf. Insbesondere der Vater engagierte sich für Bildungsrechte inklusive der Rechte pakistanischer Mädchen. Und bereits in jungen Jahren folgte Malala seinem Vorbild – mit klugem Kopf und wachem Geist. Sie war eine gute Rednerin. Im Alter von elf Jahren begann sie 2009 auf Einladung der BBC ein Internettagebuch, um über die Gewalttaten der pakistanischen Taliban im Swat-Tal zu berichten. Hierzu schreibt sie: „Ich war zehn, als die Taliban in unser Tal kamen. Moniba und ich hatten die *Twilight*-Bücher gelesen und wollten unbedingt Vampire sein. Für uns fühlte es sich an, als wären die Taliban wie Vampire in der Nacht aufgetaucht... mit Messern und Kalaschnikows bewaffnet" (ebd.: 143). Sie bloggte darüber, dass Mädchen unter der Taliban-Herrschaft nicht zur Schule gehen dürfen, dass Tanzen, Musikhören oder Ausgehen ohne Schleier verboten waren, und dass die Taliban Schulen zerstörten. Denen gefiel Malalas Berichterstattung überhaupt nicht. Sie fahndeten nach ihr, bis es im Oktober 2012 zum terroristischen Attentat kam. Doch die Taliban verfehlten ihr Ziel. Malala wurde nicht zum Schweigen gebracht, sondern sie nutze ihr Schicksal und ihren Bekanntheitsgrad im Kampf gegen die Unterdrückung und für Bildungsrechte weltweit. 2014 gründete sie den *Malala Fund*, eine NGO, die pakistanische Mädchen unterstützt. Seither wurde sie mit Preisen überhäuft, u.a. dem Kinderfriedenspreis, dem Preis für geistige Freiheit des EU-Parlaments und dem Friedensnobelpreis.

„I am Malala. The girl who stood up for education and was shot by the Taliban" – mit ihrer Biographie und ihrem bis heute unerschütterlichen Engagement erlangt Malala Yousafzai internationale Anerkennung und Respekt. Die Vereinten Nationen haben ihren Geburtstag, den 12. Juli, zum „Malala-Tag" für das Recht auf Bildung erklärt. Ihr Leitgedanke aus der Rede vor den Vereinten Nationen steht wahrhaftig für ihr eigenes Leben und bleibt Inspiration für alle Engagierten in der Bildungs-, Kinder- und Menschenrechtsarbeit: *„One child, one teacher, one pen, and one book can change the world"*.

Reflexionsfragen

- Können Sie sich daran erinnern, wann Sie im Rahmen Ihrer Bildungsbiografie zuerst die Kinderrechte kennengelernt haben?
- Welche Gedanken und Erkenntnisse können Sie formulieren, wenn Sie auf die Entwicklungsgeschichte der Kinderrechte und die Ideen bedeutender historischer und aktueller Akteur:innen wie Janusz Korczak oder Malala Yousafzai blicken?
- Welche Rolle und Verantwortung sehen Sie in der Sozialen Arbeit, um Bedingungen zu schaffen, die Kindern und Jugendlichen mehr Achtung und Gehör verschaffen?
- Was müsste sich ändern, damit Bildung ein Recht wird, dass alle Menschen genießen können – weltweit? Welche Rolle kann hierbei die Internationale Soziale Arbeit einnehmen?

Einführende Literatur

Huxtable, Marion/Sottie, Cyntia A./Ulzititungalag, Khuajin (2012): Social Work and Education; in: Lyons, Karen/Hokenstad, Terry/Pawar, Manohar/Huegler, Nathalie/Hall, Nigel (Hrsg.): The SAGE Handbook of International Social Work. London

Kerber-Ganse, Waltraud (2009): Die Menschenrechte des Kindes. Die UN-Kinderrechtskonvention und die Pädagogik Janusz Korczaks. Versuch einer Perspektivenverschränkung. Münster: Waxmann

Liebel, Manfred (2015): Kinderinteressen. Zwischen Paternalismus und Partizipation. Weinheim und Basel: Beltz Juventa

Lohrenscheit, Claudia (2021): Das Recht auf Bildung im permanenten Krisenzustand. Zur globalen Bildungssituation. In: APuZ 2/2020, 70. Jahrgang, Bonn, S. 4–8

Weiterführende Literatur

Barry, Koumbou Boly/UN Human Rights Council (6/2020): Right to education: impact of the COVID-19 crisis on the right to education; concerns, challenges and opportunities; Report of the Special Rapporteur on the right to education, A/HRC/44/39

Brock-Utne, Birgit (2000): Whose Education for All? The Recolonization of the African Mind. New York

Coellen, Barbara (2013): Janusz Korczak, der Vater der Kinderrechte. Deutsche Welle: https://www.dw.com/de/janusz-korczak-der-vater-der-kinderrechte/a-16547892, 22.8.2022

Graßhoff, Gunther/Homfeldt, Hans Günther/Schröer, Wolfgang (Hrsg.) (2016): Internationale Soziale Arbeit. Grenzüberschreitende Verflechtungen, globale Herausforderungen und transnationale Perspektiven. Weinheim Base: Beltz Juventa

IFSW (2005): Children's Right to Education, Statement to the 58th session of the Commission on Human Rights, Agenda item 10; https://www.ifsw.org/childrens-right-to-education/, 1.11.2021

Kittel, Claudia (2008): Kinderrechte. Ein Praxisbuch für Kindertageseinrichtungen, München: Kösel Verlag

Korczak, Janusz (1998): Das Recht des Kindes auf Achtung. Göttingen: Vandenbrock & Ruprecht

Lohrenscheit, Claudia (2013): Das Recht auf Bildung. In: Wissenschaftszentrum Berlin/Bundeszentrale für politische Bildung (Hrsg.): Dossier Zukunft Bildung; siehe: http://www.bpb.de/gesellschaft/kultur/156819/menschenrecht, 25.8.2022

National Coalition Deutschland – Netzwerk zur Umsetzung der UN-Kinderrechtskonvention (Hrsg.), (2019): Der zweite Kinderrechtereport. Berlin

Niendorf, Mareike/Reitz, Sandra (2016): Das Menschenrecht auf Bildung im deutschen Schulsystem. Was zum Abbau von Diskriminierung notwendig ist. Berlin: Deutsches Institut für Menschenrechte

Save the Children (6/2020): Save the Children's written submission to the Special Rapporteur on the Right to Education

Tomasevski, Katarina (2003): Education Denied: Costs and Remedies. London, Zed Books

UNESCO (Giannini, Stefania/Albrectsen, Anne-Birgitte), (2020): Covid-19 school closures around the world will hit girls hardest. Paris 2020; siehe: https://en.unesco.org/news/covid-19-school-closures-around-world-will-hit-girls-hardest, 2.11.2020

Wagner, Leonie/Lutz, Ronald/Rehklau, Christine/Ross, Friso (Hrsg.) (2018): Handbuch Internationale Soziale Arbeit. Dimensionen, Konflikte, Positionen. Weinheim Basel: Beltz Juventa

Yousafzai, Malala (mit Christina Lamb) (2014): Ich bin Malala. München: Knaur

Globale Migration und Flucht

Andrea Schmelz

20. Juni – Weltflüchtlingstag
18. Dezember – Internationaler Tag der Migrant:innen

> **Zusammenfassung**
>
> Flucht und Migration sind ein sehr bedeutsames Arbeitsfeld der Internationalen Sozialen Arbeit. Sozialarbeiterische Aufgaben sind hierbei in Europa und auf anderen Kontinenten zunehmend von gewaltvollen, postkolonial geprägten Grenzen und Grenzziehungen gegenüber Migrant:innen und Geflüchteten geprägt. Das Kapitel entfaltet die hierdurch entstehenden Spannungsfelder von Sozialer Arbeit und aktivistischen Bewegungen in vier Schwerpunkten: Erstens werden die Migrations- und Flüchtlingssozialarbeit historisch eingeführt und relevante Begriffe kritisch eingeordnet. Zweitens wird dargestellt, wie Migrationskontrolle und Grenzregime den Handlungsrahmen der Sozialen Arbeit beeinflussen und sich Protest- und Solidaritätsbewegungen entwickelten, die für die Inklusion und Menschenrechte von Migrant:innen und Geflüchteten eintreten. Drittens werden ausgewählte Handlungskonzepte aufgezeigt: *Social Workers without borders*, politische Soziale Arbeit und menschenrechtsorientierte, rassismuskritische Soziale Arbeit. Am Fallbeispiel von *Women in Exile* (WiE) und der Friedensnobelpreisträgerin *Nadja Murad* wird viertens der aktivistische Widerstand von Zuflucht suchenden Frauen gegen geschlechtsspezifische Gewalt und Exklusion fokussiert.

1. Einführung in das Handlungsfeld und Begriffe

1.1 Herausbildung der Migrations- und Flüchtlingssozialarbeit

Die Entwicklung der inter- und transnationalen Sozialen Arbeit im 20. und 21. Jahrhundert ist eng verknüpft mit sozialen Problemen, die in Zusammenhang mit grenzüberschreitender Mobilität und Binnenwanderung in Erscheinung traten. Ihre Verursachung durch Armut, Landflucht und Verstädterung in Europa und weltweit sind häufig verknüpft mit Marginalisierung, Ausbeutung von Kindern, Frauen und Männern sowie insbesondere auch geschlechtsspezifischer Gewalt. Dabei bildete sich ein vielfältiges Spektrum von sozialarbeiterischen Aufgabenfeldern heraus, um Migrant:innen, Flüchtlinge und Vertriebene im Rahmen transnationaler Unterstützungs-, Solidaritäts- und Menschenrechtsarbeit zu schützen. Nachfolgend werden ausgewählte Beispiele genannt (Schirilla 2016: 81ff.; Gal et al. 2020).

- Gefahren des Frauenhandels in der überseeischen Auswanderung sowie die Dienstmädchenfrage im 19. und 20. Jahrhundert;
- Settlementbewegung und Hull-House in Chicago als Anfangsphase der Gemeinwesenarbeit in Einwander:innenquartieren;

- Flüchtlingssozialarbeit in Kontext der jüdischen Verfolgung und des Exils im Nationalsozialismus;
- Weltweite Ausdehnung der Sozialen Arbeit in Zusammenhang mit Flucht, Vertreibung und Zwangsarbeit, ausgelöst durch den Zweiten Weltkrieg (*UNRRA-United Nations Relief and Rehabilitation Administration*; am 9. November 1943 auf Initiative der Vereinigten Staaten, der Sowjetunion, des Vereinigten Königreiches und Chinas gegründete Hilfsorganisation);
- Arbeitskräfteanwerbung der 1950er und 1960er Jahre und Entstehung der Migrationssozialarbeit in Deutschland;
- weltweite Fluchtbewegungen unter dem Mandat des *UNHCR (United Nations High Commissioner for Refugees)*, insbesondere in den 1980er Jahren infolge gewaltsamer Konflikte und die Herausbildung der Flüchtlingssozialarbeit.

Heute sind Migrant:innen und Geflüchtete überall auf der Welt Adressat:innen der Sozialen Arbeit. Zum *International Migrant Workers Day* am 18. Dezember erklärt die *International Federation of Schools of Social Work* (IFSW) in jedem Jahr, dass Exklusion die Alltags- und Lebensbewältigung einer wachsenden Zahl von Migrant:innen und Geflüchteten prägen. Die damit zusammenhängenden Erfahrungen von Ausgrenzung, Rassismus und Kriminalisierung beschreibt die *Transnational Platform Europe (*TMP-E), ein Zusammenschluss von Netzwerken für die Rechte von Migrant:innen und Geflüchteten, wie folgt:

> „Despite the fact that we as migrants and refugees, make an enormous contribution with our work and remittances to the economy and development of our home countries and also to the European economy and society, our working and living conditions have become dramatically worse.
>
> We are confronted with criminalization, racism, discrimination and islamophobia on a daily basis. Especially the undocumented among us are very heavily affected by the daily reality of exclusion, mass raids and deportations."[27]

Soziale Arbeit mit Migrant:innen und Geflüchteten wird durch Politiken der globalen Migrationskontrolle und Ausgrenzung gerahmt. Im postkolonialen Zeitalter der Migration (‚*postcolonial age of migration*') stellt sich mit Samaddar die Grenzziehung gegenüber unerwünschter Migration als die entscheidende Frage (Samaddar 2020: 5). Der Blick der inter- und transnationalen Sozialen Arbeit in Kontexten von Migration, Flucht und Mobilität richtet sich damit nicht nur auf Herkunfts- und Ankunftsländer und eine zeitlich festgelegte Migration, sondern auf Transitzonen, Zwischenräume, transnationale Beziehungen und die zeitlich unbestimmten Prozesse von Migration, Flucht und Mobilität.

---

[27] https://www.transnationalmigrantplatform.net/about-us/, 10.12.2022.

1.2 Bezeichnungen und statistische Erfassung: Viktimisierung durch Etikettierung

Der Sprachgebrauch im Kontext von Migration und Flucht ist von weitreichender Bedeutung. Bezeichnungen wie Migrant:in, Flüchtling und Asylbewerber:in gehen mit Emotionalisierungen und Vereinfachungen einher, die Zygmunt Bauman als Angst und Panikmache vor Migration in ihrer Sündenbockfunktion beschrieben hat (Bauman 2016). Ein herrschafts- und machtkritischer Umgang mit statistischer Erfassung und mit der Gefahr der Etikettierung von Menschen ist für Sozialarbeiter:innen daher von Bedeutung. Die Begriffsdefinitionen und die statistische Zählung sind ein machtvolles Feld, denn im Anschluss an Michael Foucault werden Statistiken benutzt, um Bevölkerungen zahlenmäßig zu erfassen und sichtbar zu machen, um diese zu „ordnen und zu regieren" (Schwenken 2018: 39). Aus postkolonialer Perspektive werden die Kategorien Flüchtlinge, Migrant:innen, Asylbewerber:innen als rassifizierte Zuschreibungen grundlegend kritisiert, weil sie mit *Othering*[28] und der Etikettierung von Vulnerabilität, Verletzlichkeit, einhergehen (u.a. Bhimji 2020: 17; Samaddar 2020: 42). „Migrationsandere" (Mecheril et al. 2010) werden aufgrund einer von außen zuerkannten Verletzlichkeit auf einen Opferstatus festgelegt. In der Sozialen Arbeit kann dies eine Festschreibung auf die Opferrolle fördern, also eine Viktimisierung von Menschen, die ihr Recht auf Bewegungsfreiheit ausüben.

Sozialwissenschaftliche Abgrenzungsversuche, wer Flüchtlinge und wer Migrant:innen sind, lassen sich jedoch nicht eindeutig als entweder (freiwillig)/oder (unfreiwillig) beantworten. Daher ist soziologisch von einem Kontinuum zwischen freiwilliger und unfreiwilliger Migration auszugehen (van Hear 1998: 43; zit. nach Schwenken 2018: 46). Van Hear konzeptualisiert die Ursachen von Migration entlang einer Linie von hoher bis geringer Wahloption und markiert Flucht und Vertreibung an ihrem unteren Ende. Jede Migrationsentscheidung gründet sich zugleich auf strukturelle Zwänge und subjektive Beweggründe. Diese soziologische Betrachtungsweise unterscheidet sich von einer statistischen oder politischen Kategorisierung.

> **Wer sind Migrant:innen, wer sind Flüchtlinge?**
>
> Als Migrant:in gilt laut UN-Definition eine Person, die über nationale Grenzen hinweg ihren bisherigen Wohnort für mindestens ein Jahr hinter sich lässt. Doch zeigt die statistische Erfassung auf UN-Ebene, dass dies von Land zu Land stark variiert, angefangen von einer Mindestdauer von 3 Monaten (vgl. Schwenken 2018: 48). Der Flüchtling wurde als politische Kategorie festgelegt. Wer rechtlich den Flüchtlingsstatus erhalten kann, wird im Rahmen von Asyl- und Migrationspolitiken verhandelt und festgeschrieben. Nationalstaaten und politische Akteure entwickeln hierbei Kriterien, um Flüchtlinge von anderen Migrant:innen zu unterscheiden.
>
> Grundlage des internationalen Flüchtlingsschutzes ist die Genfer Flüchtlingskonvention (GFK), die in Artikel 1 einen Flüchtling definiert als „Person, die sich außerhalb des Landes befindet, dessen Staatsangehörigkeit sie besitzt oder in

---

28 Vgl. auch Beitrag von Susan Arndt in diesem Band.

welchem sie ihren ständigen Wohnsitz hat, und die wegen ihrer ‚Rasse'[29], Religion, Nationalität, Zugehörigkeit zu einer bestimmten sozialen Gruppe oder wegen ihrer politischen Überzeugung eine wohlbegründete Furcht vor Verfolgung hat und den Schutz dieses Landes nicht in Anspruch nehmen kann oder wegen dieser Furcht vor Verfolgung nicht dorthin zurückkehren kann." Flüchtlinge sind also international definiert, woraus sich rechtliche Verpflichtungen für die Aufnahme ableiten. Die Anerkennung der Flüchtlingseigenschaft nach der GFK wird an die Verfolgung als Ursache von Flucht gekoppelt, während Bürgerkriege, Umweltschäden, Armut ausgeklammert werden. Nur wer als Flüchtling anerkannt wird, gilt als schutzwürdig (Scherr 2017: 136). Ein fundamentales Schutzprinzip der Konvention lautet, dass Flüchtlinge nicht ausgewiesen oder zurückgeführt werden dürfen in Situationen, wo Leben und Freiheit bedroht sind (Art. 33 GFK: *Non-Refoulement*). Sobald ein Flüchtling anerkannt ist, sollten die Zugangsrechte zu Wohnen, Sozialleistungen, Unterstützung bei der Arbeitssuche und der Integration in die Gesellschaft gewährleistet werden.

Der Überlagerung von erzwungenen und freiwilligen Entscheidungen zu Flucht und Migration tragen Begriffskonzepte von Fluchtmigration/Zwangsmigration (*forced migration*) Rechnung. Auch das Konzept der *„mixed migration"* geht von sich überlappenden Faktoren (un-)freiwilliger Migrationsentscheidung aus. Menschen ohne Aufenthaltserlaubnis werden als irreguläre Migrant:innen, Undokumentierte oder Papierlose bezeichnet. Sie werden nicht in offiziellen Statistiken erfasst, ihre Zahl unterliegt Schätzungen.

Ausgangspunkt für die politischen und medialen Diskurse um Migration und Flucht sind die veröffentlichten Daten der International Organisation for Migration (IOM) und des Hohen Flüchtlingskommissars der Vereinten Nationen (UNHCR). Diese sind Resultat komplexer Erfassungssystematiken in mehr als 150 Staaten weltweit, die national uneinheitlich sind, vielfach durch lückenhafte Registrierung zustande kommen und Doppelzählungen enthalten. (Scherr/Scherschel 2019: 65) Die Statistiken von IOM zählen 2020 281 Millionen Menschen als Migrant:innen, d.h. 3,6% der Weltbevölkerung (IOM 2021). Am Ende der zweiten Dekade des 21. Jahrhunderts ist der Umfang von erzwungener Migration (*„forced displacement"*) im Verantwortungsbereich des UNHCR stark gestiegen. Die Gesamtzahl der betroffenen Menschen wuchs von 36,4 Millionen (2009) auf 86,5 Millionen (2019). Die Zahl der Flüchtlinge hat sich dabei fast verdoppelt, von 10,4 aus 20,2 Millionen Menschen. Die Zahl der Binnenvertriebenen (*internal displacements*) ist um fast 60%, von 27,1 auf 43,5 Millionen, angewachsen (UNHCR 2021). Die Mehrheit der Betroffenen sind Opfer von Verfolgungen, Kriegen und bewaffneten Konflikten, Klimakrisen und Naturkatastrophen und einem weiten Spektrum von Menschenrechtsverletzungen. Doch verblieb die große Mehrheit der Flüchtenden selbst im Jahr der europäischen Flüchtlingsschutzkrise des Jahres 2015 in den Nachbarstaaten der Krisengebiete (2015: 85%). Die wichtigsten Aufnahmeländer waren damals Staaten wie vor allem die Türkei, Pakistan, Libanon, Jordanien. Gemessen an der Bevölkerungszahl beherbergte der Libanon die

---

29 Die Nutzung des Begriffs der ‚Rasse' in Gesetzestexten wird sehr kritisch diskutiert. Die Herausgeber:innen distanzieren sich von einem biologistischen Begriff von ‚Rasse'. Es existieren keine Rassen, gemeint ist hier rassistische Diskriminierung. vgl. auch den Beitrag von Susan Arndt in diesem Band.

höchste Zahl von Flüchtlingen, 232 pro 1.000 Einwohner:innen (2015) (Ferguson et al. 2018: 92).

Durch den russischen Angriffskrieg im Februar 2022 gegen die Ukraine entstand die größte Flucht- und Vertreibungskrise nach dem Zweiten Weltkrieg in Europa. In den ersten zehn Monaten hat der UNHCR rund 15 Millionen Grenzüberquerungen aus der Ukraine registriert. Innerhalb des Landes sind 6,5 Millionen Menschen auf der Flucht. Genaue Zahlen können jedoch nur schwer festgestellt werden, da Ukrainer:innen visumsfrei in die EU einreisen können und innerhalb des Schengenraumes keine offiziellen Grenzkontrollen stattfinden. Im Rahmen der EU-Massenzustrom-Richtlinie sind 4,7 Millionen Menschen (Stand: 11/2022) in europäischen Staaten registriert.[30]

2. Globale Migrationskontrolle und grenzenlose Gewalt

2.1 Politiken der Migrationskontrolle versus Handlungsfähigkeit von Migrant:innen

Soziale Arbeit und die kritische Migrationsforschung betonen beide die Handlungsfähigkeit (*Agency*) von Migrant:innen und wenden sich gegen eine Sichtweise, welche diese als Objekt von Migrationspolitik betrachtet. Eine solche Perspektive greift das Theoriekonzept der ‚Autonomie der Migration' auf, welches Migration und Flucht „als soziale Bewegung, als Widerstand, als Flucht vor Ausbeutung und Unterdrückung" (Bojadzijev/Liebelt 2014: 341ff.) versteht und die Wünsche sowie Migrationsprojekte der Subjekte ins Zentrum rückt. Migration wird als dynamische Bewegung verstanden, die Ausdruck ist von sozialen und politischen Kämpfen. Das Konzept der ‚Autonomie der Migration' erntete Kritik, weil es die notwendigen Voraussetzungen für selbstbestimmte *Agency* (Handlungsfähigkeit) und die tatsächlich weitgehend eingeschränkten Handlungsspielräume von Migrant:innen nicht angemessen beurteilt (Scherr/Scherschel 2019: 39). Das Konzept wird auch wegen der Gefahr einer Romantisierung und der fehlenden Gender-Perspektive kritisiert (Schwenken 2018: 111).

Fakt ist, dass das Recht auf Bewegungsfreiheit zunehmend durch komplexe Migrations-, Grenz- und Visapolitiken restriktiver gestaltet bzw. ganz ausgehöhlt wird. *Shrinking asylum spaces* im globalen Flüchtlingsregime prägen seit mehr als drei Jahrzehnten den Handlungsrahmen der Internationalen Sozialen Arbeit. Auf EU-Ebene wurden die Politiken der Migrationskontrolle als „*Fortress Europe*" analysiert. Dieses wird symbolisch repräsentiert durch Stacheldraht, Militäroperationen und Überwachungstechnologien in Grenzräumen wie dem Mittelmeer oder dem „Jungle" in Calais (Monforte 2020: 46). Das damit einhergehende Migrationsmanagement beinhaltet zum einen eine partielle Öffnung der jeweiligen nationalen Arbeitsmärkte ausgehend vom erwünschten Nutzen von Migrant:innen und zum anderen Maßnahmen, um sogenannte illegale Migration zu verhindern (Scherr/Scherschel 2019: 59).

---

30 https://www.uno-fluechtlingshilfe.de/hilfe-weltweit/ukraine, 11.12.2022.

Zur Migrationskontrolle und -verhinderung verschärft die EU seit 2014–2016 erneut die Grenzsicherung über das eigene Territorium hinaus: Militarisierung des Mittelmeerraumes, verstärkte Grenzsicherung in Weltafrika, Abkommen mit autokratischen und diktatorischen Regimen, um Menschen in Herkunfts- und Transitländern zurückzuhalten und schließlich auch Armutsbekämpfung im klassischen entwicklungspolitischen Sinn (Bendix 2018: 247; Kasparek/Schmidt-Sembdner 2020: 28) Da legale Migrationswege weitgehend fehlen, entwickelte sich das Mittelmeer zur gefährlichsten Grenze der Welt. Doch erst 2014 begann die IOM die offizielle Registrierung der Menschen, die auf der Flucht und an den Grenzen zu Tode kommen – wobei von einer hohen Dunkelziffer auszugehen ist. Das *Missing Migrant Monitoring Centre* (IOM) zählt in den Jahren 2014–2020 für Europa 22.207 ertrunkene und verschwundene Migrant:innen (Lambert 2020: 32f.). Push-backs an den Außengrenzen des Mittelmeers sowie Ertrinken- oder Erfrieren-Lassen an der belarussischen-polnischen Grenze sind Ausdruck verschärfter und grenzenloser Gewalt. Während der Corona-Pandemie wurden die Abwehrmechanismen noch einmal verschärft (Autor:innenkollektiv Meuterei 2022).

Ähnliche Politiken und Praxen der Migrant:innenabwehr finden sich weltweit, vor allem an der mexikanisch-US-amerikanischen Grenze oder in Australien. Seit den frühen 1990er Jahren hat die USA hohe festungsähnliche Zäune mit komplexer Überwachungstechnologie an der Grenze zu Mexiko installiert und unterhält eine wachsende Zahl von Internierungslagern für Migrant:innen (*Detention Centre*) (Ferguson et al. 2018: 93f.). Die Anti-Asylpolitik in Australien hat dazu geführt, dass sogenannte „*off-shore Detention Centre*" im fernen Nauru und auf der zu Papua-Neuguinea gehörenden Insel Manus eröffneten. Aus diesen Zentren gibt es regelmäßig Berichte über Gewalt gegen Asylbewerber:innen, einschließlich sexueller Übergriffe auf Kinder und die Vergewaltigung festgehaltener Frauen und Männer (Briskman 2020). Weltweit resultieren hieraus Anforderungen an eine Soziale Arbeit als Menschenrechtsprofession im Kontext gewollter, systematischer Exklusion und der Hinnahme struktureller Gewalt entlang von Fluchtrouten, im Zusammenhang von Abschiebung und erzwungener Immobilität, in Lagern sowie über Grenzen hinweg.

Nach der europäischen Flüchtlingsschutzkrise von 2014–2016 ist Soziale Arbeit Boccagni und Rughard (2020: 377) zufolge konfrontiert mit komplexen sozialen Schutzbedarfen, welche eine wachsende Zahl mobiler Migrant:innen adressieren muss. Soziale Arbeit mit Asylbewerber:innen, die einen internationalen Schutzstatus erhielten, z.B. nach einem erfolgreichen Asylantrag oder als ein Ergebnis von *Resettlement*-Programmen[31], und die Zugang zu staatlichen Wohlfahrtsprogrammen haben, unterscheidet sich von Formen einer *popular social work*, bei der Sozialarbeiter:innen Allianzen mit Solidaritätsbewegungen und Flüchtlingsaktivist:innen bilden (Lavalette 2019; Briskman 2019). Gemeinsam bauen sie Selbsthilfestrukturen für alle auf und leisten soziale Unterstützung jenseits staatlicher Sozialer Arbeit.

---

31 Im Rahmen des UNHCR bedeutet Resettlement die legale Aufnahme anerkannter, besonders schutzbedürftiger Flüchtlinge in einem Drittland, weil im Erstaufnahmeland kein hinreichender Schutz gewährleistet ist.

2.2 Borders (Grenzen) und Soziale Arbeit

Grenzen und Grenzziehungen durch Politiken der EU und andernorts beeinflussen den Handlungsrahmen der Sozialen Arbeit weit über eine kartographisch festgelegte Staatsgrenze hinaus. Jenseits der aufgezeigten externalisierten Grenzen tragen die folgenden Faktoren zu einer Internalisierung von Grenzen und Normalisierung von Grenzziehungen in der Sozialen Arbeit bei:

Allgegenwart von Grenzen: Den Border Studies (in Deutschland: Kritische Migrations- und Grenzregimeforschung) verdanken wir die Einsicht, dass im Zuge der Versicherheitlichung[32] und der Externalisierung der europäischen Politik der Migrationskontrolle Grenzen nicht territorial verortbar sind, sondern überall gegenwärtig sind. Diese Einsicht veranlasst den französischen Sozialphilosophen Balibar zu der Schlussfolgerung: *„the border is everywhere"* (Balibar 2002: 80). Dabei haben sich Mechanismen der Grenzziehung erweitert und *Border spaces/Borderlands/Borderscapes* (Grenzräume) herausgebildet, die nicht mehr mit geographisch festgelegten Territorien übereinstimmen (Mezzadra/Neilson 2013). Im Rahmen komplexer Überwachungsmechanismen, die auf vielen Ebenen wirksam werden, delegiert die EU die Politiken der Migrationskontrolle an öffentliche Dienstleister wie Krankenhäuser, Schulen, Universitäten oder private Sicherheitsfirmen, Fluggesellschaften, um die Kontrolle von Grenzen innerhalb der gesamten Gesellschaft durchzusetzen (Monforte 2020: 48). Sozialarbeiter:innen sind in diese Prozesse als Akteur:innen eingebunden, die Grenzen herstellen, reproduzieren oder überwinden können.

Selektive (stratifizierte) Rechte: Das Migrationsmanagement brachte abgestufte Rechte (*„civic stratification"*) für unterschiedliche Migrant:innengruppen hervor (Morris 2002). Unterschieden werden erstens Migrant:innen mit Zugang zu Staatsbürgerschaft (*Citizens*), zweitens Migrant:innen mit sicherem Aufenthaltsstatus (*Denizens*) und drittens solche mit keinem oder unsicherem Aufenthaltsstatus (*Margizins*) (Mohr 2005: 387). Diese Stratifizierung von Rechten bedeutet, dass der Zugang zu Rechten von Migrant:innen teilweise erfolgt oder ganz unterbleibt. Diese formale Einteilung nach verschiedenen aufenthaltsrechtlichen Statuspositionen wirkt sich in vielschichtigen Prozessen der teilweisen Inklusion und Exklusion aus, welche die Soziale Arbeit mit Migrant:innen und Geflüchteten – abhängig vom jeweiligen Aufenthaltsstatus – mit diskriminierenden und rassifizierenden Regelungen konfrontiert. Zugleich wird durch Prozesse des „Filterns und Selektierens" (Mezzadra/Neilson 2013; zit. nach Schütze 2021: 398) die Abwesenheit von Rechten für bestimmte Migrant:innengruppen, wie Undokumentierte, normalisiert.

De/serving Humanitarismus: Das Sicherheits- und Grenzparadigma der Migrationskontrolle geht einher mit einer spezifischen Form der humanitären Regelung von Einwanderung und Asyl (Fassin 2011: 213; zit. nach Monforte 2020: 49). EU-Institutionen und Mitgliedsstaaten wie auch NGOs und internationale Hilfs-

---

32 Vgl. Securitization: Hiermit ist ein politikwissenschaftliches Konzept aus den Internationale Beziehungen gemeint, d.h. ein Sachverhalt wird als Sicherheitsproblem wahrgenommen und definiert, oder auch dazu gemacht.

organisationen ersetzen den Diskurs über (universelle) Rechte von Migrant:innen und Asylbewerber:innen durch einen moralischen Diskurs von Schutzformen, die auf Ermessensspielräumen eines Humanitarismus, verstanden als Schutz des Menschen vor existenzieller Bedrohung, beruhen. Hauptkriterium für die Beurteilung, wer EU-Territorium betreten kann, ist die Vulnerabilität (Verletzlichkeit) und das Ausmaß erfahrenen Leids. Aus dieser Perspektive wirken Grenzpolitiken wie ein sortierender Filter, der dazu dient, Menschen, die Mitleid verdienen, von anderen Menschen zu unterscheiden, die als unerwünscht erachtet werden. Diese Grenzziehungsprozesse verstärken intersektionale Ausgrenzungsdynamiken, welche auf Hierarchien von *race, class* und *gender* beruhen und die größtenteils Erbe der Kolonialgeschichte europäischer Staaten sind (Monforte 2020: 48; Bhimji 2020: 26).

Zu dieser postkolonialen Gegenwart gehören auch Lager, die der Soziologe Bauman (2008: 44ff.) als Folge der ungleichen Globalisierung beschrieben hat. Im Ursprung wurden Lager während der Kolonialherrschaft eingesetzt, um die Bevölkerung zu kontrollieren (Briskman 2020).

2.3 Lager als Daseinsform

Lager prägen das Dasein einer wachsenden Zahl von Migrant:innen und Flüchtlingen rund um den Globus (Agier 2011). Als fester Bestandteil des internationalen Flüchtlings- und Migrationsregimes sind Lager weltweit keine neue Herausforderung für Internationale Soziale Arbeit. Dabei sind viele Bezeichnungen und Formen von Lagern anzutreffen, wie Lager für Geflüchtete und Vertriebene, Ankerzentren, Migrantencamps, Wartezonen für Personen ohne Aufenthaltsstatus, Transitlager, Abschiebezentrum, Erstaufnahmeunterkunft, Ghetto, Dschungel (Agier 2019: 128). Lager weisen bei aller Verschiedenheit drei Merkmale auf: Exterritorialität, das Ausnahmeregime und die Exklusion. Als „räumlich abgegrenzte Sonderzonen" (ebd.) handelt es sich für Agier um „Nicht-Orte", die i.d.R. auf keiner Karte eingezeichnet sind. Die Lager werden nach eigenen Gesetzen verwaltet und die Bewegungsfreiheit der „Bewohner:innen" willkürlich eingeschränkt. Die soziale Ausgrenzung in dieser Unterbringungsform markiert, dass Geflüchtete und Migrant:innen als überflüssige, unerwünschte und zu kontrollierende Bevölkerungsgruppe erachtet werden (Baumann 2007: 81f.).

Jenseits solcher Gemeinsamkeiten sind die kontextbezogenen Unterschiede von Lagern in verschiedenen Ländern im Globalen Norden und Süden zu berücksichtigen. Ebenso ist die Herstellung von und Suche nach Handlungsfähigkeit von Geflüchteten zu betrachten, auch wenn diese durch bestehende Gewaltstrukturen ohne Zweifel weitestgehend eingeschränkt ist (vgl. Delvin et al. 2021). Der Großteil der Geflüchteten kommt nicht nach Europa, sondern verbleibt in den Nachbarstaaten oder endet (vorübergehend) in einer der vielen Lager und Notunterkünfte entlang der Fluchtrouten. Lager in Ländern des Globalen Südens wurden als „verletzliche Orte des Ungewissen" (Rehklau/Lutz 2018: 249) beschrieben. Sie seien als „Zufluchtsorte" konzipiert, die vor Not und Furcht schützen sollen, jedoch neues Leid und Angst verursachen. Sie sollen Sicherheit und Versorgung gewährleisten, seien aber als provisorische und nicht selten sich verstetigende

Notunterkünfte eingerichtet. Bewohner:innen bieten sie bestenfalls eine minimale Versorgung, versagen ihnen das Recht auf Arbeit und gesellschaftliche Teilhabe und enden in einem Leben des unbestimmten Wartens. Durch das Lagerdasein werden Geflüchtete „nicht anerkannt, werden isoliert, werden kaserniert, werden diszipliniert, werden ignoriert, werden stigmatisiert, werden verwaltet, werden weiterhin verfolgt" (Rehklau/Lutz 2018: 249).

Lager in den vielen *Border spaces* weltweit dienen der (Im-)Mobilisierung von Bevölkerungsgruppen. In ihrer Studie zum deutschen Flüchtlingsaktivismus interpretiert Bhimji den institutionellen und alltäglichen Rassismus – wie bereits zuvor dargestellt – in Lagern als koloniales Erbe und postkoloniale Gegenwart (Bhimji 2020: 26). Die Herrschaft und die Kontrollmechanismen des Lagers wirken in der restriktiven Asylgesetzgebung fort, die Ausschlüsse entlang von *race*, *class* und *gender* herstelle. Der Alltag vieler Asylbewerber:innen sei charakterisiert durch *„Living with Deportability and Detainability"* (Bhimji 2020: 27), einem Ausharren in Lebensperspektiven, welche durch Abschiebung und Inhaftnahme aufgrund illegalisierten Aufenthaltes und Kriminalisierung geprägt sind. Weltweit wird diese Erfahrung geteilt durch eine zahlenmäßig wachsende „*global deportspora*" (Nyers 2019: 4), eine globale „Unterklasse", für die Abschiebung zum „*way of life*" geworden ist. In Reaktion auf die Flüchtlingsschutzkrise 2014–2016 untersucht eine Studie des *Globalen Detention Project* die Kriminalisierung von Migrant:innen und Geflüchteten anhand der Inhaftnahmen in europäischen Länder. Eine dramatische Verschärfung der Praktiken lässt sich anhand der Häufigkeit, der Gründe, der Dauer und des Umgangs mit Kindern und Familien aufzeigen (Majacher et al. 2020). Im Widerstand gegen Kriminalisierung und Ausgrenzung mobilisierten sich Proteste von Geflüchteten, die von der Sozialen Arbeit unzureichend unterstützt werden, wo sie ihre Professionsethik und Menschenrechtsorientierung nicht kennt oder diese einsetzt – wie Burzlaff/Eifler (2018: 346) am Beispiel der Berliner Flüchtlingsproteste 2015 aufgezeigt haben.

3. Aktivismus von Geflüchteten, Solidarität und Soziale Arbeit

3.1 Protestbewegungen, solidarische Zivilgesellschaft und Menschenrechte

„We are here, because you were there." – „Wir sind hier, weil ihr dort wart." Mit diesem Slogan fasste Ambalavander Sivanandan, Aktivist und Direktor des Instituts für Race Relations in London in den 1980er Jahren die Beziehungen zwischen europäischem Kolonialismus und Migration aus den ehemaligen Kolonien nach Europa zusammen. Seit Mitte der 1990er Jahre griffen geflüchtete Aktivist:innen in Deutschland zurück auf den abgewandelten Slogan: „Wir sind hier, weil ihr unsere Länder zerstört habt" (Bendix 2018: 247). Sie weisen damit auf globale Verflechtungen und postkoloniale, gegenwärtige Ausbeutungsstrukturen hin und möchten ein Bleiberecht nicht auf nationalstaatliche Grenzen beschränkt denken. In Deutschland sind Geflüchtete vor allem in Protesten seit 2012 als politisch handelnde Subjekte statt als Objekte von Politik sichtbar geworden (Bendix 2018: 247). Soziale Arbeit kann vom Feuer sozialer Bewegungen lernen, wenn sie den Forderungen und Stimmen von Geflüchteten und Migrant:innen Gehör verschafft.

Doch verleiht Soziale Arbeit den Forderungen und Stimmen von Geflüchteten und Migrant:innen nur unzureichend Gehör (Burtzlaff/Eifler 2018).

Durch die Europäisierung der Migrations- und Asylpolitiken in den 1990er Jahren haben sich aktivistische Allianzen von Migrant:innen und Geflüchteten über Grenzen hinweg entwickelt, die bis dahin vor allem lokal und national organisiert waren. Soziale Bewegungen von Migrant:innen und Undokumentierten haben transnationale kollektive Aktionen entwickelt, wie zum Beispiel der *„European march of the sans-papiers and migrants"* (2014) von Brüssel nach Straßburg, der *„European day of struggle for regularization and for the closure of all detention centres for foreigners"* (2004) oder *„A Day without Us"* (2011) mit Demonstrationen und Streiks in ganz Europa (Monforte 2020: 51). Wenn Migrant:innen ihren Protest öffentlich zum Ausdruck bringen, artikulieren sie Forderungen von Inklusion und Zugehörigkeit, welche im Rahmen der *critical citizenship studies* als widerständige Inkraftsetzung ihrer Bürgerrechte interpretiert wurde: „to ‚enact' citizenship and their right to have rights" (Isin/Nielsen 2008; zit. nach Monforte 2020: 53). Diese Proteste von Migrant:innen und insbesondere von Undokumentierten fordern die ausgrenzende und spaltende Logik (europäischer) Grenzziehungen heraus (Monforte 2020: 51). Die Forderungen der Migrant:innen und der Unterstützer:innennetzwerke unterlaufen europäische Grenzpolitiken mit universalistischen Forderungen wie *„Citizenship for all"*, *„no border"*, *„No one is illegal"* oder dem Slogan *„We are all foreigners"*. Es wird eine radikale, universale und post-nationale „Citizenship" beansprucht, welche auch als eine post-koloniale bezeichnet wurde (Stierl 2018). Diese möchte Ausschlüsse bezwingen und fordert gleiche Rechte für alle. Zugleich hebt die soziale Bewegungsforschung hervor, dass vor allem Migrant:innen mit prekärem Aufenthaltsstatus, häufig ohne Arbeit und Wohnung, sowie Papierlose materieller und symbolischer Ressourcen beraubt werden. Wenn sie an öffentlichen Protesten teilnehmen, riskieren sie außerdem verhaftet und abgeschoben zu werden. Im letzten Jahrzehnt verschärfte sich diese Gefahr durch rechte Parteien und migrationsfeindliche soziale Bewegungen mit ihren medialen Kampagnen und *Social Media*-Attacken in vielen Ländern Europas und weltweit (Steinhilper 2021).

In der deutschen Geflüchtetenbewegung wiederholen sich vier zentrale menschenrechtliche Forderungen: Lager abschaffen, Abschiebungen stoppen, Residenzpflicht abschaffen und Recht von Geflüchteten auf Arbeit und Ausbildung (Bendix 2018: 249). Gefordert wird darüber hinaus eine vereinfachte Familienzusammenführung, der Einsatz zertifizierter Dolmetscher:innen und kostenfreie, anwaltliche Beratung (Burzlaff/Eifler 2018: 347). Geflüchtete artikulieren auch strukturelle Fluchtursachen, die in der Sozialen Arbeit oft aus dem Blick geraten. Netzwerke wie *The VOICE* oder die *Karawane* für die Rechte der Flüchtlinge und Migrant:innen vergleichen das Asylsystem in Deutschland mit der Kolonialherrschaft (Bendix 2018: 253). Geflüchtetenaktivist:innen wie etwa im Netzwerk *Afrique-Europe-Interact* setzen sich für das Recht auf selbstbestimmte Entwicklung, das Bleiberecht und das Recht auf globale Bewegungs- und Niederlassungsfreiheit ein und kritisieren strukturelle Fluchtursachen wie Landraub, -grabbing, Zerstörung der Lebensgrundlagen von Bauern und die unfaire Welthandelspolitik an (Kilian/Bendix 2021).

In der Flüchtlingsbewegung im 2015/16 rückten geflüchtete Aktivist:innen mit ihren solidarischen Aktivitäten für neuankommende Flüchtlinge in den Hintergrund. Medial sichtbar wurde die Willkommenskultur, welche als „weiß" und „helfend" (Bhimji 2020: 9, Bendix 2018: 256) bezeichnet und wegen der oft paternalistischen Haltung bei Freiwilligen und Sozialarbeiter:innen kritisiert wurde (Schmelz 2018). Der Migrationssoziologe Pries interpretiert die Organisierung der Geflüchteten und ihrer Unterstützer:innen wiederum als gemeinsame, ermächtigende soziale und politische Bewegung. In der Bewegung der Fluchtmigration erkennt er eine „emergierende, transnationale, zivilgesellschaftlich-soziale Bewegung vergleichbar mit den nationalen Arbeiterbewegungen des 19. Jahrhunderts, die im Kampf zwischen Kapital und Arbeit auf die Lösung der sozialen Frage zielten" (Pries 2016: 23). Durch Politiken der Migrationskontrolle und Abschreckung, insbesondere durch den EU-Türkei-Deal vom März 2016, wurde eine solche Bewegung an den EU-Außengrenzen weitgehend gestoppt. Sie brachte noch gefährlichere Migrationsrouten sowie das Ausharren der Menschen in Lagern entlang und jenseits der EU-Grenzen mit sich.

In dem Maße, wie europäische Länder soziale Rechte für Geflüchtete *von oben* nicht gewährleisteten, wuchs die Solidarität *von unten*. Bestehende Lücken sozialer Hilfesysteme und Unterstützungsstrukturen konnten auf diese Weise teilweise geschlossen werden. Es bildeten sich *drei Stränge* der Solidaritätsbewegungen heraus, welche die Handlungsspielräume einer staatlich finanzierten Sozialen Arbeit zu erweitern vermögen: Willkommensbewegung 2015/16, Solidarische Städte und zivile Seenotrettung (vgl. Hill/Schmitt 2021; Scherr/Scherschel 2019).

Solidaritätsbewegungen im Überblick

Erstens: Die breite Willkommensbewegung seit 2015 wird als europaweite Bürgerbewegung interpretiert, die Aufnahme, Ankommen und Inklusion von Geflüchteten in Kooperation mit lokalen Akteur:innen fördern möchte (Feinschmidt et al. 2019). Allein für Deutschland geht der Migrationsforscher Werner Schiffauer von 15.000 Flüchtlingsprojekten (2016) aus, in denen sich mehr als fünf Millionen Menschen – oft Seite an Seite – mit Sozialarbeiter:innen engagierten. Diese Initiativen zeigten Alltagssolidarität, Hilfsbereitschaft und leisten Unterstützung, um den Zugang zu Information, Unterbringung, Bildung und Gesundheitsversorgung, Arbeit und Gemeinschaftsleben zu verbessern (Scherr/Scherschel 2019).

Zweitens: In zahlreichen Städten Europas gewinnt zudem das Konzept der *Solidarity Cities/Sanctuary Cities* an Bedeutung für die Soziale Arbeit (Schmelz 2019; vgl. den Beitrag von Schmitt in diesem Band). Kommunen und Städte sind ein Mikrokosmos von gesellschaftlicher Grenzziehung zwischen erwünschter und unerwünschter Zuwanderung (Schmelz 2019). Im Jahr 2017 wurde „*Solidarity City*" als aktivistisches Netzwerk aus Flüchtlingsräten, migrantischen Organisationen, linken Bewegungen, stadtpolitischen NGOs, kirchlichen Gruppen, Sozialarbeiter:innen und Wissenschaftler:innen gegründet, die international mit Initiativen der Seenotrettung zusammenarbeiten, indem sie EU-Grenzpolitiken und soziale Rechte in der Stadt zusammendenken. Die direkte Aufnahme von

Geflüchteten und Abschiebestopps werden mit der demokratischen Gestaltung städtischer Sozialräume verknüpft (Schmelz 2019; Kron 2020: 45).

Drittens: Entlang der Außengrenzen zeigen sich neue Formen der Solidarität mit Migrant:innen. Nichtregierungsorganisationen gelang es, seit 2014 mit ihren Schiffen, Zehntausende Flüchtlinge vor dem Ertrinken zu retten. Gegen die Kriminalisierung dieser privaten Seenotrettung bildete sich in Europa eine breite Protestbewegung, die darum kämpft, dass Seenotrettung kein Verbrechen ist (Stierl 2020: 47). *Alarm-Phone* betreibt ein eindrucksvolles Projekt der politischen Solidarität. Aktivist:innen aus Europa und Afrika stehen rund um die Uhr für Notrufe von Flüchtenden bereit, um zu verhindern, dass staatliche Akteure wie die Küstenwache die Hilfe in Seenot unterlassen können. Diese Intervention stellt eine radikale Form von Solidarität dar, die über nationale Grenzen und humanitäre Beweggründe für Hilfen hinausgeht (Stierl 2019: 105).

3.2 Social Workers without borders und Professionsethik

Sozialarbeiter:innen können ihre Handlungsperspektiven durch Allianzen mit Solidaritätsbewegungen nicht nur erweitern, sondern werden selbst Akteur:innen dieser Bewegung. Ein Beispiel des Aktivismus von Sozialarbeiter:innen stellt *Social Workers without borders* (SWWB) dar. *SWWB international* gründete sich im Rahmen der *International Federation of Social Workers* (IFSW) in Australien (2014). In Großbritannien folgte im Kontext der Sozialen Arbeit im „*Jungle*"[33] in Calais eine eigenständige nationale Gründung (2016).[34] Die Begründer:innen von SWWB (GB) fassen in einem Sammelband programmatisch und praxisorientiert anhand von Fallstudien ihre politische, kritisch-reflexive Positionierung zusammen (Wroe et al. 2019). Die Fallstudien decken ein breites Handlungsspektrum ab, welches von der Unterstützung für unbegleitete Minderjährige, Einelternfamilien bis hin zur Arbeit mit Opfern von Folter und Abschiebehaft reicht.

SWWB widersetzt sich dem „*deserving-undeserving nexus*" in der Sozialen Arbeit mit Geflüchteten, Migrant:innen und Asylbewerber:innen, welches staatliche Hilfe an eine humanitär, festgestellte „Vulnerabilität" knüpft und Grenzen zieht zwischen Geflüchteten, die Schutz verdienen und anderen, nicht schutzwürdigen Migrant:innen. Die Organisation tritt hingegen für eine Soziale Arbeit ein, die von den Prinzipien der Solidarität, des Schutzes und des Verbündet-seins ausgeht. Auf Grundlage des internationalen Ethikstandards (IASSW 2018) sehen die Initiator:innen des SWWB (GB) die Profession der Sozialen Arbeit in der Verantwortung, soziale Gerechtigkeit und Gleichheit zu fördern, Diskriminierungen entgegenzutreten sowie ihre professionelle Integrität in der Praxis einzusetzen und zu verteidigen (Wroe et al. 2019: 19). Im Kontext von Flucht und Migration sei kritisch zu hinterfragen, wie die „Förderung von Menschenrechten", „Respekt für Diversität" und „Zugang zu gleichen Ressourcen" damit vereinbart werden könne, dass die Soziale Arbeit bei wohlfahrtsstaatlichen Einschränkungen mitwirkt, die als Instrumente der Migrationskontrolle dienen. Die Verteidigung der Rechte

---

[33] Bezeichnung für ein ‚spontanes' Flüchtlingslager im Norden Frankreichs von Schutzsuchenden, die den Ärmelkanal überqueren möchten.
[34] In anderen Ländern wie beispielsweise in Italien hat der Zusammenschluss von assistentisocialisenzafrontiere bereits eine viel längere Tradition.

der Migrant:innen werde damit zum Gradmesser für die Wahrung der Autonomie und Integrität der Profession Sozialer Arbeit: „Defending the rights of asylum seekers, refugees and migrants, then, is just as much about defending the autonomy of our profession to deliver services to all who need it, as it is about opposing immigration control" (Wroe et. al. 2019: 21).

Dieses professionsethisch begründete Konzept des Grenzarbeitens beziehen die Initiator:innen des SWWB (GB) darüber hinaus auf national- und wohlfahrtsstaatliche Grenzziehungen insgesamt. Diese sind angesichts neoliberaler Politiken nicht auf migrierte Gruppen zu beschränken und betreffen potentiell alle Adressat*innen: „[...] social work without borders means not only working across national borders, or those imposed by immigration control, but also transcending those borders imposed by liberalist ideologies and market-led approaches" (Wroe et al.: 2019: 276). SWWB geht also davon aus, dass Soziale Arbeit als Profession im Migrations- und Grenzregime eingebunden und durch vielfältige Regelungen an der Herstellung und Aufrechterhaltung von Grenzen innerhalb der Gesellschaft beteiligt ist. Am Schnittpunkt von Migrationskontrolle und Sozialpolitik kann Soziale Arbeit zu einer entscheidenden Akteurin werden, die Grenzen bestätigen und reproduzieren, jedoch durch kritische Reflexion und Handlungen auch verschieben oder unterlaufen kann. (Schütze 2021: 401)

Soziale Arbeit mit Migrant:innen und Geflüchteten sowie ihren Familien als Bearbeitung von Grenzen auf der Mikro- und Mesoebene ist durch politische Forderungen auf der Makroebene zu ergänzen. Aus den internationalen Ethikstandards und einem Fünf-Punkte-Plan des Flüchtlingsschutzes (2016) der internationalen Verbände der Sozialen Arbeit stellen Ferguson et al. (2018: 104–110) folgenden Forderungskatalog für Politik und Praxis der Sozialen Arbeit als globaler Profession auf, um inhumane Strukturen international grundlegend zu verändern:

- Sichere Migrationswege: Recht auf fairen Zugang zu Asylverfahren und Unterstützung entlang der Flucht- und Migrationsrouten; würdevolle Aufnahmebedingungen für alle.
- Internierung und Kriminalisierung: Flüchtlinge, Asylbewerber:innen und Migrant:innen haben kein Verbrechen begangen und können nicht „illegal" sein; Abschiebezentren sind zu schließen und widersprechen fundamentalen Menschenrechten.
- Unterstützung für unbegleitete minderjährige Flüchtlinge: Recht auf Bildung; Schutz und Zugang zu allen wohlfahrtsstaatlichen Leistungen.
- Recht auf Familienzusammenführung: ein grundlegendes Menschenrecht, welche von Regierungen zu erfüllen ist.
- Recht auf Arbeit: in Anerkennung der Fähigkeiten von Geflüchteten und ihrer menschlichen Würde.
- Eigeninitiative und Selbsthilfe: Sozialarbeiter:innen müssen die Handlungsfähigkeit (*agency*) von Geflüchteten anerkennen und gemeinsam mit ihnen Programme entwickeln (*co-design und co-produce*).

- Kein geheimes Einverständnis mit diskriminierenden Gesetzen: keine Zusammenarbeit mit Einrichtungen, die soziale, politische und bürgerliche Rechte unterlaufen.

Um solchen Forderungen gerecht werden zu können, kann Soziale Arbeit nirgendwo einen Handlungsrahmen hinnehmen, der sich auf legale rechtliche Vorgaben zurückzieht (Briskman/Ife 2018). Hingegen sind Fachkräfte und Träger der Sozialen Arbeit dazu aufgefordert, Einfluss auf Politik und Gesetzgebung zu nehmen, um Menschenrechtsstandards in geltendes Recht umzusetzen und die solidarische Unterstützung für Geflüchtete zu ermöglichen und nötigenfalls Formen des zivilen Ungehorsams zu nutzen (vgl. Scherr 2018: 49; Prasad 2018, 2021). Darüber hinaus besteht eine grundlegende Rolle der politischen Sozialen Arbeit darin, sich als Verbündete mit Selbstorganisationen von Flüchtlingen zu engagieren und zu handeln, um ihre Stimme für politische Interessensvertretungen zu öffnen und Selbsthilfestrukturen zu etablieren. Das politische Mandat der Sozialen Arbeit mit Flüchtlingen kann durch Vernetzung auf verschiedenen Ebenen beginnen und in der Praxis wirksam werden. So etwa im Rahmen der Kooperation mit Flüchtlingsräten und NROs, die auf die Beteiligung, Mitarbeit und die Berichte von Sozialarbeiter:innen angewiesen sind, um für ihre Forderungen Belege aus der Praxis nutzen zu können. Ein anderes Beispiel ist die Beteiligung an Kampagnenarbeit bis hin zur strategischen Prozessführung durch Kooperation mit NGOs wie Pro Asyl, Amnesty International oder dem Bundesverband für unbegleitete Minderjährige. In strategischen Einzelfällen können Unterschriftensammlungen gestartet werden, um bei einem Petitionsausschuss Berufung einzulegen (vgl. Schmelz 2021).

Soziale Arbeit kann hierbei Menschenrechte als ihren professionsethischen Kompass einsetzen und hat im Rahmen des Tripelmandats im Spannungsfeld von individueller Hilfe, gesellschaftlicher Kontrolle und der Selbstdefinition als Menschenrechtsprofession, die Möglichkeit zu strukturellem Wandel beizutragen (Staub-Bernasconi 2019: 83ff.). Das Tripelmandat ermöglicht es Sozialarbeiter:innen, illegitime und diskriminierende Aufträge abzulehnen und eigene Aufträge zu formulieren (Prasad 2021: 227).

Beispielsweise können Menschenrechte Soziale Arbeit als *Analyseinstrumente* in der folgenden Hinsicht unterstützen:

- „um die Lebenssituation einer vulnerablen Gruppe zu evaluieren;
- als Orientierung in Mandatskonflikten;
- als Korrektiv bei ethischen Fragen,
- als Entscheidungshilfe, um einen Auftrag als legitim (wenn auch nicht legal) einzustufen;
- im Umgang mit Dilemmata;
- um die eigene Argumentation zu stärken." (Prasad 2021: 225)

Durch die Überprüfung unzureichender Lebensbedingungen in Flüchtlingsunterkünften auf Grundlage der für alle geltenden Menschenrechtsstandards können Sozialarbeiter:innen diese als Menschenrechtsverletzungen und mangelnde Teilhabe benennen und skandalisieren. Auf dieser Grundlage sind Sozialarbeiter:innen in der Lage, sich beispielsweise für Mindeststandards, Beschwerdemechanismen und Konzepte zum Schutz vor Gewalt einzusetzen, die auf internationalen Menschenrechtsstandards basieren. Eine Überprüfung der Lebensbedingungen rassismusbetroffener Adressat:innen ausgehend von den Kernbestimmungen der Antirassismus-Konvention zeigt auf, dass wesentliche Erfahrungen wie beispielsweise *Racial Profiling* oder Diskriminierung auf dem Wohnungs- und Arbeitsmarkt als Menschenrechtsverletzungen einzustufen seien. Eine Menschenrechtsverletzung wird als eine Handlung angesehen, für die staatliche Verantwortung vorliege (Prasad 2021). Eine menschenrechtsorientierte Soziale Arbeit beinhaltet Prasad zufolge, dass Sozialarbeiter:innen von ihren nationalstaatlich festgesetzten Vorschriften abweichen müssen. Auch sind Menschenrechte im Umgang mit Aufgaben hilfreich, die Sozialarbeiter:innen von Arbeitgebern übertragen werden, welche dem Menschenrechtsmandat der Sozialen Arbeit widersprechen. Dieser Fall liegt vor, wenn Sozialarbeiter:innen in einer Flüchtlingsunterkunft über die vorübergehende Abwesenheit eines Asylbewerbers informiert und infolgedessen die Sozialleistungen gekürzt werden (Prasad 2018). Schließlich können Sozialarbeiter:innen in Kooperation mit Wohlfahrtsverbänden oder Advocacy-Organisationen Beschwerdeverfahren des UN-Menschenrechtssystems anrufen (u.a. Schattenbericht, Individualbeschwerde, Sonderberichterstatter, Universal-Periodic-Review). Dieses Vorgehen setzt Kompetenzen mit den Beschwerdeverfahren und methodischen Handelns durch Kampagnen-, Öffentlichkeits- und Lobbyarbeit sowie strategische Prozessführung voraus, die in Lehre und Fortbildungen der Sozialen Arbeit weiter ausgebaut werden müssen (Prasad 2014).

4. „Breaking borders": Frauen im Widerstand gegen sexuelle Gewalt und Lagerdasein

Weltweit erheben Frauen ihre Stimmen in der Öffentlichkeit gegen erlittenes Unrecht in Zusammenhang mit Fluchtmigration, Menschenhandel und Traumatisierung. Sie fordern den Schutz ein für Frauen- und Menschenrechte sowie vor allem gegen sexuelle Gewalt. (vgl. auch den Beitrag von Lohrenscheit in diesem Band) Dennoch bleiben sexuelle Übergriffe, Sexismus und Rassismus als Alltagsstruktur zumeist weitgehend unsichtbar, sind normalisiert und werden selten strafrechtlich verfolgt. Wie unerschrocken und mutig Frauen das Schweigen und Wegsehen brechen, zeigen die Fallbeispiele von *Nadja Murad* und *Women in Exile* (WiE). Nadja Murad ist global zum Symbol für geschlechtsspezifische Gewaltverbrechen gegen jesidische Frauen geworden. Sie erhielt 2018 gemeinsam mit dem kongolesischen Arzt Denis Mugewe den Friedensnobelpreis.

> **Nadja Murad – Trägerin des Friedensnobelpreises (2018)**
>
> Nadja Murad kam 2015 im Rahmen eines sog. *Resettlement*-Programms für Flüchtlinge des Landes Baden-Württemberg aus dem Irak nach Deutschland. Sie war eine von 1.100 jesidischen Frauen, die schwersten Missbrauch und unfassbare Gewalt durch den *Islamic State of Iraq and the Levant (ISIL)* erlitten hatten und in Deutschland zu psychotherapeutischen Behandlungen im Rahmen einer UN-Sonderinitiative aufgenommen wurden (vgl. Zeidan 2018). Im Jahr

2017 hat Murad eine Biographie veröffentlicht (Murad 2017) und wendet sich als unermüdliche Mahnerin gegen sexualisierte Gewalt an die Weltöffentlichkeit. 1993 wurde die Menschenrechtsaktivistin in Koch, Irak, geboren. Im August 2014 erfolgte die Eroberung jesidischer Dörfer durch den ISIL. Die Jesiden sind größtenteils im Irak ansässig und waren bereits lange zuvor Zielscheibe von Verfolgung und Diskriminierung. Als der ISIL im August 2014 Murads Dorf besetzte, wurden alle Jesid:innen zusammengetrieben und die Frauen von den Männern getrennt. Die Männer wurden umgebracht – unter ihnen sechs von Murads Brüdern. Auch ältere Frauen, darunter Murads Mutter, wurden getötet. Die übrigen Frauen, unter ihnen Nadja Murad, wurden nach Mosul (Irak) verschleppt und in die „Sexsklaverei" verkauft. Insgesamt wurden im Jahr etwa 5.200 Frauen versklavt und 5.000 Männer wurden ermordet. Nach mehreren Fluchtversuchen gelangte Nadja Murad in das kurdisch kontrollierte Gebiete des Irak und schließlich über die Resettlement-Initiative nach Deutschland.

Im Dezember 2015 lud der UN-Sicherheitsrat Nadja Murad ein, über Menschenhandel zu sprechen. Sie prangerte das anhaltende Leid der jesidischen Gemeinschaft, die Schreckensherrschaft des ISIL sowie die sexuelle Gewalt als Kriegswaffe an. Die Vereinten Nationen ernannten sie im Jahr 2016 zur Botschafterin für die ‚Würde der Überlebenden des Menschenhandels'. In Kooperation mit internationalen Organisationen verbindet sie Menschenrechts- und Frauenrechtsarbeit mit Friedensförderung ihrer jesidischen Herkunftsregion *Sinjar* im Irak. Die Arbeit einer von ihr gegründeten Stiftung verfolgt einen community-basierten Ansatz nach dem Prinzip, dass Maßnahmen des Wiederaufbaus vor Ort entwickelt und Überlebende dazu befähigt werden, eine aktive Rolle im Friedensprozess zu übernehmen (vgl. https://www.nadiasinitiative.org/, 11.12.2022).

Als aktivistische Selbstorganisation engagiert sich WiE gegen Rassismus, Lagerunterbringung und dessen psychosoziale Folgen sowie für die erlittenen Traumata für Frauen und Kinder. In ihren Gesundheitsprojekten organisiert WiE Selbsthilfe und tritt darüber hinaus mit einem politischen Forderungskatalog für ein bedingungsloses Recht auf Gesundheit ein. WiE geht es um eine inklusive Gesundheitsversorgung für Flüchtlingsfrauen, welche deren besondere Bedürfnisse und Bedarfslagen anerkennt und bearbeitet.

WiE kämpft für eine „Welt ohne Grenzen" und stellt dabei zwei Forderungen heraus. Zum einen ruft WiE dazu auf, die Folgen der Kolonisierung zu überwinden sowie die Ausbeutung und die Plünderung zu beenden, zum anderen verfechten sie: „das Recht zu kommen, das Recht zu gehen, und das Recht zu BLEIBEN!" (WiE 2022). Als Initiative von Flüchtlingsfrauen in Brandenburg begreift WiE sich als feministische, politische und soziale Solidaritätsgruppe, als Ort des Lernens und des Lebens, der beschreibt, wo das Persönliche politisch wird und Selbstermächtigung erfahrbar wird. WiE kämpft grundlegend dafür, das „Lagersystem" abzuschaffen, weil sie als Frauen dort ohne Schutz der Privatsphäre leben und mit ihren Kindern den Gefahren sexueller und körperlicher Gewalt ausgesetzt sind. Auf diese Missstände macht die Kampagne „Keine Lager für Frauen* und Kinder! Alle Lager abschaffen!" aufmerksam, welche WiE seit mehreren Jahren als Bustour durch verschiedene Lager in der gesamten Bundesrepublik führt. (WiE 2022)

Women in Exil im Poetry-Selbstporträt (aus: WiE 2020: 21)

„WiE ist eine Gruppe
eine politische Gruppe
eine soziale Gruppe
eine Gruppe von Freundinnen, Schwestern, Müttern und Kindern,
aber nicht nur eine Gruppe,
es ist eine Familie.
Ein Raum zum Lernen
über mich selbst, über uns selbst,
über die Welt mit ihrer großen und kleinen Politik
über Machtverhältnisse
und über das Leben.
WiE ist ein Raum des Teilens,
des Gebens und Nehmens,
des Kommens und Gehens.
Es bedeutet Ankommen,
eine Verbindung nach Hause,
ein Spiegel der Gesellschaft.
WiE ist eine Sammlung von Geschichten
der Gewalt, Verletzung, Diskriminierung -
aber auch eine von Kraft, Liebe, Hoffnung und Glauben.
Ein Raum, um sich selbst zu sein,
sich zu zeigen
und zu lernen, mehr zu sein
als das, was mir gesagt wurde (und ich glaube),
das ich bin.
Women in Exile ist
ein Kollektiv ungehörter Stimmen
von ungeheurem Widerstand, Wissen und Macht.
Eine Bewegung
für Menschenrechte
für Würde
für Gerechtigkeit
für Freiheit
und für Menschlichkeit.
Für das Leben.
Das Leben selbst.
Women in Exile ist Gemeinschaft,
es bedeutet ZUSAMMEN zu kämpfen,
in die Lager und auf die Straße zu gehen,
laut zu sein und aufzuschreien,
zusammen zu essen und zu feiern,
zu lachen und zu weinen
und zusammen zu sein.
Es bedeutet zu kämpfen und sich zu widersprechen,
zu betrügen, zu vergeben und zu verzeihen,
Solidarität und Schwesternschaft.

Durch die Mitwirkung von solidarischen Aktivist:innen ohne Fluchtgeschichte hat WiE sich im Jahr 2011 zu *Women in Exile & Friends* erweitert. Frauen mit und ohne Fluchtgeschichte setzen sich seitdem gemeinsam für politische Veränderungsstrategien ein (WiE 2020: 21).

Nun ist es an Ihnen zu diskutieren, welche Möglichkeiten eine menschenrechtsorientierte und rassismuskritische Soziale Arbeit in Flüchtlingsunterkünften (Prasad 2018) hat und darüber, wie sie die Rechte von Flüchtlingsfrauen und aller Migrant:innen verteidigen kann.

> **Reflexionsfragen**
>
> - Aus welchen Gründen ist es in der Sozialen Arbeit notwendig, Statistiken und Bezeichnungen im Kontext von Flucht und Migration kritisch zu betrachten? Erläutern und diskutieren Sie anhand der im Text genannten Begriffe.
> - Was ist jeweils gemeint mit Internalisierung bzw. Externalisierung von Grenzen? Skizzieren sie, welche Herausforderungen sich daraus für die Soziale Arbeit ergeben.
> - Listen Sie die Slogans und Forderungen der im Text angeführten aktivistischen Stimmen auf. Welche Gefühle und Fragen lösen diese bei Ihnen aus? Was fällt Ihnen dabei auf?
> - Mit welchen Konzepten kann Soziale Arbeit die Ausgrenzung Zuflucht suchender Menschen bearbeiten? Welche Erfahrungen konnten Sie in dieser Hinsicht bereits in Studium und Praxis sammeln?
> - Welche Möglichkeiten einer Kooperation aktivistischer Flüchtlingsfrauen und Sozialer Arbeit sehen Sie, und wie sollte diese gestaltet sein?

Literatur zur Einführung

Prasad, Nivedita (2021): Rassismus, Migration und Flucht als Themen im Kontext menschenrechtsbasierter Sozialer Arbeit. In: ogsa AG Migrationsgesellschaft (Hrsg.): Soziale Arbeit in der Migrationsgesellschaft, Weinheim: Beltz Juventa 2021, S. 220–233.

Schmelz, Andrea (2021): Social Work as a Human Rights Profession in the Context of Refuge and Migration: Global Perspectives. In: Roßkopf, Ralf/Heilmann, Katharina (eds.): International Social Work and Forced Migration Opladen: Budrich, S. 204–215.

Wroe, Lauren/Larkin, Rachel/Maglajic, Ana Reima (2019) (eds.): Social Work with Refugees, Asylum Seekers and Migrants. Theory and Skills of Practice. London/Philadelphia: Jessica Kingsley Publishers.

Weiterführende Literatur

Autorinnenkollektiv Meuterei (2022): Grenzenlose Gewalt. Der unerklärte Krieg der EU gegen Flüchtende. Berlin: Assozation A.

Agier, Michel (2019): Lagerwelten. In: Mahlke, Stephan: Lagerwelten. Atlas der Globalisierung. Berlin: Le Monde diplomatique, S. 128–129.

Agier, Michael (2011): Managing the Undesirables: Refugee Camps and Humanitarian Government. Cambridge: Polity Press 2011.

Balibar, Étienne (2002): Politics and the Other Scene. London/New York: Verso.

Bauman, Zygmunt (2016): Die Angst vor den anderen. Ein Essay über Angst und Panikmache. Frankfurt: Suhrkamp.

Bauman, Zygmunt (2007): Flüchtige Zeiten. Leben in der Ungewissheit. Hamburg: Hamburg Edition.

Bendix, Daniel (2018): Migration und soziale Ungleichheit – Perspektiven aus dem Geflüchtetenaktivismus in der BRD. In: Prasad, Nivedita (Hrsg.): Soziale Arbeit mit Geflüchteten. Rassismuskritisch, professionell, menschenrechtsorientiert. Opladen: Budrich S. 247–259.

Bhimji, Fazila (2020): Border Regimes, Racialisation Processes and Resistance in Germany. An Ethnographic Study of Protest and Solidarity. Cham: Palgrave Macmillan.

Boccagni, Paolo/Righard, Erica (2020): Social work with Refugees and Displaced Populations in Europe: (Dis-)continuities, Dilemmas, Developments. In: European Journal of Social Work 23, H. 3, 375–383.

Bojadzijev, Manuala/Liebelt, Claudia (2014): Cosmopolitics, oder: Migration als soziale Bewegung: Von Bürgerschaft und Kosmopolitismus im globalen Arbeitsmarkt. In: Nieswand, Björn/Drotbohm, Heike (Hrsg): Kultur, Gesellschaft, Migration. Die reflexive Wende in der Migrationsforschung. Wiesbaden: Springer VS, S. 325–346.

Briskman, Linda (2020). Social work co-option and colonial borders. In: Kleibl, T. et al. (eds.), The Routledge Handbook of Postcolonial Social Work. London: Routledge, S. 51–60.

Briskman, Linda (2019). Challenging harmful political contexts through activism. In: Webb, Sephen A. (Hrsg.), The Routledge Handbook of Critical Social Work. London: Routledge, S. 549–560.

Briskman, Linda/Ife, Jim (2018): Extending beyond the legal: social work and human rights. In: Rice, Simon/Day, Andrew/Briskman, Linda (eds.): Social Work in the Shadow of the Law. Alexandra: The Federation Press (5th edition).

Burtzlaff, Miriam/Eifler, Noemi (2018): Kritisch intervenieren!? Über Selbstverständnisse, Kritik und Politik Sozialer Arbeit – oder aber: Was ist der „weiße Kittel" Sozialer Arbeit?. In: Prasad, Nivedita (Hrsg.): Soziale Arbeit mit Geflüchteten. Rassismuskritisch, professionell, menschenrechtsorientiert. Opladen & Toronto, S. 345–365.

Delvin, Julia/Evers, Tanja/Goebel, Simon (Hrsg.) (2021): Praktiken der Immobilisierung. Lager, Sammelunterkünfte und Ankerzentren im Kontext von Asylregimen. Bielefeld: transcript.

Fassin, Didier (2011): Humanitarian Reason. A Moral History of the Present. Berkeley, CA: University of California Press.

Ferguson, Iain/Ioakimidis, Vasilios/Lavalette, Michael (2018): Social Work in a Global Context. Bristol: Policy Press 2018.

Feinschmidt, Margit/Pries, Ludger/Cantat, Celine (eds.) (2019): Refugee Protection and Civil Society in Europe. Cham: Palgrave Macmillan.

Gal, John/Köngeter, Stefan/Vicary, Sarah (eds.) (2020): The Settlement House Movement Revisited: A Transnational History. Bristol: Polity Press.

Hill, Marc/Schmitt, Caroline (Hrsg.) (2021): Solidarität in Bewegung. Neue Felder für die Soziale Arbeit. Baltmannsweiler: Schneider Verlag.

Isin, Egin/Nielsen Greg (eds.) (2008): Acts of Citizenship. London: Zed Books.

Kasparek, Bernd/Schmidt-Sembdner (2020): Grenzen: Streit hinter den Mauern der Festung Europa. In: Wels et. al (Hrsg.), S. 44–45.

Kilian, Juri/Bendix, Daniel (2021): Refugee Resistance against Deportation in Germany, Post-Deportation, and Social Work. In: Österreichisches Jahrbuch für Soziale Arbeit 2020, Bd. 2, S. 51–73.

Kron, Stefanie (2020): Solidarität der Städte. In: Wels et. al (Hrsg.), S. 44–45.

Lambert, Laura (2020): Die tödlichste Grenze der Welt. In: Wels et. al (Hrsg.), S. 32–33.

Lavalette, Michael (2019): Popular Social Work. In: Webb, Stephen A. (ed.): The Routledge Handbook of Critical Social Work. Abingdon/New York: Routledge, S. 536–548.

Lutz, Ronald (2017): Der Flüchtling woanders. Verletzliche Orte des Ungewissen: ein Leben in Lagern. In: Chaderi, Cinur/Eppenstein, Thomas (Hrsg.): Flüchtlinge. Multiperspektivische Zugänge. Wiesbaden: Springer, S. 367–380.

Majcher, Izabella/Flynn, Michael/Grange, Mariette (eds.) (2021): Immigration Detention in the European Union. Cham: Springer.

Mecheril, Paul/Castro Varela, Maria do Mar/Dirim, Inci/Kalpaka, Annita/Melter, Claus: Migrationspädagogik. Beltz: Weinheim 2010.

Mezzadra, Sandro/Neilson, Brett (2003): Border as a Method or the Multiplication of Labor. Durham: NC: Duke University Press.

Mohr, Karin (2005): Stratifizierte Rechte und soziale Exklusion von Migranten im Wohlfahrtsstaat. In: Zeitschrift für Soziologie 34, S. 383–398.

Monforte, Pierre (2020): From „Fortress Europe" to „Refugee Welcome": Social movements and the political imaginary on European borders. In: Fominaya, Flesher Christina/Feenstra Ramòn A. (2020) (Hrsg.): Routledge Handbook of Contemporary European Social Movements: Protest in Turbulent Times. Abington/New York: Routledge, S. 59–70.

Morris, Lydia (2002): Managing Migration. Civic Stratification and Migrants' Rights. London: Routledge.

Murad, Nadja mit Krajeski Jenna (2017): Ich bin Eure Stimme. München: Knaur Verlag.

Prasad, Nivedita (2014): Teaching the Use of Complaint Mechanisms of UN Treaty Bodies as a Tool of International Social Work Practice. In: Libal, Kathyrn/Berthold Megan S./Thomas, Rebecca/Healy, Lynn (eds.): Advancing Human Rights in Social Work Education. Alexandria: Council of Social Work Education, S. 143–164.

Prasad, Nivedita (2018): Statt einer Einführung: Menschenrechtsbasierte, professionelle und rassismuskritische Soziale Arbeit mit Geflüchteten. In: Prasad, Nivedita (Hrsg.): Soziale Arbeit mit Geflüchteten. Rassismuskritisch, professionell, menschenrechtsorientiert. Opladen & Toronto: Budrich, S. 9–32.

Prasad, Nivedita (2021): Rassismus, Migration und Flucht als Themen im Kontext menschenrechtsbasierter Sozialer Arbeit, in: ogsa AG Migrationsgesellschaft (Hrsg.): Soziale Arbeit in der Migrationsgesellschaft, Weinheim: Beltz Juventa 2021, S. 220–233.

Pries, Ludger (2016): Migration und Ankommen. Die Chancen der Flüchtlingsbewegung. Frankfurt/Main: Campus.

Nyers, Peter (2019): Irregular Citizenship, Immigration, and Deportation. Abingdon/New York: Routledge.

Rehklau, Christine/Lutz, Ronald (2018): Migration und Flucht. In: Handbuch Internationale Soziale Arbeit. Dimensionen – Konflikte – Positionen, Weinheim: Beltz Juventa 2018, S. 240–257.

Samaddar, Ranabier (2020): The Postcolonial Age of Migration. Abingdon/New York: Routledge 2020.

Scherr, Albert/Scherschel, Karin (2019): Wer ist ein Flüchtling? Grundlagen einer Soziologie der Zwangsmigration. Göttingen: Vandenhoeck & Ruprecht.

Schirilla, Nausikaa (2016): Migration und Flucht. Orientierungswissen für die Soziale Arbeit. Stuttgart: Kohlhammer.

Schmelz, Andrea (2021): Social Work as a Human Rights Profession in the Context of Refuge and Migration: Global Perspectives, in: Roßkopf, Ralf/Heilmann, Katharina (eds.): International Social Work and Forced Migration. Opladen: Budrich, S. 204–215.

Schmelz, Andrea (2019): „Recht auf Rechte" in Kommunen Europas praktizieren? Lokale Politikstrategien in Deutschland und Italien. In: Arslan, Emre/Bozay, Kemal (Hrsg.): Flüchtlingsbewegungen und symbolische Ordnung – interdisziplinäre Zugänge, Verlag VS Springer, S. 189–206.

Schmelz, Andrea (2018): (Un-)welcoming refugee politics in Germany: Challenges for social work professionals and volunteers, In: Schmelz, Andrea/Lohrenscheit, Claudia (Hrsg.): Together for justice and peace: International Social Work Education, Gender and the Global Goals for Sustainable Development. Oldenburg: Paulo Freire Verlag, S. 139–162.

Schwenken, Helen (2018): Globale Migration zur Einführung. Hamburg: Junius 2018.

Schütze, Theresa (2021): Grenzarbeiten – Anschlüsse kritischer Grenzregimetheorie für die Soziale Arbeit. In: ogsa, AG Migrationsgesellschaft (eds.): Soziale Arbeit in der Postmigrationsgesellschaft. Kritische Perspektiven und Praxisbeispiel, Weinheim: Beltz Juventa, S. 394–405.
Steinhilper, Elias (2021): Migrant Protest. Interactive Dynamics in Precarious Mobilizations, Amsterdam: University Press.
Staub-Bernasconi (2019): Menschenwürde – Menschenrechte – Soziale Arbeit. Die Menschenrechte vom Kopf auf die Füße stellen. Opladen: Budrich.
Stierl, Maurice (2020): Zivilgesellschaft: Neue Generationen der Solidarität. In: Wels et. al (Hrsg.), S. 46–47.
UNHCR: Global Trends 2020. Geneva. UNHCR 2020.
Van Hear, Nicholas (1998): New Diasporas. London: Routledge.
Wels, Florian et al. (Hrsg.) (2020): Atlas der Migration. Berlin: Rosa-Luxemburg-Stiftung.
Women in Exile (WiE) (2020): Gesundheitsversorgung für alle ohne Diskriminierung. Potsdam: Eigenverlag.
Women in Exile (Wie) (2022): Breaking Borders to Build Bridges. Berlin: edition assemblage.
Wroe, Lauren/Larkin, Rachel/Maglajic, Ana Reima (2019): Social Work with Refugees and Asylum Seekers and Migrants. In: dies. (eds.): Social Work with Refugees, Asylum Seekers and Migrants. Theory and Skills of Practice. London/Philadelphia: Jessica Kingsley Publishers, S. 17–26.
Wroe, Lauren/Larkin, Rachel/Maglajic, Ana Reima (2019): Concluding Thoughts. In: dies. (eds.): Social work with Refugees, Asylum Seekers and Migrants. Theory and Skills of Practice. London/Philadelphia: Jessica Kingsley Publishers, S. 267–278.
Zeidan, Adam (2018): Nadja Murad. Iraqi human rights activist. In: https://www.britannica.com/biography/Nadia-Murad, 10.12.2022.

Solidarity Cities.
Urban Citizenship und Artivismus als Praxis inklusiver Solidarität

Caroline Schmitt

15. April – World Art Day

20. Juni – Weltflüchtlingstag

31. Oktober – Welttag der Städte

20. Dezember – Internationaler Tag der menschlichen Solidarität

Zusammenfassung

Das Kapitel[35] gibt Einblick in solidarische Stadtbewegungen, die sich für eine Stadt für alle Menschen unabhängig von Diversitätsdimensionen wie Aufenthaltsstatus, Nationalität und Herkunft einsetzen. Solidarische Stadtbewegungen finden sich unter der Bezeichnung *sanctuary cities* seit den 1980er Jahren in den USA und verbreiteten sich auch in Kanada. Spätestens seit dem ‚langen Sommer der Migration' sind sie unter dem Begriff *solidarity cities* auch in Europa bekannt. Nach einer Einführung in Historie und Anliegen von *sanctuary* und *solidarity cities* widmet sich das Kapitel dem Konzept und der Praxis kommunaler Stadtausweise als Ausdruck städtischer Solidarität. Anhand des Fallbeispiels der Züri City Card werden Möglichkeiten wie Herausforderungen von Stadtbürger:innenschaft (*urban citizenship*) diskutiert, bevor im Weiteren ein künstlerischer Zugang im Zentrum steht. Am Beispiel der „Wochenenden für Moria Kärnten/Koroška" wird aufgezeigt, wie solidarische Allianzen mit künstlerischen Aktionen Aufmerksamkeit für gesellschaftliche Missstände generieren und eine Öffentlichkeit in der Stadt herstellen (*artivism*). Abschließend werden solidarische Stadtbewegungen in ihrer Bedeutung für eine Internationale Soziale Arbeit diskutiert und mit den Ansätzen von *Popular Social Work* und Kommunalpädagogik verbunden.

1. Gesellschaftliche Problemlagen und solidarische Stadtbewegungen

Die Anzahl an Menschen auf der Flucht hat sich von 2010 bis 2022 nach Angaben des UN-Flüchtlingshilfswerks von 41 auf über 100 Millionen mehr als verdoppelt (UNHCR 2022a). In ihrem Jahresbericht 2021 zeigt das UNHCR (2022b) auf, dass Ende 2021 83% der geflüchteten Menschen in Ländern mit geringen oder mittleren Einkommensverhältnissen Zuflucht fanden, 72% hiervon in den Nachbarländern. Nur ein kleiner Anteil schaffte es bis nach Europa. Viele Menschen überleben die Flucht nicht. So gilt etwa der Weg über das Mittelmeer als tödlichste Fluchtroute der Welt (Hentges 2021). Zwischen den Jahren 2014 und 2021 sind Statistiken zu Folge mindestens 22.200 Menschen im Mittelmeer ertrunken (Statista 2021). Diejenigen, welche Europa trotz aller Gefahren errei-

---

[35] Das Kapitel enthält Gedankengänge und Passagen meines Beitrags Schmitt (2023) und entwickelt diese weiter.

chen, haben Etappen des Weiterkommens wie Immobilisiert-Werdens in Camps oder Gefängnissen hinter sich. Immer wieder weisen Berichte auf illegale Push-Backs hin, d.h. auf ein gewaltvolles Abweisen von Menschen an den Grenzen ihres Transit- oder Ziellandes (Isakjee et al. 2020). In den europäischen Transit- und Zielländern leben jene, die es trotz der gefährlichen Flucht geschafft haben, ein europäisches Land zu erreichen, i.d.R. zunächst in separaten Unterkünften oder Camps. Seit den 1980er Jahren haben sich große Geflüchtetenunterkünfte und -camps (GUs) in Ländern des Globalen Nordens zu einer sich immer weiter normalisierenden Form der Unterbringung entwickelt (Dünnwald 2018; Kreichauf 2016). Studien betonen bei aller Heterogenität der jeweiligen Settings die institutionell bedingten Konflikt- und Gewaltpotenziale, die durch das erzwungene Zusammenleben vieler Menschen auf engem Raum entstehen, sowie die enormen psychosozialen Belastungen, die für die dort untergebrachten Menschen mit einer solchen Unterbringungsform einhergehen (Kleist et al. 2022). Die Wartezeit bis zum Ausgang des Asylverfahrens ist durch Unsicherheit über den weiteren Lebensweg und Ängste gekennzeichnet; die Teilhabe am gesellschaftlichen Leben wie der Zugang zu Arbeitsmarkt, Bildungswesen, Kultur und Freizeit sowie Gesundheitswesen ist eingeschränkt (Christ et al. 2017). Nicht selten befinden sich GUs fernab der Zentren und tragen zu einer räumlichen Isolation der Menschen bei. Vom gesellschaftlichen Leben weitgehend ausgeschlossen sind zudem Sans-Papiers, d.h. Menschen ohne gültige Aufenthaltspapiere, die sich im Verborgenen aufhalten, und gesellschaftlich relevanten Tätigkeiten im Care-Bereich, Gastgewerbe oder Handwerk nachgehen (Knoll et al. 2012). Die Ausgrenzung von Menschen ohne gesicherten Aufenthaltsstatus und illegalisierten Menschen aus den Zentren und sozialen Sicherungssystemen steht „in Widerspruch zu zivilgesellschaftlichen Versuchen, sichere Orte für alle" (Scherr 2022: 427) zu schaffen. Solche Versuche finden sich vor allem in den Städten.

1.1 Städte in Bewegung

Städte gelten als Orte, an denen Menschen in all ihrer Unterschiedlichkeit gemeinsam leben und an welchen „die Konfrontation mit Diversität zum normalen Alltag gehört" (Yıldız 2013: 19). Das Urbane zeichnet sich aus durch ein „Zusammenleben von Fremden unter Fremden, welches Menschen bewegt und Räume bildet" (Hill 2018: 97). Städte verfügen im Vergleich zu Nationalstaaten über niedrigschwelligere Gestaltungsspielräume und sind in den letzten Jahren immer wieder in Distanz zu nationalstaatlichen und europäischen Migrationspolitiken gerückt. Die Erziehungswissenschaftlerin Cudak und der Erziehungs- und Kultursoziologe Bukow (2016) sprechen von Stadtgesellschaften als Möglichkeitsräumen und untersuchen vor allem die Potenziale innerstädtischer Quartiere. Diese „bieten nicht nur Anlaufstellen für Menschen, die auf der Suche nach einer neuen Lebensperspektive sind, sondern ermöglichen auch seit langem die Verstetigung und Veralltäglichung von Mobilität und Diversität" (ebd.: 5). Zugleich dürfen Städte und Quartiere nicht glorifiziert werden. Sie sind nicht nur Ausdruck weltoffener Entwicklungen, denn auch rechtsextreme und rassistische Bewegungen eignen sich Stadträume an; ebenso können restriktive Stadtpolitiken Ausgrenzung manifestieren (Doomernik/Ardon 2018: 93). Und dennoch zeigt sich mit Blick in das Lokale immer wieder, dass Städte diese Entwicklungen nicht einfach hinnehmen (Hill/ Schmitt 2021a: 37). Nach Mayer (2014) spielt der städtische Raum in sozialen Bewegungen eine beachtenswerte Rolle. Aktivitäten reichen von Flash Mobs über Besetzungen von Parks oder Umwidmungen von Autostraßen zu Grünflächen. Ein „radikaldemokratisches Insistieren" (ebd.: 38) zeigt sich dabei nicht nur in unmittelbar städtischen Umgebungen, sondern auch in „post-, ex- und sub-urbanen Räumen" (ebd.: 39), die sich mit städtischen Räumen verknüpfen und die Dichotomie von Stadt und Land aufbrechen.

1.2 „Eine Stadt für alle"

Ein Beispiel für die Herstellung weltoffener Räume sind die Stadtbewegungen *sanctuary cities* (Städte der Zuflucht) und *solidarity cities* (solidarische Städte). Als soziale Bewegungen zielen sie darauf ab, „kulturelle, soziale und politische Veränderungen der bestehenden gesellschaftlichen Verhältnisse" (Lahusen 2013: 717) zu erwirken. Sie agieren als „Netzwerk aus Organisationen, Gruppen und Individuen […], das mittels Protesthandeln gesellschaftlichen Wandel befördern […] möchte" (ebd.). Ihr Grundgedanke rekurriert auf die Idee von *urban citizenship* (dt. Stadtbürger:innenschaft), verstanden als soziale, politische, kulturelle und ökonomische Teilhabe von Menschen am gesellschaftlichen Leben (Marshall 1950), ohne hierfür die jeweilige Staatsbürgerschaft eines Landes besitzen zu müssen. Teilhaben soll können, wer vor Ort ist. Der Aufenthaltsstatus soll hierbei keine Rolle spielen (Wenke/Kron 2019: 9–10). Die Idee von *urban citizenship* irritiert ein Verständnis von Teilhabe, welches primär Staatsbürger:innen eines bestimmten Landes den vollen Zugang zu gesellschaftlich relevanten Gütern gewährt. In unserer nationalstaatlich strukturierten Welt hängen Teilhabemöglichkeiten nicht ausschließlich, aber zentral davon ab, welche Staatsangehörigkeit ein Mensch durch das Prinzip des Geburtsorts (*jus soli*), das Abstammungsprinzip (*jus sanguinis*) oder eine Mischform der beiden Staatsbürger:innenschaftsprinzipien erwirbt (Ataç/Rosenberger 2013: 48). Ansätze von *urban citizenship* rücken im Unterschied dazu den Ort des Aufenthaltes als relevante Größe von Teilhabe (*jus domicili*) in ihr Zentrum und fordern ein Recht auf Stadt für alle Menschen ein (Doomernik/Ardon 2018: 93). Diese Ansätze werden seit den 1980er Jahren intensiv in den USA und Kanada diskutiert und haben auch die wissenschaftlichen und stadtpolitischen Debatten in Europa erreicht (Füchslbauer 2022).

Forderungen nach einer Stadt für alle gehen u.a. zurück auf den französischen Soziologen Henri Lefebvre (1996), der Kritik an einer auf Konsum und Kapitalismus ausgerichteten Stadtlandschaft übte und das Urbane als bedürfnisorientierten Begegnungsraum imaginierte. Jüngere Ansätze betonen die Herstellung von *citizenship* in seiner Prozesshaftigkeit, lösen das Konzept aus „statischen und staatszentrierten Deutungen heraus" (Hess/Lebuhn 2014: 13) und richten ihren Blick auf „städtische Aneignungspraxen ‚von unten'" (ebd.). Hierdurch werden urbane Gestaltungspraxen und Kämpfe von sozialen Bewegungen sichtbar, die sich auf Flucht- und Migrationsfragen, aber auch auf Probleme wie die Verdrängung einkommens- und vermögensarmer Bevölkerungsgruppen aus den Zentren, rassistische Praktiken wie *racial profiling* oder verwehrte und zu erkämpfende Zugänglichkeiten von Stadt für Menschen mit Behinderungserfahrung beziehen.

> ***Urban citizenship***, dt. Stadtbürger:innenschaft, bezeichnet gesellschaftliche Suchbewegungen wie auch konkrete Praxen, die darauf zielen, das Recht auf Teilhabe von der qua Staatsbürgerschaft zugewiesenen ‚Zugehörigkeit' zu einem bestimmten Nationalstaat zu entkoppeln und Teilhaberechte stattdessen im Lokalen zu verankern – am Ort des Aufenthalts oder dem Lebensmittelpunkt von Personen (Schilliger 2018). Die Debatte um *urban citizenship* wird seit den 1980er Jahren intensiv in den USA und Kanada geführt und in konkrete Strategien von *sanctuary cities* überführt. Mittlerweile gewinnen diese Ansätze auch in Europa an Relevanz und sollen u.a. illegalisierten, aber auch in anderer Weise marginalisierten Personengruppen Zugang zu Dienstleistungen und Gütern in einer Stadt ermöglichen. *Urban citizenship* versteht sich damit als subversive Bearbeitung einer zunehmend restriktiver werdenden nationalstaatlichen und supranationalen (Migrations-)Politik.

1.3 Sanctuary Cities in den USA und in Kanada

Erste Initiativen von *sanctuary cities* reichen mindestens bis in die 1980er Jahre in den US-Bundesstaat Arizona zurück (Füchslbauer 2022: 87–88). Hintergrund waren Fluchtbewegungen vor Krieg und Folter aus zentralamerikanischen Ländern wie Guatemala und El Salvador und eine zugleich restriktiv ausgelegte Asylpraxis unter der Amtszeit des damaligen US-Präsidenten Ronald Reagan (1981–1989). Trotz ihrer Gewalterfahrungen erhielten geflüchtete Menschen kaum oder kein Asyl zugesprochen und waren zum gefährlichen Grenzübergang in der Sonora Wüste gezwungen. Es waren nicht staatliche Instanzen, sondern religiöse Organisationen und Einzelpersonen aus den USA und Mexiko, die angesichts dieser Notlagen sicherere Fluchtrouten für die Menschen zu organisieren versuchten. Sie übten zudem – nachdem eine Unterstützung auf Bundesebene unrealistisch erschien – Druck auf Stadtregierungen aus, tätig zu werden, was dazu führte, dass sich immer mehr Städte zu „Schutzzonen für Geflüchtete" (ebd.: 88) erklärten. 1985 beschloss etwa San Francisco eine *City of Refuge*-Resolution. Die im Jahr 1989 verabschiedete Verordnung verbietet „den städtischen Behörden und Polizist:innen die Kooperation mit den Bundesbehörden bei der Identifikation, Verfolgung, Inhaftierung und Abschiebung von Migrant:innen ohne legalen Aufenthaltsstatus" (Wenke/Kron 2019: 5). Im Jahr 2013 erließ das kanadische Toronto eine Verordnung mit ähnlicher Stoßrichtung (Bauder 2019: 41).

Sowohl in den USA als auch in Kanada haben sich mittlerweile mehr als 500 Städte zu *sanctuary cities* erklärt (eine Auflistung für die USA findet sich hier: https://cis.org/Map-Sanctuary-Cities-Counties-and-States; Kron/Maffeis 2021: 169). *Sanctuary cities* „teilen die gemeinsame Überzeugung, dass alle Stadtbewohner:innen unabhängig von ihrem Aufenthaltsstatus als gleichberechtigte Bürger:innen zu behandeln seien" (Schmelz 2019: 191). Sie beziehen sich dabei nicht ausschließlich auf „die Stadt in enger geografischer, soziologischer und politischer Dimension, sondern auch auf Kommunen sowie Gemeinden und schließen damit ländliche Räume mit ein" (ebd.: 192). Diese Städte und Kommunen arbeiten mit vielfältigen Strategien, wie etwa Stadtausweisen, mit welchen sich alle Einwohner:innen bei den örtlichen Behörden ausweisen können, unabhängig davon, ob sie einen Aufenthaltsnachweis oder einen staatlichen Führerschein besitzen (Bauder 2016: 176). Die *Don't Ask, Don't Tell*-Maßnahme (DADT) impliziert, dass etwa Polizei und weitere Behörden nicht nach dem Aufenthaltsstatus fragen und Einwohner:innen auf Basis des Stadtausweises eine Anzeige bei der Polizei aufgeben, ihre Kinder in der Schule anmelden oder eine Wohnung anmieten können.

Ein prominentes Beispiel ist die New York City Identification Card (IDNYC). Die IDNYC wurde 2015 in New York City unter dem damaligen Bürgermeister Bill de Blasio eingeführt. De Blasio reagierte damit auf Bestrebungen sozialer Bewegungen, welche einen Stadtausweis seit Längerem forderten. Der Ausweis fungiert in New York City seither als anerkanntes Ausweisdokument in Schulen, Verwaltungen und einigen privaten Unternehmen wie Banken. Ausgestellt wird er von der Stadtverwaltung. Hierzu muss ein Wohnsitz in der Stadt nachgewiesen werden. Wohnungslose Menschen können den Sitz einer Hilfsorganisation vermerken. Für die Ausstellung müssen keine Informationen zum ausländerrechtlichen Status gemacht werden. 2016 wurde der Ausweis evaluiert. Zu diesem Zeitpunkt nutzten 10% der Einwohner:innen von New York City – etwa 900.000 Personen – die IDNYC. Für 25% fungierte die Karte als einziges Ausweisdokument. 70% der Befragten gaben an, die Idee unterstützen zu wollen. U.a. nutzen Studierende den Ausweis, um kostenfreien oder ermäßigten Zugang zu Kultureinrichtungen und Veranstaltungen zu erhalten. Der Stadtsoziologe Lebuhn (2016) bilanziert, dass der Ausweis wichtige Potenziale für Teilhabe erschließt, eine Begrenzung jedoch darin liege, dass er keine Inanspruchnahme von sozialstaatlichen Leistungen ermögliche. Damit ist die Ambivalenz von *sanctuary city*-Konzepten angesprochen, die einerseits nach Unterstützung für geflüchtete und illegalisierte Menschen, arme Menschen sowie Menschen ohne gesicherten Aufenthaltsstatus streben, andererseits aber auch begrenzt bleiben und zudem kein falsches Sicherheitsgefühl vermitteln dürfen, insofern sie die Gesetzgebung auf höherer Ebene nicht außer Kraft setzen und keinen garantierten Schutz, zum Beispiel vor Abschiebung, bieten können (Scherr/Hofmann 2018).

2. Solidarity Cities in Europa. Praxen und Interventionen

Die US-amerikanischen und kanadischen Konzepte haben mit den steigenden Fluchtbewegungen nach Europa auch hierzulande Interesse und Zuspruch erfahren und zu Entstehung und Aufschwung von *solidarity cities* – der in Europa gängigen Bezeichnung – beigetragen. Die Konzepte aus Übersee sind einerseits gewandert und können entsprechend als *travelling concepts* bezeichnet werden. Andererseits handelt es sich dabei nie um einen 1-zu-1-Transfer von einem Raum in einen anderen. Vielmehr gilt es, die internationale Reise dieser Ideen und Praxen zu reflektieren, dabei aber immer auch ihre Übersetzung in lokale, regionale und nationale Kontexte zu berücksichtigen.

Mit Blick auf den europäischen Kontinent formierten sich ab 2015 Netzwerke wie etwa das Städtenetzwerk „*Solidarity Cities*" (https://solidaritycities.eu/), in dem sich Bürgermeister:innen im Wunsch nach kosmopolitischen Umgangsweisen mit

Fluchtmigration zusammenschließen und Unterstützung wie städtische Spielräume von der EU einfordern. Mitwirkende Städte sind u.a. Amsterdam, Barcelona, Berlin, Bremen, Gaziantep, Leeds, Luzern, Ljubljana und Wien. Hiervon zu unterscheiden ist das Netzwerk „*Solidarity City*: eine Stadt für alle" (https://solidarity-city.eu/de/), an welchem primär Aktivist:innen aus Deutschland und der Schweiz partizipieren. Auf ihrem Flyer fordern die Beteiligten ein Recht auf Daseinsgrundversorgung für alle Menschen, einen Zugang zu Infrastrukturen der Stadt, zu Bildung und Weiterbildung, medizinischer Beratung und Versorgung, zu Kultur sowie politischer Mitbestimmung und das Recht zu bleiben (Solidarity City 2017). Auch die internationale Bewegung „Seebrücke" (https://seebruecke.org/) rückt Kommunen und Städte in das Zentrum und fordert diese auf, sich zum „Sicheren Hafen" zu erklären, für eine Entkriminalisierung der Seenotrettung einzustehen und mehr als die gesetzlich vorgegebene Anzahl an Menschen mit Fluchterfahrung in den Kommunen und Städten aufzunehmen.

Einen Überblick über solidarische Initiativen in Europa findet sich auf der Plattform „*Moving Cities*" (https://moving-cities.eu/de), die im Oktober 2021 online gestellt wurde, von der Heinrich-Böll-Stiftung unterstützt wird und sich stetig erweitert. Im Sommer 2022 sind dort europaweit mehr als 700 Städte sowie 14 Netzwerke verzeichnet. Ihre Strategien umfassen Versuche, einen kommunalen Stadtausweis zu etablieren, sowie Runde Tische, kooperative Beschäftigungsprojekte, inklusive Wohnformen und unabhängige Asylverfahrensberatungsstellen.

Im Folgenden werden aus dem Gros der Aktivitäten zwei solidarische Stadtaktivitäten aus der Schweiz und aus Österreich vorgestellt. Die Fallbeispiele stammen aus dem Forschungsprojekt „Weltoffene Solidarität in der Stadt", das die Autorin seit April 2021 an der Universität Klagenfurt durchführt[36] und welches durch das Globalbudget gefördert wird. Das Projekt nimmt solidarische Engagement-Formen im Alpen-Adria-Raum und der D-A-CH-Region zum Ausgangspunkt und untersucht, wer die Akteur:innen dieser Solidaritäten sind, welches Verständnis von solidarischen Städten sie entfalten und mit welchen Praktiken sie dieses in die Öffentlichkeit tragen.

Der Begriff der **Solidarität** hat mit dem ‚langen Sommer der Migration', der COVID-19-Pandemie und dem im Februar 2022 begonnenen Angriffskrieg Russlands gegen die Ukraine starke Verbreitung erfahren. Laitinen (2013) differenziert zwischen vier verschiedenen Aneignungskontexten dieses historisch sehr unterschiedlich verwendeten Konzepts: Erstens werde der Begriff als Klebstoff verstanden, der Gesellschaft und Communities zusammenhält (*social solidarity*). Zweitens sei der Begriff verwoben mit dem Ideal der *fraternité* (Brüderlichkeit* und Schwesterlichkeit*) und werde als anzustrebender politischer Zustand und als wohlfahrtsstaatliches Prinzip verhandelt (*civic solidarity*). Drittens gelte Solidarität als Haltung und Forderung in zivilgesellschaftlichen Kämpfen für mehr Gerechtigkeit und gegen Unterdrückung (*political solidarity*). Der vierte Aneignungskontext verweist auf Solidarität als universalistisches, ethisches Prinzip und moralische Antwort auf die menschliche Existenz (*human, moral and*

---

36 Die Autorin bedankt sich herzlich bei Elisabeth Engberding für ihre wertvolle Unterstützung in der Datenerhebung.

global solidarity). Solidarische Stadtbewegungen verschreiben sich einem umfassenden Solidaritätsverständnis, das eine gegenseitige Verbundenheit und Verantwortungsübernahme von ganz unterschiedlichen Menschen betont. Sie fordern eine bedingungslose und global gedachte Solidarität ein (Susemichel/Kastner 2021; Broden/Mecheril 2014) sowie damit einhergehend eine Neuverteilung gesellschaftlicher Güter, welche allen Menschen zugänglich sein sollen (Lessenich 2020). Ein solches Solidaritätsverständnis sieht Solidarität nicht als etwas Exklusives an, als Verbindung nur zwischen vermeintlich Gleichen, die eine gemeinsame Herkunft, Religion oder ähnliche sozialisatorische Kontexte aufweisen. Es geht vielmehr um eine inklusive Solidarität unter Bedingungen von Diversität; diese soll in ihrem weltoffenen Gedanken niemanden ausschließen. Gleichzeitig beobachten wir, dass die Idee der Solidarität auch von rechtsextremen, rassistischen, anti-feministischen, anti-queeren, homophoben Gruppen angeeignet wird und diese Gruppen eine exkludierende ‚Wir'-Gruppe und damit einhergehend eine exkludierende Solidarität ausschließlich für die Mitglieder ihrer geschaffenen ‚Wir'-Gruppe konstruieren – zum Beispiel entlang von Geschlecht, Nationalität oder Hautfarbe (Haase 2020). Eine solche Aneignung und Verfälschung des Solidaritätsgedankens steht in Distanz zu einem an sozialer Gerechtigkeit und Inklusion orientierten Verständnis. Anders ist dies bei Gruppen, die den Solidaritätsbegriff nutzen, um auf eigene Diskriminierungserfahrungen aufmerksam zu machen – zum Beispiel als Frau*, als geflüchtete Person*, als BIPoC* oder als wohnungslose Person*. Diese Personen nutzen die Gruppenkonstruktion, um soziale Ungleichheiten zu thematisieren, und Solidarität mit ihren Anliegen sowie gleiche Rechte und Partizipation für alle einzufordern. Erreichen sie ihre Ziele, können ihre solidarischen Aktivitäten wieder abebben. Solidarität ist – wie sich hieran zeigt – ein Gradmesser für gesellschaftliche Verhältnisse, die in eine Schieflage geraten sind, und für soziale Ungleichheiten, die wahrgenommen und als nicht mehr hinnehmbar empfunden werden (Hill/Schmitt 2021b).
Solidarität zählt – wie auch Freiheit und Gleichheit – zu den grundlegenden Menschenrechtsprinzipien. Im „*Global Social Work Statement of Ethical Principles*" der *International Federation of Social Workers* (2018) ist Solidarität als zentrales sozialarbeiterisches Prinzip festgehalten: „Social workers actively work in communities and with their colleagues, within and outside of the profession, to build networks of solidarity to work toward transformational change and inclusive and responsible societies" (ebd.: o.S.).

2.1 Die „Züri City Card". Ein Stadtausweis für alle Einwohner:innen Zürichs

Die Stadt Zürich ist eine der ersten Städte in Europa, die sich zur Einführung eines Stadtausweises nach US-amerikanischem und kanadischem Vorbild entschlossen hat. Die Inhaber:innen sollen sich mit der Züri City Card ausweisen können, ihnen sollen Kulturangebote eröffnet sowie der Zugang zu städtischen Diensten und Gesundheitsversorgung gewährt werden. Im Zürcher Gemeinderat erfuhr die Idee einer solchen Karte im Oktober 2018 Zuspruch. Hierauf folgten eine mehrjährige Debatte sowie im Mai 2022 ein Referendum, in dem die Mehrheit der Zürcher:innen die Karte befürwortete und damit den Umsetzungsprozess einläutete. Die Stadt Zürich ist in den vergangenen Jahren zu einem solidarischen Labor auch für jene Städte geworden, welche diesem Beispiel folgen und Selbstdeklarationen als solidarische Stadt in konkrete Strategien münden lassen wollen.

Die folgenden Ausführungen basieren auf einem im Oktober 2021 geführten leitfadengestützten Interview (Przyborski/Wohlrab-Sahr 2010: 138–145) mit Bea Schwager[37], einer Protagonistin der Debatte. Sie geben Einblick in die Idee des Stadtausweises und den bisherigen Stand der Umsetzung.

„Fokus auf die Stadt"

Bea Schwager ist Leiterin der Sans-Papiers Anlaufstelle Zürich (SPAZ, https://sans-papiers-zuerich.ch/) und Präsidentin wie Vorständin des Vereins Züri City Card (https://www.zuericitycard.ch/). Der Verein SPAZ wurde im April 2005 von Gewerkschaften, Migrant:innenorganisationen und Einzelpersonen gegründet. Hintergrund war ein *„Paradigmenwechsel der Gewerkschaften"* (Z.[38] 121–122), die Sans-Papiers als Arbeiter:innen in den Blick nahmen, und sich gemeinsam mit Jurist:innen und *„linken Anwältinnen und Anwälten"* (Z. 133) zu einer Bewegung und schließlich zu einer Dachorganisation formierten, welche zur Gründung von SPAZ führte. Bea Schwager war zu diesem Zeitpunkt bereits jahrelang aktivistisch engagiert. Sie ist gelernte Dolmetscherin, Buchhändlerin und hat im Themenfeld der Entwicklungszusammenarbeit studiert und gearbeitet. Bei SPAZ stieg sie hauptberuflich ein und baute die Anlaufstelle auf (Z. 32–34). Das Aufgabenfeld von SPAZ zeichnet sich durch Beratungstätigkeiten, Unterstützung von Sans-Papiers bei der Einschulung ihrer Kinder, beim Zugang zu Gesundheitsversorgung, durch politisches Lobbying (Z. 154–161), *„Sensibilisierungsarbeit"* (Z. 188), *„Kommunikation"* (Z. 189) und *„Öffentlichkeitsarbeit"* (Z. 189) aus. Ziel ist eine solidarische Konturierung der *„gesamtschweizerischen Politik"* (Z. 194) und *„eine kollektive Regularisierung der Sans-Papiers"* (Z. 190). Mit ihrer Forderung nach Regularisierung stieß das Team bei *„National- und Ständerat, der für solche Fragen zuständig ist, aber auch (beim) Kantonsrat"* (Z. 194–196), auf *„Granit"* (Z. 197). Weil SPAZ auf nationaler und kantonaler Ebene nicht weiterkam, entschied das Team, den *„Fokus auf die Stadt zu richten"* (Z. 201). Die Stadt Zürich ist zum Interviewzeitpunkt *„links-grün regiert und das Parlament links-grün dominiert"* (Z. 201–202). Die Auseinandersetzung mit städtischen Möglichkeitsräumen mündete in der *„Forderung nach der Einführung eines Stadtausweises"* (Z. 203). Diesem Anliegen verschreibt sich ergänzend zu SPAZ der zu diesem Zweck gegründete Verein Züri City Card.

(Trans-) Urbane Netzwerke

Bea Schwager hatte durch ihr vielfaches Engagement *„schon gehört [...], dass die Stadt New York [...] sich als sanctuary city definiert und [...] einen Stadtausweis eingeführt hat"* (Z. 216–218). Sie lud im Zuge mehrerer Veranstaltungen Personen aus New York City und Toronto nach Zürich ein: *„Die uns [...] erzählt haben wie es in Toronto läuft bezüglich diesem Don't Ask, Don't Tell-Auftrag der Behörden"* (Z. 421–423). Vernetzt ist sie ebenso mit Initiativen aus weiteren *„Städten in der Schweiz"* und Städten anderer Länder, etwa mit Engagierten in

---

37 Die Autorin bedankt sich herzlich bei Bea Schwager für das bereichernde Interview und die Einblicke in das Engagement von SPAZ und des Vereins Züri City Card.
38 „Z." verweist auf die entsprechenden Zeilen im Transkript des Interviews.

Frankfurt am Main (Z. 433–440). Der transurbane Austausch macht deutlich, wie engmaschig *urban citizenship*-Aktivitäten über einzelne Orte hinaus verzahnt sind. Ansatzpunkte andernorts fungieren als Leuchtturmprojekt und Ansporn. Sie führen zu einem Wissensaustausch über verschiedene Städte und Länder hinweg.

Mit Blick auf Zürich ist Anliegen der Engagierten, Sans-Papiers mit Hilfe eines kommunalen Stadtausweises *„Zugang zu den städtischen und [...] privaten Dienstleistungen"* (Z. 447–448) zu ermöglichen und eine *„Aufenthaltssicherheit"* (Z. 449) dadurch zu gewährleisten, dass die Polizei den *„Ausweis akzeptiert"* (Z. 450), Sans-Papiers Strafanzeigen sowie Zeug:innenaussagen aufgeben können und *„nicht mehr in ständiger Angst leben müssen"* (Z. 450). Die Existenz der Karte würde unterstützen, dass Sans-Papiers *„wissen, sie sind anerkannter Teil der Stadt und [...] wenn Leute Sans-Papiers ausbeuten [...] je besser der Rechtsschutz, desto eher können sich Sans-Papiers auch wehren"* (Z. 488–492).

Politische Aushandlungen

Damit der Stadtausweis funktionieren kann, ist unerlässlich, dass Stadt- und Kantonspolizei die Züri City Card tatsächlich als Ausweisdokument anerkennen und keine eigenen Kontrollen von Aufenthaltsstatus durchführen. Gefürchtet wird von Teilen des Gemeinde- und Stadtrats jedoch die Reaktion des Kantons:

> „das hat eine lange Geschichte in Zürich [...] weil [...] der Kanton immer wieder in städtische Belange sich einmischt [...], das war dann [...] plötzlich eine große Angst seitens des Stadtrates, dass wenn jetzt die Stadtpolizei auf dem Stadtgebiet diesen [...] Stadtausweis anerkennen würde, dass dann die Kantonspolizei kommen und sagen könnte, jetzt beginnen wir wieder zu kontrollieren in der Stadt Zürich, weil die Stadtpolizei ihre Arbeit nicht mehr richtig wahrnimmt" (Z. 233–241).

Während die Idee der Züri City Card von Stadtrat und Zivilgesellschaft prinzipiell unterstützt wird und Bea Schwager bei den Stadtratsmitgliedern für das Anliegen sensibilisieren konnte (*„wir haben dann mit verschiedenen anderen Stadträten auch noch Gespräche gesucht und am Anfang [...] fanden alle die Idee sehr gut"*, Z. 219–226), stößt die Idee in Teilen der Bevölkerung und Politik auf *„Skepsis"* (Z. 231). Bea Schwager erläutert, wie es zu einer Petition kam und juristische Gutachten erstellt wurden:

> „im Gemeinderat wurde [...] diese Petition [...] mit einer großen Mehrheit gutgeheißen. Damit hat der Stadtrat, also die Exekutive, den Auftrag bekommen, innerhalb von zwei Jahren einen Vorschlag auszuarbeiten zur Umsetzung [...] und [...] dann (hat) der Stadtrat zuerst eines und später noch ein weiteres juristisches Gutachten in Auftrag gegeben bei der Universität Zürich. [...] diese beiden Gutachten sind total zu unseren Gunsten ausgefallen also haben in etwa gesagt, diese eine Ausstellung eines offiziellen Stadtausweises verstößt nicht gegen übergeordnetes Recht. Die Stadt hat diesen Spielraum, so einen Ausweis auszustellen und es [...] würde

tatsächlich eine gute Gelegenheit bieten den fehlenden Justizzugang, den die Sans-Papiers haben [...], zu korrigieren" (Z. 257–269).

Im September 2021 bewilligte der Gemeinderat schließlich einen Rahmenkredit über 3,2 Millionen Franken zur Vorbereitung der Züri City Card, jedoch forderte ein überparteiliches bürgerliches Komitee dagegen ein Referendum ein. Die Züri City Card ist zu einem juristischen und öffentlichen Aushandlungsprojekt geworden (Morawek 2019). Am 15. Mai 2022 wurde in der Konsequenz in einer Volksabstimmung über die Züri City Card abgestimmt. Die Zürcher:innen votierten mit einem Ja-Stimmen-Anteil von 51,69 % für die Einführung des Stadtausweises. In den nächsten Monaten und Jahren wird sich nun zeigen, wie die Umsetzung angegangen wird. Das Fallbeispiel verdeutlicht aber bereits jetzt, welche Spielräume Städte zur Herstellung solidarischer Städte prinzipiell haben. Zugleich wird ersichtlich, dass für ein Gelingen unterstützende Netzwerke nötig sind – neben politischen Instanzen und Behörden sind es in Zürich letztlich die Bürger:innen der verschiedenen Wahlkreise, welche über die Umsetzung des Projekts entschieden haben.

Bea Schwager bündelt indes, worum es ihr und allen weiteren Beteiligten geht, nämlich um die Herstellung einer *„inklusiven Stadt, in der alle, die hier leben, gleiche Rechte haben und niemand diskriminiert wird"* (Z. 561–562).

2.2 „Wochenenden für Moria Kärnten/Koroška". Artivismus im Alpen-Adria-Raum

Während sich das vorausgegangene Kapitel der Idee und Praxis kommunaler Stadtausweise gewidmet hat, wenden sich die folgenden Ausführungen einem künstlerischen Zugang zu *urban citizenship* zu. *Urban citizenship* umschließt in der Lesart von Kewes (2016) nicht nur institutionalisierte Formen von Solidarität, sondern ist ebenso Sammelbegriff für kreative Praxen, welche mit künstlerischen Mitteln Partizipationsmöglichkeiten für alle Menschen in einer Stadt erschließen, neu verhandeln und erweitern (ebd.: 145–146). Ein bekanntes Beispiel für die Visualisierung und Bearbeitung gesellschaftlicher Missstände durch Kunst sind die Graffitis des britischen Streetart-Künstlers Banksy (siehe: http://banksy.co.uk/). Banksy platziert seine Werke an Orten auf der ganzen Welt und macht damit u.a. auf die Notwendigkeit von Seenotrettung und einer humanen Asyl- und Migrationspolitik aufmerksam.

Verzahnung von Kunst und Protest

Auch vor der eigenen Haustür sind kunstvolle Protestpraktiken zu vernehmen, welche mit kreativen Mitteln die Migrationspolitiken einzelner Nationalstaaten sowie der EU in Frage stellen und ihnen solidarische Narrative entgegenhalten. Ein Beispiel hierfür sind Protestpraktiken, wie sie im Zuge der „Wochenenden für Moria Kärnten/Koroška" in Österreich in der Stadt Klagenfurt am Wörthersee regelmäßig sichtbar werden. Bei den „Wochenenden für Moria Kärnten/Koroška" übernachten Menschen in Zelten auf zentralen Plätzen in der Stadt, um die österreichische und europäische Asylpolitik sowie die Lebensumstände in Geflüchte-

Abbildung 1: Graffiti von Banksy „Child with telescope and vulture", Strand von Calais (Fotografie: Caroline Schmitt, 2020)

tenlagern auf der ganzen Welt zu kritisieren und neue Möglichkeiten des Zusammenlebens zu imaginieren und umzusetzen. Es handelt sich um eine translokale Bewegung, welche im Dezember 2020 angesichts der katastrophalen Zustände auf der griechischen Insel Lesbos im Lager Moria in der Stadt Innsbruck ins Leben gerufen wurde und mittlerweile in ähnlicher Form auch in anderen EU-Ländern und weiteren österreichischen Städten wie Wien, Graz, Linz und Villach stattfindet. In Klagenfurt werden die Wochenenden vom Verein „Kärnten *andas*"[39] und einem Kern engagierter Menschen organisiert. Die Engagierten umfassen Studierende, Künstler:innen, Menschen mit eigener Fluchterfahrung sowie Personen, die hauptberuflich im Feld der Sozialen Arbeit tätig sind, die Wochenenden bewerben und immer wieder dazu stoßen.

Die Organisator:innen[40] unterhalten Kontakte in verschiedene Geflüchtetenlager, u.a. nach Griechenland und Bosnien und Herzegowina, um vor Ort agierende

---

39 Der Vereinsname „Kärnten *andas*" geht auf Überlegungen der Gründer:innen Bettina Pirker und Martin Diendorfer zurück, Kärnten anders als bisher denken und gestalten zu wollen und Engagierte in Kärnten zu diesem Zweck zusammenzubringen. Als namentliches Vorbild diente das politische Bündnis „Wien anders". Den Vereinsgründer:innen geht es nicht darum, sich in Detaildiskussionen zu verlieren (Interview mit der Gründerin, Z. 654–655), sondern all jene zusammenzubringen, die sich *gegen* „Menschenverachtung" (Z. 660) und für Weltoffenheit einsetzen.

40 Die Autorin dankt allen Involvierten der „Wochenenden für Moria Kärnten/Koroška" herzlich dafür (insbesondere Bettina Pirker und Martin Diendorfer von Kärnten *andas*, Baback Soleymani und seiner Solband,

Abbildung 2: Wochenenden für Moria, Zelte und Banner, Klagenfurt (Fotografie: Caroline Schmitt, 2021)

Organisationen und Initiativen zu unterstützen und Spendengelder zu übermitteln. Ihre Forderungen lauten: „*Alle Lager evakuieren! Menschen aufnehmen! Abschiebungen stoppen!*". Charakteristikum der „Wochenenden für Moria Kärnten/Koroška" ist das Spiel mit künstlerischen Mitteln und solidarischen Praktiken. So fanden bereits Veranstaltungen statt, auf welchen Slammer:innen eigens hierfür geschriebene Slam-Texte vortrugen und den Stadtraum mit solidarischen Narrativen füllten. Eine Band mit dem Namen „Solband" rund um den Sänger Baback Soleymani, der aus dem Iran nach Österreich geflohen ist, tritt auf zahlreichen der Veranstaltungen regelmäßig auf. Ebenso performte ein Rapper solidarische Rap-Songs und sensibilisierte nicht nur den kleinen Kern an Engagierten, sondern eine darüber hinausreichende Öffentlichkeit (Schmitt 2022). Die künstlerischen Performances sind Ausdruck einer Aushandlung dominanter Zugehörigkeitsordnungen in Stadt und Land. Sie geben Raum für neue Erzählungen und Stadtidentitäten, die den Anspruch haben, inklusiv zu sein und alle Menschen in der Stadt mitzudenken.

---

der multimedial arbeitenden Künstlerin Barbara Ambrusch-Rapp und Mighty M. aka Himmeldach sowie allen weiteren Engagierten), dass sie ihre Tür für diese Forschung geöffnet haben und die Forschung unterstützen.

Die Verzahnung künstlerischen Protests mit gesellschaftskritischen Anliegen wird in Kunst und Wissenschaft unter dem Begriff *artivism* verhandelt. *Artivism*, dt. Artivismus, meint „activism through and by art" (Suchet/Mekdjian 2016: 2) und ist ein Kennzeichen vor allem von neueren sozialen Bewegungen (Schmitz 2015: 10), die durch ihren bunten, fröhlichen, phantasievollen und ästhetisch-bewussten Protest die öffentliche Wahrnehmung zu gesellschaftlichen Problemlagen schärfen, „entautomatisieren" (Koch 2021: 249) und schließlich den „kollektiven Möglichkeitssinn stimulieren" (ebd.).

> **Artivism** ist ein Neologismus, d.h. eine Wortneuschöpfung, die sich aus den Wörtern *Art* (dt.: Kunst) und Aktivismus zusammensetzt (Salzbrunn 2019). Der Begriff bezeichnet die Verbindung von Protest und künstlerischen Praktiken mit dem politischen Ziel, *social change* anzustoßen (Mekdjian 2018: 39). *Artivism* ist dabei keine eigene Bewegung, sondern eine facettenreiche Praxis, die gängige Hierarchien destabilisiert, hierdurch mobilisiert und dem Protest eine freudige Komponente verleihen kann. Diese Form von Protestkunst kann situativ und temporär oder aber längerfristig sein. Sie wird an öffentlich zugänglichen Plätzen sichtbar gemacht und reicht von Graffitikunst, *Flashmobs* über Theater bis hin zu *Raps* und *Slam-Texten*. *Artivism* wird mitunter genutzt, um inklusive Formen von *citizenship* einzufordern und gesellschaftliche Ordnungen ins Wanken zu bringen (Zebracki 2020: 149). Gefestigte Dichotomien wie ‚Migrant:in' und ‚Nicht-Migrant:in' oder ‚andere' und ‚normale' werden hinterfragt und transformiert (Mekdjian 2018: 47–48). Die Anfänge von *artivism* reichen bis in das späte 19. Jahrhundert und das frühe 20. Jahrhundert zurück (vgl. ausführlich zur Geschichte von *artivism* Brigouleix 2019).
> Künstlerische Projekte und Arbeitsformen, die Community Development – verstanden als Interventionen in städtische oder ländliche Gemeinden – anstoßen, sind auch an vielen Hochschulen im In- und Ausland Bestandteil des Studiums der Sozialen Arbeit. Sie werden zumeist nicht als *artivism* verhandelt, sondern unter der Bezeichnung ‚kulturelle Bildung' gefasst.

Protest unter dem Drahtzelt

Im Zuge des Forschungsprojekts „Weltoffene Solidarität in der Stadt" wurden die Praktiken der „Wochenenden für Moria" ethnografiert und es wurden Gespräche mit den Künstler:innen geführt, so unter anderem mit der multimedial arbeitenden Künstlerin Barbara Ambrusch-Rapp (https://barbara-rapp.com), die ihre Performance-Kunst unter einem Drahtzelt entfaltet, in welches sie während der Veranstaltungen leise und am Rand des Geschehens Botschaften einknüpft. Im Interview beschreibt die Künstlerin ihre Kunst als Weg, um *„gesellschaftliche Problemzonen"* (Z. 6–7) aufzugreifen und für Unrecht in der Gesellschaft zu sensibilisieren: *„Als Künstlerin habe ich natürlich die Möglichkeit, [...] diese ganzen Themen auch sichtbar zu machen. [...] Also (sie) nicht zum Verschwinden zu bringen, wie es viele wollen"* (Z. 258–263). Ihre Performances sind ihr angesichts der Abschottung von Menschen auf der Flucht ein *„Bedürfnis"* (Z. 407–409). Die junge Frau möchte ein *„Bewusstsein [...] schaffen: Ja, hey, wisst ihr? Im Hintergrund, da passiert noch viel, viel mehr"* (Z. 532–534).

Abbildung 3: Wochenenden für Moria, „(No)Hope", Artivism vor dem Stadttheater Klagenfurt (Fotografie: Caroline Schmitt, 2021)

Die Performance erläutert sie wie folgt:

> „ich habe versucht, möglichst wenig plakativ die Menschen (CS: gemeint sind Menschen auf der Flucht) [...] als Einzelperson mitten am Hauptplatz sichtbar zu machen. Ich habe ein Drahtzelt aufgestellt. [...] bin dann ganz in weiß angezogen [...] am Boden gesessen. [...] anderthalb bis zwei Stunden lang. Abseits der Bühne im Stillen. Weil das Leid dieser Menschen auch abseits passiert [...] [Ich] habe den Schriftzug reingeknüpft. [...] ein weißes Hope horizontal [...]. Und ein türkises No vertikal in das O [...]. Diese Performance habe ich mehrmals gemacht. An mehreren Wochenenden für Moria. Und je nach Stimmungslage, die gerade politisch war, habe ich manchmal etwas mehr am weißen Hope weitergeknüpft. Und manchmal etwas mehr am türkisen No. [...] türkis ist [...] für die (CS: österreichische) Bundesregierung [...] für die Partei gestanden. Weil das No von der Seite war ja auch besonders vehement" (Z. 17–32).

Stille und eine Sichtbarkeit auf den zweiten Blick sind Mittel, welche die Künstlerin einsetzt, um das Leid geflüchteter Menschen „*würdevoll*" (Z. 128–144) aufzugreifen und die Zuschauenden mit dem gesellschaftlichen Wegblicken oder nur bedingten Hinschauen auf die Lebensumstände von Menschen auf der Flucht zu konfrontieren. Die weiße Kleidung symbolisiert „*die Hoffnung, dass es viel-*

leicht doch irgendwie positiv weitergeht" (Z. 128–140). Türkis steht für die Österreichische Volkspartei (ÖVP), welche primär eine abweisende Migrationspolitik vertritt. Die dynamische Performance veranschaulicht, wie unmittelbar parteipolitische Entscheidungen aus Sicht der Künstlerin auf die Lebenssituation und Zukunftsperspektiven geflüchteter Menschen einwirken. Unter dem Drahtzelt sitzend, symbolisiert sie das Gefangensein geflüchteter Menschen in einer lebensbedrohlichen Situation und zugleich die Möglichkeit, durch den Draht hindurchzuschauen und Hoffnung auf ein besseres Leben zu hegen.

Räume der Empathie

Die Protestkunst geht bei den Zuschauenden mit Emotionalität einher. Zum Ende der Veranstaltungen finden Gespräche mit dem Publikum und eine Auflösung der Performance statt (Z. 39–59). Ein Gedanke der Künstlerin ist, spätestens dann aus dem Drahtzelt ‚gerettet' zu werden. Während der gesamten Veranstaltung liegt hierfür neben dem Zelt eine Drahtschere bereit. Wird das Zelt geöffnet, ist die Künstlerin ergriffen ob all der Sorge, die ihr zu Teil wird, und ist zugleich – genau wie die ‚rettende Person' – den beobachtenden Blicken des Publikums ausgesetzt:

> „Das war dann auch immer so ein schöner Akt. [...] das Vorsichtige eben, das Aufschneiden [...]. ‚Ja, pass auf, wenn du raussteigst. Nicht dass du dir wehtust und so'. Das, das hat mich dann sehr berührt. [...]. das ist definitiv als Kunstperformance sichtbar gewesen. [...] (aber) sobald jetzt jemand kommt und mich rausschneidet. Ist er oder sie ja auch plötzlich im Fokus aller [...] (Ich) habe im Vorfeld noch mit der Organisatorin Bettina Pirker diskutiert: „Ja, was mache ich dann, wenn ich rausgehe?" [...] Soll ich mich jetzt bedanken fürs Retten? Nein [...] es ist ja [...] ein menschlicher Akt, dass man jemandem in Not hilft. Und ich bin dann einfach nur ganz still, so im Hintergrund verschwunden. [...] die Leute haben lange nachgeschaut, wo ich jetzt hingehe und was ich jetzt mache. [...] Na, wie ist das jetzt mit den, mit den Menschen, die auf der Flucht sind? Die dann jetzt gerettet werden? Die stehen dann wahrscheinlich auch ganz arg im Fokus. Was machen die denn jetzt? [...] Ob die wohl sich ordentlich verhalten?" (Z. 77–122).

Die Künstlerin schafft mit ihrer Performance einen Aufmerksamkeitsraum für die Lebenssituation geflüchteter Menschen. Sie setzt die Stadtöffentlichkeit zu den Lebenswirklichkeiten geflüchteter Menschen in Beziehung. Die Drahtschere symbolisiert die Verantwortung, gegen das ‚Eingesperrt-Sein' im Drahtzelt tätig zu werden. Die Performance greift hierbei gesellschaftliche Diskurse in kritischer Weise auf, wie etwa die Debatte, geflüchtete Menschen seien für sich selbst verantwortlich, wenn sie sich auf einen gefährlichen Fluchtweg begeben, seien der ‚aufnehmenden' Gesellschaft zu Dank verpflichtet oder hätten unauffällig zu sein. Die Künstlerin konfrontiert das Publikum mit diesen Debatten und schafft einen Raum, an dem eine Sorge füreinander und gegenseitige Verantwortung zum Thema werden. Aus sozialarbeiterischer Sicht lässt sich dieser Raum als Raum der Empathie lesen, der den Blick auf Fluchterfahrungen erweitern und verändern kann – im Anliegen, ein neues Miteinander in der Welt und Stadtgesellschaft zu erschaffen.

Inwieweit Aktivitäten wie diese zu einer nachhaltigen Auseinandersetzung der Öffentlichkeit mit Fragen von Fluchtmigration beitragen, bleibt indes eine weiter zu untersuchende Frage.

3. Fazit und Ausblick. Popular Social Work und solidarischer Professionalismus

Der Beitrag hat einen Einblick in solidarische Stadtbewegungen am Beispiel von *sanctuary* und *solidarity cities*, in die damit verknüpften Debatten um *urban citizenship* und in die konkreten Praxen von Stadtausweisen und *artivism* gegeben. Die in diesem Beitrag aufgezeigten „neuen neuen sozialen Bewegungen" (vgl. den Beitrag von Straub in diesem Band) sind maßgeblich von Aktivist:innen getragen sowie von institutionalisierten Formen von Solidarität in Form von Vereinen wie der SPAZ und dem Verein Züri City Card. Im aktivistischen Umfeld partizipieren dabei durchaus einzelne Sozialarbeitende und unterstützen das Bestreben, solidarische Stadträume zu gestalten. Sie kommen im urbanen Raum zusammen und kreieren Visionen eines inklusiven Zusammenlebens, welche die Trennungen in ‚Einheimische' und ‚Fremde', ‚Geflüchtete' und ‚Sesshafte' sowie ein ‚Wir' und ‚die anderen' durchbrechen und das Verbindende sowie ein gegenseitiges Verantwortungsgefühl und -bewusstsein in den Vordergrund stellen (Kubaczek/Mokre 2021). Damit gehen die solidarischen Praxen und Konzepte über dominante Integrationsappelle hinaus, die von geflüchteten Menschen verlangen, sich in eine nur schwer zu beschreibende, weil pluralisierte ‚Residenzgesellschaft' einzufügen. Stattdessen rücken der Stadtraum, lokalpolitische Strategien und die Umgangsweisen aller Gesellschaftsmitglieder mit Fragen von Flucht in den Blick hinsichtlich ihres Veränderungspotenzials, um Solidarität und Inklusion vor Ort zu gestalten – ein Auftrag, dem sich auch die Soziale Arbeit verschreibt.

Inklusion meint hier das Neudenken und Modellieren städtischer, ländlicher und regionaler Mitwelten mit dem Ziel, niemanden auszugrenzen. Dieses Verständnis beruht auf einer inklusiven Solidarität (Schwenken/Schwiertz 2021) und umfasst „ein entschiedenes Auftreten gegen Marginalisierung und Diskriminierung […] in einer transnationalisierten und pluralen Gesellschaft. […] Als urbane Bottom-up-Strategie ist sie eine Antwort auf gesellschaftliche Ausgrenzungs- und Spaltungstendenzen und entspringt der Vorstellung einer sozial gerechten Welt für alle" (Schmitt 2021: 406). Inklusive Solidarität zeichnet sich gerade dadurch aus, dass menschliche Verbindungen und eine Verantwortungsübernahme füreinander nicht an Herkunft oder Nationalität Halt machen, sondern Menschen mit unterschiedlichen Biografien und Lebenswelten füreinander einstehen.

Mal laut und mal leise, mal mit künstlerischen Mitteln, mal mit urbanen Politiken, formieren sich vor dem Hintergrund eines solchen Einstehens soziale Bewegungen und können in institutionalisierten Formen von Solidarität – wie etwa einem Stadtausweis – münden. Teilhabe wird in diesen Engagement-Formen nicht über staatsbürgerschaftliche Verständnisse gedacht, sondern als Teilhabe für alle, die sich in spezifischen Orten und Städten aufhalten.

Für die Soziale Arbeit sind diese Praxen von hoher Relevanz und anschlussfähig an sozialraumorientierte Zugänge wie Community Work sowie Debatten zu kultureller Bildung. Der Blick in die Geschichte Sozialer Arbeit zeigt, dass die Entwicklung der Sozialen Arbeit eng mit emanzipatorischen sozialen Bewegungen verknüpft ist (vgl. die Beiträge von Straub in diesem Band). Diese teilen mit der Sozialen Arbeit nicht selten gemeinsame Anliegen und setzen sich in verschiedener Art und Weise für den Abbau sozialer Ungleichheiten und die Herstellung sozialer Gerechtigkeit ein (Maurer 2019). Zugleich waren soziale Bewegungen wie die Arbeiterbewegung und neue Frauenbewegungen (vgl. den Beitrag von Lohrenscheit in diesem Band) in vielen Fällen auch Kritiker:innen einer als zu staatshörig und unkritisch wahrgenommenen Sozialen Arbeit (Wagner 2009).

Die großen Probleme unserer Zeit wie Kriege und Vertreibung, Klimakrise und Armut (vgl. die Beiträge von Schmelz in diesem Band) sind einmal mehr Anlass für eine Revitalisierung der Verknüpfungen zwischen sozialen Bewegungen und Professionellen der Sozialen Arbeit, um das ‚Ruder gemeinsam umzureißen'. Hochrechnungen der Weltbank gehen bis zum Jahr 2050 von mehr als 200 Millionen klimabedingt fliehenden Menschen aus (Statista 2022); Kriege, Armut, Wasserknappheit, Hungersnöte und sich weiter verschärfende Einkommens- und Vermögensunterschiede nehmen global zu. Fluchtbewegungen werden somit nicht einfach verschwinden, sondern sind Ausdruck ungleicher Lebensverhältnisse auf unserer Welt. Eine nachhaltige Auseinandersetzung mit diesen ungleichen Lebensverhältnissen verlangt nach weltoffenen Orten, Städten und Regionen, wie sie in den Sustainable Development Goals (SDGs) der Vereinten Nationen gefordert werden: „Make cities and human settlements inclusive, safe, resilient and sustainable" (https://sdgs.un.org/goals/goal11).

Solidarische Stadtbewegungen greifen diese Forderung auf und können für eine international reflektierte Soziale Arbeit wichtige Partnerinnen sein, ohne das zivilgesellschaftliche Engagement zu vereinnahmen. Kunstreich (2017) schlägt hierzu das Konzept einer solidarischen Professionalität vor. Hiermit ist eine Professionalität gemeint, die gesellschaftliche und politische Problemlagen in ihrer Bedeutung für alle Menschen reflektiert und besonders mit marginalisierten Personen(-gruppen) solidarisch verbunden ist. Soziale Arbeit könne sich so „aus ihrer strukturkonservativen Einbettung in die hegemoniale Ordnung" (ebd.: 123) lösen. Im Zentrum von Kunstreichs Argumentation steht der „soziale Code ‚mit'" (ebd.: 124), verstanden als kollektive Gesellschaftsgestaltung von Fachkräften der Sozialen Arbeit gemeinsam mit sozialen Bewegungen, Initiativen und den von den Krisen dieser Zeit besonders betroffenen Menschen. Solidarität bedeutet dann ein kollektives Agieren und die Schaffung solidarischer Räume, wie sie in diesem Beitrag vorgestellt wurden. Jüngere Arbeiten, u.a. von Schmidt (2022), beleben einen solchen Zugang wieder und fokussieren explizit auf stadt- und raumbezogene Konzepte und die Idee einer Kommunalpädagogik, die „zwischen den verschiedenen Statusgruppen und Milieus der zivilgesellschaftlichen, ökonomischen, administrativen und (berufs-)politischen Akteur:innen eines Quartiers, eines Stadtteils, einer Stadt oder einer Region [...] Kooperationsformen" (ebd.: 197) ermöglichen will. Hierdurch entstünden „kollaborative Denk- und Handlungsfabriken" (ebd.:

198), welche gesellschaftliche Transformationsvisionen und -praxen an staatliche Institutionen rückbinden (ebd.: 202). Im internationalen Raum wird eine solche Verschränkung sozialer Bewegungen, lokaler Akteur:innen und der Sozialen Arbeit unter der Bezeichnung *Popular Social Work* verhandelt. *Popular Social Work* versteht sich – ähnlich wie Schmidts Überlegungen zu Kommunalpädagogik – als Anerkennung der Verwobenheiten von sozialen Bewegungen und Sozialer Arbeit und als Möglichkeit, über eine staatlich organisierte Soziale Arbeit hinauszudenken (Jones/Lavalette 2013). Diese werde nicht überflüssig, profitiere aber von der Zusammenarbeit mit dynamischen Formen sozialer Unterstützung ‚von unten', welche – wie auch die Beispiele dieses Beitrags zeigen – nicht ausschließlich von ausgebildeten Sozialarbeiter:innen geleistet werden. Eine Verbindung dieser Interventionen mit einer „official social work" (Lavalette/Ioakimidis 2017: 122) erscheint bedeutsam, insofern letztere durch ihre staatliche Einbettung – vor allem in Ländern des Globalen Nordens – oftmals weniger progressiv und fordernd in ausgrenzende Politiken eingreift. Ansätze wie *Popular Social Work*, solidarischer Professionalismus und Kommunalpädagogik halten für die Soziale Arbeit Blickrichtungen bereit, um sich noch stärker als bisher in das Ringen um *urban citizenship* einzumischen und gemeinsam mit sozialen Bewegungen eine starke Stimme und zukunftsfähige Praxen im Umgang mit Ausgrenzung und sozialen Ungleichheiten zu formieren.

Zum Ende dieses Beitrags sind nun Sie als Studierende und (zukünftige) Praktiker:innen oder Forschende in der Sozialen Arbeit angesprochen, Ihr eigenes Verständnis von Sozialer Arbeit vor dem Hintergrund der angeführten Denkangebote zu entwickeln. Fühlen Sie sich durch die präsentierten solidarischen Praxen in diesem Beitrag ermuntert, mit offenen Augen durch Ihre Sozialräume zu schreiten und den Blick einmal leiten zu lassen von der Frage, wo sich Praxen eines solidarischen Zusammenlebens auch in Ihren Lebenswelten zeigen. Wo werden solidarische Städte, Orte und Regionen im Sinne von *urban citizenship* entwickelt? Wie gehen die Akteur:innen dabei vor? Und welche Anknüpfungspunkte sehen Sie für eine international und zugleich regional und lokal orientierte Soziale Arbeit?

Reflexionsfragen

- Auf welche gesellschaftlichen Problemlagen reagieren die solidarischen Stadtbewegungen *sanctuary* und *solidarity cities*?
- Welches Verständnis von Solidarität und Inklusion wird in diesen Bewegungen entfaltet?
- Wie unterscheidet sich *urban citizenship* von nationalstaatlich ausgerichteten *citizenship*-Konzepten?
- Wo zeigen sich Möglichkeiten, wo Begrenzungen in der Idee einer Stadt für alle?
- Welche Potenziale sehen Sie im Zusammendenken von *artivism* und Sozialer Arbeit?
- Welche Bezüge sehen Sie zwischen solidarischen Stadtbewegungen und einer international ausgerichteten Sozialen Arbeit?

Literatur zur Einführung

Bauder, Harald (2016): Sanctuary Cities: Policies and Practices in International Perspective. In: International Migration 55, H. 2, S. 174–187.

Bauder, Harald (2019): Migration und Citizenship: Vom Geburtsprivileg zum Domizilprinzip. In: Grünendahl, Sarah J./Kewes, Andreas/Ndahayo, Emmanuel/Mouissi, Jasmin/Nieswandt, Carolin (Hrsg.): Staatsbürgerschaft im Spannungsfeld von Inklusion und Exklusion. Wiesbaden: VS, S. 31–47.

Broden, Anne/Mecheril, Paul (Hrsg.) (2014): Solidarität in der Migrationsgesellschaft. Bedeutung einer normativen Grundlage. Bielefeld: transcript.

Hill, Marc/Schmitt, Caroline (2021b): Solidarität in Bewegung. Neue Felder für die Soziale Arbeit. In: Hill, M./Schmitt, C. (Hrsg.): Solidarität in Bewegung. Neue Felder für die Soziale Arbeit. Reihe Grundlagen der Sozialen Arbeit. Baltmannsweiler: Schneider Verlag Hohengehren, S. 11–32.

Kubaczek, Niki/Mokre, Monika (Hrsg.) (2021): Die Stadt als Stätte der Solidarität. Wien u.a.: transversal.

Lahusen, Christian (2013): Soziale Bewegungen. In: Mau, Steffen/Schöneck, Nadine M. (Hrsg.): Handwörterbuch zur Gesellschaft Deutschlands. Wiesbaden: VS, S. 717–729.

Lebuhn, Henrik (2016): „Ich bin New York". Bilanz des kommunalen Personalausweises in New York City. In: Luxemburg 3, S. 114–119.

Susemichel, Lea/Kastner, Jens (2021): Unbedingte Solidarität. In: Susemichel, Lea/Kastner, Jens (Hrsg.): Unbedingte Solidarität. Münster: UNRAST, S. 13–48.

Yildiz, Erol (2013): Die weltoffene Stadt. Wie Migration Globalisierung zum urbanen Alltag macht. Wiesbaden: transcript.

Weiterführende Literatur

Ataç, Ilker/Rosenberger, Sieglinde (2013): Inklusion/Exklusion – ein relationales Konzept der Migrationsforschung. In: Ataç, Ilker/Rosenberger, Sieglinde (Hrsg.): Politik der Inklusion und Exklusion. Göttingen: V&R unipress, S. 35–52.

Brigouleix, Emilie (2019): A Brief History of Artivism. http://artivism.elaninterculturel.com/wp-content/uploads/2019/06/2-Intro-Emilie.pdf, 21.5.2022.

Christ, Simone/Meininghaus, Esther/Röing, Tim (2017): „All Day Waiting". Konflikte in Unterkünften für Geflüchtete in NRW, https://www.bicc.de/uploads/tx_bicctools/BICC_WP_3_2017_web_01.pdf, 21.5.2022

Cudak, Karin/Bukow, Wolf-D. (2016): Auf dem Weg zur Inclusive City. In: Behrens, Melanie/Bukow,Wolf-Dietrich/Cudak, Karin/Strünck, Christoph (Hrsg.): Inclusive City. Überlegungen zum gegenwärtigen Verhältnis von Mobilität und Diversität in der Stadtgesellschaft. Wiesbaden: VS, S. 1–20.

Doomernik, Jeroen/Ardon, Djoeke (2018): The City as an Agent of Refugee Integration. In: Urban Planning 3, H. 4, S. 91–100.

Dünnwald, Stephan (2018): Die Renaissance der Lager. Die Ankerzentren setzen eine deutsche Tradition der Ausgrenzung fort und rufen deren Ursprünge direkt wieder auf. https://archiv.akweb.de/ak_s/ak640/15.htm, 21.5.2022.

Füchslbauer, Tina (2022): Soziale Arbeit in Städten: Für alle! Urbane Schutzzonen für undokumentierte Migrant_innen. In: Österreichisches Jahrbuch für Soziale Arbeit 4, H. 1, S. 84–103.

Haase, Katrin (2020): Exkludierende Solidaritäten. Herausforderungen im Kontext der Wohnungslosigkeit. In: Soziale Arbeit 69, H. 4, S. 146–152.

Hentges, Gudrun (2021): Kriminalisierung solidarischen Handelns in Europa am Beispiel der Seenotrettung. In: Hill, Marc/Schmitt, Caroline (Hrsg.): Solidarität in Bewegung. Neue Felder für die Soziale Arbeit. Baltmannsweiler: Schneider Verlag Hohengehren, S. 114–134.

Hess, Sabine/Lebuhn, Henrik (2014): Politiken der Bürgerschaft. Zur Forschungsdebatte um Migration, Stadt und *citizenship*. In: sub/urban. zeitschrift für kritische Stadtforschung 2, H. 3, S. 11–34.

Hill, Marc (2018): Eine Vision von Vielfalt. Das Stadtleben aus postmigrantischer Perspektive. In: Hill, Marc/Yildiz, Erol (Hrsg.): Postmigrantische Visionen. Erfahrungen – Ideen – Reflexionen. Bielefeld: transcript, S. 97–120.

Hill, Marc/Schmitt, Caroline (2021a): Solidarity Cities. Auf dem Weg zu einer neuen „Weltsolidargesellschaft"? In: Sozialmagazin. Die Zeitschrift für Soziale Arbeit 46, H. 7/8, S. 33–41.

Hofmann, Rebecca/Scherr, Albert (2017): Verwahrung in Aufnahmelagern oder Willkommenskultur? Eine Fallstudie zur Erstaufnahme von Geflüchteten. https://ratfuermigration.files.wordpress.com/2018/08/vorstudie_hofmann_scherr_2017.pdf, 21.5.2022.

International Federation of Social Workers (IFSW) (2018): Global Social Work Statement of Ethical Principles. https://www.ifsw.org/global-social-work-statement-of-ethical-principles/, 30.8.2022.

Isakjee, Arshad/Davies, Thom/Obradović-Wochnik, Jelena/Augustová, Karolína (2020): Liberal Violence and the Racial Borders of the European Union. In: Antipode 52, H. 6, S. 1751–1773.

Jones, Chris/Lavalette, Michael (2013): The two souls of social work: exploring the roots of 'popular social work'. In: Critical and Radical Social Work 1, H. 2, S. 147–65.

Kewes, Andreas (2016): Urban Citizenship – Oder: Über den Versuch, dem „System" auf Augenhöhe zu begegnen. In: Rother, Stefan (Hrsg.): Migration und Demokratie. Studien zur Migrations- und Integrationspolitik. Wiesbaden: VS, S. 139–160.

Kleist, Olaf J./Dermitzaki, Dimitra/Oghalai, Bahar/Zajak, Sabrina (Hrsg.) (2022): Gewaltschutz in Geflüchtetenunterkünften. Theorie, Empirie und Praxis. Bielefeld: transcript.

Knoll, Alex/Schilliger, Sarah/Schwager, Bea (2012): Wisch und weg! Sans-Papiers-Hausarbeiterinnen zwischen Prekarität und Selbstbestimmung. Zürich: Seismo.

Koch, Lars (2021): Über artivistische Interventionen. Invektivität, Medien, Moral. In: Kulturwissenschaftliche Zeitschrift 6, H. 1, S. 247–266.

Kreichauf, René (2016): Das Flüchtlingslager. Raumtheoretische Zugänge. In: Ludwig, Joachim/von Eschenbach, Malte Ebner/Kondratjuk, Maria (Hrsg.): Sozialräumliche Forschungsperspektiven. Disziplin, Ansätze, Zugänge und Handlungsfelder. Berlin: Barbara Budrich, S. 207–221.

Kron, Stefanie/Maffeis, Stefania (2021): Die Stadt als sicherer Hafen: Kosmopolitismus und gelebte Solidarität. In: Susemichel, Lea/Kastner, Jens (Hrsg.): Unbedingte Solidarität. Münster: UNRAST, S. 159–172.

Kunstreich, Timm (2017): Ein Schritt aus der Sackgasse heraus: soziale Arbeit als solidarische Professionalität. In: Schweizerische Zeitschrift für Soziale Arbeit/Revue suisse de travail social 21/22, S. 117–126.

Laitinen, Arto (2013): Solidarity. In: Kaldis, Byron (Hrsg.): Encyclopedia of Philosophy and the Social Sciences. Thousand Oaks a.o.: Sage Publications, S. 948–950.

Lavalette, Michael/Ioakimidis, Vasilios (2017): Popular social work in extremis: two case studies on collective welfare responses to social crisis situations. In: Social theory, empirics, policy and practice 13, H. 2, S. 117–132.

Lefebvre, Henri (1996): Writings on Cities. Selected, translated and introduced by Eleonore Kofman and Elizabeth Lebas. Oxford/Malden: Blackwell Publishers.

Lessenich, Stephan (2020): Doppelmoral hält besser: Die Politik mit der Solidarität in der Externalisierungsgesellschaft. In: Berliner Journal für Soziologie 30, S. 113–130.

Marshall, Thomas Humphrey (1950): Citizenship and social class and other essays. Cambridge: Cambridge University Press.

Maurer, Susanne (2019): Soziale Bewegung als strukturierendes Element des Sozialraums. In: Kessl, Fabian/Reutlinger, Christian (Hrsg.): Handbuch Sozialraum, Sozialraumforschung und Sozialraumarbeit, 2. Aufl. Wiesbaden: VS Springer, S. 359–380.

Mayer, Margit (2014): Soziale Bewegungen in Städten – städtische soziale Bewegungen. In: Gestring, Norbert/Ruhne, Renate/Wehrheim, Jan (Hrsg.): Stadt und soziale Bewegungen. Stadt, Raum und Gesellschaft. Wiesbaden: Springer VS, S. 25–42.
Mekdjian, Sarah (2018): Urban artivism and migrations. Disrupting spatial and political segregation of migrants in European cities. In: Cities 77, S. 39–48.
Morawek, Katharina (2019): Städtische Bürgerschaft und der kommunale Personalausweis. In Zürich setzen sich zivilgesellschaftliche Akteure für urban citizenship ein. In: Wenke, Christoph/Kron, Stefanie (Hrgs.): Solidarische Städte in Europa. Urbane Politik zwischen Charity und citizenship. Berlin: Rosa Luxemburg Stiftung, S. 5–16.
Przyborski, Aglaja/Wohlrab-Sahr, Monika (2010): Qualitative Sozialforschung, 3. Aufl. München: Oldenbourg.
Salzbrunn, Monika (2019): Artivisme, https://revues.ulaval.ca/ojs/index.php/anthropen/article/view/30581, 21.5.2022.
Scherr, Albert (2022): (Un-)sichere Orte. In: Kessl, Fabian/Reutlinger, Christian (Hrsg.): Sozialraum, Sozialraumforschung und Sozialraumarbeit. Wiesbaden: VS, S. 427–436.
Scherr, Albert/Hofmann, Rebecca (2018): Sanctuary Cities – Zufluchts-Städte. In: Gesemann, Frank/Roth, Roland (Hrsg.): Handbuch Lokale Integrationspolitik. Wiesbaden: VS, S. 869–882.
Schilliger, Sarah (2018): Urban Citizenship. Teilhabe für alle – da, wo wir leben. In: Aigner, Heidrun/Kumnig, Sarah (Hrsg.): STADT FÜR ALLE! Analysen und Aneignungen. Wien: Mandelbaum, S. 14–35.
Schmelz, Andrea Frieda (2019): „Recht auf Rechte" für Flüchtlinge in Kommunen Europas praktizieren? In: Arslan, E./Bozay, K. (Hrsg.): Symbolische Ordnung und Flüchtlingsbewegungen in der Einwanderungsgesellschaft. Wiesbaden: VS, S. 189–206.
Schmidt, Marcel (2022): Das „just-city"-Konzept als normativer Bezugspunkt für die Soziale Arbeit im Kontext raumbezogener sozialer Klimagerechtigkeit? In: Pfaff, Tino/Schramkowski, Barbara/Lutz, Ronald (Hrsg.): Klimakrise, sozialökologischer Kollaps und Klimagerechtigkeit. Spannungsfelder für Soziale Arbeit. Weinheim/Basel: Beltz Juventa, S. 192–204.
Schmitt, Caroline (2021): Inklusive Solidarität: Ethnografische Erkundungen im urbanen Raum. In: soziales_kapital wissenschaftliches journal österreichischer fachhochschul-studiengänge soziale arbeit 24, S. 392–410.
Schmitt, Caroline (2022): Jenseits der Geflüchtetenunterkunft. Urban Art am Wörthersee. In: Sozialmagazin. Die Zeitschrift für Soziale Arbeit 47, H. 1/2, S. 62–71.
Schmitt, Caroline (2023): Solidarische Beziehungen in der Stadt. Von Stadtausweisen, Artivism und Popular Social Work. In: Sozialmagazin. Die Zeitschrift für Soziale Arbeit 48, H. 1/2, S. 72-81.
Schmitz, Lilo (2015): Einleitung. In: Schmitz, Lilo (Hrsg.): Artivismus. Kunst und Aktion im Alltag der Stadt. Bielefeld: transcript, S. 9–16.
Schwenken, Helen/Schwiertz, Helge (2021): Transversale und inklusive Solidaritäten im Kontext politischer Mobilisierungen für sichere Fluchtwege und gegen Abschiebungen. In: Dinkelaker, Samia/Huke, Nikolai/Tietje, Olaf (Hrsg.): Nach der „Willkommenskultur": Geflüchtete zwischen umkämpfter Teilhabe und zivilgesellschaftlicher Solidarität. Bielefeld: transcript, S. 165–192.
Solidarity City (2017): Flyer. https://solidarity-city.eu/app/uploads/2017/10/Solidarity_City_Flyer_de.pdf, 21.5.2022.
Suchet, Myriam/Mekdjian, Sarah (2016): Artivism as a Form of Urban Translation: An Indisciplinary Hypothesis, https://halshs.archives-ouvertes.fr/halshs-01437039/document, 21.5.2022.

Statista (2021): Geschätzte Anzahl der im Mittelmeer ertrunkenen Flüchtlinge in den Jahren von 2014 bis 2021 (Stand 22. Juli). https://de.statista.com/statistik/daten/studie/892249/umfrage/im-mittelmeer-ertrunkenen-fluechtlinge/, 21.5.2022.

Statista (2022): Anzahl der Menschen weltweit, die bis zum Jahr 2050 aufgrund des Klimawandels innerhalb ihres Landes/ ihrer Region zur Flucht gezwungen werden könnten (Prognose; in Millionen), https://de.statista.com/statistik/daten/studie/1263402/umfrage/anzahl-moeglicher-klimafluechtlinge-weltweit-bis-2050-nach-region/, 21.5.2022.

UNHCR (2022a): Global Trends. Website. https://www.unhcr.org/globaltrends/, 30.8.2022.

UNHCR (2022b): Global Trends. Forced Displacement in 2021. Kopenhagen: UNHCR. https://www.unhcr.org/62a9d1494/global-trends-report-2021, 30.8.2022.

Wagner, Leonie (Hrsg.) (2009): Soziale Arbeit und Soziale Bewegungen. Wiesbaden: VS.

Wenke, Christoph/Kron, Stefanie (2019): Solidarische Städte In Europa. Urbane Politik Zwischen Charity Und Citizenship. In: Wenke, Christoph/Kron, Stefanie (Hrsg.): Solidarische Städte in Europa. Urbane Politik zwischen Charity und citizenship. Berlin: Rosa Luxemburg Stiftung, S. 5–16.

Zebracki, Martin (2020): Public artivism: queering geographies of migration and social inclusivity. In: Citizenship Studies 24, H. 2, S. 131–153.

Ökologisch-sozial bewegte Soziale Arbeit: Umwelt, Klima und nachhaltige Entwicklung

Andrea Schmelz

5. Juni – Internationaler Tag der Umwelt

22. Mai – Internationaler Tag für biologische Vielfalt

13. Oktober – Internationaler Tag der Katastrophenvorbeugung

Zusammenfassung

Das Kapitel beleuchtet die Zusammenhänge von Umwelt- und Klimabewegungen und einer „grünen", ökologisch-sozialen Internationalen Sozialen Arbeit. Es wählt hierbei drei Schwerpunkte: Erstens wird dargestellt, wie sich historisch bis in die Gegenwart Bewegungen zu Umwelt- und Klimagerechtigkeit herausbildeten und als Bezugsrahmen in der Sozialen Arbeit bedeutsam wurden. Zweitens werden ausgewählte Ansätze und Positionen von *Green Social Work*, *Ecosocial Work* und *Ecological/Environmental Social Work* diskutiert. Als globale Vorkämpferin der Umweltbewegung wird drittens Wangari Matthai (1940–2011) porträtiert, die als Umwelt-, Frauen-, Menschenrechts- und Friedensaktivistin aus Kenia weltweit Vorbild geworden ist. Die Graswurzelarbeit des von ihr gegründeten *Green Belt Movement (GBM)* wird als Praxisbeispiel für ökologisch-soziale Community-Entwicklung und Empowerment von Frauen in Kenia herausgestellt. Hierbei geht es um eine transformative Soziale Arbeit, die sich für soziale und ökologische Gerechtigkeit stark macht und die sich als Akteurin von sozialem Wandel und nachhaltiger Entwicklung begreift.

1. Soziale Bewegungen im Kontext von Umwelt, Klima und Nachhaltigkeit

In europäischen Ländern blieb das Mensch-Natur-Verhältnis lange ein Randthema des Fachdiskurses in der Sozialen Arbeit. Hingegen haben sich in vielen Teilen der Welt wie etwa Indien, Lateinamerika, USA, Kanada und Australien auch Sozialarbeiter:innen seit Jahrzehnten in verschiedenen Formen des Umwelt- und Klimaaktivismus engagiert. Nachfolgend wird herausgearbeitet, wie sich die Umwelt- und Klimabewegung von einer zunächst losen Verbindung zur Sozialen Arbeit hin zu einer Impulsgeberin des Engagements für Umwelt- und Klimagerechtigkeit entwickelt hat.

1.1 Bewegung für Umweltgerechtigkeit und Nachhaltigkeit

Historisch betrachtet spielten Umwelt (*environment*) und Ökologie (*ecology*) seit Entstehung der Profession eine Rolle. Eine späte ausdrückliche Bezugnahme auf diese Fragen in der Sozialen Arbeit des Globalen Nordens liegt teils darin begründet, dass Sozialarbeiter:innen sich nicht als Teil der Umweltbewegung begriffen, da es sich um eine Bewegung handelte, die einkommensschwache Menschen und *people of color* ausschloss (Erickson 2018; Agyeman 2005). Am Beispiel der

USA unterscheidet Erickson *vier Phasen,* wie sich eine mittelschichtsorientierte, weiße Umweltbewegung zu einer Bewegung für Umwelt- und Klimagerechtigkeit wandelte. (Erickson 2018: 5ff.)

Eine *erste* Phase der Umweltbewegung reichte von Ende des 19. bis Mitte des 20. Jahrhunderts, als zeitgleich die Soziale Arbeit entstand. Für die Pionier:innen der Sozialen Arbeit Jane Addams und Mary Richmond standen zwar nicht direkt die natürliche Umwelt und Beziehungen zwischen Mensch und Umwelt im Fokus, doch spielte etwa in der *Neighbourhood-Arbeit* (Gemeinwesenarbeit) der Umgang mit Umwelteinflüssen und natürlichen Ressourcen eine wichtige Rolle – z.B. in Form von Sanitäranlagen und Müllentsorgung, Zugang zu Grünflächen, Stadtparks sowie Boden und allgemein eine verbesserte Qualität von Luft und Wasser (Erickson 2018: 6; Staub-Bernasconi 1989). Die *zweite* Phase der Umweltbewegung markierte das Buch *Silent Spring* (Rachel Carson 1962), welches ein wachsendes Bewusstsein für Umwelt und Naturschutz auch in der Sozialen Arbeit hervorrief. Dieser weltweite Bestseller dokumentierte den zerstörerischen Einfluss von Pestiziden und Herbiziden auf die natürliche Umwelt. Als Folge dessen drohten Vögel, Bienen und andere Insekten zu verstummen, die für den Erhalt der Biodiversität sowie die Gesundheit und das Wohlbefinden des Menschen grundlegend sind (Erickson 2018: 7).

Nachhaltigkeit, globale Nachhaltigkeitsziele (17 SDGs – Sustainable Development Goals), Global Agenda of Social Work and Social Development (2010–2020)

Das Konzept der Nachhaltigkeit für die nächsten Generationen reicht in Deutschland im Kontext der Forstwirtschaft bis in das 18. Jahrhundert zurück. Wiederaufforstung sollte zum Erhalt der Ressourcen für nachfolgende Generationen beitragen. Weltweit ist die Sorge um sowie die Bewahrung natürlicher Ressourcen für zukünftige Generationen Teil des indigenen Weltwissens verschiedenen Kulturen.

Das heutige Konzept der nachhaltigen Entwicklung beruht auf der weltweit bekannten Begriffs-Definition der Brundtland-Kommission (*World Commission on Environment and Development* – WCED 1987). Diese lautet wie folgt: *„Sustainable Development is development that meets the needs of the present without compromising the ability of future generations to meet their own needs."* Der Erdgipfel von Rio und die Agenda 21 (1992) haben dazu beigetragen, dass Gesellschaft und Wirtschaft durch vielfältige Aktivitäten eine dreifache Nachhaltigkeitsbilanz verfolgen: sozial, ökologisch und wirtschaftlich.

Die Brundtland-Definition (1987) dachte bereits die soziale und ökologische Gerechtigkeit auf globaler Ebene zusammen, welche heute in der UN-Agenda der 17 Nachhaltigkeitsziele (*Sustainable Development Goals* – SDGs) festgelegt ist (*Transforming Our World: The 2030 Agenda for Sustainable Development*). Die SDGs werden durch 169 Unterziele präzisiert. Das wichtigste Oberziel besteht darin, Armut weltweit zu bekämpfen (*SDG 1: End poverty for all*). Das zweite Ziel soll den Hunger beenden sowie Ernährungssicherheit und -qualität erreichen (*SDG 2: End hunger, achieve food security and improved nutrition and promote sustainable agriculture*). Weitere Ziele fokussieren Umweltprobleme und Nachhaltigkeit (*SDG 11: Sustainable cities and communities; SDG 13: Climate action*). Als häufigster Kritikpunkt und größter Widerspruch wird das

> Festhalten am Wirtschaftswachstum kritisiert (*SDG 8: Promote sustained, inclusive and sustainable economic growth, full and productive employement and decent work for all*). Die 17 globalen SDGs decken sich mit Aufgabenfeldern von Sozialer Arbeit, bei denen es u.a. um Gesundheit, Armut und Hunger, soziale Ungleichheit, Gestaltung von Städten und Communities, ökologische Gerechtigkeit und Frieden geht. Die SDGs bilden daher auch den Handlungsrahmen *der Global Agenda of Social Work und Social Development* der drei Weltverbände der Sozialen Arbeit (2010–2020) und der nachfolgenden Agenda (2020–2030). In einem eigenen Schwerpunktbereich verpflichtet sich die Global Agenda zur Förderung nachhaltiger Communities *(Sustainable Communities)*.
> In drei Workbooks entwickelten Dozent:innen und Ausbilder:innen der Sozialen Arbeit rund um den Globus Lehr- und Lernmaterialien zu „grüner"/ökosozialer Sozialer Arbeit. (Powers/Rinkel 2017–2019) Das dritte Arbeitsbuch zeigt für alle 17 Nachhaltigkeitsziele ein Praxisbeispiel der Sozialen Arbeit auf, z.B. saubere Energiegewinnung in den USA (SDG 7), nachhaltiges Konsumieren und Produzieren in Südafrika (SDG 12), nachhaltige Forstbewirtschaftung in Communities Indiens (SDG 15). Zur Verwirklichung der SDGs ist für die Herausgeber:innen die Perspektive des Postwachstums notwendig. (vgl. Rinkel/Powers 2019; Stamm 2021: 63f.)

Erst mit der *dritten* Phase, den späten 1970er-Jahren, setzte sich Soziale Arbeit unter dem Einfluss der Bürgerrechtsbewegung mit Umweltrassismus auseinander: In einer überwiegend schwarzen Nachbarschaft in Warren County (North Carolina, USA) entstanden Proteste, als Giftmüll in der unmittelbaren Wohnumgebung gelagert werden sollte. In der Studie *Toxic Wastes and Race* (1987) (vgl. Bullard et al.: 2007; Bullard 2005) wurde erstmals die weitaus häufigere Lagerung giftiger Abfälle in BIPoC-Nachbarschaften (Schwarze Menschen, Indigene Menschen und Menschen of Colour) aufgezeigt. Robert Bullard, Soziologe und Aktivist (Texas Southern University), begreift Umweltrassismus als „jede Politik, Praxis oder Richtlinie, die (beabsichtigt oder unbeabsichtigt) Einzelpersonen, Gruppen oder Gemeinschaften aufgrund von „race" oder „Hauptfarbe" benachteiligt" (Bullard 1994: 1037, zit. nach Imeh/Hey 2021: 4). Bei Umweltrassismus handelte es sich um eine Form strukturellen Rassismus, von dem BIPoC in erhöhtem Maße betroffen sind, gleich ob sie im Globalen Norden leben oder im Globalen Süden.

Die Bewegung für Umweltgerechtigkeit reichte über diese rassistische Diskriminierung in den USA hinaus und brachte dekoloniale Perspektiven aus dem Globalen Süden ein, welche die Anerkennung und Wiedergutmachung für koloniales Unrecht an Menschen, Landnahme und Ressourcenraub einfordern. Im Jahr 1991 versammelte sich der *„First National People of Color Environmental Leadership Summit"* als internationaler Kongress in Washington D.C., welcher BIPoC-Sichtweisen zu Umweltgerechtigkeit aus dem Globalen Süden und dem Globalen Norden verband. Die Delegierten verabschiedeten 17 grundlegende Prinzipien der Umweltgerechtigkeit, welche im Rahmen des *Indigenous Environmental Network* (EIN – USA) (2002) auf „*10 Principles for Just Climate Change Policies*" (2002) (Tokar 2019: 16) erweitert wurden. Gefordert werden u.a. Reparationszahlungen für 500 Jahre Kolonisierung und Unterdrückung mit ihrer weitreichenden Ausbeutung von Naturressourcen und menschlicher Arbeitskraft. Viele zivilgesellschaftliche Organisationen wie u.a. *World Rainforest Movement, Friends of the*

Earth International oder das sogenannte *Third World Network* haben darüber hinaus auf die Kämpfe von indigenen und lokalen bäuerlichen Bevölkerungsgruppen im Globalen Süden hingewiesen. Als Verursacher für die Ausbeutung natürlicher Ressourcen und der menschlichen Arbeitskraft wurden profitorientierte Wirtschafts- und Handelspolitiken verantwortlich gemacht (Tokar 2019: 17). Mit dem Brundtland-Bericht (1987) und dem Erdgipfel von Rio (1992) setzte die Nachhaltigkeitsbewegung ein. Sie engagierte sich global-lokal und transnational für Fair Trade, alternative Wirtschaftsweisen und Frieden, vernachlässigte dabei jedoch häufig lokale Umweltungerechtigkeiten von BIPoC. Auch in der Nachhaltigkeitsbewegung kamen die Engagierten meist aus der *weißen* Mittelschicht (Erickson 2018: 12).

In der heutigen, vierten *Phase* werden soziale und ökologische Umwelt- und Klimaschäden auf lokal-globaler Ebene ausgehend von den Kategorien *race, class* und *gender* stärker zusammengedacht. Die dominante Erzählung einer *weißen* Umwelt-, Klima- und Nachhaltigkeitsbewegung drängt in Europa die Stimmen indigener Widerstandsbewegungen wie auch die schwarzer Vertreter:innen der aktuellen Klimaproteste in den Hintergrund. Im internationalen Fachdiskurs beschleunigte sich durch diese skizzierten Zusammenhänge die Entwicklung von Konzepten wie z.B. *Ecological/Ecospiritual*, *Environmental* oder *Green Social Work*.

Umweltgerechtigkeit, ökologische Gerechtigkeit und Klimagerechtigkeit

Umweltungerechtigkeit wird definiert als „inequitable exposure of communities of color, and communities of poverty, to environmental risks due primarily to their lack of recognition and political power" (Agyeman et al. 2016: 322, zit. nach Erickson 2018: 9). Umweltgerechtigkeit (*Environmental Justice*) geht davon aus, dass alle Menschen das gleiche Recht haben, vor Umweltschäden geschützt zu werden. Umweltgerechtigkeit fragt hierbei vor allem nach Nutzen und Nachteilen aus Sicht des Menschen und nicht der Natur bzw. der belebten und unbelebten Mitwelt. Ökologische Gerechtigkeit hingegen interessiert sich für die Bewahrung der natürlichen Umwelt und misst der Natur sowie dem Planeten Erde einen eigenständigen Wert und Subjektcharakter zu. Die meisten Autor:innen verzichten jedoch auf eine klare begriffliche Unterscheidung zwischen Umweltgerechtigkeit und ökologischer Gerechtigkeit (z.B. Peeters 2016; 2022; Erickson 2018; Dominelli 2012). Mit Nachdruck befasst sich der Ansatz der Deep Ecology (u.a. Besthorn 2012) mit ökologischer Gerechtigkeit.

Im Kontext des Klimawandels und u.a. der Berichte des Weltklimarates fand das Konzept der Klima(un)gerechtigkeit Verbreitung: Der Klimawandel betrifft schon jetzt die Menschen am härtesten, welche am wenigsten zur Klimakrise beitragen. Dies sind vor allem Bevölkerungsgruppen im Globalen Süden, die in marginalisierten und vulnerablen Situationen leben. Es handelt sich um Menschen, die in Staaten mit geringem CO^2-Ausstoß leben, jedoch besonders unter den ökologisch-sozialen Folgen der Klimakrise leiden, deren Ursachen überwiegend vom Globalen Norden zu verantworten sind.

1.2 Globale Bewegung für Klimagerechtigkeit und neue Klimaproteste

Klimagerechtigkeit hat sich seit den 2010er Jahren zu einem Begriff entwickelt, welcher verschiedene, komplementäre Strömungen weltweit umfasst. Im Globalen Süden vereinigen sich unter der Forderung nach Klimagerechtigkeit eine Vielfalt indigener und anderer Bewegungen für Landrechte, die seit vielen Jahrzehnten für ihre Rechte eintreten (u.a. Noble 2018). Dazu gehören u.a. Regenwaldbewohner:innen, die sich gegen neue Megastaudämme und Palmölplantagen wehren, afrikanische und lateinamerikanische Communities, die sich der Aneignung von Land für die industrielle Landwirtschaft und der Produktion von Agrotreibstoffen widersetzen, Bewohner:innen pazifischer Inseln, die den Verlust ihrer Heimat aufgrund des steigenden Meeresspiegels befürchten, oder aber Kleinbäuer:innen, die für Ernährungssicherheit und grundlegende Landrechte kämpfen.

Die Klimabewegung stellt sich als eine lose verbundene, zugleich sehr aktive, übergreifende Struktur dar. Sie wird von vielfältigen, klimapolitisch aktiven zivilgesellschaftlichen Akteur:innen unterstützt, geformt und genutzt (Garrelts/Dietz 2014: 7). Zu unterscheiden ist eine radikale von einer gemäßigten Richtung (vgl. Tokar 2019: 17):

- Die radikale Richtung fordert Klimagerechtigkeit aus einer machtkritischen Position ein, welche mit einer weitreichenden Krise des herrschenden politischen und wirtschaftlichen Systems in Zusammenhang gebracht wird. Hierzu zählen Organisationen wie u.a. *die Climate Justice Now!-Coalition* mit mehr als 400 Organisationen oder das *La Via Campesina* Netzwerk mit fast 200 Organisationen aus mehr als 80 Ländern. In beiden Bewegungsorganisationen sind vor allem indigene und kleinbäuerliche Stimmen repräsentiert.
- Die gemäßigte Richtung beruht auf dem Paradigma der ökologischen Modernisierung. Hiernach lassen sich Umwelt- und Klimaprobleme politisch, wirtschaftlich und technologisch innerhalb bestehender Institutionen und Machtverhältnisse lösen. Lösungswege werden im Einklang mit der Vorstellung eines „grünen" Wirtschaftswachstums und technologischer Innovationen gesehen. Dieser Richtung zugeordnet werden Umweltorganisationen wie *Friends of the Earth* oder die Kampagnenorganisation *350.org*.

Innerhalb globaler Klimaproteste traten Ende 2018 neue Akteur:innen in Erscheinung – vor allem *Fridays for Future (FFF)* und *Extinction Rebellion (XR)*. Auf die globale ökologische Krise antworteten FFF wie auch XR mit neuer, weltweiter Mobilisierungskraft. Sie schlossen jedoch an langjährige Proteste der Klima- und Umweltbewegung an und weisen zugleich neue Merkmale auf (Moor et al. 2021: 623f.). Erstens haben die Kampagnen eine historisch große Zahl von Schüler:innen mobilisiert, darunter überproportional viele weibliche Teilnehmer:innen und Neulinge in der Klimabewegung. Zweitens werden vor allem Aktionsformen des zivilen Ungehorsams angewendet, wenn auch die Protestmethoden nicht grundsätzlich neu sind. Drittens richten sich beide Gruppen hauptsächlich an lokale oder nationale Regierungen, während sich frühere Klimaproteste an transnationale Institutionen und Konzerne im Bereich fossiler Brennstoffe richteten. Für die Zukunft der Bewegung ist strittig, ob die prognostische Formulierung „Hört auf die Wissenschaft" für eine langfristige Mobilisierung ausreicht oder eine Radikalisierung der Aktionsformen stattfinden wird (Moor et al. 2021: 625f.), die uns etwa im Handeln der *Letzten Generation (LG)* begegnet. Diese ist in Deutschland aus einem Hungerstreik von Klimaaktivist:innen hervorgegangen. Im Jahr 2021 bildete sich *LG* als ein Bündnis von Klima- und Umweltaktivist:innen, welche gewaltfreie Protestformen gegen klimapolitische Untätigkeit der Regierung in Deutschland und vielen weiteren Ländern intensivierte. Mit radikaleren Aktionsformen des zivilen Ungehorsams möchten die Aktivist:innen eine sofortige klimapolitische Kehrtwende herbeiführen, um den Klimakollaps abzuwenden.[41] Die Aktionsformen reichen von Blockaden des Straßen-, Flug- und Schienenverkehrs bis hin zum Bildersturm in Museen.

Fridays for Future (FFF) und Extinction Rebellion (XR)

Am Freitag, den 20. August 2018, schwänzte die damals 15-jährige Greta Thunberg die Schule, um vor dem schwedischen Parlament zunächst alleine zu protestieren. Am 9. September 2018 initiierte sie den Hashtag *#Fridays for Future (FFF)*, woraufhin sich die Proteste schnell ausweiteten (Moor et. al. 2021: 620). Bei FFF geht es einerseits um bereits heute sichtbare Auswirkungen der Klimakrise vornehmlich in Ländern des Globalen Südens und andererseits um die Generationsgerechtigkeit hierzulande mit den ungerechten Folgen für die Klima- und Lebensverhältnisse nachfolgender Generationen. Vor dem Hintergrund der Covid-19-Pandemie und des Kriegsausbruchs in der Ukraine verknüpfen viele FFF-Aktivist:innen ihren ökologischen Klimaprotest mit sozialer Unterstützung in der Nachbarschafts- und Flüchtlingshilfe. Das Profil von FFF ist als weitgehend *weiß*, mittel- bis oberschichtorientiert und vornehmlich weiblich (Posemk 2021: 188) sichtbar geworden. Rassistische Ausschließungspraktiken zeigten sich u.a. in der medialen Berichterstattung: Während die Medien Greta Thunberg anlässlich des Weltwirtschaftsforums in Davos (2019) als Klimaheldin feierten, wurde die FFF-Aktivistin Vanessa Nagate aus Uganda auf dem Pressefoto herausgeschnitten. Im September 2022 fand der 11. globale Klimastreik in mehr als 150 Ländern der Welt statt.

Im Oktober 2018 entstand in Großbritannien die Bewegung *Extinction Rebellion (XR)*, eine in ihren Aktionsformen radikalere Bewegung, die 2020 in 75 Ländern vertreten war. Nach ihrer Eigendarstellung ist sie dezentral und international organisiert. Sie bekämpft mit gewaltfreien, kreativen und öffentlichkeitswirksamen Methoden CO_2-Reduktion und den Erhalt der Biodiversität. XR setzt dabei auf drei Kernziele *Tell the truth; act now; beyond politics* und handelt auf Basis des zivilen Ungehorsams. Die Aktionsformen von XR sind verglichen mit FFF radikaler und umfassen beispielsweise Straßenblockaden, Hungerstreiks, oder das Pflanzen von Bäumen vor Parlaments- und Firmengebäuden. Während FFF als „Graswurzelbewegung" gilt, wird XR für die Emotionalisierung und Instrumentalisierung junger Menschen, wegen seiner „Endzeit- bzw. „Weltuntergangsszenarien" bis hin zu antisemitischen Äußerungen kritisiert.[42]

Aus der Perspektive der Sozialen Arbeit stellt sich die zweifache Frage, welche Impulse sich für Sozialarbeiter:innen aus den Aktivitäten der Bewegungen ergeben

---

41 https://www.letztegeneration.de/, 11.12.2022.
42 Vgl. Debatte um Extinction Rebellion. TAZ, 7.10.2019 https://taz.de/Debatte-um-Extinction-Rebellion/!5632122/, 15.11.2022.

und welchen Beitrag Sozialarbeiter:innen für soziale Bewegungen leisten können (Stamm 2021: 137). Grundsätzlich könnten Stamm zufolge soziale Bewegungen wie FFF und XR Inspirationsquelle, Impulsgeberinnen und kritische Begleiterinnen für eine kritisch-ökologische Soziale Arbeit sein. Dabei seien bereits in Deutschland der 1970er Jahren die Anliegen und Forderungen der Umweltbewegung in der Praxis der Sozialen Arbeit als alternative Projekte und Selbsthilfe bedeutungsvoll gewesen, ohne dass ökologische Praxisformate einen anerkannten Stellenwert in Deutschlands Sozialer Arbeit erwarben. Die Klimakrise und Covid-19 eröffnen neue Gelegenheitsstrukturen für Praxisformen der sozial-ökologischen Gerechtigkeit (vgl. u.a. Schmelz 2021; 2022). In der Sozialen Arbeit gehörten insbesondere Kinder- und Jugendliche zu den größten Adressat:innengruppen, weshalb Sozialarbeiter:innen aufgefordert seien, sich zu den Forderungen der FFF-Bewegung zu positionieren. Die Streiks als zentrale Methode von FFF nehmen Bezug auf die Schule, wo in Deutschland viele Sozialarbeiter:innen tätig sind (vgl. Stamm 2021: 140). Zugleich weist der Handlungsradius von FFF weit über die Schule hinaus. Für Kinder und Jugendliche eröffnet FFF einen informellen Bildungs- und Lernraum (Costa/Wittmann 2021), wo Kinder und Jugendliche aus Schulformen außerhalb der Gymnasialstufe weniger teilhaben.

Gemeinsame Anliegen von *Fridays for Future* und Sozialer Arbeit sind Generationengerechtigkeit, Menschenrechte und Partizipation (Moor et al. 2021: 620f.; Stamm 2021: 140). Handlungsorientierend sind diese insbesondere für die Rechte von Kindern und Jugendlichen hinsichtlich ökologischer und klimagerechter Teilhabe- und Zukunftschancen (vgl. Schramkowski 2022: 120ff.). Dies umfasst auch die Möglichkeit, dass spezifische Träger der Kinder- und Jugendhilfe neu gegründet bzw. erweitert werden und etwa eine ökologische Ausrichtung in ihrem Leitbild verankern. Darüber hinaus kann sich Soziale Arbeit für die Partizipation marginalisierter Gruppen einsetzen, insbesondere weil soziale Bewegungen wie FFF und XR als wenig inklusiv, als *weiß*, mittelschichtsorientiert und eurozentristisch kritisiert werden. Soziale Arbeit könnte zur rassismuskritischen Öffnung und Stärkung der Bewegung beitragen, indem sie Teilnehmer:innen jenseits des städtischen mittelschichtsorientierten Milieus durch Praxisprojekte der Sozialarbeit mobilisiert (vgl. Stamm 2021: 140). Wenn heute Organisationen wie *Black Earth* die Umwelt- und Klimaschäden zusammendenken mit Kolonialität, (Umwelt-)Rassismus und weiteren Dimensionen (und Verhältnissen) von Unterdrückung, schließen sie an den Ausgangspunkt der Bewegung für Umweltgerechtigkeit und die Proteste der zurückliegenden Generationen an (Imeh/Hey 2021: 15). Wie bereits der *First National People of Color Environmental Leadership-Summit* (1991), verortet *Black Earth* die Klimakrise im historischen Zusammenhang von Sklaverei und Kolonialismus.

2. Green(ing) Social Work: Ansätze, Konzepte und Positionen zu Umwelt und Ökologie

Seit den 1960er und 1970er Jahren haben Sozialarbeiter:innen durch Umwelt- und Klimabewegungen einen Anstoß erhalten, Naturzerstörung und Umweltungerechtigkeit als professionellen Auftrag zu begreifen und in Praxis, Theorie, Forschung und Ausbildung einzubeziehen. In der Sozialen Arbeit wurde hier die Strategieentwicklung einer *Greening Social Work* gefordert, um ökologisch-soziale Perspektiven in Disziplin und Profession systematisch in die Ausbildungscurricula der Sozialen Arbeit zu integrieren (z.B. Jones 2018; Schmelz 2022). Durch den Einfluss der globalen Klimabewegung nahm die Soziale Arbeit seit den 2010er Jahren verstärkt auch die Klimafolgen für benachteiligte Bevölkerungsgruppen im Globalen Süden in den Blick (z.B. Mason/Rigg 2018). Zunächst werden nachfolgend ausgewählte Vorschläge der Systematisierung relevanter Ansätze benannt, ohne hier einen vollständigen Überblick geben zu können. Schwerpunkt der weiteren Darstellung sind *Green Social Work* und ökologische Perspektiven.

2.1 Versuche der Systematisierung

Als meist verwendete Ansätze haben sich *Green Social Work, Environmental Social Work* und *Ecosocial Work* herausgebildet. Die gemeinsame Schnittmenge dieser Ansätze wird als ökosoziales Paradigma (Rambaree et al. 2019: 205) der Sozialen Arbeit zusammengefasst: *„Ecosocial work is social work, with all its depth and breadth, but it approaches the analysis of social problems, issues and concerns with ecosocial paradigm or lens, rather than an anthropocentric lens"* (Matthies/Närhi 2016, zit. nach Rambaree et al. 2019: 206). Entsprechend dieser Definition ist ökosoziale Arbeit nicht als Spezialgebiet zu begreifen, sondern jede Soziale Arbeit sollte auch ökosozial und transformativ ausgerichtet sein. *Ecosocial Work* verknüpft dabei eine ökozentrische Blickrichtung mit indigenem Wissen und Spiritualität, greift *Deep Ecology*-Perspektiven auf und setzt sich kapitalismuskritisch für Postwachstum ein. Die einzige deutschsprachige Überblicksdarstellung (Stamm 2021) bevorzugt das Begriffskonzept einer ökologisch-kritischen Sozialen Arbeit (*Eco-Critical Social Work*) und bezieht sich hierbei auf Närhi/Matthies, den Pionier:innen dieses Ansatzes in Europa (Närhi/Matthies 2016). Die beiden Vorreiter:innen listen ihrerseits die folgende Systematik von Ansätzen auf (Närhi/Matthies 2016: 29–32; Dörfler 2021):

- Ecological Social Approach in Social Work (Jef Peeters, Belgien; Margret Alston/Jennifer McKinnon, Australia),
- Deep Ecological Social Work (Fred Besthorn, USA),
- Eco-Spiritual Social Work (Mel Gray, Australia; John Coates, Kanada)
- Green Social Work (Lena Dominelli, Großbritannien)
- Social Ecological Social Work (Jef Peeters, Belgien)
- Environmental Social Work (Mel Gray/John Coates/Tiani Hetherington, Australia).

Zum aktuellen Stand der internationalen Debatte (2021) wiederum hebt Stamm zusammenfassend drei Schwerpunkte hervor: ökologisch-kritische Soziale Arbeit, Konzept der *Green Social Work* und australische Ansätze wie etwa das *Transformative Eco-Social Model* (Boetto 2019; Stamm 2021: 53). Diese beispielhaft angeführten Systematisierungsversuche bilden keine eindeutig voneinander abgrenzbaren Ansätze und Positionen ab, noch sind diese in ihrer Entwicklung als abgeschlossen zu betrachten.

2.2 Green(ing) Social Work

Green Social Work (GSW) hat in führender Rolle Lena Dominelli konzeptualisiert, wobei sie auf indigenes Wissen wie teils auf vorhandene Ansätze zurückgreift. Als akademische Umwelt- und Klimaaktivistin gründete sie 2009 das *Climate Justice Program* (IFSW). GSW wird auch als Sammelbegriff für einen eklektischen Mix von Ideen und Praktiken verstanden, die ein weites Spektrum von Ökologie, Umwelt und des globalen Klimas umfassen (Ferguson et al. 2018: 111). Zum einen gilt GSW als radikaler Ansatz, weil dieser Theorie und Praxis von Umweltaktivismus und -gerechtigkeit zusammenführt und gesellschaftliche Transformation unfairer Systembedingungen einfordert (Ife 2016). Zum anderen wird das Konzept auch wegen „konzeptioneller Unschärfe" (Stamm 2021: 46) und nicht klar benannter Anknüpfungspunkte zu Ökologie und Umwelt kritisiert. Dabei wird eingeräumt, dass GSW den internationalen Fachdiskurs beflügelt habe und sich als Praxis von *Ecosocial Work* durchsetze (Stamm 2021: 53). GSW ist ein unabgeschlossenes Handlungsparadigma, welches m.E. nicht mit einer umfassenden, endgültig festgelegten Theorie gleichzusetzen ist.

GSW zielt darauf, ein „neues Paradigma" (Dominelli 2018: 10) für kritische Theoretiker:innen und Praktiker:innen der Sozialen Arbeit zu entwickeln, welches *Environmental Justice* als integralen Bestandteil von sozialer Gerechtigkeit in Theorie und Praxis durchsetzen möchte und den Fokus auf *Community-Action* legt. Die Interventionen von GSW dienen zugleich dem Schutz der Umwelt und einem verbesserten Wohlbefinden des Menschen. Dominelli bezieht GSW auf die sozialen Dimensionen von Katastrophen, gleich ob sie von Menschen gemacht oder von der Natur verursacht sind. Erstere reichen vom Klimawandel bis zu Armut, letztere beinhalten Naturereignisse wie zum Beispiel Erdbeben oder Vulkanausbrüche, die angesichts von Vulnerabilitäten sowie menschlichem (Nicht-)Handeln zu Katastrophen werden können (Dominelli 2019: 234). Zur Zielsetzung des Ansatzes führt Dominelli weiter aus:

> „Green social work is a holistic approach to practice involving environmental degradation in all its forms and focuses on the impact of social structures and human intentionality in the exploitation of the earth's resources, social and physical. It emphasizes interdependencies between people, plants, animals and planet earth as the site in which life occurs, ... it centres social justice within a duty to care for and about all living things, animate and inanimate." (Dominelli 2019: 233)

GSW wird als transdisziplinärer, holistischer Ansatz (Dominelli 2018: 9) verortet, welcher über reaktive Handlungsstrategien der Sozialen Arbeit hinaus ein präventives Handeln der Profession einfordert. Dominelli zeigt hierbei zwei grundlegende Perspektiven auf. Zum ersten geht es darum, dass Soziale Arbeit in der Reaktion auf Umweltkrisen und Naturkatastrophen sich nicht nur auf soziale Hilfsangebote für die betroffene lokale Bevölkerung beschränkt, also vorwiegend humanitäre Hilfe leistet. GSW formt Dominelli zufolge sozialarbeiterisches Handeln neu, weil es auf einer Koproduktion von Wissen und Handeln in transdisziplinärer Absicht sowie auf Empowerment als ermächtigenden Prozess basiert ist – und zwar vor der (Natur-)Katastrophe, während der Katastrophe und beim Wiederaufbau (Dominelli 2018: 13). Zum zweiten verfolgt GSW präventive Handlungsstrategien. Bedeutsam sind hierbei die Folgeerscheinungen für die menschliche Umwelt- und Daseinsvorsorge aufgrund von umweltschädlichen, kapitalistischen Konsum- und Produktionsweisen, welche die begrenzt vorhandenen Ressourcen des Planeten „Erde" beschädigen. Hinsichtlich dieser beiden Perspektiven identifiziert Dominelli vielfältige Aufgaben von GSW, um die soziale Vulnerabilität der von Klimawandel und Umweltkrisen betroffenen Menschen zu bearbeiten: u.a. Bewusstseinsbildung, Lobbying und Advocacy, Mobilisierung, Koproduktion von Lösungsansätzen auf Community-Ebene, Dialogführung und die Entwicklung von Curricula (Dominelli 2018: 16). GSW ist demzufolge besonders auf eine Anpassung bzw. Neuausrichtung der Curricula der Sozialen Arbeit angewiesen (Schmelz 2022). Darüber hinaus geht GSW mit einer Vielzahl von teilweise neuen Rollen für Sozialarbeiter:innen einher, welche u.a. Moderator:innen, Koordinator:innen, Community-Mobilisierer:innen, Mediator:innen, Berater:innen, Trainer:innen und Erzieher:innen, psychosoziale Therapeut:innen und Übersetzer:innen wissenschaftlichen Wissens sein können (Dominelli 2012: 199).

GSW entstand im Rahmen der Katastrophenhilfe und -forschung, wurde jedoch u.a. über das *Routledge Handbook of Green Social Work* durch weitere Ansätze aus einer „grünen" Praxis der Sozialen Arbeit erweitert (Dominelli 2018, 2019; Schmelz 2021: 225f.). Dominelli (2012: 174f.) setzt sich besonders dafür ein, dass die „[...] schätzungsweise 370 Millionen [indigenen] Menschen auf dem Planeten Erde [...]" ihre Lebensgrundlagen trotz des Drucks auf ihre Landrechte bewahren können. Viele indigene Gruppen erleben laut Dominelli (2012: 183) Kolonisierung, Marginalisierung, Zerstörung ihrer Kulturen und Sprachen sowie den Verlust von Land und anderen Ressourcen. Viele dieser anhaltenden Kämpfe indigener Völker stellen eine große Belastung für den Schutz ihrer Lebensgrundlagen und ihrer natürlichen Umwelt dar, zum Beispiel im Regenwald des Amazonas, auf den Pazifischen Inseln, in Kanada, Alaska und im nördlichen und zentralen Australien. Weiterhin stellt Lena Dominelli ein weites Spektrum von Beispielen einer Green Social Work vor. Sie beziehen sich u.a. auf die Verbesserung städtischen Wohnens (2012: 40f.); auf psychosoziale Unterstützung und Beratung von Betroffenen des Giftmülls (2012: 72f.); bis hin zu Maßnahmen für erneuerbare Energien und Einkommensschaffung in armutsgefährdeten Communities (2012: 76) sowie Mediation in Communities zur Lösung von Wasserkonflikten (2012: 161f.). Im *Routledge Handbook on Green Social Work* werden weitere Praxisbeispiele von Green Social Work in unterschiedlichen Kontexten reflektiert: z.B. in Bereichen einer „grünen" Landwirtschaft (2018: 159ff.), der psychosozialen Unterstützung in Zusammenhang mit katastrophenbedingter Migration (2018: 307ff.), der community-basierten Interventionen für spezifische Zielgruppen wie etwa Kindern oder Menschen mit Behinderung (2018: 407ff.). Einen breiten Raum nimmt die Diskussion „grüner" Curriculaentwicklung ein und die Darstellung einschlägiger Fallbeispiele u.a. aus Australien, Neuseeland und den USA (2018: 511ff.). *Greening social work* ist zusammenfassend zu begreifen als eine offene Programmatik einer politischen, transformativen Sozialen Arbeit. Diese versteht sich auch als professionspolitische Positionierung und Aufforderung an die Disziplin, ökologische Perspektiven in Theorie und Praxis der Sozialen Arbeit weiterzudenken. Dies erfordert eine kritische Allianzbildung mit ökologisch ausgerichteten Ansätzen, von welchen im Folgenden einige ausgewählt kurz skizziert werden (vgl. u.a. Schmelz 2022).

2.3 Ökologie und Ökofeminismus als Herausforderung

Ökologische sowie ökozentrische Perspektiven werden mit unterschiedlicher Schwerpunktsetzung vorgeschlagen. Jef Peeters etwa zeigt in seinen Ansätzen nachdrücklich auf, dass angesichts des drohenden ökologischen Kollapses eine gesellschaftliche und wirtschaftliche Transition erforderlich ist. Diese radikale Veränderung müsse auf unterschiedlichen Ebenen ansetzen: ökologisch, technologisch, ökonomisch, sozial, politisch und institutionell. Sie bezieht sich auf die Energieproduktion, den Konsum, das Währungssystem, die Mobilität der Menschen, die Nahrungsmittelproduktion und -verteilung sowie der Organisation des Arbeitsmarktes und der Pflege (Peeters 2016: 178f.). Auch Gray/Coates (2019: 175f.) fordern eine veränderte Wirtschaftsweise jenseits von Profitgier und Wachstum sowie die Abkehr des Gegensatzes (Dualismus) von Mensch und Natur. Menschen sind für beide Autor:innen in Abhängigkeit von und als Teil der Natur zu verstehen. Anzuerkennen ist hierbei, dass wir Menschen in Beziehung stehen zu anderen Menschen, Tieren und Pflanzen sowie der belebten und unbelebten Umwelt. Eine solche Perspektive stärkt das Verständnis dafür, dass der individuelle Lebensstil und vorherrschende Verhaltensmuster in der Gesellschaft sich auf Menschen überall auf der Welt, wie auch auf andere Arten und das Ökosystem des Planeten auswirken. Ein verändertes Verhalten auf individueller Ebene kann auch von einer spirituellen Verbindung zur Natur gefördert werden, die sich in indigene Perspektiven wie beispielsweise Buen Vivir[43] ausdrücken (vgl. Dörfler 2021: 25).

Im westlichen Denken hat die „Deep Ecology Bewegung" der 1990er-Jahre indigene Weltsichten aufgenommen und mit einem Plädoyer für radikale ökologische Gerechtigkeit verknüpft, welche die Natur und nicht den Menschen ins Zentrum rückt. *Deep Ecology* (Tiefenökologie) setzt sich in Anlehnung an den norwegischen Philosophen Arne Naess (1912–2009) für eine ökozentrische Mensch-Natur-Beziehung ein (Besthorn 2012: 253). *Deep Ecology* ist eng verwandt mit *Eco-Spirituality* (u.a. Coates 2003; 2013), welche Ökologie und Spiritualität, d.h. ein emotional-empathisches Mensch-Natur-Verhältnis zusammendenkt und davon ausgeht, dass das Wohlbefinden des Menschen und des Planeten nicht zu trennen sind. Während indigenes Wissen hochgeschätzt ist, werden kapitalistisches Wachstumsdenken und westliches Konsumstreben abgelehnt (Coates 2013: 74–77). Eine unkritische Heranziehung von indigenem Wissen in Ländern des Globalen Nordens birgt die Gefahr der kulturellen Aneignung und des Eurozentrismus (Schmelz 2022: 31). Ausdrücklich warnt Stamm vor romantisierenden und idealisierenden

---

43 Das südamerikanische Konzept bedeutet „gutes Leben" und steht für die Harmonie der Natur-Mensch-Beziehung, die Minderung sozialer Ungleichheit, eine solidarische Wirtschafts- und Lebensweise und eine demokratische Gestaltung von Gesellschaft und Gemeinwesen. Das Konzept kritisiert westliches Entwicklungsdenken und neoliberales Wirtschaftsdenken.

Fehldeutungen (Stamm 2021: 36f.): Nicht in jedem Fall stimmt eine westliche Sichtweise auf Natur- und Tierschutz mit den Bedürfnissen und den Einstellungen aller „indigener" Menschen überein. (vgl. Tester 2013: 112, zit. nach Stamm 2021: 37). Der tiefenökologische Ansatz wird gar für den äußersten Fall mit einer biologismus- und rassismusnahen Ausprägung in Verbindung gebracht, wobei der Mensch als „Schädling" für den Planeten angenommen werde (Opielka 2017; Tester 2015 zit. nach Stamm 2021: 36). Das Gefahrenpotential einer Vereinnahmung der Ökologie durch rechtsextreme Strömungen ist zwar vorhanden. Doch stehen kritische ökologische Perspektiven heute in erster Linie für ein „solidarisches Miteinander" von Mensch und Natur, die uns umgibt und ohne die der Mensch nicht existieren kann. Erreicht das Ökosystem seine kritischen Kipppunkte, drohen die existenziellen Lebensgrundlagen des Menschen unwiderruflich verloren zu gehen.

Ökofeministische Perspektiven nehmen darüber hinaus das Zusammenwirken von ökologischen Krisen, der Unterdrückung der Frau und vergeschlechtlichter Arbeitsteilung im patriarchalen Kapitalismus kritisch in den Blick (Noble 2018: 238; Noble 2021: 95; Mies/Shiva 1995/2016). Als prominente Pionierin des Ökofeminismus gilt *Vandana Shiva* (Shiva 1989; Mies/Shiva 1995/2016), die in ihren Schriften die Übereinstimmung von Naturausbeutung und Umweltzerstörung sowie der Unterdrückung und Diskriminierung der Frauen aufzeigt. Sie macht dies an der Situation von Frauen im Globalen Süden, insbesondere von Kleinbäuerinnen, fest und widersetzt sich der dominanten kapitalistischen, patriarchalen Wirtschaftsweise. Sowohl als Praxisansatz der Sozialen Arbeit als auch in der Klimapolitik verstärkt der Ökofeminismus die Stimmen der Frauen und setzt sich für eine intersektionale Betrachtung von Ausbeutungs- und Diskriminierungserfahrungen ein. Ziel ist es, Machtverhältnisse zu verändern und Frauen in die Lage zu versetzen, Teil einer von Communities getragenen Bewegung für ökologische Gerechtigkeit zu werden (Alston et al. 2019: 181f.). Dem Ökofeminismus wurde Essentialismus vorgeworfen, weil er Frauen eine höhere Naturverbundenheit zuerkannte als Männern und diese zum Wesen der Frau erklärte. Inzwischen hat sich der Ökofeminismus durch intersektionale Perspektiven zu *Queer Ecology* weiterentwickelt, welche heteronormative Zuschreibungen hinterfragt (u.a. Gaard 2017).

Der nachfolgend analysierte ökologisch-soziale Ansatz des *Green Belt Movement* (GMB) ist ein einflussreiches Beispiel für *Community-Development* und Empowerment von Frauen, der in Kenia entwickelt wurde und weltweit Strahlkraft entfaltete. Das Wirken von Wangari Mathaai (1940–2011), der Gründerin der Grüngürtelbewegung, wird dem Ökofeminismus zugerechnet, wobei sie sich selbst nicht explizit als Ökofeministin bezeichnete und keine Sozialarbeiter:in ist. Der Ansatz des *Green Belt Movement* zeigt mit Nachdruck auf, wie Soziale Arbeit hierzulande aus dem Globalen Süden lernen kann.

3. Wangari Maathai und Green Belt Movement (GBM)

Maathai gilt heute als „globale Ikone" (Kanago 2020: 12) der Umwelt- und Klimabewegung. Im Rahmen des GMB verknüpfte Maathai lokales und globales Engagement. Sie sah die Sorge um die Erde als eine globale Verantwortung an, welche die Aufmerksamkeit und Mitwirkung aller Bewohner:innen der Erde erfordere. Sie begriff den Planeten als „erkrankte Einheit" und entwarf einen einfachen, aber wirksamen Weg zur Wiederherstellung seiner Gesundheit: das Pflanzen von Bäumen (Kanago 2020: 81). Helmut Spitzer betont den besonderen Stellenwert des Wirkens von Matthai und der GBM für eine „herrschaftskritische, politisch engagierte und transformative Soziale Arbeit" (Spitzer 2022: 338), die sich mit einem ökologisch-sozialen Kollaps konfrontiert sieht (Spitzer 2022). Im Folgenden werden die Chancen der Grüngürtelbewegung und des Wirkens von Wangari Maathai für eine ökologisch-soziale Arbeit herausgestellt. Die zugängliche Fachliteratur zum *Green Belt Movement* betont den Vorbildcharakter der Bewegung. Für eine empirisch-kritische Einschätzung kurz-, mittel- und langfristiger Wirkungen der Grüngürtelbewegung fehlen veröffentlichte Evaluationen bzw. kritische Analysen.

3.1 Leben und Wirken von Maathai: Umweltungerechtigkeit und Kolonialismus

Maathai war in vieler Hinsicht eine Pionierin. Geboren wurde sie am 1. April 1940 in Ihithe, einem kleinen Dorf im zentralen Hochland Kenias, das noch bis 1963 unter der kolonialen Herrschaft Großbritanniens stand (Spitzer 2022: 339; Maathai 2008; Dokumentarfilm Taking Root). Sie wuchs in großer Naturverbundenheit und innerhalb eines polygamen Familiensystems auf. Maathai war die erste Frau mit Hochschulabschluss in ihrer Familie, erworben im Fach Biologie. In Kenia wurde sie in den 1970er Jahren zur ersten Frau mit Doktor- und Professorinnentitel.

Durch die international bekannte Graswurzelbewegung GBM wurde Maathai über die Grenzen Kenias hinaus bekannt. GBM ist eine Umweltschutzbewegung, welche lokale Community-Entwicklung mit Baumplanzungen und wirtschaftlichen Aktivitäten durch Frauen verband. Sie vertrat die Vision eines wiederaufgeforsteten Kenias, wo der Zerstörungskraft des Kolonialismus eine Praxis der Heilung (*Healing*) von Mensch und Natur entgegengesetzt wird. Im Zuge der gewaltvollen Kolonisierung und Missionierung war das Verhältnis der kenianischen Bevölkerung zur Natur zum großen Teil auf ökonomische Ausbeutung herabgemindert. Die ökologische Ausbeutung und Zerstörung setzte sich auch nach der Dekolonisierung durch Einflussnahme korrupter Machteliten fort (Spitzer 2022: 341).

Baumpflanzungsaktionen waren bereits Kernidee der von Maathai gegründeten Vorgängerorganisation *Save the Land Harambee* (Harambee Swahili für „an einem Strang ziehen"). *Harambee* symbolisierte Gemeinschaftsarbeit und war Motto für eine gesellschaftliche Neuausrichtung. Maathai wurde auch Mutter der Bäume (Swahili *Mama miti*) genannt. Mit Methoden des zivilen Ungehorsams widersetze sie sich dem kenianischen autoritären Regime *Daniel arap Mois* und wurde mehrfach inhaftiert (Namulandah 2014: 15f.; 87f.). Im Rahmen der GBM kämpfte sie seit 1989 beispielsweise für die Erhaltung des Uhuru Freizeitparks in Nairobi (Kenia) mit einer Größe von 13 ha, wo ein Wolkenkratzer mit 60 Stockwerken gebaut werden sollte. Auch leistete sie mit der Oppositionsgruppe

Release Political Prisoners gewaltlosen Widerstand zur Befreiung der Gefangenen (Spitzer 2022: 342). Während die GBM auf die sozial-ökologischen Probleme der ländlichen Bevölkerung ausgerichtet war, bezog sich Maathais Kampf für den Uhuru-Park in Nairobi darauf, städtische Arme aus ihren überfüllten, ungesunden Slum-Behausungen zu befreien (Kanago 2020: 81).

Für ihr Engagement erhielt Wangari Maathai viele internationale Auszeichnungen, u.a. *Right Livelihood Award* (1984, Alternativer Nobelpreis), Jane Addams International Women´s Leaderhip Award (1989) sowie den Friedensnobelpreis (2004) als Ehrung im Einsatz für Frieden, Demokratie und nachhaltige Entwicklung. Von 2003–2005 konnte Maathai ihre Vision der Umwelt- und Klimagerechtigkeit als stellvertretende Ministerin für Umwelt und natürliche Ressourcen einbringen. Am 25. September 2011 starb Maathai an einem Krebsleiden. Das GBM hatte sich zum Zeitpunkt ihres Todes in zahlreiche Länder unter Beteiligung von mehr als eine Million Frauen verbreitet, die mehr als 50 Millionen Bäume gepflanzt hatten (Kanago 2020: 12).

Das Anpflanzen von Bäumen bedeutete für Maathai, Hoffnung und Frieden zu pflanzen. In der GBM vereinten sich Umwelt- und Klimaschutz mit Frauenrechts-, Menschenrechts- und Demokratiearbeit auf der Basis von Aktivismus, politischer Bildung und Umweltbildung. Von der Grüngürtelbewegung geht eine politisch bewegte, „grüne" und ökologisch-soziale Soziale Arbeit aus.

3.2 Lernen vom Green Belt Movement – ein integrierter Ansatz ökologisch-sozialer Community-Entwicklung

Die Grüngürtelbewegung zeigt vielfache Ansatzpunkte einer transformativen Sozialen Arbeit (Spitzer 2022: 342). Hierbei wird Soziale Arbeit selbst als Akteurin gesellschaftspolitischer Prozesse auf Mikro-, Meso- und Makroebene gesehen. Als Biologin dachte Maathai in der wissenschaftlichen Analyse das natürliche Ökosystem in seiner Wechselwirkung mit der menschlichen Lebenswelt. Sie hat herausgestellt, dass durch die Auswirkungen der Klimakrise und einer beschleunigten Umweltzerstörung die Exklusion von vulnerablen und marginalisierten Bevölkerungsgruppen wie insbesondere den Frauen verstärkt wird (Spitzer 2022: 344). Im Folgenden wird aufgezeigt, welche Lernpotentiale der ökologisch-soziale Handlungsansatz im GBM für eine politisch bewegte Soziale Arbeit im Globalen Norden eröffnet:

Die Werteorientierung der Grüngürtelbewegung schließt *erstens* an ökospirituelle/ökologische Konzepte der Sozialen Arbeit an (Maathai 2010). Diese betonen u.a. eine emotionale Verbundenheit und den respektvollen Umgang mit der Natur. Dazu gehören:

- Liebe zur Natur, die sich in der Lebensweise und im Engagement für Umweltschutz ausdrücken;
- Respekt gegenüber und Dankbarkeit für natürliche Ressourcen verknüpft mit den drei Rs: Reduzieren (*reduce*), Wiederverwenden (*reuse*) und Recycling (*recycle*);

- Selbstermächtigung und Persönlichkeitsentwicklung;
- Bereitschaft zum Dienst für die Gemeinschaft und Freiwilligenarbeit (vgl. Graneß et al. 2019: 293)

Ein nachhaltiger Umgang mit natürlichen Ressourcen sowie die Prinzipien von *reduce – reuse – recycle* begegnen uns heute auch in der Postwachstumsbewegung, die sich für nachhaltiges, solidarisches und ökologisch-soziales Wirtschaften und Leben einsetzt (Schmelz 2022: 30). Ihre Praxisformen sind z.B. *Repair-Cafes*, Tauschbörsen, soziale Landwirtschaft, welche zunehmend Eingang in die Soziale Arbeit finden. Ebenso sind Selbsthilfe, freiwilliges Engagement und Selbstermächtigung emanzipatorische Grundprinzipien der Sozialen Arbeit (vgl. u.a. Schmelz 2022: 30).

Die GBM verfolgt *zweitens* einen integrierten-mehrgleisigen Ansatz gesellschaftlicher Transformation, welche die Wechselwirkungen von ökologischen, sozialen und politischen Problemen adressiert (Maathai 2003). In diesem holistischen Ansatz wirken der Schutz der Umwelt, Armutsbekämpfung, Heilung von Communities und individuelle Handlungsfähigkeit (Agency) und Selbstermächtigung (*Self-Empowerment*) zusammen. Durch den Aktivismus trägt die Bewegung dazu bei, das Mensch-Natur-Verhältnis zu reparieren und politische Gewalt zu überwinden. Kollektive und individuelle Heilungsprozesse setzen lokal an der Lösung praktischer Probleme und beim *Community Building* und kollektiven Wandel an. Die Community erholte sich in dem Maße wie sich das Ökosystem wiederherstellte, was Maathai wie folgt zusammenfasste:

> „Recognizing that sustainable development, democracy and peace are indivisible is an idea whose time has come ... Today we are faced with a challenge that calls for a shift in our thinking, so that humanity stops threatening its life-support system. We are called to assist the Earth to heal her wounds and, in the process heal our own – indeed to embrace the whole of creation in all its diversity, beauty and wonder." (Maathai 2004, para 7, 22)

Die GBM beinhaltet *drittens* eine Programmatik der Selbsthilfe im Anschluss an Harambee, was auf Swahili bedeutet „Lasst und alle an einem Strick ziehen". Voraussetzung ist hierbei, dass Menschen Probleme selbst in die Hand nehmen und sich für Lösungen einsetzen. Harambee ist das Motto einer bis heute sehr bedeutsamen Selbsthilfebewegung, die auf den ersten Präsidenten Kenias, *Jomo Kenyatta*, zurückgeht (Kanago 2020: 81–84). Die GMB richtet sich an ländliche Communities und machte es sich zur Aufgabe, die Menschen dort zu befähigen, ihr Land und ihr Leben zu verändern. Obwohl die GBM nicht kommerziell ausgerichtet war, bestand ein wichtiges Ziel darin, die verarmte Landbevölkerung über die Erhaltung der Umwelt hinaus zur wirtschaftlichen Unabhängigkeit und Nachhaltigkeit zu ermutigen. Dies sollte eine revolutionäre Entwicklung von unten in Gang setzen.

Die GBM setzt *viertens* auf Empowerment von Frauen in ländlichen Communities. Es geht um die Lösung praktischer Fragen in ländlichen Communities, für die Frauen traditionsgemäß Verantwortung tragen. Grundgedanke ist zunächst die Wiederaufforstung, so dass Feuerholzressourcen entstehen und fruchtbare Böden erhalten werden. Über neu gegründete Baumschulen und Trainingsmaßnahmen werden darüber hinaus einkommensschaffende Maßnahmen für Frauen wirksam (Kanago 2020: 86). So können Frauen wirtschaftlich unabhängig werden, sich selbst ermächtigen und ihrer Rechte bewusstwerden sowie sich gegen geschlechtsspezifische Unterdrückung zur Wehr setzen. Dabei setzt die Grüngürtelbewegung auf das Zusammenwirken und das Veränderungspotential beider Geschlechter durch Umweltbildung (Graneß et al. 2019: 298).

Die transformative, umweltpolitische Bildungsarbeit des GBM fasste Maathai als *The Wrong Bus* Syndrome (zit. nach Spitzer 2022: 347; Maathai 2010: 167ff.) zusammen. Sie stützt sich hierbei auf das am häufigsten genutzte Verkehrsmittel auf dem afrikanischen Kontinent und stellt die kritische Frage, was zu tun sei, wenn man feststellt, im „falschen Bus" zu sitzen. Nicht fatalistisches Abwarten ist hier geraten, sondern den „Bus stoppen" und eine alternative Wegstrecke entwickeln. Hier setzt Spitzer zufolge auch eine Kernaufgabe der Sozialen Arbeit ein. Diese besteht darin, Menschen zu unterstützen und zu befähigen, das, „was eigentlich falsch läuft" (Spitzer 2022: 347), wahrzunehmen und zu benennen. Der Skepsis gegenüber der Umweltarbeit des GBM begegnete Maathai mit der Geschichte des kleinen Vogels Kolibri: „Was denkst du, was du tun kannst? Du bist zu klein, um das Feuer zu entzünden. Deine Flügel sind zu klein und dein Rücken so klein, dass du nur einen kleinen Tropfen Wasser auf einmal bringen kannst: Aber als (die anderen Tierchen) es immer wieder entmutigen wollten, drehte es sich zu ihnen um, ohne Zeit zu verlieren, und sagte ihnen: ‚Ich tue mein Bestes'. Und das ist es, was wir alle tun sollten. Wir sollten uns immer wie ein Kolibri fühlen." (Kanago 2020: 14, Übersetzung durch d.A.) Veränderung setzt also dort an, was jeder Einzelne von uns tun kann.

Aktionsformen und Handlungsmethoden des GMB sind insgesamt als ein beispielgebender Orientierungsrahmen für die ökologisch-soziale, „grüne" Soziale Arbeit anzusehen, die Schnittmengen mit Interventionsformaten in der Sozialen Arbeit weltweit aufweist und Praxisprojekte überall auf der Welt implizit beeinflusste. Maathai und die GBM vermögen transformative Lernpotentiale für die Soziale Arbeit als dekoloniale, gendersensible und ökologisch-soziale Praxis der Community-Entwicklung zu entfalten. In Europa sind beispielsweise Formen der solidarischen Ökonomie und Landwirtschaft sowie die Anliegen und Handlungsformate der bereits erwähnten Postwachstumsbewegung anschlussfähig an das GMB (u.a. Elsen 2020; Burkert et al. 2017; Liftin 2014). Im landwirtschaftlichen Genossenschaftswesen in Italien hat sich der Begriff der ökosozialen Landwirtschaft etabliert, dessen fünf Handlungsansätze vielfache Schnittstellen zum GBM beinhalten: (1) Förderung benachteiligter Menschen; (2) Stärkung des Gemeinwesens; (3) Umweltbildung und Bildung für nachhaltige Entwicklung; (4) Umweltschonende, biologisch-ökologische Wirtschaftsweise; (5) Maßnahmen des Natur- und Ressourcenschutzes. (Bernhard et al. 2020: 15f., zit. nach Stamm 137)

„Grüne", sozial-ökologische Soziale Arbeit ist zusammenfassend ein anerkanntes, im Prozess begriffenes Selbstverständnis und Zukunftsaufgabe in der internationalen Sozialen Arbeit. Diese wird zunehmend auch in Deutschland als professioneller Auftrag begriffen. „*Co-Building a new eco-social world: Leave no one behind*" ist das Motto einer globalen ökologisch-sozialen Kampagne des internationalen Verbandes der Sozialarbeit (IFSW) (2022). Ziel ist es, Individuen, Communities und die Erfahrungen von Menschen zusammen zu bringen, um gemeinsam mit inter- und transnationalen Organisationen angesichts von Klimakrise und Covid-19 für eine neue, sozial und ökologisch gerechte Welt einzutreten. Im Sinne des Mottos der globalen UN-Nachhaltigkeitsagenda geht es hierbei darum, ökologisch-sozial inklusiv zu denken und zu handeln und niemanden zurückzulassen. Die Kampagne greift insbesondere das lateinamerikanische *Buen Vivir*, das afrikanische *Ubuntu*[44] und menschenrechtliche Prinzipien auf: „Buen Vivir, love and care of people and the planet, responsibilities and rights; Respect, dignity, harmony and justice; Diversity, belonging, reciprocity and equity; Ubuntu, togetherness and community."[45] Die Agenda der Green Social Work (Dominelli 2012) sieht zusammengefasst vor, dass Sozialarbeiter:innen auf lokaler, nationaler und internationaler Ebene, ökologisch-soziale Ungerechtigkeit in praktischer Weise bekämpfen.

Reflexionsfragen

- Wie würden Sie persönlich Ihre Beziehungen zur Natur bzw. zur Umwelt beschreiben? Welche Rolle spielen Umweltzerstörung und Klimawandel in Ihrem Alltag?
- Erläutern Sie die wesentlichen Phasen der Umwelt- und Klimabewegung in ihrer jeweiligen Bedeutung für die Soziale Arbeit?
- Wie ist das Konzept des Umweltrassismus entstanden? Warum wurde dieses für die Soziale Arbeit bedeutsam?
- Wie lässt sich die besondere Rolle der *Fridays for Future*-Bewegung für die Soziale Arbeit beschreiben?
- Welches sind die Kernelemente von *Green Social Work*? Wo finden Sie im lokalen Umfeld Ansätze einer sozial-ökologischen Sozialen Arbeit?
- Wie beurteilen Sie die Reichweite des *Green Belt Movement* aus der Perspektive der internationalen Sozialen Arbeit?

Literatur zur Einführung

Dominelli, Lena (2012): Green Social Work. From Environmental Crisis to Environmental Justice. Cambridge, UK: Polity Press.
Dominelli, Lena et al. (2018) (eds.): The Routledge Handbook of Green Social Work. London: Routledge, S. 9–19.
Erickson, Christina L. (2018): Environmental Justice as Social Work Practice. New York: Oxford University Press.
Ituen, Imeh/Tatu Hey, Lisa (2021): Der Elefant im Raum – Umweltrassismus in Deutschland. Studien, Leerstellen und ihre Relevanz für Umwelt- und Klimagerechtigkeit. Berlin: Heinrich-Böll-Stiftung November 2021. (https://www.boell.de/de/2021/11/26/der-elefant-im-raum-umweltrassismus-deutschland, 10.12.2022)

---

[44] Ubuntu ist eine südafrikanische Philosophie der Mitmenschlichkeit und bedeutet „Ich bin, weil wir sind". Sie betont die solidarischen Beziehungen der Menschen untereinander und mit dem Planeten.
[45] https://www.newecosocialworld.com/, 11.12.2022).

Matthies, Aila-Leena/Närhi, Kati (eds.) (2017): The Ecosocial Transition of Societies. The Contribution of Social Work and Social Policy. London: Routledge.
McKinnon, Jennifer/Alston, Margret (eds.) (2016): Ecological Social Work: Towards Sustainability. London/New York: Palgrave.
Nesmith, Ande A. et al. (2021): The Intersection of Environmental Justice, Climate Change, Community, and the Ecology of Life. New York: Springer.
Spitzer, Helmut (2022): Wangari Maathai. Das Vermächtnis einer afrikanischen Friedensnobelpreisträgerin für eine transformative Soziale Arbeit. In: Pfaff, Tino/Schramkowski, Barbara/Lutz, Ronald (Hrsg): Klimakrise, sozialökologischer Kollaps und Klimagerechtigkeit. Weinheim: Beltz Verlag, S. 338–350.
Stamm, Ingo (2021): Ökologisch-kritische Soziale Arbeit. Geschichte, aktuelle Positionen und Handlungsfelder. Opladen: Budrich.

Weiterführende Literatur

Alston, Margret/Hazeleger, Tricia/Hargreaves, Desley (2019): Social Work and Disasters. A Handbook for Practice. London/New York: Routledge.
Agyeman, Julian (2005): Sustainable Communities and the Challenge of Environmental Justice. New York: University Press.
Bernhard, Armin/Elsen, Susanne/Nicli, Sara (2020): Einleitung. Öko-soziale Landwirtschaft – Ein Ansatz gesellschaftlicher Transformation und nachhaltiger Entwicklung. In: Elsen, Susanne/Angeli, Sergio/Bernhard, Arnim/Nicli, Sara: Perspektiven der sozialen Landwirtschaft unter besonderer Berücksichtigung der Entwicklungen in Italien. Bozen: bu, press, S. 1–19.
Besthorn, Fred H. (2013): Radical Equalitarian Ecological Justice. In: Gray, Mel/Coates, John/Heatherington, Tiani (eds.): Environmental Social Work. London/New York: Routledge, S. 31–45.
Besthorn, Fred H. (2012): Deep Ecology´s Contributions to Social Work: A ten-year retrospective. In: International Journal of Social Welfare 21, H. 3, S. 248–259.
Boetto, Heather (2019): Advancing Transformative Eco-social Change: Shifting from Modernist to Holistic Foundations. In: Australian Social Work 72, H. 2, S. 139–151.
Bullard, Robert D. et al. (2007): Toxic Wastes and Race at Twenty 1987–2007: Grassroots Struggles to Dismantle Environmental Racism in the United States. Cleveland: The United Church of Christ.
Bullard, Robert D. (2005): The Quest of Environmental Justice. San Francisco, CA: Sierra Club Books.
Burkart, Corinna/Schmelzer, Matthias/Treu Nina (Hrsg.) (2017): Degrowth in Bewegung(en). 32 alternative Wege zur sozial-ökologischen Transformation. München: ökonom.
Carson, Rachel (1962): Silent Spring. Boston: Houghton Mifflin.
Coates, John (2003): Ecology and Social Work: Toward a New Paradigm. Halifax: Fernwood Publishing.
Coates, John (2013): Ecospiritual Approaches: A Path to Decolonizing Social Work. In: Gray, Mel/Coates, John/Bird, Yellow Michail /Hetherington, Tiani: Decolonizing Social Work. London: Routledge, S. 63–85.
Coates, John/Gray, Mel (2019): How green is social work? Towards an ecocentric turn in social work. In: Payne, Malcolm/Reith-Hall, Emma (eds.): The Routledge Handbook of Social Work and Social Theory. London: Routledge, S. 171–180.
Costa, Jana/Wittmann, Elena (2021): Fridays for Future als Lern- und Erfahrungsraum: Befunde zu den Beteiligungsformaten, den Motiven und der Selbstwirksamkeitserwartung von Engagierten. In: Zeitschrift für internationale Bildungsforschung und Entwicklungspädagogik 44, H. 3, S. 10–15.

Dominelli, Lena (2018): Green Social Work in Theory and Practice: a New Environmental Paradigm for the Profession. In: Dominelli, Lena et al. (eds.): The Routledge Handbook of Green Social Work, London: Routledge, S. 9–19.
Dominelli, Lena (2019): Green Social Work, Political Ecology and Environmental Justice. In: Webb, Stephen A. (ed.): The Routledge Handbook of Critical Social Work, London New York: Routledge, S. 233–243.
Dörfler, Lisa (2021): Ansätze Ökokritischer Sozialer Arbeit im internationalen Theoriediskurs. In: FORUM sozial, H. 2, S. 24–28.
Elsen, Susanne (2019): Eco-social transformation and community-based economy. Abingdon: Routledge.
Ferguson Iain/Ioakimidis, Vasilios/Lavalette, Michael (2018): Global Social Work in a Political Context. Bristol. New York/London: Lexington Books.
Gaard, Greta (2017): Critical Ecofeminism. Landham: Rowan & Littlefield.
Garrelts, Heiko/Dietz, Matthias (2014): Introduction: Contours of the Transnational climate movement. In: Dietz, Matthias/Garrelts, Heiko (Hrsg.): Routledge Handbook of the climate change movement. Abingdon/New York 2014, S. 1–17.
Graneß, Anke/Kopf, Martina/Kraus, Andrea M. (2019): Feministische Theorie aus Afrika, Asien und Lateinamerika. Stuttgart: utb.
Gray, Mel/Coates, John/Hetherington, Tiani (2012) (eds.): Environmental social work. London: Routledge.
Haunss, Sebastian/Sommer, Moritz/Fritz, Lisa (2020): Fridays for Future. Konturen einer
neuen Protestbewegung. In: Haunss, Sebastian/Sommer, Moritz (Hrsg.): Fridays for Future – Die Jugend gegen den Klimawandel, S. 7–14. Bielefeld: Transcript. https://doi.org/10.14361/9783839453476-001
Ife, Jim (2016): Community Development in an Uncertain World: vision, analysis, practice. Port Melbourne: Cambridge University Press.
Ituen, Imeh/Tatu Hey, Lisa: Der Elefant im Raum – Umweltrassismus in Deutschland. Studien, Leerstellen und ihre Relevanz für Umwelt- und Klimagerechtigkeit. Berlin: Heinrich-Böll-Stiftung November 2021. https://www.boell.de/de/2021/11/26/der-elefant-im-raum-umweltrassismus-deutschland, 10.12.2022
Jones, Peter (2018): Greening Social Work Education: transforming the Curriculum in Pursuit of Eco-social Justice. In: Dominelli, Lena et al. (eds.): The Routledge Handbook of Green Social Work. London and New York: Routledge, S. 558–568.
Kanago, Tabitha (2020): Wangari Maathai, Athens: Ohio University Press.
Litfin, Karen (2014). Ecovillages: Lessons for Sustainable Community. United Kingdom: Polity Press.
Maathai, Wangari (2003). The Green Belt Movement: Sharing the Approach and the Experience. New York, NY: Lantern Books.
Maathai, Wangari (2004): Nobel Lecture. https://www.youtube.com/watch?v=dZap_QlwlKw, 10.12.2022
Maathai, Wangari (2008): Afrika, mein Leben. Erinnerungen einer Unbeugsamen. Köln: DuMont.
Maathai, Wangari (2009): The Challenge for Africa. New York: Pantheon.
Maathai, Wangari (2010): Replenishing the Earth: Spiritual Values of Healing Ourselves and the World. New York: Doubleday Image.
Mason, Lisa Reyes/Rigg, Jonathan (2019): People and Climate Change: Vulnerability, Adaptation, and Social Justice. New York: Oxford University Press.
Merton, Lisa/Dater, Alan (2008): Taking Root. The Vision of Wangari Maathai. Documentary. Marlboro Productions/Soundchef Studies.
Mies, Maria/Vandana, Shiva (1995/2016): Ökofeminismus. Die Befreiung der Frauen, der Natur und unterdrückter Völker. Eine neue Welt wird geboren. 2., überarb. Aufl.Neu-Ulm: AG SPAK.

Namulundah, Florence (2014): Wangari Maathai. Visionary, Environmental Leader, Political Activist. New York: Latern Books.
Ngunjiri, Faith Wambura (2014): "I Will Be a Hummingbird": Lessons in Radical Transformative Leadership from Professor Wangari Maathai. In: Jallow, Baba G. (ed.): Leadership in Postcolonial Africa. An Introduction. New York: Palgrave Macmillan, S. 123–141.
Matthies, Aila-Leena/Närhi, Kati (eds.). (2017): The Ecosocial transition of Societies. The Contribution of Social Work and Social Policy. London: Routledge.
McKinnon, Jennifer/ Alston Margret (eds.) (2016): Ecological Social Work: Towards Sustainability. London/New York: Palgrave.
Moor, de Jost/De Vydt, Michiel/Uba, Katrin/Walström (2021): New Kids on the Block: staking stock to the recent cycle of climate activism. In: Social Movement Studies 2021, vol. 20, no. 5, S. 619–625.
Närhi, Kati/Matthies, Aila-Leena (2016): Conceptual and Historical Analysis of Ecological Social Work. In: McKinnon, Jennifer/Alston Margret (eds.): Ecological Social Work: Towards sustainability. Hampshire, UK, S. 21–38.
Nesmith, Ande A. et al. (2021): The Intersection of Environmental Justice, Climate Change, Community, and the Ecology of Life. New York: Springer.
Noble, Carolyn (2018): Green social work requires a Green politics. In: Dominelli, Lena et al. (eds.): The Routledge Handbook of Green Social Work, London and New York, S. 569–572.
Noble, Carolyn (2021): Ecofeminism to Feminist Materialism: Implications for Anthropocene Feminist Social Work. In: Bozalek, Vievienne/Pease, Bob (eds.): Post-Anthropocentric Social Work. Abingdon/ New York: Routledge, S. 95–107.
Peeters, Jef (2016): A Safe and Just Space for humanity: The Need for a New Concept of Well-being. In: McKinnon Jane/Alston, Margret (eds.): The Ecological Social Work. London/New York: Palgrave Macmillan, S. 177–196.
Peeters, Jef (2022): Sustainability and new Economic Approaches. An exploration for social work research. SPSW Working Paper No.CeSo/SpSW/2022-01. Leuven: Centre for Sociological Research, KU Leuven.
Posmek, Jana (2021): Fridays for Future – Empirische Einblicke in ein Feld gemeinschaftlichen Aufbegehrens „ökologischer" Subjekte. In: Hill, Marc/Schmitt, Caroline (Hrsg): Solidarität in Bewegung. Neue Felder für die Soziale Arbeit, Hohengehren: Schneider Verlag, S. 179–196.
Powers, Meredith C. F./Rambaree, Komalsingh/Peeters, Jef (2019): Degrowth for Transformational Alternatives as Radical Social Work Practice. In: Critical and Radical Social Work, vol. 7, no. 3, S. 417–433. doi.org/10.1332/204986019X15688881497178
Rinkel, Michaela/Powers, Meredith C. F. (eds.). (2019): Social work Promoting Community and Environmental Sustainability. A workbook for global social workers and educators (Vol. 1–3). Geneva: International Federation of Social Work (IFSW).
Rucht, Dieter/Ronk, Dieter (2020): Mobilisierungsprozesse von Fridays for Future. Ein Blick hinter die Kulissen. In: Haunss, Sebastian/Sommer, Moritz (Hrsg.): Fridays for Future - Die Jugend gegen den Klimawandel (S. 95–114). Bielefeld: Transcript. https://doi.org/10.14361/9783839453476-004
Schmelz, Andrea (2022): Greening Social Work im Anthropozän. In: Pfaff, Tino/Schramkowski, Barbara/Lutz, Ronald (Hg): Klimakrise, sozialökologischer Kollaps und Klimagerechtigkeit. Weinheim: Beltz Verlag, S. 22–36.
Schmelz, Andrea (2021): Green Social Work für eine post-pandemische Welt. Klimakrise, Covid-19 und das Anthropozän. In: Lutz, Ronald/Steinhaußen, Jan/Kniffki, Johannes (Hrsg): Corona, Gesellschaft und Soziale Arbeit. Neue Perspektiven und Pfade. Weinheim: Beltz Juventa, S. 220–233.
Sinha, Sunny (2013): Maathai, Wangari. In: Encyclopedia of Social Work. doi: 10.1093/acrefore/9780199975839.013.1123

Schramkowski, Barbara (2022): Ökologische Gewalt als Kindeswohlgefährdung? In: Pfaff, Tino/Schramkowski, Barbara/Lutz, Ronald (2022) (Hrsg.): Klimakrise, sozialökologischer Kollaps und Klimagerechtigkeit. Weinheim: Beltz Juventa, S. 120–132.

Shiva, Vandana (1989): Das Geschlecht des Lebens: Frauen, Ökologie und Dritte Welt. Berlin: Rotbuch.

Spitzer, Helmut (2022): Wangari Maathai. Das Vermächtnis einer afrikanischen Friedensnobelpreisträgerin für eine transformative Soziale Arbeit. In: Pfaff, Tino/Schramkowski, Barbara/Lutz, Ronald (Hrsg): Klimakrise, sozialökologischer Kollaps und Klimagerechtigkeit. Weinheim: Beltz Verlag, S. 338–350.

Stamm, Ingo (2021): Ökologisch-kritische Soziale Arbeit. Geschichte, aktuelle Positionen und Handlungsfelder. Opladen: Budrich.

Tokar, Brian (2019): On the Evolution and Continuing Development of the Climate Justice Movement. In: Routledge Handbook of Climate Justice. Abingdon/New York: Routledge, S. 13–26.

United Church for Christ Commission for Racial Justice (1987): Toxic Wastes and Race in the United States: A National Report on the Racial and Socio-Economic Characteristics of Communities with Hazardous Waste Sites. New York.

Indigene Bewegungen in der Internationalen Sozialen Arbeit

Monika Pfaller-Rott & Ute Straub

9. August – Tag der indigenen Bevölkerungen der Welt
(Mit der Resolution 49/214 vom 23. Dezember 1994 beschloss die Generalversammlung der Vereinten Nationen, dass der Internationale Tag der indigenen Bevölkerungen der Welt jedes Jahr am 9. August begangen werden soll. 1982 fand an jenem Datum die Eröffnungssitzung der UN-Arbeitsgruppe zu indigenen Bevölkerungen statt.)

Zusammenfassung

Indigene Ansätze sind ein Element der „Sozialen Arbeit des Südens". Lokale und indigene Hilfesysteme und Unterstützungstraditionen sind im Zuge von Kolonialisierung und Professionellem Imperialismus (Midgley 2010) lange Zeit missachtet bzw. unterdrückt worden. Zum Verlust der kulturellen Wurzeln und damit zur Zerstörung eines für die Persönlichkeitsentwicklung unerlässlichen identitätsstiftenden Rahmens hat Soziale Arbeit nicht unerheblich beigetragen. In den letzten Jahren erlebt das „vergessene Wissen", auch „stilles" oder „implizites Wissen" (Polyani 1985), durch die lauter und selbstbewusster werdenden Stimmen aus dem Globalen Süden (Befreiungsbewegungen, Bewegungen für die Rechte von indigenen Völkern) eine Renaissance, die auch die Forderung einschließt, indigene Ansätze als gleichberechtigt in den Kanon der Ansätze Sozialer Arbeit aufzunehmen. Diese Ansätze gaben und geben Impulse für die Weiterentwicklung und Dekolonisierung der Sozialen Arbeit. Eine bedeutende Rolle spielen indigene Ansätze im Zusammenhang mit ökosozialer Arbeit oder *Green Social Work*. Hier setzen viele der indigenen Bewegungen an, die sich gegen die Zerstörung ihrer angestammten Siedlungsgebiete, ihrer traditionellen Lebensweisen und gegen die Ausbeutung der Natur richten, was sich im Ansatz der *Deep Ecology* oder der *Eco-Spirituality* wiederfindet (vgl. den Beitrag von Schmelz in diesem Band).

Zum besseren Verständnis für historische und aktuelle Situationen indigener Völker ist die Betrachtung ihrer Rechte unerlässlich. Ihre Umsetzung scheitert allerdings zu oft an staatlicher Ignoranz oder Profitinteressen. Die Forderungen indigener Völker werden exemplarisch an zwei sozialen Bewegungen in Mexiko und Guatemala aufgezeigt. Stark verbunden mit der Philosophie Indigener ist die Bewegung *Buen Vivir* (gutes Leben), die entgegen einer westlich-kapitalistischen Sichtweise eine harmonische Beziehung zwischen Individuum, Gesellschaft und Umwelt fokussiert. Als eine wichtige Vertreterin und Initiatorin indigener Bewegungen wird Rigoberta Menchú Tum, eine Quiché-Maya aus Guatemala, porträtiert.

1. Indigenes Wissen und internationale Soziale Arbeit [46]

2014 wurde die Globale Definition der Profession Soziale Arbeit von den internationalen Dachorganisationen International Association of Schools of Social Work (IASSW), International Federation of Social Workers (IFSW) und International Council on Social Welfare (ICSW) in einer revidierten Version verabschiedet, in der indigenes Wissen als wesentlicher Bestandteil professionellen Wissen benannt wird (Straub 2015): „Underpinned by theories of social work, social sciences, humanities and indigenous knowledge, social work engages people and structures to address life challenges and enhance wellbeing" (IFSW 2015).

Ein Textzusatz erklärt den Hintergrund:

> „Mit der vorliegenden definitorischen Bestimmung wird bekräftigt, dass nicht nur westlich-wissenschaftliche Theorien und westliche Praxiserfahrung die Grundlage der Sozialen Arbeit bilden, sondern dass diese Grundlage insbesondere auch von indigenem Wissen beeinflusst ist. Allein westliche Theorien und im kulturellen Westen generiertes Wissen als wertvolles Wissen und indigenes Wissen als dem unterlegen zu bewerten, ist Teil des Kolonial-Erbes. Dieser Prozess soll gestoppt werden. Und indem anerkannt wird, dass indigene Völker in jeder Region, jedem Land und Gebiet ihre eigenen Werte, ihre eigene Art des Verständnisses und eigene Art der Weitergabe ihres Wissens haben, soll der historische westliche Kolonialismus und die westliche Hegemonie im Bereich der Wissenschaft überwunden werden, indem man den indigenen Völkern auf der ganzen Welt zuhört und von ihnen lernt. Die Erkenntnisse im Bereich der Sozialen Arbeit werden von indigenen Völkern mit erarbeitet und beeinflusst. Sie sollen nicht nur im lokalen Umfeld, sondern auch auf internationaler Ebene adäquat angewandt werden" (DBSH und Fachbereichstag Soziale Arbeit 2016).

Aus gutem Grund ist von *indigenem Wissen* die Rede, denn es ist umstritten, ob man von einer „indigenen Sozialen Arbeit" sprechen kann. Soziale Arbeit als Profession ist eine „Erfindung" des Globalen Nordens und hat sich in Europa und den Vereinigten Staaten als spezifische Antwort auf Industrialisierung und Massenarmut des späten 19. Jahrhunderts etabliert. Den Ländern des Südens hingegen wurde sie in Form von sogenannter Entwicklungshilfe und internationalen Austauschprogrammen sukzessive übergestülpt (vgl. Healy 2008: 136), tradierte lokale und indigene Hilfesysteme wurden missachtet oder unterbunden (Noyoo 2018). Allerdings propagieren namhafte, in der Debatte um indigene Ansätze ausgewiesene Autor:innen eine indigene Soziale Arbeit, z.B. im Titel des Standardwerks *„Indigenous Social Work around the World"* (Gray et al. 2010).

Wir übernehmen in diesem Beitrag die Begriffe „indigene Ansätze" und „überliefertes Wissen" und gehen auf das Thema „indigene Wissenschaft" ein.

---

[46] Der erste Abschnitt basiert z.T. auf einem Beitrag für das socialnet-Lexikon: Straub, Ute (2020): *Indigene Ansätze in der Sozialen Arbeit. socialnet Lexikon.* Bonn: socialnet. https://www.socialnet.de/lexikon/Indigene-Ansaetze-in-der-Sozialen-Arbeit, 10.9.2022.

1.1. Indigene Völker ff Definitionen

„Wenn heute von ‚Völkern' die Rede ist, dann geht es dabei fast immer nur um ‚Nationen' im Sinne der Bevölkerungen moderner Nationalstaaten. Damit wird jedoch einerseits letzteren eine inexistente soziokulturelle Homogenität zugeschrieben und andererseits die Existenz der meisten heute lebenden Völker negiert, insbesondere jener, deren Vorfahren in den asiatischen, afrikanischen und ozeanischen Kolonien und in den Anfang des vorletzten Jahrhunderts politisch unabhängig gewordenen Ländern Lateinamerikas lebten. Diese Völker fanden sich im damals allgemein akzeptierten Entwicklungsschema den nordatlantischen und den aus den nordatlantischen Ländern eingewanderten ‚Zivilisierten' als ‚Wilde', ‚Barbaren' oder ‚Primitive' gegenüber, die kulturell, sprachlich, religiös, rechtlich und politisch irgendwie und soweit möglich ‚entwickelt' werden sollten" (Krotz 2011: 445).

Diese Haltung hat sich nicht durchgängig geändert, doch ist v.a. durch den Aktivismus der indigenen Bewegungen ein gesellschaftliches Bewusstsein dafür entstanden, welchen Wert indigenes Wissen für die Zukunft der Menschheit insgesamt zugemessen werden kann, sowohl im Kontext ökologischer Themen wie auch für gemeinschaftsorientierte Ansätze (vgl. Straub 2016). Nicht mehr zu leugnen ist, dass das bisher als allgemeingültig betrachtete „Entwicklungsmodell" des Globalen Nordens Mensch und Natur immer stärker gefährdet. Wie wäre „Zivilisation" neu zu denken, bei der einerseits für die Menschheit ein besseres Gleichgewicht der verschiedenen Ordnungen erreicht wird (der wirtschaftlichen, der kulturellen und der spirituellen) und die andererseits jenseits anthropozentrischer Denkweisen die Natur als gleichberechtigte Entität betrachtet? Hier können indigene Ansätze richtungsweisend sein.

Doch zunächst zurück zur Definition: Wie werden Indigene (aktuell) definiert? Die UN (2014) schlägt zur Kennzeichnung für indigene Völker folgende Merkmale vor:

- Sie leben in (oder haben Verbindungen zu) geografisch festgelegten Gebieten ihrer Vorfahren, zu denen sie eine starke Beziehung haben
- Sie tendieren dazu, innerhalb ihrer Gebiete ihre Angelegenheiten über traditionelle soziale, ökonomische und politische Strukturen zu regeln
- Sie tendieren eher dazu, sich kulturell, geografisch und institutionell zu unterscheiden als sich an die hegemoniale Gesellschaft anzupassen und sprechen eine eigene Sprache
- Sie definieren sich selbst als Angehörige eines indigenen Volkes

In der Regel gehören sie einer nicht-dominanten Gruppe an und unterscheiden sich in Sprache, kulturellen und religiösen/spirituellen Anschauungen[47].

Von einigen Autor:innen (v.a. in den Ländern Subsahara Afrikas) wird vertreten, dass sich „indigen" auf die tradierten lokalen Ansätze der ehemals kolonialisierten

---

47 Ein Grundlagentext dazu findet sich unter www.ifsw.org/indigenous-peoples1/, 14.9.2022.

Bevölkerung bezieht. Hier findet er Anwendung auch auf nicht-indigene Kultur. Genannt werden v.a. Ubuntu/Hunhu als Strömung des afrikanischen Humanismus, der das Wohl und die Harmonie der Gemeinschaft in den Mittelpunkt stellt (Ditlhake 2020; Mayaka/Truell 2021). Unklar bleibt in dieser Definition die Abgrenzung zu indigenen Völkern nach der Definition der UN (s.o.), die auch in den Ländern des Globalen Südens von der Mehrheitsbevölkerung unterdrückt und/oder ausgegrenzt werden (beispielsweise *Himba* in Namibia, *Sandawe* in Zentral-Tansania) und existenziell von Landraub oder Ausweisung von Naturschutzgebieten in ihrem Habitat bedroht sind (z.B. die Massai in Kenia und Tansania). In dieser Definition werden „lokales", „traditionelles" und „indigenes" Wissen synonym gebraucht.

In unserem Beitrag wird die UN-Definition zugrunde gelegt, wenn von „indigenen Völkern und Stämmen" oder „indigenem Wissen" die Rede ist.

1.2. Indigene Kosmovision

Trotz der unterschiedlichen Lebensbedingungen und -räume indigener Völker, die sorgfältig analysiert werden müssen, gibt es viele Gemeinsamkeiten in indigenen Weltsichten (vgl. Straub 2016). Indigenes Wissen basiert auf folgenden weltanschaulichen Prämissen:

- „*Relational Worldview*" oder *Cosmovision*: damit ist eine Weltsicht gemeint, in der die Menschen sich in Beziehungen denken und wahrnehmen. Hart (2010) beschreibt diese Perspektive auf die Welt als „mentale Linse". Sie hilft auf kognitiver, affektiver und intuitiver Ebene, die individuell „eingeschriebene" soziale und spirituelle Landkarte zu verstehen (vgl. Hart 2010: 2). Die Grundlagen für (Er-)Kenntnisse und Wissen sind ganzheitlich, zyklisch und abhängig von Beziehungen in der Community, zu den Ahnen und zur Natur. So ist nicht das Universum, sondern ein Multiversum in Form diverser Parallelwelten Gegenstand dieser Weltsicht (vgl. Cajete 2020: 2), die Raum für das Nicht-Offensichtliche und Nicht-Erfassbare lässt.

- Ökospiritualität ist erweiterte Spiritualität und eine „Perspektive, die endlich einen Platz für indigene Ansätze bietet" (Coates et al. 2006). Damit ist sie ein zentrales Paradigma für indigene Bewegungen und hat eine politische Dimension (vgl. Straub 2020). Hintergrund ist eine Weltsicht, die nicht in Dichotomien, sondern in öko-spirituellen Zusammenhängen denkt und die wechselseitige Abhängigkeit von Mensch, Gemeinschaft und natürlicher Umwelt betont. Sie misst ein gutes Leben und Wohlergehen daran, in welchem Maß es gelingt, Harmonie herzustellen und ökologisches Denken aus der engen anthropozentrischen Sicht zu befreien (vgl. ebd.: 18–21). Diese Art der Infragestellung des Sonderstatus der Spezies Mensch ist im (christlichen) Globalen Norden eine recht junge philosophische Fragestellung, ausgelöst vom Biodiversitätsverlust und der Erkenntnis der Abhängigkeit von nichtmenschlichen Lebewesen. Diese weiter gefasste Auffassung von Lebensqualität reflektiert damit auch post-materialistische Werte.

- *Wir-Denken* (*We-thinking*) beschreibt die Verbundenheit mit anderen und fordert gleichzeitig Respekt für Anderssein (*Otherness*) ein. *Otherness* stellt keine Bedrohung dar, sondern ist konstituierender Teil des Lebens (in der Gemeinschaft). Wir-Denken wird als Teil der Umsetzung von Menschenwürde gesehen (vgl. Cobbah 1987, zit. nach Hapanyengwi-Chemhuru/Makuvaza 2014: 8).
- *Blood-memory* (Baskin 2010) als intergenerationelles Erfahrungswissen bezieht sich auf die Vernetzung aller für gegenwärtige und zukünftige Generationen wesentlichen Lebens- und Überlebens-Perspektiven unter Einbeziehung der Überlieferungen der Vorfahren und den Glauben daran, dass die Menschen Teil des „Lebensnetzes" sind (*Web of Life*) und dass ihr Schicksal mit dem der Vorfahren verknüpft ist. Grundlegend ist die Beziehung zwischen den Menschen und der spirituellen Welt (vgl. Simpson 2000, zit. nach Hart 2010: 3).
- *Healing*: Heilung wird nicht im rein medizinischen Sinn verstanden, sondern es geht um die Wiederherstellung des Gleichgewichts zwischen Menschen, dem sozialen und ökologischen Umfeld, der geistig-spirituellen Dimension sowie kosmischen Vorgängen. Sie hilft dem Einzelnen und der Gruppe sich im Sinne von *Community Healing* zu orientieren. Ein Ansatz, in dem sich dieses Prinzip widerspiegelt, ist die *Restorative Justice*, „wiederherstellende Gerechtigkeit". Sie begründet sich auf der Philosophie, dass Rechtsprechung dazu beitragen muss, die Gemeinschaft, die durch ein Vergehen auseinandergerissen oder geschädigt wurde, wiederherzustellen (*to restore*). Sie steht im Gegensatz zu Bestrafung und Vergeltung, stattdessen ist sie auf Wiedergutmachung, Versöhnung und eben Heilung angelegt (vgl. Ross 2014). Heilungsprozesse werden von Zeremonien begleitet, oft von gemeinsamen Tänzen.

Eine in den indigenen *communities* zur Selbstvergewisserung gestellte Frage lautet: „*What kind of ancestor do you want to be*"? Diese Frage verdeutlicht die zyklische Denkweise im indigenen Wissen: Die Antwort bezieht Gegenwart wie Zukunft ein und ist gleichzeitig der Blick in die (vorweggenommene) Vergangenheit. Sie beinhaltet den Bezug zu den Ahnen und die Verantwortung für die kommenden Generationen, die ihren Ausdruck im gegenwärtigen Verhalten findet. Sie ruft dazu auf, *Indigenous Wisdom* und *Ancestral Knowledge* einzusetzen, die zum Überleben und Wohlergehen der menschlichen Gemeinschaft und zur Rettung der Lebenserhaltungssysteme der Erde beitragen (vgl. Cajete 2020: 10). Diese Basis der indigenen Ansätze wird in konkrete „vorprofessionelle" Unterstützungsleistungen transferiert, also in soziale Verpflichtungszusammenhänge durch verwandtschaftliche oder ethnische Bindungen. Die damit verbundenen traditionellen Bräuche oder rituelle Handlungen werden häufig besonders befähigten Personen wie Älteren, Weisen Frauen oder Heiler:innen anvertraut, die keine herkömmliche Ausbildung in Sozialer Arbeit haben. Werden diese Aktivitäten in die sozialarbeiterische Praxis integriert, spricht man Indigenisierung, also der Verknüpfung von nördlicher Sozialer Arbeit und traditionellen indigenen Ansätzen. Hier setzen Professionalität und wissenschaftlich fundierte Praxis ein, wie sie in der Tradition der europäischen Wissenssysteme verstanden werden, weswegen Begriff und Prozess der Indigenisierung kritisch betrachtet werden (siehe Abschn. 1.4).

Als Konsequenz aus den obigen Ausführungen sprechen wir in diesem Beitrag nicht von indigener Sozialer Arbeit, sondern von indigenen Ansätzen in der Sozialen Arbeit.

Eine wichtige Ressource sind indigene Wissenssysteme (*Indigenous Knowledge Systems*, IKS). Diese bewährten, über viele Generationen vermittelten traditionellen Denk- und Handlungsweisen machen in der aktuellen Praxis Sinn, da sie sich von jeher mit den heute dringlichen Problemen von Nahrungsmittelversorgung, Gesundheit von Mensch und Tier, Erziehung, Umwelt und Umgang mit natürlichen Ressourcen befassen (Vereinte Nationen 2014: bes. Punkte 12, 22, 26).

Viele dieser Ansätze sind in der ein oder anderen Form in eine indigenisierte Soziale Arbeit auch im Globalen Norden übernommen worden (vgl. Straub 2012: 53–59).

1.3. Indigenisierung und Dekolonialisierung

Schon 1972 von Shawky in die Fachdiskussion eingebracht, beschreibt „Indigenisierung der Sozialen Arbeit", wie aus dem Norden importierte Ansätze den lokalen Gegebenheiten angepasst werden können (vgl. Gray et al. 2010: 15–18). Warum fand der Begriff erst viele Jahre später Eingang in die internationale Soziale Arbeit? Warum wird Indigenisierung auch kritisch betrachtet?

Zur ersten Frage: Neben einem ausgeprägten Eurozentrismus (die anglo-amerikanische Perspektive eingeschlossen) und einem Hegemonialanspruch, der die „eigentliche" Soziale Arbeit nur in jener professionalisierten Form sah, die sich im Kontext von Industrialisierung und Sozialer Frage entwickelt hat, mag es folgende Gründe für die Vernachlässigung geben:

Indigenes Wissen über Hilfesysteme wurde lange Zeit nur mündlich überliefert und deshalb (bisher) nicht ausreichend beschrieben (vgl. Noyoo 2007). Lokale und indigene Unterstützungsansätze vollzogen und vollziehen sich vorwiegend in der Praxis, oft weitab von akademischen Auseinandersetzungen in ruralen, abseits der Zentren lebenden Gemeinschaften, von wo aus es kaum gangbare Wege in die Fachdiskussion gab und gibt.

Internationalisierung und das Bestreben nach Respektierung der Disziplin Sozialer Arbeit auf globaler Ebene setzt formale Professionalisierung und Standardisierung von Ausbildung/Studium und Praxis voraus, was die Wahrnehmung für die Vielfältigkeit von Unterstützungsansätzen, besonders für kollektiv organisierte und versammlungsorientierte Hilfen einschränkte. So wurde der Ruf nach *Evidence Based Practice* immer lauter und die Wahrnehmung und Wertschätzung von bewährten „vorprofessionellen" Ansätzen, lokalem/indigenem Wissen und Spiritualität fand wenig Raum.

Zur zweiten Frage: Nach einer kontroversen Debatte um eine einseitige oder gegenseitige Beeinflussung nördlicher und südlicher Ansätze ist mittlerweile Einigkeit darüber hergestellt, dass Indigenisierung einen *Bottom-up-Prozess* bezeichnet, der dynamisch, wechselseitig und integrativ ist. Er ist darauf ausgerichtet, lokale/indigene Ansätze wiederzubeleben und zu entwickeln, aber auch darauf, nördliche Ansätze zu modifizieren (Barise 2005; Osei-Hwedie/Rankopo 2010; Gray/Coates 2010). Einige Autor:innen kritisieren „indigenisierte Soziale Arbeit" als ein veraltetes Konzept und möchten es durch *„cultural relevance"* (Kulturbezogenheit) ersetzt sehen. Das eigentliche Anliegen, die Implementierung einer politisch verstandenen kulturrelevanten Sozialen Arbeit, werde unterschlagen (vgl. Gray/Coates 2010). Der Begriff der Indigenisierung sei eine Herabwürdigung und berücksichtige nicht die unterschiedlichen lokalen und kulturellen Gegebenheiten in den sehr diversen indigenen Gemeinschaften. Darüber hinaus bestünde die Gefahr einer Ausbeutung indigener Werte wie Spiritualität oder Orientierung an der Gemeinschaft, indem diese zugunsten von nach wie vor nördlich dominierten Ansätzen umgedeutet werden (*cultural appropriation*).

Eine grundlegende Modifizierung der Profession erfordert eine zweite kritische Perspektive: Die Dekolonialisierung der Sozialen Arbeit. Die durch den Kolonialismus (und Bildungsimperialismus) aufgestellte „globale Machtmatrix", die Dominanz eines europäisch geprägten Denkens und dessen epistemische Vorherrschaft wird kritisch analysiert. „Es geht nicht darum, kultursensible Wissensformen zu finden oder kulturell ‚Andere' als Träger alternativer Konzepte zu feiern. Es geht auch nicht darum, von ‚Anderen' zu lernen, sondern es geht darum, neue Räume jenseits dominanter Wissensstrukturen aus der Perspektive der von ihnen Ausgegrenzten zu eröffnen und damit dominante Diskurse zu dezentrieren" (Schirilla 2018: 116). Gefordert wird die „Provinzialisierung" der nördlichen Konzepte in Praxis und Forschung, also eine Sichtweise, die die anglo-europäische Version der Sozialen Arbeit als eine von mehreren möglichen ansieht, die nicht mehr im Zentrum steht, sondern – zusammen mit anderen – an der Peripherie. Propagiert wird auch die Zulassung mehrerer Universalismen, nämlich eine Abkehr vom Anspruch, die Vielfalt der Wirklichkeit unter einem einzigen allgemeingültigen Prinzip oder Regelwerk subsumieren zu können (Tamburro 2013).

1.4. Indigene Wissenschaft

Formale (akademische) Ausbildung und *Evidence-Based Practice* stehen gegen Erfahrungswissen und intergenerationelles Erinnern. Professionelle (vorwiegend Einzelfall-) Hilfe geht von anderen Voraussetzungen aus als Wir-Denken und *Conferencing*. Messbarkeit und Standards sind schwer mit Spiritualität, Kosmovision und der Ablehnung dichotomischer Sichtweisen zu vereinbaren. Die akademische *Community* aus dem Norden, v.a. im deutschsprachigen Raum, reagierte bezüglich der neuen Definition mit einer Mischung aus Ratlosigkeit und Bestürzung. Ratlosigkeit, weil das Thema in Europa bislang kaum Eingang in die Fachdiskussion gefunden hatte. Weil befürchtet wurde, in vorprofessionelle Zustände zurückzufallen und die mühsam erkämpfte Anerkennung als wissenschaftliche Disziplin zu gefährden?

Mittlerweile entspinnt sich eine weitergehende Debatte um die Frage, ob man von einer *Indigenous Science* sprechen kann. Cajete (2020), als ein Verfechter einer indigenen Wissenschaft, stellt eine Arbeitsdefinition vor und benennt als Gegenstand den „[…] Bestand an traditionellem Umwelt- und Kulturwissen, der für eine Gruppe von Menschen einzigartig ist und dazu dient, diese Menschen über Generationen hinweg in einer bestimmten Bioregion zu erhalten. Indigene Wissenschaft […] kann auch als ‚traditionelles ökologisches Wissen' (TEK) bezeichnet werden […]" (Übersetzung durch Verf., Cajete 2020: 2). Indigene Wissenschaft ordnet er als „multi-kontextuelles" System ein, einen „*high-context*"-Wissensbestand, der über Generationen hinweg aufgebaut wurde. Im Gegensatz dazu beschreibt er die westliche Wissenschaft als „*low-context*"-Sicht, die Zusammenhänge nicht erweitere, sondern mit einem Fokus auf materieller Objektivität, Entweder-Oder-Logik und Reproduzierbarkeit auf ein Minimum reduziere (vgl. Cajete 2020: 2).

Welchen Weg diese Debatte auch immer nimmt: Will Soziale Arbeit in Studium, Praxis und Forschung auf globaler Ebene kulturadäquat[48], d.h. von Nutzen für die lokale Bevölkerung und die indigenen Minderheiten sein, muss sie sich neu konzipieren. Einen Beitrag dazu leisten die Konferenzen *International Indigenous Voices in Social Work*, die seit 2013 mit indigenen und nicht-indigenen Teilnehmer:innen aus der ganzen Welt jährlich stattfinden. 2022 lautete das programmatische Motto: „*Indigenous Social Workers: Reclaim, Rename, Reframe*".

2. Rechte indigener Völker

Nach Angaben der *United Nations* leben schätzungsweise 5.000 verschiedene indigene Völker in über 90 Staaten, denen bis zu 450 Millionen Menschen angehören (vgl. UN 2021)[49]. Diese machen rund 6 Prozent der Weltbevölkerung aus, aber 19 Prozent der Menschen, die in Armut leben (vgl. BMZ 2021). Ausbeutung, Vertreibung und Landraub durch profitorientierte Unternehmen, oft in Kooperation mit den jeweiligen politischen Eliten, die durch die Ausplünderung natürlicher Gemeingüter (z.B. Monokulturen, Bergbau-, Windkraft-, Wasserkraftprojekte)[50] auf Gewinnmaximierung aus sind, und Erfahrungen als Arbeitssklav:innen waren (und sind) für die indigenen Völker an der Tagesordnung.

Die Besetzung von *Wounded Knee* 1973 im US-amerikanischen Süd Dakota war der Auslöser zur Gründung des *International Indian Treaty Council* (Internationalen Indianischen Vertragsrates – IITC). Als politische Organisation des *American Indian Movement* reisten 1974 Vertreter:innen des IITC an den Sitz der UN-Menschenrechtskommission in Genf und verlangten die Aufnahme in die Völkergemeinschaft, um sich selbst vertreten zu können, da sie keine Anzeichen dafür sahen, dass die USA oder Kanada sich für ihre Rechte einsetzen würden. Der IITC war die erste Indigenen-Organisation, die 1977 den Konsultativ-Status des UN-Wirtschafts- und Sozialrates (*Economic and Social Council* – ECOSOC) erhielt.

Auf internationaler Ebene hat *1989 die ILO (International Labour Organisation)* die Konvention 169 über indigene Völker in Kraft gesetzt („Übereinkommen über eingeborene und in Stämmen lebende Völker in unabhängigen Ländern"). Dies

---

48 Kultur wird als nicht-statisch, transkulturell und kulturverschränkt (cross-cultural) verstanden.
49 UN (2021): Wir, die indigenen Völker in den Vereinten Nationen. https://zeitschrift-vereinte-nationen.de/suche/zvn/heft/vereinte-nationen-heft-42021, 12.8.2022.
50 Siehe weiter dazu: Kollektive in Aktion (Hrsg.) (2019): Die Welt sind wir. Buen Vivir und die Verteidigung von Lebensräumen in Mesoamerika. Kollektive in Aktion. Münster: UNRAST.

ist das einzige völkerrechtlich verbindliche Instrument zu den Rechten indigener Völker[51]. In dieser Konvention sind kollektive Rechte von indigenen Völkern in territorialen und kulturellen Belangen und jene der Selbstidentifikation festgeschrieben. Basis ist die Anerkennung der Bestrebungen indigener und in Stämmen lebender Völker, Kontrolle über ihre eigenen Institutionen, ihre Lebensweisen und Entwicklungsvorstellungen auszuüben. Es sollten also Anti-Diskriminierungsmaßnahmen national unterstützt und die Situation der Armut und Marginalisierung der indigenen Völker verringert werden. Dabei wurde Indigenen das Recht zugesprochen, über ihre natürlichen Ressourcen in ihren Territorien verfügen zu können (vgl. Schilling-Vacaflor 2010: 32–33).

In diesem Beitrag setzen wir den Schwerpunkt auf Lateinamerika, weil hier besonders viele indigene Völker und Stämme leben und indigene Bewegungen seit langem auf der politischen Bühne sehr präsent sind. Hier kamen 1990 erstmals verschiedene indigene Organisationen und Gruppen aus ganz *Abya Yala*[52] zu einem Treffen in der ecuadorianischen Hauptstadt Quito zusammen, um den Weg hin zu einem plurinationalen Amerika zu ebnen (vgl. Rinke et al. 2009: 346). In der *Declaración de Quito y Resolución del Encuentro Continental de Pueblos Indígenas (1990)*[53] wurden verschiedene Forderungen aufgestellt. Exemplarisch seien die Forderungen nach Spiritualität und Beziehung zur Natur hervorzuheben, die Verteidigung der indigenen Kultur, Erziehung und Religion als Identitätsmerkmal. Ein weiterer Anspruch bezieht sich auf die Verteidigung und den Erhalt natürlicher Ressourcen sowie die Selbstorganisation bei deren Nutzung. Außerdem wird die Forderung laut nach Anerkennung des Rechts auf Leben, auf Land und auf Ausübung der Kultur. Einige dieser Aspekte finden sich fast 20 Jahre später in der Deklaration der UN wieder.

2007 wurde die *Deklaration über Rechte indigener Völker* in einer UN-Generalversammlung verabschiedet (vgl. UN 2007). Bezeichnenderweise stimmten die vier Länder, die besonders menschenrechtsverletzend mit ihrer indigenen Bevölkerung umgingen, zunächst dagegen; die Zustimmung von Australien erfolgte 2009, durch die USA und Neuseeland 2010 und von Kanada erst 2016.

Die Konvention garantiert den indigenen Völkern einen rechtsverbindlichen Schutz sowie Anspruch auf eine Vielzahl von Grundrechten. Die wichtigsten sind: Volle Gewährleistung der Menschenrechte und Grundfreiheiten (Art. 2, 3), Recht auf Gestaltung der eigenen Zukunft (Art. 6, 7), Recht auf kulturelle Identität und auf gemeinschaftliche Strukturen und Traditionen (Art. 4), Recht auf Land und

---

51 Das Hohe Kommissariat der Vereinten Nationen für Menschenrechte (Office of the United Nations High Commissioner for Human Rights – OHCHR) nennt daneben noch weitere fünf internationale Übereinkommen als Fundament der Rechte indigener Völker: die Allgemeine Erklärung der Menschenrechte (1948), das Internationale Übereinkommen zur Beseitigung jeder Form von Rassendiskriminierung (International Convention on the Elimination of All Forms of Racial Discrimination – ICERD) (1965), der Zivil- (1966) und Sozialpakt (1966), das Übereinkommen zur Beseitigung jeder Form von Diskriminierung der Frau (Convention on the Elimination of All Forms of Discrimination against Women – CEDAW) (1979).

52 Abya Yala: vorkolonialer Name für den amerikanischen Kontinent vor der Ankunft von Christoph Kolumbus und der Europäer. Der Begriff wird in Indigenen Organisationen auch als Gegenbegriff für „Amerika" verwendet.

53 Siehe: Declaración de Quito y Resolución del Encuentro Continental de Pueblos Indígenas. Quito, 17–21 de julio de 1990, Quito: CONAIE 1990, S. 1–5.

Ressourcen (Art. 13-19), Recht auf Beschäftigung und angemessene Arbeitsbedingungen (Art. 20), Recht auf Ausbildung und Zugang zu den Kommunikationsmitteln (Art. 21), Recht auf Beteiligung bei der Findung von Entscheidungen, die diese Völker betreffen (Art. 6), Gleichberechtigung vor Verwaltung und Justiz (Art 2, 8, 9). Insbesondere beim Recht auf Selbstbestimmung, dem Recht auf Land, auf natürliche Ressourcen und politische Autonomie geht die UN-Deklaration über Rechte Indigener Völker über die Konvention 169 der ILO hinaus (vgl. Schilling-Vacaflor 2010: 35, zit. nach Anaya 1996: 53). So sind indigene Völker zu konsultieren[54], sobald sie betreffende Pläne zu Gesetzesbeschlüssen, Maßnahmen der Ressourcenausbeutung oder des Straßenbaus entwickelt werden. Der Alltag zeigt allerdings, dass dieses und andere Rechte immer wieder verletzt werden. Gebiete unter Stammesverwaltung sind weiterhin von der Rohstoffwirtschaft gefährdet – neben Kahlschlag-Rodungen und Öl- und Gas-Pipelines neuerdings auch durch die Interessen der „grünen" Energiewirtschaft auf der Suche nach Rohstoffen für die „klimafreundlichen" Hochleistungsbatterien der Zukunft.

Die Umsetzung dieser Proklamationen ist also noch bei Weitem nicht garantiert. Aus diesem Grund haben sich zahlreiche indigene Bewegungen formiert.[55]

3. Indigene Bewegungen in Lateinamerika/Abya Yala

Die Ziele politischer Aktionen in Lateinamerika reichen je nach spezifischem Interesse und unterschiedlichen Interpretationen kultureller oder ethnischer Beziehungen von der Veränderung des nationalen Diskurses bis hin zu revolutionären Strategien (vgl. Altmann 2013: 47–48). Fokussiert wird in diesem komplexen Feld die exemplarische Darstellung der Situationen von Indigenen und deren Bewegungen in Guatemala und Mexiko rund um die 500 Jahres-„Feier"[56] und die für Lateinamerika relevante Diskussion rund um *Buen Vivir*. Abschließend wird die Relevanz globaler Kooperationen dargestellt, die sowohl von den Indigenen aus zum Austausch und zur Durchsetzung ihrer Anliegen erfolgen, als auch seitens der Sozialen Arbeit, um die Bedeutung indigenen Wissens für die Profession und Disziplin deutlich zu machen.

3.1. Indigene Bewegungen und der 500. Jahrestag der „Entdeckung" Amerikas 1992

Seit der Eroberung und der Gründung von Nationalstaaten gibt es zahlreiche Widerstands- und Emanzipationskämpfe indigener Völker. Diese Bewegungen sind

---

54 *UN Declarations are generally not legally binding; however, they represent the dynamic development of international legal norms and reflect the commitment of states to move in certain directions, abiding by certain principles [...] It is in that sense that the Declaration has a binding effect for the promotion, respect and fulfilment of the rights of indigenous peoples worldwide. The Declaration is a significant tool towards eliminating human rights violations against the over 370 million indigenous people worldwide and assisting them and States in combating discrimination and marginalization* (UN 2007: FAQ).
55 Zur Entwicklung des Kampfes der Indigenen um Anerkennung bei den UN siehe: https://dgvn.de/meldung/indigene-bei-den-un-noch-lange-nicht-am-ziel, 5.9.2022.
56 Indigene schlugen 1987 auf der *American Non-Governmental Conference* im UN-Hauptquartier in Genf vor, 1992 zum „Jahr der Trauer" der UN wegen des Beginns des Kolonialismus, der afrikanischen Sklaverei und dem Genozid an den Indigenen Völker von Amerika zu erklären. Als Ergebnis erkämpften sie eine Dekade für die indigenen Völker der Welt, die offiziell 1993 begann (Dunbar-Ortiz 2019: 33ff34).

mit Forderungen nach Autonomie verbunden. Rund um die Jubiläumsfeier der „Entdeckung" Amerikas im Jahre 1992 stieg der Widerstand indigener Bewegungen, da dies in ihren Augen kein Anlass für eine Feier ist, sondern den Beginn einer leidvollen Geschichte von Völkermord und jahrelanger Unterdrückung markiert. In einigen Ländern wird der Tag inzwischen unter anderen Vorzeichen begangen: in Venezuela als „Tag des Indigenen Widerstands", in Argentinien als „Tag des Respektes vor der kulturellen Verschiedenheit", in Bolivien als „Tag der Entkolonialisierung" und in Ecuador als „Tag der Interkulturalität".

Folgende zwei Beispiele zeigen exemplarisch die Lage indigener Völker auf und erklären die Forderungen der indigenen Bewegungen (s. Abschn. 2).

In Chiapas, Mexiko begann am 1. Januar 1994 ein bewaffneter Aufstand von Indigenen. Als Hommage an den Helden der Mexikanischen Revolution Emiliano Zapata nennt sich diese Bewegung *Ejército Zapatista de Libera Ción Nacional, EZLN* (Zapatistische Armee der Nationalen Befreiung). Diese Gruppierung hat das Ziel, auf die unterprivilegierte Situation und die andauernde Exklusion der indigenen Bevölkerung Mexikos aufmerksam zu machen, wobei sie insbesondere auf neue Technologien und globale Vernetzungen zurückgreifen (vgl. Rinke et al 2009: 352). Vor allem die erste *Declaración de la Selva Lacandona* (Deklaration aus dem Lakandonischen Urwald), die als Kriegserklärung an den Staat verstanden wird, verdeutlicht ihre Situation: Die Indigenen sehen ihre aktuelle Lebenssituation und Identität von 500 Jahren Kampf geprägt: zuerst gegen Versklavung, dann im Unabhängigkeitskrieg gegen Spanien im 19. Jahrhundert, danach im Widerstand gegen den US-amerikanischen Expansionismus, gegen eine 30 Jahre währende Diktatur und immer (noch und wieder) gegen Landnahme und Ressourcenausbeutung, Ausgrenzung und Armut (sinngemäße Übersetzung durch Verf.) [57]. Zudem monieren sie, dass ihre Befreiungsarbeit ungerechtfertigt in Bezug zu Drogenhandel, Drogenguerilla, Banditentum etc. gebracht wird. Ihre Bewegung hält sich an das Verfassungsrecht und steht unter dem Banner von Gerechtigkeit und Gleichheit.

Nicht nur in Mexiko, auch in Guatemala kämpfen Indigene wie beispielsweise die Maya-Führerin Rigoberta Menchú, deren Portrait im folgenden Kapitel zu finden ist, für Gerechtigkeit und gegen Rassismus, Diskriminierung und Unterdrückung und Ausbeutung. „Die Politik der verbrannten Erde, das heißt die Vernichtung ganzer Dörfer in Guatemala wurde von der Armee in der Absicht verfolgt, die Zeugen ihrer Verbrechen zu beseitigen [...]" (Menchú 1999: 269). Politik der verbrannten Erde bedeutete die völlige Vernichtung, die Ausrottung der Indigenen mit all ihren Idealen (z.B. ihre enge Beziehung zur Natur, zur Mutter Erde, der engen Verbindung zu Vorfahren und Verantwortung für Nachkommen) durch die Armee in Guatemala. Indigene flüchteten, um ihr Leben und um sich vor Folter zu schützen, in die Berge und lebten dort fast 15 Jahre.

Als Folge des 500. Jahrestag der Kolonialisierung 1992 ist als positive Entwicklung zu verzeichnen, dass durch die gemeinsame Kritik an dieser neokolonialen

---

57 Comandancia General del EZLN: Declaración de la Selva Lacandona (1993). http://palabra.ezln.org.mx/com unicados/1994/1993.htm, 14.8.22.

Veranstaltung der Zusammenhalt unter den indigenen Völkern zunahm. Negativ ist, dass sie sich danach von zahllosen Umweltaktivist:innen und intellektuellen Gruppierungen ausgebeutet fühlen, da diese sich ihre Ideen und Positionen angeeignet und die Urheberschaft dafür übernommen haben.

„Nie hieß es: ‚Das hat Häuptling Descage gesagt' oder: ‚Das hat ein Maya-Häuptling gesagt, das hat eine Chortí[58] oder eine Chamula[59] oder eine Hebamme gesagt'. Nie wurde zugegeben, dass diese Ideen Jahrtausende alte Wurzeln haben, und so schien der Indígena über keine eigene Gedankenwelt zu verfügen." (Menchú 1999: 299).

Ein wichtiger Schritt zum weiteren Zusammenschluss der Indigenen war die unter der Schirmherrschaft der bolivianischen Regierung im April 2010 abgehaltene Weltkonferenz der Völker über den Klimawandel und die Rechte der Mutter Natur (Declaración de la Conferencia Mundial de los Pueblos sobre el Cambio Climático y los Derechos de la Madre Tierra 2020).

„Mehr als 5.000 Vertreter_innen von Nichtregierungsorganisationen und sozialen Bewegungen aus 174 Ländern sowie 25.000 bolivianische Aktivisten diskutierten hier über Alternativen zum kapitalistischen Entwicklungsmodell [...]. In ihrer Abschiedserklärung forderten sie ein neues politisches, wirtschaftliches und gesellschaftliches System basierend auf den folgenden Prinzipien: ‚Harmonie zwischen allen und mit allem; Komplementarität, Solidarität und Gleichberechtigung; kollektives Wohlergehen und Befriedigung der Grundbedürfnisse in Harmonie mit der Mutter Erde; Respekt vor den Rechten der Mutter Erde und den Menschenrechten; Anerkennung des Menschen aufgrund seines Wesens und nicht aufgrund seines Besitzes; Beseitigung aller Formen von Kolonialismus, Imperialismus und Interventionismus; und Frieden zwischen den Völkern und mit der Mutter Natur [...]". (Lopez Ayala: 2017)[60]

Portrait Rigoberta Menchú

Die Menschenrechtsaktivistin Rigoberta Menchú Tum, eine Quiché-Maya, Tochter eines christlichen Katecheten und einer in der Heilkunde der Maya ausgebildeten Hebamme, wird am 9. Januar 1959 in Chimel, Guatemala geboren. 1960 bricht der Bürgerkrieg aus. Indigene Gemeinschaften stehen unter Generalverdacht, die Rebellen zu unterstützen und werden systematisch vertrieben, verschleppt oder ermordet. Bis zum Friedensschluss 1996 sterben 200.000 Gultemaltek:innen, überwiegend Maya, 450 Maya-Dörfer werden zerstört und eine Million Menschen wird vertrieben.
Rigoberta Menchú besucht ein katholisches Internat und kommt dabei mit den Ideen der Befreiungstheologie und der Frauenbewegung in Berührung. Ihre Familie steht während des guatemaltekischen Bürgerkriegs der Guerillabewegung nahe, die sich gegen die von den USA unterstützten Militärdiktatur stellt und

---

58 Chortí ist ein indigenes Volk und ist in den Ländern Guatemala, Honduras und El Salvador zu finden.
59 Chamula ist ein Ort in Mexiko mit einem sehr hohen Anteil von Indigenen, die Nachkommen der Maya sind.
60 Download und weitere Informationen unter http://www.lateinamerika.uni-koeln.de/publikationen.html.

sich für die Landansprüche der Kleinbauern (*Campesinos*) einsetzt. Die meisten Familienmitglieder werden aufgrund ihres politischen Engagements getötet. Zwischen 1982 und 1984, auf dem Höhepunkt des 36 Jahre andauernden Bürgerkrieges in Guatemala, fliehen Zehntausende, meist Maya, nach Mexico, so auch Rigoberta Menchú – da ist sie 21 Jahre alt. Erst 13 Jahre später kann sie nach Guatemala zurückkehren (vgl. Beltrán 1999: 11).

1979 tritt Rigoberta Menchú, wie auch ihr Vater und die Brüder, in das *Comité de Unidad Campesina* (Komitee für Landarbeitervereinigung, CUC) ein und fungiert als Delegierte bei der UNO. Später vertritt sie als führendes Mitglied in der Indígena-Bewegung deren Interessen in der *United Nations Working Group on Indigenous Populations*, UNWGI (Arbeitsgruppe Indigene Völker der UNO) (vgl. Miná 1999: 14; Menchú 1999: 218ff.). Schon mit 23 Jahren ist sie Gründungsmitglied der Organisation zur Dokumentation und Anklage von Menschenrechtsverletzungen. Sie wird auch Mitglied der radikalen „Volksfront 31. Januar" mit dem Ziel, die durch die Militärdiktatur unterdrückten Indigenen und Campesinos zu lehren, wie sie Widerstand leisten können, indem sie sich organisieren (vgl. Zimmermann 2001: 122–123). Eine weitere wichtige Aktivität ist ab 1882 – vom Exil aus – ihr Engagement in der *Representación Unitaria de la Oposición Guatemala* (ruog), einem Zusammenschluss oppositioneller Gruppen, in der sie sich auf nationaler Ebene für gerechte Landverteilung, bessere Lebensbedingungen und gerechte Löhne einsetzt (Comité de Unidad Campesina 1996: 40). Sie agiert auf internationaler Ebene als Vertreterin der Rechte der Indigenen und tritt als Rednerin und Aktivistin auf Foren in der ganzen Welt auf. Sie wird zur Anführerin von Indigenen- und Frauenorganisationen und zur Symbolfigur insbesondere der Indigenen (vgl. Zimmermann 2001: 114). Weltweite Bekanntheit erlangt sie durch ihre Autobiografien Yo, Rigoberta Menchú (1983), Rigoberta Menchú – Enkelin der Maya (1999), Rigoberta Menchú: Leben in Guatemala (Burgos 1984 – mittlerweile in der 12. Aufl.). Wenn sie auch nachweislich nicht alles genauso selbst erlebt hat, wie es in der (diktierten) Autobiografie wiedergegeben ist, so ist auf ihre Anmerkung zu verweisen: „*I'd like to stress that it's not only my life, it's also the testimony of my people*" (Menchú 1983: 3). Die Vermarktung ihrer Geschichte weiß sie zu nutzen, um noch mehr Aufmerksamkeit für die Belange der Indigenen zu erhalten und eine internationale Verurteilung der guatemaltekischen Militärdiktatur zu erreichen (vgl. Zimmermann 2001: 113).

1992 erhält Rigoberta Menchú den Friedensnobelpreis für ihren Kampf für eine Strafverfolgung der Verbrechen an der indigenen Bevölkerung in Guatemala. Damit ist sie nicht nur die bis dahin jüngste Preisträgerin, sondern auch die erste indigene. In ihrer Rede prangert sie die Unterwerfung der Ureinwohner durch die Europäer an und würdigt die Millionen von Opfern.

Anschließend kehrt sie mit anderen Exilant:innen nach Guatemala zurück und gründet mit dem Preisgeld die Rigoberta Menchú Tum Foundation (*Fundación Rigoberta Menchu Tum* – FRMT), deren Ziel es ist, Maya-Communities und Überlebende des Genozids dabei zu unterstützen, nach Jahrzehnten endlich Gerechtigkeit einzufordern und entsprechende Gerichtsverfahren durchzusetzen. In vielen wichtigen Fällen hat sie Erfolg: so im Verfahren gegen den ehemaligen Diktator Effrain Ríos Montt (2013), in der Verurteilung des Polizeichefs, der für das Massaker an Aktivist:innen bei jener friedlichen Demonstration verantwortlich war, bei der ihr Vater umkommt (2015) und im Fall von Frauen, die sexuelle Sklaverei durch das Militär überlebt hatten (2016).

Rigoberta Menchú erhält viele weitere Auszeichnungen, deren Dotierungen sie in humanitäre Projekte investiert, z.B. in den landesweiten Ausbau der Apothekenkette *Farmacias Similares*, die zum Ziel hat, Medikamente kostengünstig zu vertreiben (*Salud para Todos*). Als Präsidentin dieser Organisation wird Menchú von großen Pharmaunternehmen heftig angegriffen, weil sie die Patentlaufzeit bestimmter AIDS- und Krebsmedikamente verkürzen will, um ihre Verfügbarkeit und Erschwinglichkeit zu erhöhen.

1996 wird sie zur UNESCO-Sonderbotschafterin zur Förderung einer Kultur des Friedens und der Rechte indigener Menschen ernannt. Zwei Mal kandidiert sie – erfolglos – für das Amt der Präsidentin Guatemalas, erreicht damit aber ein Aufleben der Diskussion um eine stärkere Vertretung der indigenen Völker in der Politik.

Abschließend ein Kommentar von ihr bei einem Gipfel der UNO in Genf zur Frage der Menschenrechte: „Wir sind keine Schmetterlinge, wir sind denkende menschliche Wesen. Warum akzeptiert man nicht, dass die heutige Welt von den indigenen Völkern etwas lernen könnte?" (Minà 1999:15).

Die Bedeutung von Rigoberta Menchú's Engagement für die indigenen Bewegungen kann nicht hoch genug eingeschätzt werden. Sie beweist, dass Widerstand dazu führen kann, sich auch international Gehör zu verschaffen. Und nicht nur das: sie zeigt auch, wie gut vernetzter Aktivismus mit dem Ziel, Gerechtigkeit einzufordern, diese auch erhalten kann.

Ein indigenes Konzept, das bereits Einfluss auf westliches Denken hat, ist *Buen Vivir*.

3.2. Buen Vivir als Alternativkonzept zu Entwicklung

Lateinamerika ebenso wie der gesamte Globale Süden werden in ihrer „Entwicklung" an einer linearen Vorstellung von Zivilisation und Fortschritt gemessen, die auf einer Matrix von globaler Macht/Überlegenheit des Globalen Nordens gründet. Der hier vorgestellte Ansatz des *Buen Vivir* hingegen zeigt einen Entwicklungsbegriff auf, der mehr als nur materiellen Fortschritt und wirtschaftliches Wachstum und eindimensionale Beurteilung beinhaltet.

Buen Vivir stellt einen mehrfachen Bruch mit herkömmlichen Konzepten dar: er bricht mit traditionellen Entwicklungskonzepten, beruft sich auf indigene Kosmovisionen und Traditionen und stellt die Beziehung zur Natur in den Mittelpunkt (vgl. Fatheuer 2011: 17)

Die Wiederbelebung des Konzepts von *Buen Vivir* erfolgte in Bolivien und Ecuador, in Ländern, in denen indigene Völker einen großen Teil der Bevölkerung ausmachen. Das indigen-andine Gedankengut des guten Lebens (*Buen Vivir*[61] oder *Sumak Kawsay* [62]) beruht auf einer traditionellen Weltsicht, die eine harmonische Beziehung zwischen Individuum, Gesellschaft und Umwelt anstrebt und ist damit

---

61 *Buen Vivir* kann mit „gut leben" oder „kollektives Wohlergehen" übersetzt werden.
62 *Sumak Kawsay* als multipler wirtschaftlicher, politischer und kultureller Vorschlag, der von verschiedenen sozialen Akteur:innen mit unterschiedlichen Interessen fokussiert wird (Altmann 2016: 55).

ein Gegenentwurf zur vorherrschenden kapitalistischen und anthropozentrischen Sichtweise des Globalen Nordens[63].

Buen Vivir ist deutlich abgegrenzt von der Idee des individuellen guten Lebens. Es ist nur im sozialen Zusammenhang denkbar, vermittelt durch die Gemeinschaft, in der die Menschen leben. Walsh (2010: 18) sieht darin das Ergebnis der sozialen, politischen und epistemischen Handlungsfähigkeit der indigenen Bewegung, die auf die Dringlichkeit eines radikal anderen Gesellschaftsvertrags hinweist. Es ist also ein Wissens- und Lebenssystem, dessen Basis sowohl die Gemeinschaft von Mensch und Natur ist als auch die räumlich-zeitliche Gesamtheit des Daseins.

Buen Vivir wurde in den Jahren 2008 und 2009 in die Verfassungen von Ecuador und Bolivien integriert. Beide Länder sehen in der Neukonstituierung ihrer Verfassungen einen endgültigen Bruch mit der kolonialen Geschichte, weswegen die Präsenz der indigenen Bewegung in den Verfassungsprozessen von fundamentaler Bedeutung war. So wurden kommunitäre Strukturen und partizipative Demokratiemodelle gestärkt (vgl. Fatheuer 2011: 14). Ein weiteres wichtiges Merkmal ist das Selbstverständnis als „plurinationaler Staat", eine Neuerung in Lateinamerika, wobei sich die Anerkennung explizit auch auf nicht indigene Gruppen wie Afrodeszendente oder die mestizische Bevölkerung bezieht (vgl. ebd.: 20).

In der Präambel der *Cortesía Constitución de la República del Ecuador* (2008) wird der Entschluss betont, auf der Basis von Buen Vivir und *el Sumak Kawsay* eine neue Form des Zusammenlebens in Harmonie mit der Umwelt und unter Akzeptanz von Diversität aufzubauen. Betrachtet man die weiteren Schwerpunkte (u.a. Wasser und Nahrung, Natur, Bildung, Gesundheit, Arbeit und soziale Sicherheit, Wohnen, Kultur, soziale Kommunikation, Wissenschaft, Wissen der Vorfahren, Biodiversität, Ökosysteme, alternative Energien), so wird die soziale, ökonomische und epistemische Bedeutung deutlich, die *Buen Vivir* beizumessen ist.

Wie überall ist die Differenz zwischen Verfassungswirklichkeit und dem Verfassungstext eine Herausforderung. Beinhalten diese beiden Verfassungen eher gute Wünsche, vermischt mit Gesetzen, oder ist es gar bloße Verfassungslyrik oder Verfassungspopulismus, wie Kritiker:innen meinen (vgl. Fatheuer 2011: 15)? Auch wenn die Umsetzung an postkolonialen Hindernissen zu scheitern droht und auch wenn die Gefahr nicht geleugnet werden kann, dass das Konzept des *Buen Vivir* ähnlich wie das afrikanische *Ubuntu* entpolitisiert wird und zu einer Worthülse verkommen kann: diese Verfassungen enthalten Visionen, sind in die Zukunft gerichtet. Ihr zentrales Merkmal ist, dass es sich um transitive Verfassungen handelt, d.h. sie zielen explizit auf Veränderungen und ihre Botschaft ist das Bekenntnis zum guten Leben als Verfassungsziel und die Anerkennung der Natur als Rechtssubjekt. Die Integration der indigenen Weltsicht in die Verfassung hat

---

63 „Wir sind Zeugen, dass das gemeinsame Haus in Agonie lebt, mit einem Mangel an Luft zum Atmen, an reinem Wasser, um das Land und die Wälder zu bewässern [...]. Wir sind für diese Qual und den stillen Tod der Erde nicht empfänglich. Viele von uns beobachteten, betäubt durch die Trennung, die wir von der Erde und von den Söhnen und Töchtern der Erde machen, *„was auch immer die Erde tut, es wird den Söhnen und Töchtern der Erde angetan werden."* (Übersetzung d. Verf., Laura Vicuña Perera Manso, 2022).

jedenfalls die indigene Bewegung vereint und gestärkt (Altmann 2014: 89–90). Es entstanden zahlreiche transnationale lateinamerikanische Organisationen sowie globale Kooperationen.

3.3. Globale Kooperationen

Mit den weltweiten Aktivitäten indigener Bewegungen gerät deren Geschichte immer wieder in den Fokus der politischen Öffentlichkeit auf nationaler und internationaler Ebene. Angeklagt wird u.a. die Unwilligkeit der lateinamerikanischen Länder, ihre Versprechen zu Staatsbürgerschaft und Gleichberechtigung einzulösen. Es entstanden daraufhin zahlreiche transnationale lateinamerikanisch Organisationen, die sich mit anderen internationalen Bewegungen wie dem *World Council of Indigenous Peoples* zusammenschlossen (vgl. Hatzky/Potthast 2022:182). Mit der Zeit verstärkt sich die Unterstützung durch die *United Nations* (UN). Weitere globale Unterstützungen – wie beispielsweise von den internationalen Dachverbänden der Sozialen Arbeit IFSW und IASSW (vgl. den Beitrag von Straub in diesem Band) – trägt zu Verständnis und Respekt für unterschiedliche Kulturen bei und dazu, indigenes Wissen in die Ausbildung, Lehre, Forschung und Praxis aufzunehmen, womit der internationalen Sozialen Arbeit eine wichtige Rolle zukommt, wenn es um Dekolonialisierung und Neukonzeptionierung der Profession geht.

4. Fazit

Indigene Ansätze sind eine Bereicherung für die Soziale Arbeit und können zu ihrer Weiterentwicklung in Richtung auf stärker gemeinschafts-orientierte Verfahren beitragen. Die Themen Ökologie und Spiritualität sind von keinem internationalen Kongress mehr wegzudenken. Eine Kooperation zwischen internationaler Sozialer Arbeit und indigenen Bewegungen trägt, wie Beispiele zeigen, dazu bei, deren Forderungen nach der Durchsetzung ihrer Rechte, dem Schutz ihrer Gebiete und ihrer natürlichen Ressourcen Nachdruck zu verleihen, sie sicht- und hörbar zu machen. Wir selbst haben in diesem Beitrag viel von den Indigenen gelernt und übernommen – dafür danken wir.

Angesichts des weltweiten Klimawandels kann die indigene Konzeption von Heilung und *Buen Vivir,* also vom Gleichgewicht zwischen Menschen, dem sozialen und ökologischen Umfeld und der geistig-spirituellen Dimension, nicht länger ignoriert werden. Laura Vicuña Perera Manso, die sich für den Erhalt des Amazonas und die Rechte indigener Völker einsetzt, betont: „Wir selbst sind Natur, wir sind Erde, wir sind Luft und wir sind Wälder" (Vicuña Perera Manso 2022)

„*Healing through Story, Song and Dance*" – so lautete ein Vortragstitel auf einem ICSW-Kongress. Dies ist als Aufforderung zu verstehen, einander zuzuhören, unterschiedliche Kommunikationsformen auszuprobieren und gemeinsam in Bewegung(en) zu gehen und zu bleiben.

Reflexionsfragen

- Welche indigenen Völker sind Ihnen bekannt? Recherchieren Sie zu der Frage, ob und ggf. wie indigenes Wissen in ihrem Alltag eine Rolle spielt.
- „What kind of ancestor do you want to be" – wie würden Sie diese Frage für sich beantworten?
- „Provinzialisierung der nördlichen Konzepte der Sozialen Arbeit in Praxis, Lehre und Forschung" – wie stehen Sie zu dieser Forderung? Bitte begründen Sie Ihren Standpunkt.
- Welche Bezüge sehen Sie zwischen indigenen Ansätzen (z.B. Weltanschauliche Prämissen …) und einem ausgewählten Arbeitsfeld der Sozialen Arbeit?
- Diskutieren Sie den Begriff „Dekolonialisierung der Sozialen Arbeit".

Literatur zur Einführung

Deutschlandfunk (2022): Zerstörung des Amazonas. Bolsonaro lässt abholzen. https://www.deutschlandfunkkultur.de/amazonas-und-bolsonaro-100.html

Fatheuer, Thomas (2011): Buen Vivir. Eine kurze Einführung in Lateinamerikas neue Konzepte zum guten Leben und zu den Rechten der Natur. Bd. 17 der Schriftenreihe Ökologie Hrsg. von der Heinrich-Böll-Stiftung.

Menchú, Rigoberta (1999): Enkelin der Maya. Autobiographie. Göttingen: Lamuv Verlag.

Straub, Ute (2016): „All my relations" – indigene Ansätze und Relationalität in der Sozialen Arbeit. In: Früchtel, Frank/Strassner, Mischa/Schwarzloos, Christian (2016): Relationale Sozialarbeit – versammelnde, vernetzende und kooperative Hilfeformen. Weinheim, Basel: Beltz-Juventa, S. 54–74.

Weiterführende Literatur

Altmann, Philipp (2013): Plurinationality and Interculturality in Ecuador: The indigenous movement and the development of political concepts. In: Iberoamericana. Nordic Journal of Latin American and Caribbean Studies. Vol. 43: H. 1–2, S. 47–66.

Altmann, Philipp (2014): Good Life as a Social Movement Proposal for Natural Resource Use: The Indigenous Movement in Ecuador. In: Consilience, No. 12, S. 82–94. Published by: Columbia University.

Avenir Social (2019): Die IFSW/IASSW Definition der Sozialen Arbeit von 2014. Bern: AvenirSocial, 26.4.2019. https://avenirsocial.ch/wp-content/uploads/2018/12/definitive-deutschsprachige-Fassung-IFSW-Definition-mit-Kommentar-1.pdf, 3.8.2020

Barise, Abdullah (2005): Social Work with Muslims: Insights from the Teachings of Islam. In: Critical Social Work, Vol. 6, No 2, https://ojs.uwindsor.ca/index.php/csw/article/download/5660/4627?inline=1, 14.9.2022

Baskin, Cynthia (2010): Strong Helpers' Teachings: The Value of Indigenous Knowledges in the Helping Professions. Toronto: Canadian Scholars' Press.

Beltrán, Esteban (1999): Einführung. In: Rigoberta Menchú. Enkelin der Maya. Autobiographie. Göttingen: Lamuv Verlag.

Bundesministerium für wirtschaftliche Zusammenarbeit und Entwicklung (BMZ) (2021): Menschenrechte. Rechte indigener Völker. https://www.bmz.de/de/entwicklungspolitik/rechte-indigener-voelker, 5.9.2022

Burgos, Elisabeth (1994): Rigoberta Menchú. Leben in Guatemala. 12. Aufl., Bornheim-Merten: Lamuv Verlag.

Cajete, Gregory A. (2020): Indigenous Science, Climate Change, and Indigenous Community Building: A Framework of Foundational Perspectives for Indigenous Community Resilience and Revitalization. In: Sustainability 2020, 12, 9569. DOI:10.3390/su12229569.

César Vargas, Samantha (2019): Die Methodik der Enteignung der indigenen Bevölkerung. In: Kollektive in Aktion (Hrsg.) (2019): Die Welt sind wir. Buen Vivir und die Verteidigung von Lebensräumen in Mesoamerika. Kollektive in Aktion. Münster: UNRAST.

Coates, John/Gray, Mel/Hetherington, Tiani (2006): An 'ecospiritual' perspective: Finally, a place for Indigenous approaches. In: British Journal of Social Work, Vol.7, H. 2.

Constitution de la República del Ecuador (2008): www.oas.org/juridico/pdfs/mesicic4_ecu_const.pdf, 15.9.2022

Comitè de Unidad Campesina (1996): Rigoberta Menchù. Klage der Erde. Der Kampf der Campesinos in Guatemala. 4. Aufl., Göttingen: Lamuv Verlag.

Declaración de la Conferencia Mundial de los Pueblos sobre el Cambio Climático y los Derechos de la Madre Tierra (2020). www.fuhem.es/2010/05/20/declaracion-de-la-conferencia-mundial-de-los-pueblos-sobre-el-cambio-climatico-y-los-derechos-de-la-madre-tierra/, 12.9.2022.

Deutscher Berufsverband für Soziale Arbeit e.V. (DBSH) und Fachbereichstag Soziale Arbeit (FBTS) (2016): Deutschsprachige Definition Sozialer Arbeit des Fachbereichstags Soziale Arbeit und DBSH Berlin: Deutscher Berufsverband für Soziale Arbeit e.V. dbsh.de/media/dbsh-www/redaktionell/bilder/Profession/20161114_Dt_Def_Sozialer_Arbeit_FBTS_DBSH_01.pdf, 10.9.2022

Ditlhake, Kefilwe (2020): Ubunto/Botho culture: An indigenous African value system and community development. In: Straub, Ute/Rott, Gerhard/Lutz, Ronald (Hrsg.): Indigenous and Local Knowledge in Social Work. Band Nr. 8 Sozialarbeit des Südens. Opladen: Paulo Freire Verlag, S. 159–176.

Dunbar-Ortiz, Roxanne (2019): The International Indigenous Peoples' Movement: A Site of Anti-Racist Struggle against Capitalism. In: Vishwas Satgar: Racism After Apartheid. Challenges for Marxism and Anti-Racism. Published by: Wits University Press.

Gray, Mel/Yellow Bird, M./Coates, John (2010): Towards an Understanding of Indigenous Social Work. In: dies. (Hrsg.) (2010): Indigenous Social Work around the World. Towards Culturally Relevant Education and Practice. Southhampton: Ashgate, S. 13–29.

Hapanyengwi-Chemhuru, Oswell/Makuvaza, Ngoni (2014): Hunhu: In Search of an Indigenous Philosophy for the Zimbabwean Education System. In: Journal of Indigenous Social Development, Vol. 3 (1), pp 11–15.

Hart, Michael A. (2010): Indigenous Worldviews, Knowledge, and Research: The Development of an Indigenous Research Paradigm. In: Journal of Indigenous Voices in Social Work, 1(1), S. 1–16

Hatzky, Christine/Potthast Barbara (2022): Lateinamerika seit 1930. Berlin: De Gruyter.

Healy, Lynne (2008): Introduction: A brief journey through the 80 year history of the International Association of Schools of Social Work. In: social work & society, Vol. 6 (1), S. 1–13.

International Labour Organization (ILO) (1989): C169 – Indigenous and Tribal Peoples Convention (No. 169). https://www.ilo.org/dyn/normlex/en/f?p=NORMLEXPUB:12100:0::NO::P12100_ILO_CODE:C169, 10.8.2022

International Federation of Social Workers (IFSW) (2015): Global Definition of the Social Work Profession. ifsw.org/get-involved/global-definition-of-social-work/, 10.9.2022

International Federation of Social Workers (IFSW) (2015): World Indigenous Peoples Day message. https://www.ifsw.org/world-indigenous-peoples-day-message/?utm_source=News+signup&utm_campaign=7a89e5faf9-RSS_EMAIL_NEWS&utm_medium=email&utm_term=0_f1659bc18d-7a89e5faf9-81609601, 15.8.2022

Krotz, Stefan (2011): Die UN-Erklärung über die Menschenrechte der indigenen Völker. In: Stimmen der Zeit, Heft 7/11, S. 445–459.

López Ayala, Tatiana (2017): Das Buen Vivir als alternatives Entwicklungskonzept? Eine wissenschaftstheoretische Einordnung. In: Wentzlaff-Eggebert/Traine, Martin (Hrsg.): Arbeitspapiere zur Lateinamerikaforschung, Universität zu Köln.

Mayaka, Bernard/Truell, Rory (2021): Ubuntu and its potential impact on the international social work profession. In: SAGE. International Social Work. Vol. 64 (5), S. 649–662.
Midgley, James (2010): Promoting Reciprocal International Social Work Exchanges: Professional Imperialism Revisited. In: Gray, Mel/ Coates, John/ Yellow Bird, Michael: Indigenous Social Work around the World. Towards Culturally Relevant Education and Practice. Southhampton: Ashgate, S. 31–45.
Minà, Gianni (1999): Vorwort. In: Rigoberta Menchú. Enkelin der Maya. Autobiographie. Göttingen: Lamuv Verlag.
Noyoo, Ndangwa/Boon, Emanuel (Hrsg.) (2018): Indigenous Social Security Systems in Southern and West Africa. African Sun Media.
Noyoo, Ndangwa (2007): Inequality and Human Development in South Africa: Implications for Social Work. In: Rehklau, Christine/ Lutz, Ronald (Hrsg.): Sozialarbeit des Südens. Bd.2, Schwerpunkt Afrika. Oldenburg, S. 109–120.
Osei-Hwedie, Kwaku/ Rankopo, Morena (2010): Developing Culturally Relevant Social Work Education in Africa: The Case of Botswana. In: Gray, Mel/Coates, John/Yellow Bird, Michael: Indigenous Social Work around the World. Towards Culturally Relevant Education and Practice. Southhampton: Ashgate, S. 203–217.
Polanyi, Michael (1985): Implizites Wissen. Suhrkamp, Frankfurt am Main.
Rehklau, Christine/Lutz, Ronald (2009): Partnerschaft oder Kolonisation? In: Wagner, Leonie/Lutz, Ronald (Hrsg.) (2009): Internationale Perspektiven Sozialer Arbeit, Wiesbaden: VS-Verlag, S. 33–53.
Rinke, Stefan/Fischer, Georg/Schulze, Frederik (Hrsg.) (2009): Geschichte Lateinamerikas vom 19. bis zum 21. Jahrhundert. Stuttgart [u.a.]: Metzler.
Ross, Rupert (2014): Indigenous Healing – Exploring Traditional Paths. Toronto: Penguin Random House Canada.
Schilling-Vacaflor, Almut (2010): Recht als umkämpftes Terrain. Die neue Verfassung und indigene Völker in Bolivien. Baden-Baden: Nomos.
Schirilla, Nausikaa (2018): Dekolonialisierung des Wissens. In: Spatschek, Christian/Steckelberg, Claudia (Hrsg.) (2018): Menschenrechte und Soziale Arbeit. Opladen, Berlin, Toronto: Verlag Barbara Budrich, S. 109–129.
Straub, Ute (2020): Spiritualität und Religion – eine politische Dimension in der Sozialen Arbeit. In: Straub, Ute/ Rott, Gerhard/ Lutz, Ronald (Hrsg.): Indigenous and Local Knowledge. Volume Nr IX Social Work of the South. Opladen: Paulo Freire-Verlag, S. 347–366.
Straub, Ute (2015): Machtungleichgewichte – Konflikte in der Internationalen Sozialen Arbeit. Die neue Globale Definition und indigene Soziale Arbeit. In: Stövesand, Sabine/Röh, Dieter (2015): Konflikte – theoretische und praktische Herausforderungen für die Soziale Arbeit. Opladen, Berlin &Toronto: Verlag Barbara Budrich, S. 58–68.
Straub, Ute (2012): „Kreise schließen" – Indigenisierte Soziale Arbeit auf dem Weg in den Mainstream. In: Gisela Thiele (Hrsg.): Gesellschaftlicher Wandel – wohin? Innovative Entwicklungen in den Sozialwissenschaften. Berlin, Frankfurt am Main: Peter Lang, S. 47–63.
Tamburro, Andrea (2013): Including Decolonization in Social Work Education and Practice. In: Journal of Indigenous Social Development, Heft 3 (1), S. 1–16.
United Nations (UN) (2014): Resolution der Generalversammlung, verabschiedet am 22. September 2014 [online]. Ergebnisdokument der Plenartagung der Generalversammlung auf hoher Ebene mit der Bezeichnung „Weltkonferenz über indigene Völker" (A/RES/69/2). New York: Vereinte Nationen, 25.9.2014. https://www.un.org/depts/german/gv-69/band1/ar69002.pdf, 15.3.2020
United Nations (UN) (2007): United Nations Declaration on the Rights of Indigenous Peoples. https://www.un.org/development/desa/indigenouspeoples/declaration-on-the-rights-of-indigenous-peoples.html, 10.8.22

Vicuña Perera Manso, Laura ICF (2022): Defensa de la vida, la tierra y los derechos. Unveröffentlichtes Manuskript.

Walsh, Catherine (2010): Development as Buen Vivir: Institutional arrangements and (de)colonial entanglements, in: Development 53 (1), 15–21.

Zimmermann, Marc (2001): Rigoberta Menchú After the Nobel: From Militant Narrative to Postmodern Politics. In: Rodríguez, Ileana: The Latin American subaltern studies reader. Durham: Duke University Press. S. 111–128.

Nothing about us without us: Soziale Bewegungen von Menschen mit Behinderungen

Ernst Kočnik, Rahel More & Marion Sigot

3. Dezember – Internationaler Tag der Menschen mit Behinderungen

Zusammenfassung
Dieser Beitrag beschäftigt sich mit sozialen Bewegungen von Menschen mit Behinderungen und deren Bedeutung für die Soziale Arbeit. Die Phrase *Nothing about us without us* (Nichts über uns ohne uns) ist dabei bezeichnend für die Forderung nach Selbstbestimmung. Die Verbindungen von Menschenrechten und Sozialer Arbeit mit psychiatriekritischen Bewegungen, der Selbstbestimmt-Leben-Bewegung sowie der People-First-Bewegung werden mit internationalen Bezügen skizziert. Es folgen Kurzporträts dreier Aktivistinnen, die Teil sozialer Bewegungen, sind sowie die Vorstellung des österreichischen Vereins „Beratungs-, Mobilitäts-, und Kompetenzzentrum (BMKz)" in Klagenfurt und der Selbstvertretungsgruppe „Mensch Zuerst Kärnten". Das BMKz ist Teil der Selbstbestimmt-Leben-Initiative und Initiator des Projekts Persönliche Assistenz inklusiv, welches ebenfalls vorgestellt wird.

1. Menschenrechte und soziale Bewegungen von Menschen mit Behinderungen

Menschen mit Behinderungen haben sich vor allem ab den 1960er Jahren vermehrt selbst organisiert und Protestbewegungen mobilisiert. Zentrales Anliegen diverser sozialer Bewegungen von Menschen mit Behinderungen ist die Einforderung der Umsetzung von Menschenrechten sowie die Beendigung von Menschenrechtsverletzungen. Entlang dieser Entwicklungen beziehen sich auch Theorie und Praxis Sozialer Arbeit zunehmend auf die Gewährleistung von Menschenrechten und Menschenwürde. Zugleich kritisieren gerade die sozialen Bewegungen von Menschen mit Behinderungen Organisationen und Praxis Sozialer Arbeit immer wieder für Missstände und Menschenrechtsverletzungen.

1.1 Das Übereinkommen der UN über die Rechte von Menschen mit Behinderungen

Das Übereinkommen der Vereinten Nationen (*United Nations*, kurz UN) über die Rechte von Menschen mit Behinderungen (*Convention on the Rights of Persons with Disabilities*) stellt aktuell den international wohl relevantesten Bezugsrahmen für die Umsetzung der Rechte von Menschen mit Behinderungen dar. Seine Entstehungsgeschichte geht maßgeblich auf das Engagement und den Aktivismus von Menschen mit Behinderungen zurück (vgl. Degener 2015: 55f.).

UN-Konvention über die Rechte von Menschen mit Behinderungen (BRK)
Die Vertragsstaaten der UN-BRK, zu denen auch Österreich (Ratifizierung 2008) und Deutschland (Ratifizierung 2009) zählen, haben sich verbindlich zur

Inklusion und Gleichberechtigung von Menschen mit Behinderungen in allen Lebensbereichen und -phasen bekannt. Die UN-BRK gliedert sich in 50 Artikel zu bestimmten Themen wie Kindheit, Familie, Bildung und Recht auf Selbstbestimmung, sowie ein optionales Fakultativprotokoll. Dieses umfasst spezielle Verfahrensarten zur Umsetzung der BRK in den betreffenden Staaten und bietet damit eine umfassendere menschenrechtliche Grundlage. Aktuell (Stand Mai 2022) haben weltweit 185 Staaten die BRK ratifiziert, 100 davon einschließlich des Fakultativprotokolls. 164 Staaten haben die BRK unterzeichnet, 94 davon auch das Fakultativprotokoll. Mit der Ratifizierung verpflichten sich die Staaten dazu, die nationale Gesetzgebung an die Inhalte der BRK anzupassen. Menschenwürde, Selbstbestimmung, Nichtdiskriminierung und Inklusion zählen zu den zentralen Grundsätzen des Übereinkommens.

Die BRK ist aufgrund des durch sie eingeforderten umfassenden Inklusionsanspruchs in allen Lebensbereichen ein wichtiger menschenrechtlicher Orientierungsrahmen für die Soziale Arbeit. Ihre Relevanz betrifft vor allem auch eine grundlegende Macht- und Herrschaftskritik, die eng mit einer gesellschaftskritischen Sichtweise auf Behinderung verknüpft ist (vgl. Dannenbeck 2021: 87f.).

Der BRK liegt ein Verständnis zugrunde, das Behinderung als Wechselwirkung von Person und umweltlichen Rahmenbedingungen (z.B. Barrieren) begreift. Zugleich umfasst das Übereinkommen die Rechte *aller* Menschen, „die langfristige körperliche, psychische, intellektuelle oder Sinnesbeeinträchtigungen haben" (BMASKG 2016: 6). In der BRK wird explizit die Stellung von Personen mit psychischen Behinderungen und Menschen mit sogenannten Lernschwierigkeiten[64] gestärkt und konkretisiert (vgl. Degener 2009: 204).

Global betrachtet haben soziale Bewegungen von Menschen mit Behinderungen in den letzten Jahrzehnten Forderungen nach transnationaler Gerechtigkeit gestellt und damit Bewegungen aus dem Globalen Norden und dem Globalen Süden geeint (vgl. Soldatic 2013: 746). Einer der zentralen Kritikpunkte an der BRK ist jedoch deren Fokus auf die nationalstaatliche Ebene und die damit einhergehende Vernachlässigung transnationaler Gerechtigkeitsfragen. Gerade aus einer post-kolonialen Perspektive wäre eine Auseinandersetzung mit der transnationalen Verursachung von Behinderungen jedoch wichtig (vgl. ebd.).

1.2 Weitere (menschen-)rechtliche Bezüge

Im Vorfeld der BRK war in Europa insbesondere die 1953 vom Europarat verabschiedete Konvention zum Schutze der Menschenrechte und Grundfreiheiten (*Convention for the Protection of Human Rights and Fundamental Freedoms*) für die Rechte von Menschen mit Behinderungen und psychiatrischen Diagnosen relevant. Damit lag ein völkerrechtlich verbindlicher und einklagbarer menschenrechtlicher Grundrechteschutz vor, der mit dem oft zitierten Satz „Alle Menschen sind gleich an Rechten und Würde geboren" beginnt und auf der Allgemeinen

---

[64] Der Begriff „geistige Behinderung" wird von der People-First-Bewegung abgelehnt. Stattdessen wird der weniger stigmatisierende Begriff „Menschen mit Lernschwierigkeiten" favorisiert.

Erklärung der Menschenrechte der Vereinten Nationen von 1948 fußte (Schulze 2011: 11).

Wichtige Meilensteine stellten in der Folge 1971 die damals sogenannte Erklärung der Rechte geistig behinderter Menschen (*UN Declaration on the Rights of Mentally Retarded Persons*) sowie 1975 die Erklärung der Rechte der behinderten Menschen (*UN Declaration on the Rights of Disabled Persons*) dar. Darin waren allerdings noch Legitimationen für die Vorenthaltung von Menschenrechten gegenüber Menschen mit Behinderungen enthalten (vgl. Degener 2015: 72). Der Beginn einer stärkeren Menschenrechtsorientierung hatte seinen Ursprung rund um das Internationale „Jahr der Behinderten" 1981. Besonders wichtig war aber die von Behindertenbewegungen geäußerte Kritik daran (vgl. Köbsell 2012: 16). In der darauffolgenden „UN-Dekade der Behinderten" wurden 1982 das „Weltaktionsprogramm für Behinderte" und 1993 die „Rahmenbestimmungen für die Herstellung von Chancengleichheit für Behinderte" verabschiedet (vgl. Degener 2015: 72).

Global betrachtet profitierten jedoch vor allem die Länder des Globalen Nordens von der „UN-Dekade der Behinderten". Am afrikanischen Kontinent beispielsweise konnten hingegen kaum merkbare Verbesserungen der Menschenrechte von Menschen mit Behinderungen aufgrund der globalen Dekade vernommen werden (vgl. Chataika/McKenzie 2016: 432). Dementsprechend initiierte die afrikanische Union ab 1999 die erste und in der Folge die zweite *African Decade for Persons with Disabilities* (vgl. ebd.). Die Regionen Asien-Pazifik, Lateinamerika und Karibik sowie Westasien haben ebenfalls menschenrechtsorientierte Strategien auf den Weg gebracht (vgl. Mittler 2015: 81f.).

Im Zuge der europäischen Entwicklungen kam es zu nationalstaatlichen Reformen in Österreich, mit denen z.T. wesentliche Verbesserungen der Rechtsstellung von Menschen mit Behinderungen und psychiatrischen Diagnosen einhergingen. Nicht selten greifen Rechte aber aufgrund unzureichender Unterstützungsleistungen ins Leere, wenn etwa „die dringend benötigten Unterstützungsleistungen, wie mobile Dienste, fehlen, die ein selbstbestimmtes Leben zuhause überhaupt ermöglichen würden" (Vertretungsnetz 2021: o.S.).

Wichtige nationalstaatliche Gesetzesreformen in Österreich

Das Unterbringungsgesetz (BGBl. Nr. 155/1990) beschränkte die unfreiwillige Unterbringung von Menschen mit psychiatrischen Diagnosen auf vorliegende Selbst- oder Fremdgefährdung. Damit verbunden waren Veränderungen für die Lebenssituation erwachsener Menschen mit „geistiger Behinderung", da diese Zuschreibung fortan keine Rechtfertigung mehr für die Unterbringung in psychiatrischen Anstalten darstellte. Das Kindschaftsrechts-Änderungsgesetz (BGBl. I Nr. 135/2000) stärkte die Menschenrechte von Kindern und Jugendlichen mit Behinderungen mit einem generellen Verbot der Sterilisation Minderjähriger. Das Heimaufenthaltsgesetz (BGBl. I Nr. 11/2004) regulierte Freiheitsbeschränkungen weiter. Mit einem neuen Erwachsenenschutzgesetz (BGBl. Nr. 59/2017) wurde schließlich die Vertretung von Menschen mit Lernschwierigkeiten und psychischen Behinderungen reformiert.

1.3 Psychiatriekritische Bewegungen, Selbstbestimmt-Leben und People-First

Forderungen zur Verbesserung der Rechtsstellung von Menschen mit zugeschriebenen Behinderungen und psychiatrischen Diagnosen kamen und kommen vor allem aus ihren sozialen Bewegungen. International entwickelten sich etwa ab den 1960ern diverse psychiatriekritische Bewegungen, die ausschlaggebend für spätere Psychiatriereformen waren (vgl. Lüthi 2022: 440). So hatte die von der italienischen Stadt Triest ausgehende Psychiatriereform zunächst in Italien (vgl. Jantzen 2016: 66; Sigot 1998: 95f.) und später auch in Deutschland (vgl. Finzen 2015: 1) die Öffnung der geschlossenen psychiatrischen Anstalten zur Folge.

> **Legge Basaglia und Psychiatrieenquête**
>
> Durch das nach dem wichtigsten Vertreter der italienischen demokratischen Psychiatrie, Franco Basaglia (1924–1980), benannte Gesetz *Legge Basaglia* wurden 1978 u.a. die freiwillige und zwangsweise psychiatrische Behandlung neu geregelt. Basaglia kritisierte als neuer Leiter der psychiatrischen Einrichtungen in Görz, Colorno und Triest deren menschenunwürdige Zustände in den der 1960er Jahren und band Fachkräfte sowie die dort untergebrachten Menschen in die Reformprozesse mit ein. Zu den wesentlichen Verbesserungen zählten die Öffnung geschlossener Stationen, die Beendigung von Zwangsmaßnahmen sowie der Aufbau von Zentren für die psychische Gesundheit. Die Psychiatriereform erfasste dann auch andere europäische Länder. Im Rahmen der Psychiatrieenquête 1975 in Deutschland wurden ebenfalls die Zustände in psychiatrischen Einrichtungen beklagt und die Gewährleistung der Menschenrechte der Psychiatriereform zum Ziel gesetzt. Auch in Deutschland sollte ein dezentralisiertes System aus vielfältigen gesundheitlichen Diensten die bisherige Psychiatrie ersetzen.

Ausgehend von psychiatriekritischen Bewegungen entwickelten sich zahlreiche Organisationen und Initiativen. Dazu zählten etwa die „Irren-Offensive" und der „Verein zum Schutz vor Psychiatrischer Gewalt" in Deutschland sowie die Demokratische Psychiatrie und das Basaglia-Haus in Österreich (vgl. Lüthi 2022: 440f.). Neue demokratische Konzepte wie die Gemeinwesenarbeit basierten darauf, dass „Fachleute aus den Einrichtungen und Wohlfahrtsverbänden, Bürgerhelfer, Angehörige, Psychiatrie-Erfahrene" Mitspracherechte haben (Schwendy 2015: 21). Die Umstrukturierung psychiatrischer Angebote gilt jedoch aus psychiatriekritischer Perspektive als nicht abgeschlossener Prozess (vgl. Vertretungsnetz 2013: 4).

Die Selbstbestimmt-Leben-Bewegung von Menschen mit Behinderungen hingegen entwickelte sich laut Kočnik (2005: 99) ausgehend von den USA seit den 1970er Jahren auch in Europa und fordert das Recht auf Selbstbestimmung ein. Weitere Forderungen umfassen Anti-Diskriminierung, Gleichstellung, die Entmedizinisierung von Behinderung, Nichtaussonderung, Peer-Support, Empowerment und die größtmögliche Kontrolle von Menschen mit Behinderungen über Assistenzleistungen (vgl. Dederich 2007: 25). Der vehemente politische Einsatz der Bewegung hat „einen internationalen Paradigmenwechsel verstärkt, der Selbstbestimmung, Inklusion, De-Institutionalisierung, Partizipation, Barrierefreiheit und Gleichstellung zu leitenden Prinzipien machte" (Schönwiese 2019: 82).

Die Wurzeln der *People-First*-Bewegung als Selbstvertretungsbewegung von Personen mit Lernschwierigkeiten reichen zurück ins Jahr 1968. Menschen mit Lernschwierigkeiten formulierten damals im Rahmen einer von einer schwedischen Elternorganisation durchgeführten Tagung Änderungswünsche an Dienstleistungsanbieter (vgl. People First 2004: o.S.). Bei der ersten von Menschen mit Lernschwierigkeiten selbst organisierten Konferenz in den USA entstand 1974 der Name *People First* und wurde unter der Bezeichnung „Mensch Zuerst" in Deutschland bekannt (vgl. Haake 2000). In Österreich setzten entsprechende Entwicklungen erst nach der Jahrtausendwende ein (vgl. Kočnik et al. 2022: i.E.). Mittlerweile gibt es *People First* oder ähnliche Selbstvertretungsinitiativen in vielen Regionen und Staaten weltweit (siehe: inclusion-international.org/news-item/global-self-advocacy-summit-2020/).

Forderung von *People First* ist unter anderem die Gleichstellung in den Bereichen Arbeit, Wohnen, Freizeit, Bildung und Partnerschaft (vgl. Wibs 2005).

1.4 Aktivistisches Wissen: Disability Studies und Mad Studies

Ausgehend von der Selbstbestimmt-Leben-Bewegung und psychiatriekritischen Bewegungen entstanden die kritischen Forschungsrichtungen Disability Studies und Mad Studies, die bisher etablierte Wissenschaftstraditionen und die in ihnen verankerte Objektivierung von Menschen mit Behinderungen hinterfragten (vgl. Dederich 2010: 179).

Disability Studies erforschen gesellschaftliche Normkonstrukte und Machtverhältnisse (vgl. Köbsell et al. 2020: 27). Ihre Kritik an defizitorientierte Sichtweisen, Theorien und Begriffen wirkt im Kontext mit Behinderung auch in die Sozialpädagogik hinein (vgl. Kočnik et al. 2022: i.E.). So wird das verbreitete individualistische Verständnis von Behinderung (häufig als „medizinisches Modell" bezeichnet) zunehmend zugunsten einer sozialen, kulturellen und menschenrechtlichen Perspektive auf Behinderung infrage gestellt.

Mad Studies sind ein seit den 2000er Jahren aus psychiatriekritischen Bewegungen und aktivistischem Wissen heraus entstandenes internationales Forschungsfeld. Auch im deutschsprachigen Raum werden Mad Studies durch ihre zunehmende akademische Präsenz immer etablierter (vgl. Lüthi 2022: 441). Vertreter:innen der Mad Studies wirken auf gesellschaftlicher, rechtlicher und wissenschaftlicher Ebene gegen Stigmatisierung, Diskriminierung und Ausgrenzung von Menschen mit psychiatrischen Diagnosen und plädieren für „alternative forms of helping people experiencing mental anguish [that] are based on humanitarian, holistic perspectives where people are not reduced to symptoms but understood within the social and economic context of the society in which they live" (Menzies et al. 2013: 2).

In Disability Studies wie auch Mad Studies geht es um Empowerment. Ziel ist, „dass Betroffene für sich selbst sprechen und in Form solidarischer Kollektive eine Gegenstimme erklingen lassen, die auf die Emanzipation der jeweiligen unterdrückten Gruppe zielt und dem herrschenden Unrecht etwas entgegensetzt", auch wenn diese Positionierung Zuschreibungen mitunter reproduzieren kann (Boger

2020: 23). Disability Studies sowie Mad Studies üben Kritik an der Wissensproduktion im akademischen Kontext und fordern die Anerkennung aktivistischen Wissens (vgl. Lüthi 2022: 436).

In Disability Studies (und teilweise auch darüber hinaus, etwa in der Sozialpädagogik) werden außerdem – trotz zahlreicher Hürden und Kontroversen – zunehmend partizipative oder inklusive Forschungsansätze umgesetzt (vgl. Behrisch 2022: 115ff.). Ziel partizipativer Forschung ist die aktive Beteiligung gesellschaftlicher Akteur:innen im gesamten Forschungsprozess und die Einforderung gesellschaftlicher Veränderungen durch Forschung. Damit wird der Forderung aus der emanzipatorischen Behindertenbewegung „Nichts über uns ohne uns!" Rechnung getragen (vgl. Flieger 2007: 21). Dies gilt insbesondere auch für die (möglichst) inklusive Forschung mit Menschen mit Lernschwierigkeiten (vgl. Goeke 2016: 38).

1.5 Die Verwobenheit der sozialen Bewegungen mit Sozialer Arbeit

Entlang der beschriebenen Kritik und den menschenrechtlichen Errungenschaften sozialer Bewegungen von Menschen mit Behinderungen veränderte sich auch die Theorie und Praxis Sozialer Arbeit. Wie sich an der globalen Definition der „International Federaton of Social Workers" (IFSW) von Sozialer Arbeit zeigt, sind Menschenrechte mittlerweile ein Kernpunkt des professionellen Selbstverständnisses.[65]

Trotz ihrer zunehmenden Menschenrechtsorientierung war (und ist) Soziale Arbeit neben der Unterstützung von Menschen mit Behinderungen auch an ihrer Ausgrenzung maßgeblich beteiligt, etwa durch segregierende Wohn- und Beschäftigungseinrichtungen (vgl. Wesselmann 2022: 307). Eines der Ziele Sozialer Arbeit, die grundlegend von Spannungen zwischen Teilhabeermöglichung und Normalisierung geprägt ist, bleibt die Anpassung des Individuums an die gesellschaftlichen Rahmenbedingungen (vgl. Kessl/Plößer 2010: 8). Gerade starre Normalitätsvorstellungen mit Zwangscharakter werden aber aus Sicht der Disability Studies und damit auch aus Sicht der sozialen Bewegungen von Menschen mit Behinderungen als wesentlicher Ausgangspunkt für die Diskriminierung von Menschen mit Behinderungen gesehen (vgl. Waldschmidt 1998: 4). Laut Wesselmann (2022: 316) haben soziale Bewegungen von Menschen mit Behinderungen sowie Disability Studies den Handlungsrahmen und die Methoden Sozialer Arbeit umfassend geprägt. Dennoch habe Soziale Arbeit diverse Impulse aus den Bewegungen von Menschen mit Behinderungen lange nicht aufgegriffen. Die Ursache dafür sieht Wesselmann in den professionellen Interessen und Verstrickungen Sozialer Arbeit, die anhand der machtanalytischen Ansätze der Disability Studies fortlaufend kritisch in den Blick genommen werden müssen (vgl. ebd.). Mit der Forderung nach der akademischen Anerkennung aktivistischen Wissens (vgl. Lüthi 2022: 436) geben zudem die Mad Studies einen wichtigen Impuls für die Praxis, aber auch für das Studium der Sozialen Arbeit/Sozialpädagogik.

---

65 Siehe: www.ifsw.org/what-is-social-work/global-definition-of-social-work/, 11.12.2022.

Die Relevanz sozialer Bewegungen für Soziale Arbeit wird nachfolgend aus Sicht dreier Aktivistinnen mit Behinderungen präzisiert.

2. Kurzporträts dreier Aktivistinnen aus sozialen Bewegungen

Um die beschriebenen Entwicklungen und Forderungen der sozialen Bewegungen im Kontext der Sozialen Arbeit zu konkretisieren, führten wir im April 2022 schriftliche Kurzinterviews mit Aktivistinnen und fragten nach ihren Zugängen und Erfahrungen zur jeweiligen Bewegung.

2.1 Oana Iusco: Erfahrungsexpertin und Menschenrechtsaktivistin

Oana Iusco, Erfahrungsexpertin und Teil der internationalen Stimmenhör- und *Recovery*-Bewegung, ist Gründerin und Geschäftsführerin des Unternehmens *Littlevoice*, Peer-Beraterin am regionalen Beratungszentrum für Menschen mit Behinderung in Graz, Vorstandsmitglied des Steiermärkischen Monitoring-Ausschusses für Menschen mit Behinderung sowie Gruppenleiterin für Selbsthilfegruppen und Vorstandsmitglied beim Verein Achterbahn in Graz. Sie ist (Co-)Autorin einiger Publikationen und hält regelmäßig Fachvorträge und Fortbildungen, u.a. zum Thema Stimmenhören und dem efc Ansatz gemeinsam mit dem efc Institut. efc steht für *Experience Focussed Counselling*, einen pyschosozialen Beratungsansatz der anhand von Erkenntnissen von Stimmenhörer:innen entwickelt wurde (siehe: online efc-institut.de). Oana Iusco berichtet:

> „Wie bei vielen Erfahrungsexpertinnen und Erfahrungsexperten in psychiatriekritischen Bewegungen haben sich mein Aktivismus und meine Tätigkeiten aus meinen persönlichen intensiven und vielfach nicht positiven Psychiatrieerfahrungen ergeben.
>
> Nach langer Selbststigmatisierung möchte ich nun gerade durch diese Erfahrungen und durch meinen eigenen *Recovery*-Weg das System mitgestalten, sodass Anderen ähnliche Erfahrungen, wie mir damals, erspart bleiben und ihnen eine wertschätzende Begleitung auf Augenhöhe zuteilwerden kann."

Kurzinterview mit Oana Iusco

Wie hängt Ihr Aktivismus mit psychiatriekritischen Bewegungen zusammen?
O.I.: „Ich finde einige psychiatriekritische Überlegungen interessant, aber mein Aktivismus hängt v.a. mit den Menschenrechten zusammen. Denn in allen meinen Tätigkeiten und v.a. als Teil der internationalen Stimmenhör- und Recovery-Bewegung, steht der Mensch in seiner Ganzheitlichkeit und somit als sinnmachendes und ressourcenreiches Wesen im Mittelpunkt und nicht die Pathologie. Hierbei geht es in erster Linie um Verständnis für den individuellen Leidensdruck und nicht um allgemeine Stigmatisierungen in Form von gesellschaftlichen Bewertungen sowie Normen. Mein Fokus besteht darin diesen positiven Aktivismus der Menschlichkeit in all meinen Tätigkeiten zu leben, zu manifestieren und weiterzugeben."

Welche sind aus Ihrer Sicht die wichtigsten Forderungen und Ziele der Bewegung?
O.I.: „Die wichtigsten Faktoren bestehen für mich im Allgemeinen in der transparenten sowie fachlich kompetenten Aufklärung über Behandlungsalternativen, Zugangs- und Ansatzmöglichkeiten aufzuzeigen, auch jenseits von oft einseitigen und pathologisierenden Mainstreamangeboten, um recovery fördernde Wege voranzufinden. Dies setzt selbstbestimmte Wahlmöglichkeiten in der Form der Begleitung, ob Medikation oder nicht, ob stationär, ambulant, häuslich aufsuchend oder ob Beratung/Therapie oder ein anderer Zugang, sowie eine Ermutigung des eigenen Lebensstils voraus."

Welche Bedeutung haben psychiatriekritische Bewegungen für die Soziale Arbeit?
O.I.: „Meine Vision der Fusion von einigen psychiatriekritischen Überlegungen gemeinsam mit der Sozialen Arbeit ist, dass der verstärkte Fokus auf die Menschenrechte eine prozessorientierte Weiterentwicklung des Systems zu einem klient:innenzentriert und – geleiteten Angebotsspektrum auf Augenhöhe ermöglicht. Weg von jeglicher Stigmatisierung hin zu einem wirklich wertschätzenden, offenen Umgang miteinander, der auch als solches von Klient:innen erlebt wird und von daher eine Vertrauensbasis generiert. Durch diese Basis kann die Begleitung durch Sozialarbeiter:innen nicht nur erfolgreicher stattfinden, sondern auch effizienter zu den individuellen Zielen der Klient:innen führen."

2.2 Monika Rauchberger: Projektleiterin der Beratungsstelle Wibs

Monika Rauchberger ist eine Frau mit Lernschwierigkeiten und leitet seit 14 Jahren zusammen mit einer Unterstützungsperson die Beratungsstelle Wibs in Tirol. Sie ist Autorin zahlreicher Publikationen zum Thema Selbstbestimmung in verschiedenen Bereichen des Lebens (siehe z.B.: bidok.uibk.ac.at). Monika Rauchberger ist u.a. Co-Autorin des Gleichstellungsbuchs (2005) und des Netzwerk-Buchs (2016). In Ihrer 2020 veröffentlichten Lebensgeschichte schreibt sie:

> „Mit 18 Jahren begann ich auch, in einer Reha Werkstätte zu arbeiten. Dort war ich mit verschiedenen Tätigkeiten beschäftigt, z.B. musste ich Holzstücke schleifen oder Seidenpapier zerreißen. Mit der Zeit wurde mir bewusst, dass die Werkstätte auf Dauer nichts für mich ist. Ich entschloss mich, eine andere Arbeit zu suchen. Seit 4.11.2002 arbeite ich bei Wibs, das ist ein People First Projekt. Hier verdiene ich richtiges Geld, bin pensions- und sozialversichert. Ich bin für die Öffentlichkeitsarbeit zuständig, halte mit dem Sprachcomputer Vorträge und Kurse. Meine Arbeit ist für viele Menschen mit Lernschwierigkeiten wichtig." (Rauchberger 2008: o.S.).

Kurzinterview mit Monika Rauchberger

Was machen Sie für Mensch Zuerst?
M.R.: „Ich mache die inhaltliche Projekt-Leitung. Seit 20 Jahren habe ich eine richtige Arbeits-Stelle bei Wibs. Wibs ist eine Beratungs-Stelle für und von Menschen mit Lern-Schwierigkeiten. Wibs wird vom Sozialministerium-Service Tirol gefördert. Selbstbestimmt-Leben Innsbruck ist unser Träger-Verein. Die

Beratungs-Stelle Wibs ist unabhängig. Wibs heißt, wir informieren beraten und bestimmen selbst. Bei der Beratungs-Stelle Wibs arbeiten insgesamt 4 Beraterinnen mit Lern-Schwierigkeiten und 3 Unterstützungs-Personen. Ich bin derzeit Tirol-weit die einzige Frau mit Lern-Schwierigkeiten, die Projekt-Leitung macht. Wir arbeiten nach den Regeln von Mensch Zuerst. Die Verantwortung liegt bei den Menschen mit Lern-Schwierigkeiten und nicht bei den Unterstützungs-Personen."

Was will Mensch Zuerst für die Menschen mit Lernschwierigkeiten erreichen?
M.R.: „Wir, die Beraterinnen bei Wibs, machen den Menschen mit Lern-Schwierigkeiten Mut. Wir bestärken die Menschen mit Lern-Schwierigkeiten. Dass sie in ihrem Leben etwas verändern können und dass sie weniger Ängste haben etwas Neues aus-zu-probieren. Dazu klären wir sie über ihre Wahl-Möglichkeiten auf. Zum Beispiel welche verschiedenen Arbeiten es gibt. Und auch über sozial-versicherungs-pflichtige Arbeit und über die Pension. Dass alle Menschen mit Lern-Schwierigkeiten, wenn sie nicht mehr arbeiten möchten oder ihre Arbeits-Jahre erfüllt sind, in Pension gehen können."

Warum ist Mensch Zuerst wichtig für die Soziale Arbeit?
M.R.: „Es ist sehr wichtig, dass Menschen mit Lern-Schwierigkeiten selbst aufklären, wie es mit uns Menschen mit Lern-Schwierigkeiten ist. Dass wir ganz normale Menschen sind. Dass die Menschen ohne Behinderungen wissen, wie sie mit uns umgehen können und sollen. Und auch was wir brauchen. Zum Beispiel leichte Sprache und langsames Sprechen. Es ist auch wichtig, dass Menschen mit Lern-Schwierigkeiten in Zukunft nicht mehr automatisch von der Schule in die Werkstätten kommen. Die Menschen mit Lern-Schwierigkeiten sind sehr oft in Sonder-Schulen. Sie haben deswegen nach der Schule keinen Abschluss, mit dem sie einen richtigen Beruf ausüben können. Bevor die Menschen mit Lern-Schwierigkeiten ausgeschult werden, ist es wichtig, dass sie selbst oder mit Unterstützung herausfinden, was sie gerne arbeiten wollen. Man muss die Menschen mit Lern-Schwierigkeiten fragen, welche Vorstellungen sie von ihrer Arbeit haben. Es ist wichtig, dass die Menschen mit Lern-Schwierigkeiten die Chance haben, eine richtige Arbeits-Stelle zu bekommen. Dafür brauchen sie Unterstützung."

2.3 Bernadette Feuerstein: Obfrau der Selbstbestimmt-Leben Initiativen Österreich

Bernadette Feuerstein ist seit über 40 Jahren in der Selbstbestimmt-Leben-Bewegung engagiert. Sie ist Peer-Beraterin und seit mehreren Jahren Vorsitzende der Selbstbestimmt-Leben-Initiativen Österreich (SLIÖ). Bernadette Feuerstein ist Autorin zahlreicher Publikationen, war am Projekt Geschichte der Behindertenbewegung in Österreich beteiligt (siehe: bidok.uibk.ac.at/projekte/behindertenbewegung), hält regelmäßig Fachvorträge und ist Lehrende an diversen österreichischen Hochschulen. Sie berichtet:

> „Für mich ist der Kampf um Behindertenrechte gleichbedeutend mit dem Kampf um Menschenrechte. Die wichtigste Aufgabe in meiner behindertenpolitischen Tätigkeit ist die Realisierung des gleichberechtigten und selbstbestimmten Lebens."

Kurzinterview mit Bernadette Feuerstein

Wie hängt Ihr Aktivismus mit der Selbstbestimmt-Leben-Bewegung zusammen?
B.F.: „1980 war ich Mitbegründerin der Behinderten und Krüppelinitiativen, daraus hat sich, über ein paar Zwischenstationen SLIÖ entwickelt. Zwischenstationen waren u.a. 1990 die Gründung von Bizeps – Zentrum für Selbstbestimmtes Leben, bis 1997 war ich dort auch im Vorstand. Die WAG Assistenzgenossenschaft entstand mit mehreren engagierten Kolleg:innen aus dem Verein SLI-Wien und wurde bald, weil sehr erfolgreich, eine eigenständige Gesellschaft. Gemeinsam mit vielen Mitstreiter:innen, auch aus den Bundesländern, haben wir viel erreicht. Zu unseren Erfolgen zählt u.a. die Verfassungsänderung als Errungenschaft hinsichtlich der Gleichstellung behinderter Menschen; *Artikel 7. (1) Alle Staatsbürger sind vor dem Gesetz gleich. Vorrechte der Geburt, des Geschlechtes, des Standes, der Klasse und des Bekenntnisses sind ausgeschlossen.* **Niemand darf wegen seiner Behinderung benachteiligt werden**. Außerdem bei der Einführung des Pflegegeldes, der Arbeit an einem Behindertengleichstellungsgesetz, in Normungsausschüssen, bei der Schaffung gleichberechtigter Kulturangebote, im neugeschaffenen Menschenrechtsbeirat bei der Volksanwaltschaft und der Etablierung der persönlichen Assistenz in ganz Österreich, leider in sehr unterschiedlichen Modellen und Qualität. In meiner Tätigkeit im Unabhängigen Monitoringausschuss zur Umsetzung der UN-BRK, der Mitarbeit bei der Erstellung des Nationaler Aktionsplan Behinderung 2022–2030 und im Austausch der Behindertenorganisationen zu Covid-19, im Sozialministerium war die Gleichbehandlung und Gleichstellung immer mein Ziel."

Welche sind aus Ihrer Sicht die wichtigsten Forderungen und Ziele der Bewegung?
B.F.: „Trotz der Verbesserungen, die über die Jahrzehnte erzielt wurden, sind wir noch lange nicht am Ziel angelangt. In vielen Lebensbereichen sind Menschen mit Behinderungen nach wie vor diskriminiert; bei der Bildung, am Arbeitsmarkt, bei der Mobilität, den baulichen Barrieren etc., sind Benachteiligungen noch immer unser Alltag. Konservative Tendenzen in der Politik und die mächtigen ökonomischen Zwänge führen sogar dazu, dass es Rückschritte gibt, deutlich spürbar z.B. in manchen Bauordnungen. Das heißt, dass wir viel Energie und Arbeit dafür verwenden müssen, den Status quo zu erhalten. Eine große Herausforderung für die Gesellschaft und eine Zukunftsvision sehe ich auch darin, dass alle Menschen mit Behinderungen, egal welcher Ausprägung, dieselben Rechte haben und die individuell benötigte Unterstützung bekommen sollen. Eines unserer Kernthemen ist nach wie vor das Selbstbestimmte Leben mit persönlicher Assistenz. Wir verlieren unsere Ziele, gleichberechtigt mit anderen in der Mitte der Gesellschaft zu leben und De-Institutionalisierung, nicht aus den Augen."

Welche Bedeutung hat die SLIÖ für die Soziale Arbeit?
B.F.: „Die SL-Bewegung hat die Soziale Arbeit (hoffentlich) grundlegend verändert. Menschen mit Behinderungen werden nicht mehr als Almosenempfänger:innen oder hilflos ‚Fälle' gesehen, sondern zunehmend als gleichberechtigte Mitglieder unserer Gesellschaft. Die Erkenntnis, dass Behindertenrechte auch Menschenrechte sind sickert langsam auch in den Kontakt mit Klient:innen oder Kund:innen. Der Slogan der SL-Bewegung ‚Nichts über uns, ohne uns' führt zu einem neuen Rollenverständnis und einer verbesserten Zusammenarbeit auf Augenhöhe."

3. Beratungs-, Mobilitäts- und Kompetenzzentrum (Selbstbestimmt-Leben-Initiative)

> „Jeder Mensch muss das Recht haben, über sein Leben selbst zu bestimmen!"[66]

Das Beratungs-, Mobilitäts- und Kompetenzzentrum (BMKz) wurde 2002 an der Universität Klagenfurt von Menschen mit Behinderung als gemeinnütziger Verein gegründet. Es versteht sich als Selbstbestimmt-Leben-Initiative (SLI), ist Mitglied im Dachverband der Selbstbestimmt Leben Initiativen Österreichs[67] und fühlt sich den Grundsätzen der Bewegung und dem Motto „Nichts über uns ohne uns!" verpflichtet.

Ein entscheidender Faktor für die Entstehung des BMKz war die „Unzufriedenheit mit der Vertretung behinderter Menschen in Kärnten", die durch veraltete Strukturen einzelner Behindertenverbände geprägt war (Kočnik 2005: 100). Die wesentlichste Rolle für die Gründung des BMKz spielte aber der Wunsch, Persönliche Assistenz endlich auch in Kärnten zu etablieren und umzusetzen. Laut Franz (2002: 37) haben Menschen mit Behinderung mit dem Modell der Persönlichen Assistenz „den Weg zu einem selbstbestimmten Leben und gesellschaftlicher Partizipation" selbst aufgezeigt und das „Modell kann als Methode gegen fremdbestimmende Fachlichkeit und gegen Abhängigkeit verstanden werden", indem „aus behinderten Menschen mit Hilfebedarf Assistenznehmerinnen und Assistenznehmer werden, die in ihrer Rolle als Arbeitgeberinnen bzw. Arbeitgeber die von ihnen benötigten Hilfen selbstbestimmt organisieren".

Grundlegendes Ziel des Vereins ist die volle, uneingeschränkte Teilhabe aller Menschen in allen Lebensbereichen, wofür die Einhaltung der Menschenrechte als Voraussetzung gesehen wird. Die Vermittlung, Organisation und qualitative Verbesserung von Persönlicher Assistenz im Sinne der Qualitätsstandards der Selbstbestimmt-Leben-Bewegung und die Umsetzung einer bundeseinheitlichen Regelung für bedarfsorientierte Persönliche Assistenz, unabhängig von Einkommen und Pflegegeldstufe und mit einem Rechtsanspruch versehen, gehören ebenso zu den Zielen des Vereins wie die Umsetzung eines bedarfsgerechten Persönlichen Budgets. Bestandteile der Aktivitäten des Vereins sind selbstverständlich auch Information und Beratung in Bezug auf Barrierefreiheit, wobei die Beratung nach dem Prinzip des Peer Counselings erfolgt. Seine Ziele erreichen will das BMKz durch Organisation und Durchführung öffentlicher Veranstaltungen und Projekte, Öffentlichkeitsarbeit sowie Fort-, Weiterbildungen und Workshops.

In den 20 Jahren seit der Gründung wurden seitens der BMKz-Aktivist:innen zahlreiche Projekte gestartet und Initiativen gesetzt, viele davon in enger Kooperation mit dem Arbeitsbereich Sozialpädagogik und Inklusionsforschung der Universität Klagenfurt.

---

[66] www.bmkz.at, 8.2.2023
[67] www.slioe.at, 8.2.2023

Neben Vorträgen zählen dazu Publikationen und Fachtagungen zu Themen wie Inklusive Pädagogik, Selbstbestimmung, Persönliche Assistenz und Persönliches Budget. Die SLI-Aktivist:innen des BMKz waren und sind zudem in diversen regionalen Fachgremien als Interessensvertretung für Menschen mit Behinderungen tätig, wie aktuell im Gleichstellungsbeirat der Landeshauptstadt Klagenfurt, im Fachgremium Chancengleichheit des Landes Kärnten, in der Steuerungsgruppe des Kärntner Landesetappenplans (LEP) und im Kärntner Monitoring-Ausschuss zur Überwachung der Umsetzung der UN-Behindertenrechtskonvention. Sie vertreten dort ein Bild von Menschen mit Behinderungen, das diese nicht als hilflos und arm darstellt, sondern als Personen, die über ihr Leben selbst bestimmen.

Viele Initiativen des BMKz befassen sich mit Barrierefreiheit, die für Menschen mit Behinderung essenziell ist. Allgemein wird oft angenommen, dass ein für rollstuhlbenützende Personen zugängliches Gebäude zugleich barrierefrei sei. Jedoch sind dabei die Erfordernisse für blinde, hörbeeinträchtigte oder gehörlose Menschen sowie Menschen mit Lernschwierigkeiten, mit Allergien oder chronischen Erkrankungen nicht berücksichtigt. Für die BMKz-Aktivist:innen ist es daher sehr wichtig, wirklich alle Facetten von Barrierefreiheit und die Bedarfe von Menschen mit unterschiedlichsten Behinderungen zu berücksichtigen. Wie es auch grundsätzlich die Intention des BMKz ist, „Inklusion als unteilbar" zu betrachten: „Es geht um eine Inklusion aller, ohne Ausnahmen" (vgl. Dederich, 2013).

Zu den Erfolgen des BMKz zählt, dass es seit 2004 für Menschen mit Behinderung in Kärnten möglich ist, Persönliche Assistenz am Arbeitsplatz (PAA) zu beanspruchen, seit 2007 ist eine Inanspruchnahme Persönlicher Assistenz (PA) auch im Privatbereich und seit 2009 auch für Schüler:innen in Bundesschulen (PAB) möglich. Die Förderung der Persönlichen Assistenz erfolgt je nach Zuständigkeit durch das Land Kärnten (PA) und den Bund (PAA durch das Sozialministerium und PAB durch das Bildungsministerium). Die Zugangsbestimmungen sind unterschiedlich, so ist für die vom Bund finanzierten Bereiche PAA und PAB der Bezug eines Pflegegeldes ab der Stufe 3 Voraussetzung, für die vom Land Kärnten finanzierte PA war der Bezug von Beginn an bereits ab der Pflegestufe 1 möglich, und mittlerweile ist die Verknüpfung mit dem Pflegegeldbezug überhaupt gefallen.

Persönliche Assistenz kann von Menschen mit Körper- und Sinnesbehinderungen in Anspruch genommen werden, Menschen mit Lernschwierigkeiten sowie Personen mit psychischen Erkrankungen/Behinderungen sind vom Bezug ausgeschlossen. Derzeit werden in Kärnten in den Bereichen PA, PAA und PAB rund 70 Personen mit Behinderung durch ca. 130 Assistent:innen mit Persönlicher Assistenz unterstützt.

3.1 Mensch Zuerst Kärnten

Seit Februar 2020 ist das BMKz Träger der im Kärntner LEP[68] in der Leitlinie 7 „Selbstbestimmtes Leben" verankerten Maßnahme „Unabhängige Selbstvertretungen von Menschen mit Behinderungen".[69] In Arbeitsgruppentreffen im Rahmen

---

[68] www.ktn.gv.at/Service/Formulare-und-Leistungen/GS-L71, 11.12.2022.
[69] www.portal.ktn.gv.at/Forms/Download/GS159, 11.12.2022.

des LEP wurde festgestellt, dass es zwar in einigen Wohn- und Beschäftigungseinrichtungen Selbstvertretungsinitiativen gibt, diese sich jedoch primär auf den eigenen Wirkungsbereich beziehen, eine unabhängige Selbstvertretung in Kärnten jedoch fehle. Auf Initiative des BMKz konstituierte sich 2018 eine inklusive Arbeitsgruppe zum Aufbau einer People-First-Initiative in Kärnten. Das in dieser Gruppe erarbeitete Konzept wurde schließlich seitens des Landes Kärnten zur Umsetzung freigegeben und sieht vor, dass der Aufbau der Initiative in enger Zusammenarbeit mit dem BMKz erfolgen soll, jedoch die People-First-Initiative in weiterer Folge vollkommen selbstständig agieren und ein eigener Verein, eine eigene Rechtspersönlichkeit werden soll.

Das Hauptaugenmerk besteht in der Vertretung von Rechten und Interessen von Menschen mit Lernschwierigkeiten. Die unabhängige Selbstvertretung soll Anlaufstelle für Fragen rund um das Thema Behinderung sein, wobei das Konzept der *Peer*-Beratung (vgl. Meinert/Zeller 2016) im Vordergrund steht. Im Projekt entgeltlich angestellt sind seit 2020 vier Menschen mit Lernschwierigkeiten sowie zwei Personen als Projektleitung und Unterstützung. Mensch Zuerst Kärnten wird vom Land Kärnten gefördert und finanziert.

Die Selbstvertreter:innen mit Lernschwierigkeiten wurden zwei Jahre lang umfassend u.a. von BMKz-Aktivist:innen geschult. Durch die Covid 19-Pandemie mussten viele Schulungsinhalte virtuell vermittelt werden, die Ausbildungsphase konnte jedoch Anfang 2022 zeitgerecht abgeschlossen werden. Zu den Schulungsinhalten gehörten u.a. die Tätigkeit als Selbstvertreter:in, Selbstbestimmt Leben und Persönliche Assistenz, Teamarbeit, Grundlagen der Kommunikation, Umgang mit Konflikten, Gesetzliche Grundlagen im Zusammenhang mit Behinderungen in Österreich, Auseinandersetzung mit der eigenen Behinderung, Selbstbewusstsein, Persönlichkeitsentwicklung, Arbeitsrechtliche Grundlagen, Arbeitshaltung, Computerschulung, Präsentationstechniken sowie Bewusstseinsbildung.

Ziele der Selbstvertreter:innen von Mensch Zuerst Kärnten[70]

„In der UN-Behindertenrechts-Konvention stehen die Rechte von Menschen mit Behinderung. Wir setzen uns für diese Rechte ein.
Wir setzen uns für Barriere-Freiheit ein. Barriere-Freiheit heißt ohne Hindernisse. Wir wollen weniger Hindernisse in Gebäuden und im öffentlichen Verkehr.
Für Menschen mit Lern-Schwierigkeiten ist schwere Sprache ein Hindernis. Deshalb ist leichte Sprache für uns sehr wichtig. Wir wollen Informationen, Dokumente und Verträge leichter verstehen. Wir brauchen Beratungen in leichter Sprache.
Wir setzen uns für Gleichbehandlung ein. Alle Menschen sollen überall dabei sein und mitmachen können.
Wir sind gegen Diskriminierung.
Wir wollen eine Begegnung ohne Vorurteile.
Wir setzen uns für einen respektvollen Umgang ein. Wir wollen miteinander und nicht gegeneinander arbeiten.

---

[70] www.mz-ktn.at, 11.12.2022.

> Wir unterstützen die Selbst-Bestimmung in der Freizeit, beim Wohnen und beim Arbeiten. Menschen mit Lernschwierigkeiten sollen so leben können, wie sie wollen.
> Wir wollen Menschen mit Lernschwierigkeiten Mut machen, damit sie ihren eigenen Weg gehen können.
> Wir setzen uns für Lohn statt Taschengeld ein. Menschen müssen für ihre Arbeit auch gerecht bezahlt werden."

Bereits während der Ausbildungsphase wurden zahlreiche Kontakte mit weiteren *People-First*-Initiativen im In- und Ausland geknüpft und mehrere Projektpräsentationen an Hochschulen durchgeführt. Entsprechend den Zielsetzungen werden die Selbstvertreter:innen künftig vermehrt Kontakte mit anderen Menschen mit Lernschwierigkeiten in Kärnten aufbauen und Mensch Zuerst Kärnten in Wohneinrichtungen und Behindertenwerkstätten präsentieren. Dabei werden Informationen zu Selbstbestimmung, Partizipation und Gleichstellung im Sinne der UN-BRK im Vordergrund stehen. Selbstverständlich wird aber auch über den institutionellen Bereich hinaus Bewusstseinsbildung für die Anliegen von Menschen mit Lernschwierigkeiten durch öffentliche Auftritte erfolgen.

3.2 Persönliche Assistenz Inklusiv

Ebenso wie Mensch Zuerst Kärnten geht auch das Projekt Persönliche Assistenz inklusiv auf eine Maßnahme im LEP zurück: Leitlinie 8 „Teilhabe am gesellschaftlichen Leben" Maßnahme „Projekt Fragezeichen – Assistenz der anderen Art". Ziel dieser Maßnahme ist vorerst in einer Pilotphase die Ausbildung von zwei Menschen mit Lernschwierigkeiten zu Persönlichen Assistent:innen.

In den im Rahmen der Leitlinie zahlreich stattgefundenen Besprechungen wurde festgestellt, dass sich in Kärnten noch immer sehr viele Menschen in diversen Einrichtungen, wie Behindertenwerkstätten befinden. Das Leben dieser Menschen ist zum Großteil fremdbestimmt, u.a. können sie meist nicht frei entscheiden, was sie arbeiten möchten, sondern werden mittels Testverfahren auf ihre Eignung für diverse Beschäftigungsangebote überprüft und entsprechend den Ergebnissen einer Tätigkeit zugeordnet. Dort leisten sie wertvolle Arbeit, die jedoch lediglich mit einem geringen Taschengeld abgegolten wird.

Mit der Umsetzung der Maßnahme wurde das BMKz betraut. Der Start erfolgte 2020 mit der entgeltlichen Anstellung von zwei Menschen mit Lernschwierigkeiten sowie einer Person als Projektleiterin und Unterstützerin Auch dieses Projekt wird vom Land Kärnten gefördert und unterstützt.

Da es sehr viele Synergien zwischen den Projekten PAi und Mensch Zuerst Kärnten gibt, wurden die Schulungsmaßnahmen verschränkt. Die Teilnehmer:innen von PAi wurden in der ersten Phase gemeinsam mit jenen von Mensch Zuerst Kärnten ausgebildet. Erst in einer späteren Phase wurden die Schulungsinhalte für die Teilnehmer:innen der beiden Projekte differenziert und jene der PAi-Teilnehmer:innen speziell für ihre Arbeit als Persönliche Assistent:innen ausgerichtet. Zu erkennen, worauf es in Bezug auf Persönliche Assistenz bei Personen mit unterschiedlichsten Behinderungen ankommt, war wesentlicher Bestandteil der

Ausbildung. Es wurde Wert daraufgelegt, dass diese Inhalte durch selbstbetroffene Menschen vermittelt werden. Auch Persönliche Assistenz mit alten Menschen war Thema der Ausbildung. Bereits während der Schulungsphase wurden Praktika durchgeführt. Die Praktikumsphase wird durch die Projektleiterin bzw. Unterstützerin begleitet, gleiches ist auch für die erste Phase der Assistenztätigkeit der beiden PAi-Teilnehmer:innen vorgesehen.

Mit dem Projekt PAi sollen „klassische Werkstattklient:innen" mit Lernschwierigkeiten eine Perspektive für ihr Leben mit einer bezahlten Arbeit bekommen. Mit der Tätigkeit als Persönliche Assistent:in soll ihnen ermöglicht werden, ihre Kompetenzen zu erweitern und einer entlohnten Arbeit nachzugehen. Mit dieser Maßnahme werden Menschen mit Behinderung von Almosenempfänger:innen zu gleichwertigen Mitgliedern der Zivilgesellschaft, sie gehen einer Arbeit nach und sind sozialversicherungsrechtlich abgesichert. Ziel ist die Vermittlung am ersten Arbeitsmarkt.

Weiters wird mit dieser Maßnahme ein wichtiger Schritt in Richtung De-Institutionalisierung gesetzt, weil Menschen mit Lernschwierigkeiten durch die Berufstätigkeit auch der Weg zu einer eigenen Wohnung eröffnet wird.

Nach einer Evaluierung des Pilotprojektes gegen Ende 2022 ist eine Projektfortführung mit weiteren Ausbildungsteilnehmer:innen vorgesehen. Der bisher erfolgreiche Projektverlauf lässt dies realistisch erscheinen, es gibt bereits positive Signale des Landes Kärnten für eine Projektfortführung.

4. Was kann Soziale Arbeit von sozialen Bewegungen von Menschen mit Behinderungen lernen?

Aus psychiatriekritischen Bewegungen, der Selbstbestimmt-Leben-Bewegung sowie der People-First-Bewegung wirken maßgebliche Impulse in Theorie und Praxis der Sozialen Arbeit hinein (vgl. Kočnik et al. i.E.). Diese Bewegungen haben Menschenrechte eingefordert und international gewirkt. Sie haben maßgeblich dazu beigetragen, dass die UN-BRK etabliert wurde. Die von den Bewegungen geforderten Grundsätze wie Selbstbestimmung, Inklusion und Barrierefreiheit werden mittlerweile immer wieder auch in der Sozialen Arbeit/Sozialpädagogik aufgegriffen und reflektiert. Die Gesellschaftskritik und Impulse sozialer Bewegungen sind unerlässlich für eine menschenrechtsorientierte Soziale Arbeit. Diese sollte nicht an nationalstaatlichen Grenzen Halt machen, die als „noch immer zentrale Steuerungsinstanzen" beschrieben werden, an denen „international ausgehandelte Abkommen wie die Menschenrechte oder die UN-Behindertenrechtskonvention [...] rückgekoppelt" (Schmitt 2022: 99) werden.

Staub-Bernasconi (2019: 362f.) sieht globale bzw. transnationale Ansätze zur Veränderung hegemonialer Machtstrukturen und ungleicher Ressourcenverteilung als eine zentrale Zukunftsperspektive für menschenrechtsorientierte Soziale Arbeit. Insbesondere im Hinblick auf Armut und Flucht, aber auch auf Geschlecht bedarf es auch auf der internationalen politischen Ebene aktivistischen Wissens aus den sozialen Bewegungen von Menschen mit Behinderungen. Diesbezüglich gilt es auch, wie Grech (2016: 5ff.) festhält, die Ansprüche aus Artikel 32 der BRK zur internationalen Zusammenarbeit inklusiv einzulösen, diese zu dekolonisieren und Behinderung in jeglichen internationalen Agenden mitzudenken.

> **Reflexionsfragen**
>
> - Welche Verträge und Gesetze auf internationaler und nationaler Ebene beeinflussen die menschenrechtliche Stellung von Menschen mit Behinderungen?
> - Inwiefern hängen psychiatriekritische Bewegungen und Psychiatriereformen zusammen?
> - Welche Forderungen und Kritik sind bezeichnend für die Wissenschaftsrichtungen Disability Studies und Mad Studies?
> - Welche Ziele verfolgen die drei Aktivistinnen mit Behinderungen?
> - Welche Aufgaben haben die Selbstvertreter:innen des BMKz und von Mensch Zuerst Kärnten?
> - Welche Verbindungslinien sind in Ihren Augen zwischen den sozialen Bewegungen von Menschen mit Behinderung und der Sozialen Arbeit denkbar?

Literatur zur Einführung

BMASGK (2016): UN-Behindertenrechtskonvention: Übereinkommen über die Rechte von Menschen mit Behinderungen und Fakultativprotokoll. Neue deutsche Übersetzung. Wien: BMASGK.

Dederich, Markus (2010): Behinderung, Norm, Differenz – Die Perspektive der Disability Studies. In: Kessl, Fabian/Plößer, Melanie (Hrsg.): Differenzierung, Normalisierung, Andersheit: Soziale Arbeit als Arbeit mit den Anderen. Wiesbaden: Springer VS, S. 170–184.

Degener, Theresia (2015): Die UN-Behindertenrechtskonvention – ein neues Verständnis von Behinderung. In: Degener, Theresia/Diehl, Elke (Hrsg.): Handbuch Behindertenrechtskonvention. Teilhabe als Menschenrecht – Inklusion als gesellschaftliche Aufgabe. Bonn: Bundeszentrale für Politische Bildung, S. 55–74.

Köbsell, Swantje (2012): Wegweiser Behindertenbewegung: Neues (Selbst-)Verständnis von Behinderung. Neu-Ulm: AG Spak.

Lüthi, Eliah (2022): Mad Studies und Disability Studies. In: Waldschmidt, Anne (Hrsg.): Handbuch Disability Studies. Wiesbaden: Springer VS, S. 435–452.

People First (2004): Was ist Selbstvertretung? bidok.uibk.ac.at/library/peoplefirst- selbstbestimmung.html, 16.1.2021.

Schönwiese, Volker (2019): Geschichte der Behindertenbewegung. Selbstbestimmt Leben Bewegung in Österreich. In: Biewer, Gottfried/Proyer, Michelle (Hrsg.): Behinderung und Gesellschaft: Ein universitärer Beitrag zum Gedenkjahr 2018. Wien: Institut für Bildungswissenschaft, S. 72–84.

Soldatic, Karen (2013): The transnational sphere of justice: disability praxis and the politics of impairment. In: Disability & Society 28, 6, S. 744–755.

Waldschmidt, Anne (1998): Flexible Normalisierung oder stabile Ausgrenzung: Veränderungen im Verhältnis Behinderung und Normalität. In: Soziale Probleme 9, S. 3–25.

Wibs (2005): Das Gleichstellungsbuch. Innsbruck: Wibs.

Weiterführende Literatur

Behrisch, Birgit (2022): Partizipatorische und emanzipatorische Forschung in den Disability Studies. In: Waldschmidt, Anne (Hrsg.): Handbuch Disability Studies. Wiesbaden: Springer VS, S. 109–124.

Boger, Mai-Anh (2020): Mad Studies und/in/als Disability Studies: Eine Verhältnisbestimmung. In: Brehme, David/Fuchs, Petra/Köbsell, Swantje/Wesselmann, Carla (Hrsg.): Disability Studies im deutschsprachigen Raum: Zwischen Emanzipation und Vereinnahmung. Weinheim: Beltz Juventa, S. 41–55.

Boxall, Kathy (2002): Individual and social models of disability and the experiences of people with learning difficulties. In: Race, David (Hrsg.): Learning Disability: A Social approach. London: Routledge, S. 209–226.

Chataika, Tsitsi/McKenzie, Judith A. (2016): Global Institutions and their engagement with disability mainstreaming in the south: Development and (dis)connections. In: Grech, Shaun/Soldatic, Karen (Hrsg.): Disability in the Global South. Cham: Springer, S. 423–436.

Dannenbeck, Clemens (2021): Soziale Arbeit: Soziale Arbeit im Inklusionsdiskurs. Eine kritische Reflexion. In: Hericks, Nicola (Hrsg.): Inklusion, Diversität und Heterogenität: Begriffsverwendung und Praxisbeispiele aus multidisziplinärer Perspektive. Wiesbaden: Springer VS, S. 79–93.

Dederich, Markus (2013): Inklusion und das Verschwinden der Menschen. Über Grenzen der Gerechtigkeit. In: Behinderte Menschen 1/2013. www.bidok.uibk.ac.at/library/beh-1- 13-dederich-inklusion.html, 29.4.2022

Degener, Theresia (2009): Die UN-Behindertenrechtskonvention als Inklusionsmotor" In: Recht der Jugend und des Bildungswesens 57, 2, S. 200–219. www.inklusion-als-menschenrecht.de/gegenwart/zusatzinformationen/die-un-behindertenrechtskonvention-als-inklusionsmotor/, 3.2.2022.

Finzen, Asmus (2015): Auf dem Wege zur Reform: Die Psychiatrie-Enquete wird 40. www.finzen.de/pdf-dateien/psychiatriereform.pdf, 3.3.2022.

Flieger, Petra (2007): Der partizipatorische Ansatz des Forschungsprojekts Das Bildnis eines behinderten Mannes: Hintergrund – Konzept – Ergebnisse – Empfehlungen. In: Flieger, Petra/Schönwiese, Volker (Hrsg.): Das Bildnis eines behinderten Mannes. Bildkultur der Behinderung vom 16. bis ins 21. Jahrhundert: wissenschaftlicher Sammelband. Neu-Ulm: AG SPAK, S. 19–42.

Franz, Alexandra (2002): Selbstbestimmt Leben mit Persönlicher Assistenz. Eine alternative Lebensform behinderter Frauen. Neu-Ulm: AG Spak.

Goeke, Stephanie (2016): Zum Stand, den Ursprüngen und zukünftigen Entwicklungen gemeinsamen Forschens im Kontext von Behinderung. In: Buchner, Tobias/Koenig, Oliver/Schuppener, Saskia (Hrsg.): Inklusive Forschung. Gemeinsam mit Menschen mit Lernschwierigkeiten forschen. Bad Heilbrunn: Klinkhardt, S. 37–53.

Grech, Shaun (2016): Disability and development: Critical connections, gaps and contradictions. In: Grech, Shaun/Soldatic, Karen (Hrsg.): Disability in the Global South. Cham: Springer, S. 3–20.

Haake, Doris (2000). People First Deutschland – eine Organisation für Menschen mit Lernschwierigkeiten, die auch von Menschen mit Lernschwierigkeiten geleitet wird. In Hans, Maren/Ginnold, Antje. (Hrsg.): Integration von Menschen mit Behinderungen – Entwicklungen in Europa. Neuwied: Luchterhand, S. 292–298.

Jantzen, Wolfgang (2016): Franco Basaglia und die Freiheit eines jeden. Oder: „Die Suche nach der verlorenen Psychiatrie". In: Lanwer, Willehad/Jantzen, Wolfgang (Hrsg.): Jahrbuch der Luria Gesellschaft 2015. Berlin: Lehmanns, S. 66–75.

Kessl, Fabian/Plößer, Melanie (2010): Differenzierung, Normalisierung, Andersheit. Soziale Arbeit als Arbeit mit den Anderen – eine Einleitung. In: Kessl, Fabian/Plößer, Melanie (Hrsg.): Differenzierung, Normalisierung, Andersheit. Soziale Arbeit als Arbeit mit den Anderen. Wiesbaden: Springer VS, S. 7–16.

Köbsell, Swantje/Hermes, Gisela/Kuppers, Petra/Schönwiese, Volker/Wehrli, Peter (2020): Wie war das damals eigentlich? Wie die Disability Studies Deutsch sprechen lernten. In: Brehme, David/Fuchs, Petra/Köbsell, Swantje/Wesselmann, Carla (Hrsg.). Disability Studies im deutschsprachigen Raum. Zwischen Emanzipation und Vereinnahmung. Weinheim: Beltz Juventa, S. 24–40.

Kočnik, Ernst (2005): Krüppel aus dem Sack. Das Beratungs-, Mobilitäts- und Kompetenzzentrum an der Universität Klagenfurt. In: Kaiser, Herbert/Kočnik, Ernst/Sigot, Marion (Hrsg.): Vom Objekt zum Subjekt. Inklusive Pädagogik und Selbstbestimmung. Klagenfurt: Hermagoras, S. 99–108.

Kočnik, Ernst/More, Rahel/Sigot, Marion (2022): Die Selbstbestimmt-Leben-Bewegung und ihre Impulse für die Soziale Arbeit (i.E.).

Meinert, Almuth/Zeller, Lena Sophie (2016): Frauen mit Lernschwierigkeiten als Peer-Beraterinnen. bidok.uibk.ac.at/library/zeller-peer-ma.html#idm588, 30.4.2022.

Menzies, Robert/LeFrançois, Brenda A./Reaume, Geoffrey (2013): Introducing Mad Studies. In: LeFrançois, Brenda A./Menzies, Robert/Reaume, Geoffrey (Hrsg.): Mad matters: A critical reader in Canadian Mad Studies. Toronto: Canadian Scholars' Press, S. 1–22.

Mittler, Peter (2015): The UN Convention on the Rights of Persons with Disabilities: Implementing a paradigm shift. In: Journal of policy and practice in intellectual disabilities 12, 2, S. 79–89.

Rauchberger, Monika (2020): Meine Lebensgeschichte. Von Monika Rauchberger. www.wibs-tirol.at/wp-content/uploads/2020/08/Meine_Lebensgeschichte.pdf, 25.4.2022.

Schmitt, Caroline (2022): Mobilität und Migration. Soziale Arbeit auf dem Weg zu einem neuen Paradigma? In: Diwersy, Bettina/Köngeter, Stefan (Hrsg.): Internationale und Transnationale Soziale Arbeit. Hohengehren: Schneider Verlag, S. 89–115.

Schulze, Marianne (2011): Menschenrechte für alle: Die Konvention über die Rechte von Menschen mit Behinderungen. In: Flieger, Petra/Schönwiese, Volker (Hrsg.): Menschenrechte – Integration – Inklusion. Aktuelle Perspektiven aus der Forschung. Bad Heilbrunn: Klinkhardt, S. 11–25.

Schwendy, Arndt (2015): Bürger und Irre: Der Beitrag der Zivilgesellschaft zur Psychiatrie-Reform. In: Görres, Birgit/Anssen, Ludwig (Hrsg.): 40 Jahre Psychiatrie-Enquete, 40 Jahre Dachverband Gemeindepsychiatrie. Köln: Psychiatrie Verlag, S. 16–21.

Sigot, Marion (1998): Die Integrationspädagogik als Wegbereiterin einer allgemeinen integrativen Pädagogik? Eine wissenschaftliche Analyse der Integrationspädagogik im Rahmen der Pädagogik. Klagenfurt: Hochschulschrift.

Vertretungsnetz (2013): Patientenrechte in der Psychiatrie, Unterbringung. vertretungsnetz.at/fileadmin/user_upload/1_SERVICE_Publikationen/Broschuere_PatRechte_2013_web.pdf, 3.3.2022.

Vertretungsnetz (2021): Selbstbestimmung trotz Stellvertretung – gelingt es in der Praxis? vertretungsnetz.at/aktuell/selbstbestimmung-trotz-stellvertretung-gelingt-es-in-der-praxis, 3.3.2022.

Wesselmann, Carla (2022): Disability Studies in der Sozialen Arbeit. In: Waldschmidt, Anne (Hrsg.): Handbuch Disability Studies. Wiesbaden: Springer VS, S. 305–320.

Geteilte Menschheit, geteilte Welt
– Grundfragen und Perspektiven für eine friedensorientierte Diversitätspädagogik als Global Citizenship Education

Hans Karl Peterlini

21. September – Internationaler Tag des Friedens

Zusammenfassung

Dieses Kapitel befasst sich mit der Frage nach dem zerstörerischen Verhalten der Menschen sich selbst, der Umwelt und dem Planeten gegenüber. Der Beitrag diskutiert grundsätzliche Fragen einer internationalen Friedensbewegung wie etwa „Wie entstehen Gewalt und Krieg im Denken sowie in den Strukturen? Was bedeuten positiver und negativer Frieden, und was bedeutet Frieden als Prozess?" In diesem Zusammenhang beleuchtet das Kapitel die Macht dichotomer Spaltungen zwischen einem ‚Wir' und den ‚Anderen', zwischen Geschlechtern, zwischen Mensch-Tier-Natur, mit der Folge eines Verlustes an Mitgefühl für das jeweils abgespaltene Andere, gegen das dann Krieg geführt und Gewalt ausgeübt wird und Unterdrückung und Ausbeutung aufrechterhalten werden. Als Gegenmodell wird ein planetares Verantwortungsbewusstsein im Sinne einer Global Citizenship diskutiert. In Porträts des Vordenkers einer *Citizenship of the Earth* Edgar Morin und der Friedens- und Menschenrechtsaktivistin Sima Samar werden gelebte Beispiele eines solchen Bewusstseins sichtbar. Als Projekt und akademische Praxis wird der *UNESCO Chair for Global Citizenship – Culture of Diversity and Peace* mit seinem Projekt Globaler Campus Online vorgestellt. Für die Soziale Arbeit können Diversitätspädagogik und *Global Citizenship Education* Ansätze für einen Austausch darstellen, die sowohl die pädagogische Forschung als auch die pädagogische Praxis herausfordern, anregen und im besten Fall bereichern können.

1. Einführung in das Themenfeld: Ein Friede, der kein Friede ist

Mit dem Krieg Russlands gegen die Ukraine 2022 ging für Generationen von Menschen ein vermeintlicher Jahrhundertfrieden jäh und schockartig zu Ende (vgl. Ash 2022). Europa, das sich nach den zwei Weltkriegen und dem Holocaust ‚nie wieder Krieg' geschworen hatte, sah sich unmittelbar dem Schrecken enthemmter Waffengewalt, gezielter Zerstörung von Leben, von Flucht und Vertreibung ausgesetzt, mit der Gefahr eines neuen, möglicherweise atomaren, Weltkrieges. So nachvollziehbar die damit verbundene Betroffenheit ist, so sehr stellt diese letztlich das Erwachen aus einer Verdrängung dar. Die Entwicklung seit der Öffnung des Eisernen Vorhangs und dem Fall der Berliner Mauer 1989/1990 mit der Hoffnung auf eine neue solidarische Weltordnung ging schon bald mit Ernüchterung einher. 1991 erlebte Europa im auseinanderfallenden Jugoslawien wieder Krieg, an der von Russland besetzten Krim 2014 wurde ein solcher durch Hinnahme der Landnahme gerade noch vermieden. Der Ost-West-Konflikt kehrte in der geplanten Nato-Osterweiterung und den neo-totalitären Tendenzen in

Russland schleichend zurück. Auch in den europäischen Demokratien zeigten sich nationale Verhärtungen. Die Fluchtbewegungen aus Kriegsgebieten wie Syrien und Afghanistan wurden mit der Renationalisierung der Binnengrenzen und verschärften Grenzregimes nach außen beantwortet. Populistische Angstpolitik verleitete auch progressive Parteien zu menschenverachtenden Ablehnungshaltungen; demokratische Standards gerieten nicht nur in den neuen EU-Staaten im Osten unter den Druck autoritärer Ordnungspolitik (vgl. Peterlini 2017: 175–178). Und auch die dringend nötige ökologische Wende wird rhetorisch permanent versprochen, jedoch faktisch unterlaufen (vgl. Peterlini 2019).

Die gefühlte goldene Ära nach dem Zweiten Weltkrieg, begleitet von wachsendem Wohlstand, Abflachungen im Sozialgefälle, gesellschaftspolitischen Öffnungen und ökologischem Verantwortungssinn etwa durch den Club of Rome (vgl. Meadows et al. 1972), ist genau genommen nur aus einer realitätsverleugnenden eurozentrischen und US-orientierten Perspektive zu Ende gegangen. In vielen Teilen der Welt fand sie nie statt. Und selbst im sogenannten Westen war der Frieden vom *Kalten Krieg* verdunkelt. Diesen Begriff prägte George Orwell, Autor von *1984* und *Die Farm der Tiere,* bereits 1945 im Essay *You and the Atomic Bomb* (Orwell 1968). Der Abwurf amerikanischer Atombomben über Hiroshima und Nagasaki am 6. und 9. August 1945 waren für Orwell sichere Zeichen, dass sich Ost und West in einer atomaren Drohhaltung verfangen würden, die sie (hoffentlich) zwar vom gegenseitigen Vernichtungsschlag abhalten würde, aber nur einen „Frieden, der kein Frieden ist" (ebd.) zulassen würde.

Der Kampf um Einflusssphären wurde in Stellvertreterkriegen fortgesetzt, in teils wechselnden und widersprüchlichen Allianzen, unter anderem in Korea (1950–1953), Vietnam (1964–1974), Angola (1975–2002), Äthiopien (1977–1978), Afghanistan (ab 1979), Syrien (ab 2011). In Jemen (ab 2004) werden die Kriegsparteien von Saudi-Arabien auf der einen Seite, vom Iran auf der anderen Seite gestützt, die ihrerseits in Beziehung zu den Supermächten stehen (vgl. Greiner et al. 2006). Deren Frontstellung pflanzte sich destabilisierend in die europäischen Staaten hinein fort. Der US-Imperialismus wurde von der 1968er Bewegung als derart erdrückend empfunden, dass vereinzelte Gruppen nur mit Gewalt dagegen aufkommen zu können glaubten. Beispielhaft seien die *Rote-Armee-Fraktion* (RAF) in Deutschland und die *Brigate Rosse* (BR) in Italien genannt (vgl. Rossi 1993). Am innerstaatlichen Imperialismus sollte aus Solidarität zu unterdrückten Gruppen in der Welt (vor allem Südamerika, Palästina) der internationale Imperialismus bekämpft werden (vgl. Rote Armee Fraktion 1997). Beide Gruppen, deren anfänglicher Aktivismus in Terrorismus mündete, standen zugleich auch im Sog des hegemonialen Machtkampfes zwischen Ost und West, zwischen Kapitalismus und Kommunismus.

Besonders gut nachvollziehbar zeigt sich dies am Fall Italien. Linker und rechter Terror widerspiegelten innerstaatlich die hegemonialen Kämpfe um die Vormacht in der Welt (vgl. Peterlini 1993: 43–49). So entstanden unter dem Befehl der NATO in vielen europäischen Ländern, selbst im neutralen Österreich, geheime Sabotagetruppen zur Abwehr eines befürchteten sowjetischen Einmarsches (vgl. Schmidt-Eenboom/Stoll 2015). Zugleich dienten faschistische Anschläge, die durch geheimdienstlich fehlgeleitete Ermittlungen der politischen Linken zugeschrieben wurden, in Italien dazu, das Erstarken der Kommunistischen Partei durch Kriminalisierung einzubremsen (vgl. Hof 2011). Die Dynamik *asymmetrischer Kriege* (durch Terrorakte und politische Destabilisierung nicht mehr an klaren Frontlinien, sondern im Inneren der Staaten) findet hier seine Vorläufer. Der europäische Jahrhundertfrieden war so gesehen ein Scheinfriede.

2. Was ist Frieden eigentlich?

Für die jüngere Friedensforschung ist die Abwesenheit von manifestem Krieg ein *negativer Frieden,* der Voraussetzung für einen *positiven Frieden* sein kann, aber noch kein *positiver Friede* ist. Die beiden Schlüsselbegriffe negativer Frieden und positiver Frieden gehen auf den Friedensforscher Johan Galtung (1998: 17f.) zurück. Die Ursprünge reichen weit zurück. In seiner Analyse von Krieg geht Thomas Hobbes von vorpolitischen Verhältnissen aus, in denen mangels staatlichen Gewaltmonopols der ‚Krieg eines jeden gegen jeden' herrschen konnte. Nur wenn der Staat den Frieden nach innen sichert und nach außen pflegt, könne von Frieden als *Negation des Krieges* die Rede sein (vgl. Hobbes 1984/1651/1984: 96). Immanuel Kant (1975/1999) verpflichtete im Essay „Vom ewigen Frieden" den Staat zur Einräumung bürgerlicher Mitbestimmung (ebd.: 353) und Wahrung der Menschenrechte nach innen und außen (ebd.: 380). Im Kampf gegen die Rassendiskriminierung in den USA griff Martin Luther King die Idee eines *wahren Frieden*s auf, der erst durch Gerechtigkeit gegeben ist: *„True peace is not merely the absence of tension; it is the presence of justice."* (King 1964: 30)

Galtung verschränkte diese Ansätze mit einer Ausdifferenzierung des Gewaltbegriffs. Neben der sichtbaren *direkten Gewalt* wird ein positiver Frieden durch *kulturelle* und *strukturelle Gewalt* beeinträchtigt (Galtung 1975). Im Unterschied zu direkter Gewalt ist strukturelle Gewalt keiner personalen Täterschaft zuordenbar, sondern in gesellschaftlichen Strukturen der Ungleichheit und Diskriminierung grundgelegt. Sie wirkt sich als Einschränkung von Lebensqualität, Teilhabechancen, Entfaltungsmöglichkeiten aus und ist immer dann gegeben, wenn die reale Verwirklichung von Menschen „geringer ist als ihre potenzielle Verwirklichung" (ebd.: 9). Damit umfasst Galtungs Gewaltbegriff ökonomische Ungleichheit, eingeschränkte politische Teilhabe und jede Form von Diskriminierung. Die fast synonyme Verwendung des Gewaltbegriffs für „soziale Ungerechtigkeit" (Galtung 1971: 62) wird auch kritisch gesehen, da sie eine „Entgrenzung des Gewaltbegriffs" (Bonacker/Imbusch 2010: 88) bedingt, die sowohl direkte Gewaltausübung relativieren könnte als auch gesellschaftliche Not wie „Armut, Unterdrückung und Entfremdung" (ebd.) dem Gewaltbegriff unterordnet und somit andere Perspektiven erschwert. Produktiv an Galtungs Gewaltkonzept ist, dass Diskriminierung jedweder Art – lokal und global – als Gewalt verstanden wird, die für Menschen Leid und Unrecht bedeutet und nicht schicksalshaft, sondern gesellschaftlich, ökonomisch und politisch verursacht ist. Der Begriff der *kulturellen Gewalt* bezieht sich weniger, wie teilweise missverstanden, auf Gewalt als Folge kultureller Praxen, sondern vielmehr auf hegemoniale Diskurse, Religionen, Ideologien und auch Wissenschaften, die sowohl direkte als auch indirekte Formen von Gewalt verschleiern (vgl. Galtung 1993: 473–476). Klarer wird diese diskursive Unsichtbar- und Unbewusstmachung von Unterdrückung und Entrechtung mit dem Begriff der *epistemischen Gewalt* gefasst, als „Beitrag zu gewaltförmigen gesellschaftlichen Verhältnissen, der im Wissen selbst, in seiner Genese, Ausformung, Organisation und Wirkmächtigkeit angelegt ist" (Brunner 2015: 39). Die Hierarchisierung von Wissensformen, die Dominanz von Prestige-, Elite- oder Fachsprachen, die Festlegung von Geschlechterrollen, die Privilegierung bestimmter Identitäts- und Lebensentwürfe bei Abwertung aller anderen können demnach Individuen und Gruppen in ihren Möglichkeiten der Selbstkonstitution und Weltgestaltung derart einengen, dass sie sich ihrer Entrechtung, Entwürdigung und Entmündigung gar nicht bewusstwerden, geschweige denn dagegen auftreten können. Gayatri Chakravorty Spivak (2008) hat dies als Sprachlosigkeit der Subalternen beschrieben. Damit griff sie einen Begriff von Antonio Gramsci auf, den der marxistische Theoretiker und pazifistische Aktivist im faschistischen Italien für die Landbevölkerung des Südens geprägt hatte. Diese könne, anders als das urbane Proletariat, kaum für einen Kampf um ihre Rechte erreicht werden, weil sie für ihre Entrechtung keine Sprache habe (vgl. Steyerl 2008: 8f.).

Die „gewaltförmige Verfasstheit der Weltgesellschaft" (Bonacker/Imbusch 2010: 88), wie strukturelle Gewalt verstanden werden kann, lässt Frieden wie eine Utopie erscheinen, der nur die Un-Möglichkeit im Sinne von Jacques Derrida (1998) abgerungen werden kann. Dessen vermeintliches Paradoxon „Ich mißtraue der Utopie, ich will das Un-Mögliche" (ebd.) eröffnet die Möglichkeit des politisch-emanzipatorischen Sprechens aus der Einsicht heraus, dass das Leben nicht festgelegt, sondern ereignishaft ist. Dies macht das Un-Mögliche möglich, „durch das Sprechen sich etwas ereignen zu lassen" (Derrida 2003: 24). Daran schließen pädagogische und performative Ansätze an, die zu Problembewusstsein und Veränderung anregen wollen, so die Pädagogik der Unterdrückten (Paulo Freire 2007), das Forumtheater als Inszenierung und Erprobung der Veränderung (Augusto Boal 1993) oder auch jüngere partizipative Methoden wie *PhotoVoice* und *Community Mapping* (Unger 2014: 69–83). Gemeinsam ist diesen Ansätzen, dass sie alternative Formen des Sprechens jenseits der Einschränkungen kultureller/epistemischer Begrenzung eröffnen und damit zumindest potenziell zu einem transformativen Lernen ermächtigen. Die Methoden orientieren sich am postkolonialen Ansatz, dass Wissenschaft nicht nur *über* und auch nicht nur *für* die Betroffenen spricht, sondern sie selbst sprechen lassen muss (vgl. Peterlini 2016: 226). In der Friedensforschung findet sich die Wende von der Festlegung zur Ereignishaftigkeit in einem Verständnis von Frieden weder als Utopie noch als Zustand, sondern von Frieden als Prozess – als allmähliches, rückschlaggefährdetes, immer neu zu ermutigendes Fortschreiten von „abnehmender Gewalt" zu „wachsender Gerechtigkeit" (Jäger 2010: 539).

Darin könnte ein produktiver Anknüpfungspunkt für die Soziale Arbeit liegen. Frieden ist in der Sozialen Arbeit ein bisher nur wenig beachtetes Thema. Vor dem Hintergrund des Kriegs in der Ukraine sind jedoch mehr und mehr Suchbewegungen auszumachen, die danach fragen, wie friedenspolitische und friedenspädagogische Perspektiven mit der Sozialen Arbeit in Zusammenhang stehen. So ist etwa im Positionspapier „Kein Krieg in der Ukraine – No war in Ukraine" der Fachgruppen der Deutschen Gesellschaft für Soziale Arbeit (DGSA) festgehalten, dass sich auch und insbesondere die Soziale Arbeit für Frieden und Gerechtigkeit jenseits nationaler Grenzziehungen einsetzen muss (DGSA 2022). Ähnliche Positionierungen finden sich auch in den Statements der *International Federation of Social Work* vom 24. Februar 2022 sowie der *International Association of Schools of Social Work* vom 26. Februar 2022.

2.1 Frieden in und mit der Welt

Auf die Frage, ob wir lieber im Krieg oder im Frieden leben, würde die Antwort wohl eindeutig ausfallen. Gewiss könnte es Argumente geben, warum jemand Krieg mitunter für unvermeidbar hält, aber es ist schwer vorstellbar, dass jemand lieber unter lebensbedrohlichen Gewaltbedingungen lebt als unter friedlichen, fairen, lebensfreundlichen Verhältnissen.

Warum dann Krieg? Diese Frage hat Albert Einstein 1932 in einem berühmten Brief an Sigmund Freud gestellt: „Gibt es einen Weg, die Menschen von dem Verhängnis des Krieges zu befreien? Die Einsicht, daß diese Frage durch die Fortschritte der Technik zu einer Existenzfrage für die zivilisierte Menschheit geworden ist, ist ziemlich allgemein durchgedrungen, und trotzdem sind die bisherigen Bemühungen um ihre Lösung bisher in erschreckendem Maße gescheitert." (Einstein/Freud 1932/1972: 15)

Zeitlos sind Einsteins Überlegungen zwischen individualpsychologischen und politischen Motiven für Krieg. Zum einen erkennt er, dass es auf internationaler Ebene keine effiziente Gerichtsbarkeit gab (und gibt), die Streitfälle mit Autorität lösen könnte (vgl. ebd.: 17f.). Innerhalb der Staaten erkennt er wiederum die Macht von Lobbys, die am Krieg ökonomisch und politisch verdienen (ebd.: 18). Unverständlich aber ist für Einstein, warum diese kleine, wenn auch mächtige „Minderheit die Masse des Volkes ihren Gelüsten dienstbar machen kann, die durch einen Krieg nur zu leiden hat" (ebd. 18f.). Eine Erklärung findet Einstein darin, dass die „Minderheit der jeweils Herrschenden [...] vor allem die Schule, die Presse und meistens auch die religiösen Organisationen in ihrer Hand" hat (ebd.: 19). Dadurch würden die „Gefühle der großen Masse" geleitet. Bis zu dieser Überlegung hat Einstein letztlich strukturelle Ursachen für den Krieg genannt, nun wendet er sich psychologischen Fragen zu. Die Erfahrung, „daß sich die Masse durch die genannten Mittel bis zur Raserei und Selbstaufopferung entflammen lässt", führt Einstein zur Annahme einer destruktiven Veranlagung der Menschheit: „Im Menschen lebt ein Bedürfnis zu hassen und zu vernichten" (ebd.: 19). Könne diese Anlage in ruhigen Zeiten unterdrückt werden, lasse sie sich im Ausnahmezustand leicht zur Massenpsychose steigern – und zwar ausdrücklich nicht nur bei den „sogenannten Ungebildeten", sondern gerade auch unter den „sogenannten Intellektuellen" (ebd.: 20). Dies war eine Erkenntnis aus der Kriegsbegeisterung der geistigen Elite bei Ausbruch des Ersten Weltkriegs.

In seiner Antwort stellt auch Freud die Problematik der politischen Ordnungen voran, mit der Einschränkung, dass diese ja selbst ebenso wie das von ihnen konstituierte „Recht ursprünglich rohe Gewalt war und noch heute der Stützung durch die Gewalt nicht entbehren kann" (ebd.: 36). Erst nach dieser Prämisse wendet sich Freud der triebhaften Gewaltneigung zu. Demnach sind „destruktive Strebungen mit anderen erotischen und ideellen" oft so verquickt, dass ihnen schwer beizukommen sei (ebd.: 38). Durch Verdrängung, Unterdrückung und Abspaltung der destruktiven Veranlagung würden sie oft noch stärker. Die einzige Möglichkeit, dem Gewalt-, Zerstörungs- und Todestrieb *Thanatos* entgegenzuwirken, sei es letztlich, den Gegenspieler *Eros* oder schlicht die Liebe anzurufen: „Alles, was Gefühlsbindungen unter den Menschen herstellt, muß dem Krieg entgegenwirken" (ebd.: 40f.).

Damit spricht Freud einen Zugang an, der nicht nur für den Krieg unter den Menschen, sondern für das Zerstörungsverhalten von Menschen gegenüber Natur, Tierwelt, ja letztlich gegenüber dem ganzen Planeten einen Schlüsselmoment fokussiert. Das Vertrauen auf die Herstellung von „Gefühlsbindungen" verweist auf die Grundproblematik spaltender und teilender Wahrnehmungen und Ordnungen. Politische und gesellschaftliche Ordnungen gehen aus Abgrenzungen hervor, die kollektive Wir-Container (Staat, Nation, Kultur, soziale Schicht, Geschlecht, Altersgruppe, Generation, Elite) dadurch schaffen, dass sie das Eigene von einem gedachten oder realen Anderen abheben. Für Habermas entwickeln Gruppen und Gemeinschaften gerade an solchen Abgrenzungen ihren „normativen Kern" (Habermas 1976: 25), mit der Folge, dass sie „jede Zerstörung oder Verletzung dieses normativen Kerns als eine Bedrohung ihrer eigenen Identität empfinden" (ebd.). Vielfach liegt den Abgrenzungen eine dichotome Teilung von Wirklichkeit zugrunde, wie sie der italienische Philosoph Giorgio Agamben in der Teilung Mensch-Tier grundgelegt sieht. „Die Festlegung der Grenze zwischen Humanem und Animalischem" stellt für Agamben keine wissenschaftliche Einteilung dar, sondern „eine grundlegende metaphysisch-politische Operation, durch die allein so etwas wie ein ‚Mensch' bestimmt und hergestellt werden kann" (Agamben 2003: 31). Damit ist eine Differenzlinie zwischen höherwertigem und niedrigwertigerem Leben entstanden, die sich als nun einmal geschaffene Denkfigur auch innerhalb der Menschheit fortsetzt und animalisierte Gruppen schafft, denen die Menschlichkeit abgesprochen wird und die folglich wie Tiere behandelt werden können. Beispiele sind Sklaven, Lagerhäftlinge, gegnerische Kriegsparteien, Geflüchtete.

2.2 „Wir und die Anderen" – Die Macht der Teilung

Dichotomien – vom Griechischen Entzweischneiden – teilen die Wirklichkeit in Gegensatzpaare wie Mensch-Natur, Mensch-Tier, Geist-Körper, Vernunft-Trieb, Mann-Frau, Weiß-Schwarz, Normal-Behindert, Zugehörig-Fremd. Sie ermöglichen damit klar zugeschnittene gesellschaftliche Ordnungen um den Preis der Ausblendung von Ambivalenzen, Uneindeutigkeiten und Verbindungen zwischen den getrennten Hälften. Fast unvermeidlich wohnt jeder Zweiteilung die Dynamik einer Hierarchisierung inne. Die eine Hälfte wird als Normalität gesetzt, von der die andere nur Abweichung ist, so dass „Schwarz" zur Abweichung von Weiß als Normfarbe der Menschheit wird und „der Schwarze kein Mensch ist", wie es der postkoloniale Theoretiker Frantz Fanon zuspitzt (1980: 7). Die rassistische Gedankenkette Schwarz-Natur-Wildheit zeigt die darunterliegende Matrix der Trennlinie Mensch-Tier exemplarisch auf. Auf ähnliche Weise liegt sie der Unterdrückung menschlicher Sexualität und noch einmal gesteigerter in der patriarchalen Kontrolle weiblicher Sexualität zugrunde, die von den Hexenverfolgungen bis zur mörderischen Dämonisierung reichten und bis in die Gegenwart zu Femiziden (vgl. den Beitrag von Lohrenscheit in diesem Band) führen können, wenn verlassene Ehemänner den Verlust ihres ‚Besitzes' rächen.

Die Frage, warum Krieg, Gewalt, Zerstörung den weit näherliegenden Wunsch nach Frieden und Einklang überlagern, lässt sich weder von der Seite einer gewalttätigen Veranlagung des Menschen noch von der strukturellen, institutionellen Seite her monodirektional beantworten. Die Zugehörigkeit zu einem ‚Wir' impliziert auch die Abgrenzung von ‚den Anderen' als Matrix für die Hervorbringungen gesellschaftlicher Ordnungen. Nach der psychoanalytischen Theorie stehen Zerstörungshaltungen in einem Zusammenhang mit der Verdrängung von Verletzlichkeit (vgl. Berghold 2007: 104–108). Durch unser Bewusstsein wissen wir um unsere existenzielle Not, halten diese aber schwer aus, weshalb wir sie möglichst von uns abspalten oder verdrängen, so das Wissen um Sterblichkeit und die Ausgesetztheit gegenüber Krankheit, Scheitern, sozialem Abstieg, wirtschaftlicher Not. Die Projektion dieser verdrängten Verunsicherungen auf reale oder fiktive Feindbilder (ebd.: 94) oder auf ein von uns abgetrenntes Außen ermöglicht es, die eigenen Problemlagen buchstäblich zu ent*sorgen*. Äußern kann sich dies auf unterschiedlichen Ebenen, so in Alltags- oder Berufssituationen in Formen subtiler psychischer Gewalt wie Mobbing oder sadistischem Führungsstil, politisch und gesellschaftlich in Formen von Diskriminierung gesellschaftlicher Minderheiten bis hin zu physischen Übergriffen und selbstschädigender Kriegsbejahung.

Im Zusammenwirken mit der dichotomen Strukturierung von Zugehörigkeit und Nicht-Zugehörigkeit kann das Leid all jener, die wir gedanklich aus unserem ‚Wir' abgespalten haben, leicht ignoriert werden, selbst bei Mitverschuldung. Die Tendenz, ‚Andere' so anders zu denken und in von uns abgespaltene Kategorien zu stecken, dass sie mit uns nichts mehr zu tun haben, legitimiert tiefe sozioökonomische Ungerechtigkeiten, Rassismus, Sexismus, Genderbenachteiligung, Diskriminierung gesellschaftlicher Minderheiten, die Solidaritätsverweigerung gegenüber Geflüchteten, die Ermordung der ‚Feinde' im Krieg. Die Dichotomien zerschneiden schlicht das Band des Verbundenseins und damit des Mitgefühls als Voraussetzung für ein solidarisches oder wenigstens sorgsames Handeln. Ähnliches gilt für den zerstörerischen Umgang mit der Natur und der Ausblendung von Tierleid etwa in der Massentierhaltung.

Am europäischen Kolonialismus zeigt sich, wie psychische, politische, ökonomische, epistemische Dynamiken ineinandergreifen. Die gewaltsame Unterwerfung und skrupellose Ausbeutung anderer Kontinente war durch die dichotome Teilung der Menschheit in ‚zivilisierte' und ‚wilde' Völker möglich. Die sogenannte Zivilisation konstituierte sich an der Konstruktion der Unzivilisierten, in einer Wechselwirkung mit ähnlichen Teilungen innerhalb der ‚Zivilisierten'. So steht die Unterwerfung der ‚Wilden' in einem Zusammenhang mit der Konstruktion des ‚wilden Kindes', das durch Erziehung überhaupt erst zum Menschen gemacht werden sollte. Hinter dem pädagogischen Impetus der Aufklärungsepoche mit den Auswüchsen schwarzer Pädagogik steckt die von Immanuel Kant prominent vertretene Annahme, dass Kinder durch Zwang vor ihrer Wildheit ähnlich gerettet werden müssen wie die Wilden in der Welt, deren Entwicklungsstand freilich noch tierhafter angesehen wurde:

> „Der Mensch kann nur Mensch werden durch Erziehung. Er ist nichts, als was die Erziehung aus ihm macht. [...] Disziplin oder Zucht ändert die Tierheit in die Menschheit um. [...] Man sieht es auch an den wilden Nationen. [...] Bei ihnen ist dies aber nicht ein edler Hang zur Freiheit, wie Rousseau und andere meinen, sondern eine gewisse Rohigkeit, indem das Tier hier gewissermaßen die Menschheit noch nicht in sich entwickelt hat" (Kant 1776/1977: 710f.).

So wird „Erziehung zum Modell der Kolonisation und der nationalen Integration" (Richter 1987: 151): „Die kleinen ‚Wilden' müssen stellvertretend stehen für die ‚großen': für die Eingeborenen der überseeischen Länder und für die ‚unzivilisierten' Teile Europas, das ‚Volk'" (ebd.). Was für die damalige europäische Erziehungswissenschaft als Folge zunächst epistemischer Gewalt auch psychische und physische Gewalt durch drakonische Erziehungsmaßnahmen an Kindern rechtfertigt, legitimiert in den Kolonien Ermordung, Entrechtung, Entwürdigung, Ausbeutung von Menschen und Ländern. Agambens Analyse, dass sich die Unterscheidung Mensch-Tier als Matrix für Diskriminierung innerhalb der Menschheit reproduziert, ist hier auf beklemmende Weise nachzuvollziehen.

3. Perspektiven einer diversitätsreflexiven Pädagogik auch für Soziale Arbeit und Sozialpädagogik

Eine dichotomiekritische, diversitätsreflexive Auseinandersetzung mit Spaltungen und daraus entstehenden (Ein-)Ordnungen wird vor diesem Hintergrund zu einer vorrangigen pädagogischen Verantwortung, die auch für Soziale Arbeit und Sozialpädagogik Grundfragen stellt und Grundlagen bieten kann. Welche gedanklichen und strukturellen Teilungen bringen welches Subjekt der Erziehung hervor? Welche Zuschreibungen und Abgrenzungen eines Kindes, eines jungen Menschen, einer erwachsenen Person sperren diese in welche Kategorie, in der sie auf einige wenige, meist defizitär wahrgenommene Unterscheidungsmerkmale reduziert werden? Wie können scharf geschnittene Einordnungen – und dadurch erzeugte Ordnungen – wieder einer *Verunschärfung* unterzogen werden, die der konkreten Person, der konkreten Situation, dem konkreten Problem gerechter wird?

Dies bedeutet zuallererst, Diversität *diesseits* dichotomer und meist hierarchisierender Normalitätsvorstellungen wahrzunehmen, wie sie durch Kategorien wie Sprache, soziale und territoriale Herkunft, sozioökonomischen Status, Geschlecht, Hautfarbe, sexuelle Orientierung, Begabung, Behinderung, religiöse und weltanschauliche Zuordnung konstruiert und stabilisiert werden. ‚Diesseits' meint, die konkreten Personen in ihrem Antworten auf Welt und Geschichte wahrzunehmen, noch bevor sie anhand isolierter Diversitätsmerkmale in Kategorien gefasst und

Diagnosen zugeführt werden. Zugleich – und dies ist kein Widerspruch, wohl aber eine herausfordernde Ambivalenz – definieren sich Subjekte (im Plural) vielfach über genau jene Differenzen, die der Diskriminierung ausgesetzt sind. Dies ist nicht notwendiger Weise so, aber vielfach not*wendend*, damit sie in sozialen Bewegungen für ihre Rechte eintreten zu können, sei es als sprachlich-ethnische Minderheit, als benachteiligtes Geschlecht, als religiöse Gruppe, als Betroffene sozialer Behinderung, als Diaspora-Community, als Betroffene sozioökonomischer Ungleichheit. Hier liegt das ebenso diskriminierungsanfällige wie ermächtigende Potenzial von Differenz und Diversität.

Als Methode der Wahl für eine friedensorientierte und sozial engagierte Pädagogik sei hier die phänomenologische Haltung genannt, die sich sicherer Festlegungen und Kategorisierungen enthält zugunsten einer offenen Beschreibung dessen, was sich bei offenem Hinsehen, Hinhören, Hinfühlen zeigt (vgl. Peterlini 2020). Die vordergründige Nützlichkeit dichotomer Unterscheidungen im Alltag überblendet Differenzierungen innerhalb der Kategorien und Übergänge zwischen diesen zugunsten einer dichotomen Absolutsetzung der Unterscheidungsmerkmale. Damit gehen abweichende Ausgestaltungen oder Zwischenformen etwa von Männlichkeit-Weiblichkeit ebenso verloren wie Eigenschaften beeinträchtigter Menschen und Besonderheiten der sogenannten Normalen; es entgehen Begabungen von Menschen mit Lernschwächen ebenso wie Nicht-Begabungen der Begabten dem pädagogischen Blick; es werden sprachliche Leistungen der Mehrsprachigkeit als Defizit gegenüber der dominierenden Nationalsprache abgewertet; es werden Menschen auf ihre Herkunft festgelegt und ihrer Zukunft beraubt. Solche Verwerfungen sind gerade für sozialpädagogische Ansätze und die Soziale Arbeit eine Herausforderung.

In einer weiter gefassten Perspektive glaubt sich der sogenannte Globale Norden vom Globalen Süden abschotten zu können, in dem er die planetare Verbundenheit und ebenso historische wie gegenwärtige Mitverantwortung ausblendet. Diese Spaltung der Welt dient der künstlichen Aufrechterhaltung eines Außen, in das die inneren Widersprüche, sozialen Problematiken, ökonomischen und ökologischen Belastungen entsorgt werden können, vom Verschieben der Hegemonialkämpfe auf Stellvertreterkriege über das Auslagern von Arbeits- und Sozialkosten auf Niedriglohnländer bis zum Export von Müll und gesundheitsschädigenden Produktionsweisen. Diese Externalisierungsstrategie (vgl. Lessenich 2016) hat lange die Illusion heiler Zustände im Globalen Norden genährt; klima-, armuts- und kriegsbedingte Fluchtmigration, die Verarmung der Biodiversität, der existenzbedrohende Klimawandel kehren aber wie Bumerangs zurück und fordern eine tiefgreifende Auseinandersetzung anstelle bisheriger Entsolidarisierungs- und Abschottungshaltungen. Diese Zusammenhänge und ihre Auswirkungen auf die Lebenswelten von Menschen zu analysieren und zu bearbeiten, ist Aufgabe einer friedenspolitischen Bildung in der für die Soziale Arbeit fruchtbar gemachten Diversitätspädagogik.

3.1 Friedensbildung und Global Citizenship Education

Ein für die Internationale Soziale Arbeit in diesem Rahmen geeignetes pädagogisches Konzept, das dichotome Teilungen lokal und global integriert, ist *Global Citizenship Education*. Der Ansatz meint weder in die Ferne schweifendes Globetrotter-Faible noch Flucht in romantische Weltentwürfe, sondern eine konkrete Auseinandersetzung mit den Teilungen dieser Welt und in dieser Welt. Globale Probleme auf die eigene Lebensweise zu reflektieren und umgekehrt, die eigenen strukturellen und personalen Bedingtheiten in eine Beziehung zu setzen mit übergeordneten Fragestellungen bedeutet letztlich, sich der Ausblendungen und Auslagerungen bewusst zu werden und Verantwortung für das eigene Verhalten ebenso wie für die eigene politische Ordnung zu übernehmen.

Die UNESCO als Bildungsorganisation der Vereinten Nationen sieht in *Global Citizenship Education* eine Antwort auf die globalen Ungleichheiten und Ungerechtigkeiten:

> „While the world may be increasingly interconnected, human rights violations, inequality and poverty still threaten peace and sustainability. Global Citizenship Education [...] works by empowering learners of all ages to understand that these are global, not local issues" (UN 2015).

Oft neben oder mit anderen politischen Pädagogiken wie Friedensbildung oder Bildung für Nachhaltige Entwicklung genannt, versteht sich *Global Citizenship Education* nicht als Konkurrenz zu diesen Ansätzen, sondern als deren Zusammendenken in einer globalen Perspektive: Wie können wir Menschen uns selbst und die „Welt neu denken lernen" (Wintersteiner 2021), um jenen Ordnungen zu entkommen, die uns von den Folgen unseres Handelns und unserer politischen Verantwortungen abtrennen und damit auch einen dringend nötigen Wandel verhindern?

Die *Maschine der Teilung*, wie Agamben teilende Dichotomien ob ihrer Zwangsläufigkeit beschreibt, versagt auf globaler Ebene ihren Dienst. Hier gibt es kein Außen, in das wir unsere Teilungen verlagern könnten. Global verstandene *Citizenship*, wie sie u.a. Edgar Morin (siehe Porträt) entworfen hat, bedingt Bemühungen, in einer geteilten Welt wieder Verbindungen herzustellen, die das Eingebundensein in eine gemeinsame Verantwortung nicht nur hypothetisch – oder als politisches Marketing – beschwören, sondern konkret werden lassen. Dichotome Kategorisierungen verhindern Miterfahrung und Mitfühlen. In einer nach Nationen, Machthierarchien, Waffenstärken, Wohlstandsgefällen geteilten Welt, ist auch die Empathie national gestimmt und eingeschränkt.

Global Citizenship Education stellt zwangsläufig Fragen zur Strukturierung von Bildung: Kann ein solches Lernen in Erziehungs- und Bildungssettings gelingen, die nationalstaatlich definiert und hierarchisch strukturiert sind, aus kolonialen Verständnissen des ‚wilden Kindes' herrühren, patriarchale Herrschaftsmuster reproduzieren, in denen Lernen nicht als Erfahrung in seiner Prozesshaftigkeit gewürdigt wird, sondern am Output an vorgegebenen Leistungskategorien gemessen und bewertet wird? Solche Lernräume sind nicht Erfahrungsräume, sondern von dichotomen Kategorien Richtig-Falsch, Belohnung-Bestrafung, Begabung-Minderbegabung, Normal-Behindert durchzogen. Entsprechend fordern die jüngsten Strategiepapiere der UN und auch der EU neue Verständnisse von Lernen und Bildung. Bisher war das Papier, auf dem solche Perspektiven gefordert wurden, sehr geduldig. Die Konstante von Krieg, die nun auch global wahrnehmbaren Folgen von Ungleichverhältnissen, die Bedrohung der Biodiversität, des Klimas und damit auch der menschlichen Existenz erlauben solche Geduld schlicht nicht mehr.

Im Folgenden werden zwei Porträts von friedenspolitisch engagierten Akteur:innen vorgestellt, welche sich in die Verhältnisse unserer Welt einmischen und Frieden als Praxis sichtbar machen.

Porträt: Edgar Morin – „diesem Planeten solidarisch"

Der Philosoph Edgar Morin wurde am 8. Juli 1921 als Edgar Nahoum in Paris geboren. Als Kind einer jüdisch-sephardischen Familie, die aus Thessaloniki nach Frankreich gezogen war, wurde er in eine Welt der Verwerfungen und Verluste, der Risse und Zerrissenheit hineingeboren. *Sephardin* werden Nachkommen der im Übergang vom 15. auf das 16. Jahrhundert vertriebenen jüdisch-spanischen Gemeinschaft genannt, die sich vorwiegend in Südosteuropa niederließen. Mit zehn Jahren verlor er früh die Mutter, mit 20 war er als Mitglied der Kommunistischen Partei Frankreichs (PCF) aktiv in der Résistance, dem Widerstand gegen die nationalsozialistische Besatzungsmacht. Den dafür angenommenen Decknamen *Morin* behielt er in der Folge lebenslang. Aber schon 1949 wurde er von der Kommunistischen Partei ausgeschlossen, weil er sich gegen deren stalinistische Orientierung stellte. Die Kritik an der Haltung des Staates Israel gegenüber der palästinensischen Bevölkerung trug ihm 2002 eine Anklage wegen Antisemitismus ein, von der er erst in letzter Instanz rechtskräftig freigesprochen wurde. Wiewohl bekennender Atheist, pflegen er und Papst Franziskus einen intensiven Austausch, die Grundzüge seines Lebenswerkes schimmern unverkennbar in den päpstlichen Schriften über die Versöhnung der Menschen untereinander und mit der Erde durch. Zu seinem 100. Geburtstag 2001 gratulierte der Papst mit einem Telegramm, in dem er Gemeinsamkeiten zur antikapitalistischen, sozialen Haltung Morins unterstrich, dessen Sorgen um die „Risiken und Gefahren" der gegenwärtigen Entwicklungen teilte und dem Jubilar dafür dankte, das „Hoffnungsvolle an dieser Entwicklung herausgearbeitet" zu haben (Vatikan News 2021).

Schlüsselfrage in Morins wissenschaftlicher Arbeit ist die Frage, wie sich Menschen zueinander und zur Welt verhalten. Dabei geht er von einer zweifachen Dimension menschlichen Seins als Natur- und Kulturwesen aus (Morin/Kern 1993: 62). Anders als in herkömmlichen dichotomen Verständnissen ordnet er Kultur nicht der Vernunftbegabung der Menschen und Natur nicht ihren Instinkten zu, sondern sieht Rationalität und Irrationalität auf komplexe Weise verschränkt. Durch die Herausentwicklung aus dem Naturstatus verlieren sich Menschen zum einen im „Irrtum", der als Verunsicherung einer natürlichen Eingebundenheit und Instinkthaftigkeit verstanden werden kann. Durch das Übersteigen dieser Eingebundenheit entwickeln Menschen die „Hybris": „Die Gewalt, bei den Tieren auf die Verteidigung und das Erbeuten der Nahrung beschränkt, wird beim Menschen über das Maß des Nötigen entfesselt." (Morin 1974: 131) Damit ist der Mensch einerseits „zur Lust, zum Rausch, zur Ekstase, andererseits zum Zorn, zur Wut, zum Hass" befähigt und verleitet (ebd.: 129). Dass die Menschheit daran (bisher) nicht gescheitert ist, sondern sich in eine Dominanzposition über den Planeten gebracht hat, ist für Morin einerseits möglicherweise Folge dieser komplexen Kombination aus Rationalität und Irrationalität, andererseits aber auch selbstgefährdend. Soll die Menschheit sich erhalten wollen, muss sie in der „Fortsetzung der Menschwerdung" weiterschreiten (Morin/Kern 1993: 117), im Sinne einer *Zivilisierung der Zivilisation*, wie Morins Forderung nach einer *Zivilisationspolitik* gern beschrieben wird (vgl. Ley 2005: 7). Zentral ist für Morin, dass Gesellschaften einen guten Umgang mit ihrer Komplexität finden, und dass Komplexität auch Freiheit, Autonomie und Gemeinschaft bedeutet (vgl. Morin 2012: 66). Möglich wird dies erst durch einen Zuwachs an Solidarität, da ansonsten die Komplexität einer Gesellschaft durch Ungleichheiten, Diskriminierung, unterschiedliche Interessen, Migration nicht ausgehalten wird und minderheitenfeindliche Tendenzen fördert, in der trügerischen Hoffnung, die Komplexität zu reduzieren. Für ein konviviales Zusammenleben ist es nach Morin mit Bezugnahme auf Ivan Illich deshalb wichtig, „die Solidaritäten wieder herzustellen, Städte wieder menschlich zu machen, die ländlichen Regionen wieder zu beleben" (ebd.: 68); ebenso müsste eine Zivilisationspolitik „die Hegemonie des Quantitativen zu Gunsten des Qualitativen umkehren und der Qualität des Lebens den Vorzug geben" (ebd.). Die Stadt wird für Morin zum Modell jenseits teilender Ordnungen (vgl. den Beitrag von Schmitt in diesem Band), sie unterläuft das an Geburts- und Herkunftsrechte gebundene Konzept der nationalen Staatsbürger:innenschaft zugunsten einer lokalen und globalen *citizenship*, da sie sich in Praxen des Zusammenlebens entwirft und, schon auf der Ebene des Nationalstaates, diesen zu „planetarischer Höhe" überschreitet (ebd.). Zu seinem 100. Geburtstag 2022 zeigte sich Morin motiviert wie eh und je. So trug er unter anderem eine Kampagne des Österreichischen Zentrums für Frieden und Konfliktlösung ASPR Schlaining zu „*Homeland Earth*" mit einer Videobotschaft mit.[71]

Neben Morin wird mit Sina Samar im Folgenden eine weitere Akteurin vorgestellt, die sich im Sinne des Friedens in die Zustände der Welt einmischt.

Porträt: Sima Samar aus Afghanistan – Aktivistin für Frieden und Menschenrechte und Trägerin des Alternativen Nobelpreises

Die Vereinten Nationen listen Sima Samar als Friedensmacherin – Peacemaker;[72] zahlreiche internationale Medien und Organisationen zählen sie zu den einflussreichsten und stärksten Frauen der Welt (z.B. Forbes 2006).[73]
Geboren wurde die Ärztin, Aktivistin, Sozialarbeiterin, Frauenrechts- und Friedenskämpferin Sima Samar als Angehörige der Hazara, einer schiitischen Minderheit, die seit Jahrhunderten verfolgt wird, am 3. Februar 1957 in Jaghori, Afghanistan. Ihr Leben widmet sie der Bildung und Förderung marginalisierter Gruppen sowie der Verteidigung von Frauen- und Menschenrechten, so begründet es die Jury des Alternativen Nobelpreis, der Sima Samar 2012 feierlich verliehen wurde:

---

71 Nachzuhören auf der Website von ASPR Schlaining zur Kampagne für das planetare Bewusstsein https://www.aspr.ac.at/bildung-training/aspr-kampagnen/heimatland-erde#/.
72 https://peacemaker.un.org/node/3207.
73 https://images.forbes.com/lists/2006/11/06women_Sima-Samar_C7J2.html.

„Doctor for the poor, an educator of the marginalized and defender of human rights of all in Afghanistan. She has established and nurtured the Shuhada Organization that, in 2012, operated more than one hundred schools and 15 clinics and hospitals dedicated to providing education and healthcare, particularly focusing on women and girls. She served in the Interim Administration of Afghanistan and established the first-ever Ministry of Women's Affairs. Since 2004, she has chaired the Afghanistan Independent Human Rights Commission that holds human rights violators accountable, a commitment that has put her own life at great risk".[74]

Sima Samar wuchs mit zehn Geschwistern und einem Vater auf, der ihr zunächst verbieten wollte, zu studieren, um Ärztin zu werden. Doch Samar, die sich schon als junges Mädchen in der Schule für Frauenrechte interessierte, fand einen Weg. Nachdem sie in eine arrangierte Heirat eingewilligt hatte, durfte sie die Universität besuchen. Sie war 1982 die erste Hazarafrau Afghanistans, die das Medizinstudium an der Universität Kabul erfolgreich absolvierte. Nur zwei Jahre später, 1984, musste sie aus Afghanistan fliehen, nachdem ihr Mann verhaftet wurde und ihr Leben sowie das Leben ihrer Familie in Gefahr war. Für die nächsten 17 Jahre blieb sie in Pakistan und widmete sich dort unermüdlich der sozialen und medizinischen Versorgung von Geflüchteten, insbesondere von afghanischen Frauen und Kindern. Sie richtete Krankenhäuser in Pakistan ein, darunter auch Frauengesundheitszentren, und entwickelte Bildungsprogramme für Mädchen – auch gegen den erklärten Willen der politischen Führung in Pakistan.

1989 gründete Sima Samar *Shuhada*, eine unabhängige Nichtregierungsorganisation (NRO), die sich für Demokratie und Soziale Gerechtigkeit in Afghanistan einsetzt, mit dem Fokus auf das Empowerment von Frauen und Kindern (siehe: https://shuhada.org.af/). Catherine Fredette (2017) hebt in ihrem Porträt *„Ten Facts about Sima Samar and her impact"* hervor, dass Samars Leben durch die Gründung von *Shuhada* permanent in Gefahr war, doch trotz Todesdrohungen und öffentlicher Verleumdungen ließ sich Samar nicht davon abhalten. Im Gegenteil, so sagt Samar selbst (ebd.):

„I've always been in danger, but I don't mind. I believe that we will die one day so I said let's take the risk and help somebody else."

Nach dem Ende des Taliban-Regimes 2001 wurde Sima Samar zunächst erste Frauenministerin Afghanistans und war damit u.a. dafür verantwortlich, Mädchen und Frauen zurück in die Bildungsinstitutionen und ins Arbeitsleben zu holen. Darauffolgend wurde sie Gründungsmitglied und Vorsitzende der afghanischen Menschenrechtskommission (Afghanistan Human Rights Commission: https://www.aihrc.org.af/home/members). Seit 2005 ist sie in unterschiedlichen Funktionen als Friedensbotschafterin bei den Vereinten Nationen tätig, u.a. als UN-Sonderberichterstatterin für die Menschenrechtssituation in Sudan (UN Special Rapporteur on the Human Rights Situation in Sudan) sowie als Mitglied der Expertenkommission für friedliche Konfliktlösung und Mediation des Hochkommissariats für Menschenrechte (*High-Level Advisory Board on Mediation*).

---

74 For more information on The Right Lively Hood Award for Outstanding Vision and Work of Our Planet and its People for Sima Samar (including a short biography, videos and Dr. Samars acceptance speech) see: https://rightlivelihood.org/the-change-makers/find-a-laureate/sima-samar/.

"Education is the key – Bildung ist der Schlüssel", so Sima Samar in einer Diskussion zum Internationalen Frauentag (Übersetzung durch d.A.; vgl. The Harward Crimson 2022). Als Friedens- und Menschenrechtsaktivistin weiß sie, dass Bildung in all unseren Bemühungen für Frieden und soziale Gerechtigkeit niemals ignoriert werden darf (ebd.).

Der Alternative Nobelpreis – Right Livelyhood Award

Der Alternative Nobelpreis, den Sima Samar 2012 erhielt, steht als Preis für eine gerechte und „richtige" Welt. Er ist eine Auszeichnung für Personen und soziale Bewegungen, die sich für die aktive Gestaltung einer besseren Welt einsetzen. Seit 1980 wird der Preis, der sich durch Spenden finanziert, jährlich von der Stiftung *Right Livelihood Award Foundation* (siehe: https://rightlivelihood.org/) vergeben. Die Bezeichnung „Alternativer Nobelpreis" ist keine offizielle Bezeichnung, denn zum Nobelpreis besteht keine institutionelle Verbindung. Die Stiftung bezeichnet den Preis, der bis heute an 186 Persönlichkeiten aus 73 Ländern vergeben wurde, als *„Committment to Peace, Justice and Sustainability for all"* (ebd.). Die ausgezeichneten Persönlichkeiten erhalten weit über das Preisgeld hinausgehend, Unterstützung und Vernetzung in ihrem Engagement für Frieden, Freiheit und Gerechtigkeit.

4. Vorstellung eines akademischen Praxisprojekts: Der „Global Campus Online" (GloCo) am UNESCO Chair Global Citizenship Education – Culture of Diversity and Peace

Akteur:innen wie Samar und Morin sind bedeutsame Persönlichkeiten für ein mehr an Frieden in der Welt und inspirieren auch das akademische Feld. Im Folgenden wird ein akademisches Praxisprojekt vorgestellt, welches sich den ausgeführten Überlegungen zu Frieden und verbindendem Denken und Handeln verschreibt. Der *„Global Campus Online"*, kurz GloCo, ist ein Projekt des UNESCO Chairs an der Universität Klagenfurt, unterstützt in einer Pilotphase vom Land Kärnten und für die mehrjährige Umsetzung von der *Austrian Development Agency* (ADA). Die Idee dahinter ist eine offene Lehr-Lern-Plattform zwischen Globalem Norden und Globalem Süden. Globaler Norden und Süden werden hierbei nicht allein als geographische Begriffe verstanden, sondern drücken globale Ungleichheiten aus. Im Projekt *„Global Campus Online"* tauschen sich Studierende, Mitarbeitende in NGOs sowie Stakeholder:innen an unterschiedlichen Orten in Online-Dialoggruppen über die 17 Nachhaltigkeitsziele der Vereinten Nationen in einer global-lokalen, also glokalen Perspektive aus. Es geht um ein gemeinsames, auf die jeweilige konkrete Situation bezogenes Lernen, wie sich etwa Gendergerechtigkeit, Armutsbekämpfung, soziale und ökologische Nachhaltigkeit, Bildungszugänge, politische Teilhabe aus der jeweiligen Perspektive repräsentieren und auf Veränderungspotenziale hin befragt werden können. Hier werden vielfache Schnittstellen zu Themen und Anliegen der internationalen Sozialen Arbeit und sozialer Bewegungen wirksam. So hat die *„GloCo-Group Pretoria – South Africa"* schon unmittelbar nach Projektstart im Frühjahr 2022 drei erste Konzepte entwickelt, die anschaulich darlegen, wie Soziale Arbeit in der Perspektive von Global Citizenship und sozialer Konvivialität versucht werden kann. Sie hat drei ausgewählte Ziele der 17 *Sustainable Development Goals* (SDG) der Vereinten Nationen mit Themen sozialer Prekarität vor Ort verschränkt: Zu SDG1 (Keine Armut) werden Obdachlose in ein Projekt einbezogen. Zu SDG 3 (Gesundheit und Wohlergeben) wird in einer Fallstudie das Fehlen von Freizeitaktivitäten und freien Räumen für Jugendliche thematisiert. Und zu SDG 5 (Geschlechter-Gleichheit) werden Wege exploriert, um den Zugang zu essentiellen Hygieneprodukten für alle Geschlechter zu erleichtern. Verbunden werden die drei Projekte durch partizipative und niederschwellige Zugänge. Weitere Projekte sind im Entstehen.

Übergeordnetes Ziel ist es, vom Reden ins Handeln zu kommen. Dazu wird ein – bescheidener – Award namens GEPARD (Global Education Project Award) zur Verfügung gestellt, mit dem die Dialoggruppen kleine Projekte durchführen können. Das Preisgeld stammt vom GENE Award (Global Education Network Europe), den die Universität Klagenfurt für den – ebenfalls mit dem UNESCO Chair verbundenen – Universitätslehrgang Global Citizenship Education III erhalten hat und den die Lehrgangsleitung für GloCo zur Verfügung stellt. Die Erfahrungen in den Projektgruppen sollen in einer Handreichung als Best-Practice-Beispiele für Vermittlung und konkrete Umsetzung der SDGs zusammengeführt und ausgewertet werden (Informationen: www.aau.at/en/unesco-chair-global-citizenship-education/gloco/).

UNESCO-Schulen und UNESCO Lehrstühle (Chairs)

Konkrete Ausgestaltungen dieser Strategie sind unter anderem die UNESCO-Schulen und, für wissenschaftlichen Austausch, die UNESCO-Lehrstühle, Chairs genannt. Von der UNESCO erhalten weder die Schulen noch die Universitäten finanzielle Mittel, wohl aber erkennt die UNESCO damit an, dass diese Einrichtungen im Sinne der Ziele der UNESCO tätig sind. Weltweit gehören dem Netzwerk 877 Chairs in 117 Ländern an (Stand 15.12.2021). In Deutschland gibt es 14 Chairs, in Österreich zehn.

> **Was ist die UNESCO?**
>
> Der Name UNESCO steht für die United Nations Educational, Scientific and Cultural Organization. Als Organisation der Vereinten Nationen für Bildung, Wissenschaft und Kultur versucht die UNESCO durch weltweite Kooperationen Frieden, ökonomische Gerechtigkeit, sozialen Ausgleich, Bildungschancen, Abbau jedweder Diskriminierung, Gleichheit der Geschlechter und ökologische Nachhaltigkeit zu fördern. Gegründet wurde sie 1946 unter dem Eindruck des Zweiten Weltkrieges als Friedensprojekt, mit Stand 2022 gehören ihr 193 Mitgliedsstaaten an. In dieser Breite zeigt sich zugleich die schwierige Balance zwischen Vision und Realpolitik: So gehören der UNESCO Staaten an, die Menschenrechte und Umwelt missachten, Krieg führen und ökonomische Ausbeutungsstrukturen aufrechterhalten. Der Einsatz etwa für die Rechte der palästinensischen Bevölkerung sorgte bereits in den 1970er Jahren für den vorübergehenden Austritt der USA und Englands, 2017 trat aus demselben Grund Israel aus, 2018 erneut die USA aufgrund der argwöhnischen Haltung des damaligen Präsidenten Donald Trumps gegenüber den Vereinten Nationen. Mittlerweile streben die USA einen Beobachtungsstatus in der UNESCO an. Der vielfach

dystopischen Realpolitik und Realökonomie versucht die UNESCO ihre Utopie eines guten Lebens für alle durch Zusammenführung der förderlichen Kräfte innerhalb ihrer Mitgliedsstaaten entgegenzuhalten, durch Kooperationen und Initiativen in Forschung, Wissenschaft, Kultur und Bildung. In der internationalen Sozialen Arbeit kann die UNESCO zu einem wichtigen Bündnispartner weltweiter friedenspolitischer Bildung und Bildungsgerechtigkeit werden.

Der UNESCO Chair Global Citizenship – Culture of Diversity and Peace

Der Universität Klagenfurt wurde im Dezember 2020 der Lehrstuhl für Global Citizenship – Culture of Diversity and Peace[75] zugesprochen. Die Anerkennung beruht auf Akzentsetzungen an dieser Universität, so die Pionierarbeit des Zentrums für Friedensforschung und Friedensbildung, die Entwicklung des einzigen österreichischen Universitätslehrgangs für Global Citizenship Education, die Einrichtung eines Masterstudiums Diversitätspädagogik, die Mitwirkung in der Uni-NetZ-Initiative österreichischer Universitäten für die 17 Nachhaltigkeitsziele der Vereinten Nationen sowie Forschungs- und Praxisprojekte, die mit relevanten Fragen der Lehrstuhlwidmung zu tun haben: Migrationsforschung, Friedens- und Konfliktforschung, Diversitätsforschung, Solidaritätsforschung, Genderforschung.

Das Label der UNESCO könnte schlicht ein stolzes Türschild sein. Damit es zu einer ‚Tür in die Welt' wird bedarf es einer aktiven Gestaltung des Lehrstuhls als Aktionsplattform zur Bündelung und Verbreitung von Initiativen, die sich auf unterschiedlichen Ebenen um ein Bewusstwerden planetarer Verbundenheit und Verantwortung bemühen. Der Antrag um den Klagenfurter Chair war auch deshalb erfolgreich, weil er von vielen bereits Tätigen in Österreich und international mitgetragen wurde. Allein schon die ersten Monate nach der Konstituierung des Klagenfurter Chair zu Weihnachten 2020 offenbaren das Potenzial des UNESCO-Netzwerks: Was sonst in einer Regionaluniversität (wenn auch mit internationaler Ambition) isoliert bliebe, kaum Stimme und Sprache finden könnte, findet weltweite Möglichkeiten zur Vernetzung und Sichtbarkeit. So kann der Chair manches stärken, was es auch ohne Chair gäbe, manches anstiften, was es sonst nicht gäbe, so verdankt sich aber umgekehrt auch der Chair nur dem Leben, das ihm durch Vernetzung und Austausch mit den vielen wertvollen Initiativen verliehen wird.

5. Fazit und Ausblick

Der Ausgangspunkt dieses Beitrags ist Diversität als pädagogische Herausforderung und zugleich als unerlässlicher Arbeitsauftrag für unterschiedliche pädagogische Ansätze, naheliegender Weise besonders für Sozialpädagogik und Soziale Arbeit. Wie Diversität konstruiert, wahrgenommen und im pädagogischen Handeln berücksichtigt wird, hat zwangsläufig einen Einfluss darauf, ob wie auch immer *anders* oder *divers* sein zur Angriffsfläche von Diskriminierung wird oder

---

75 Eckdaten: Chairholder/Lehrstuhlinhaber: Hans Karl Peterlini; Team: Elisabeth Rinne (Koordination), Jasmin Donlic, Christiane Faymann, Daniela Lehner, Ricarda Motschilnig, Felix Schniz; Tom Tuček; Scientific Committe/Wissenschaftlicher Beirat: Thomas Geisen (Ch), Heidi Grobbauer (A), Regina Römhild (D), Caroline Schmitt (A), Werner Wintersteiner (A).

Ermächtigung ermöglichen kann – natürlich auch mit ambivalenten Mischungen zwischen den beiden Extremen.

Vielfach entstehen Diversitätskonstrukte aus dichotomen Teilungen, wie sie ideengeschichtlich in den Abspaltung Mensch-Natur-Tier und Geist-Körper grundgelegt sind. Die vereinfacht als ‚Schwarz-Weiß'-Denken erklärbare dichotome Struktur gesellschaftlicher Ordnungen schafft Gegensatzpaare, die kaum in einem Kräftegleichgewicht auftreten, sondern fast zwangsläufig Hierarchien und damit Herrschaftspositionen und Unterordnungen schaffen – Mann-Frau, Weiß-Schwarz, Normal-Behindert. Hier tut sich ein weites Feld für ein diversitätsreflexives Bewusstsein in allen pädagogischen Feldern auf, und besonders für Theorie und Praxis der Sozialpädagogik und der Sozialen Arbeit. Die friedenspolitische Dimension eines solchen diversitätsreflexiven Ansatzes, der soweit möglich die dichotomen Diskriminierungen zu unterlaufen versucht, liegen in einer Überschreitung herkömmlicher lokaler, regionaler und vor allem nationaler Rahmungen des pädagogischen Handelns. Die ungerechtigkeitsfördernden dichotomen Teilungen wie Mann-Frau, Einheimisch-Migrantisch, Wohlstandsgewinner-Wohlstandsverlierer, Bildungsbürgerlich-Bildungsfern, Begabt-Lernschwach spiegeln sich auch in den globalen Teilungen wider, die Krieg, soziale Ausbeutung und Externalisierung eigener Probleme auf Kosten anderer nicht nur aus dem Bewusstsein verschwinden lassen (weil es ja die *ganz Anderen* trifft, die mit *uns* nichts zu tun haben), sondern auch ursächlich bedingen und verschulden. Ein diversitätsreflexives Bewusstsein im pädagogischen – und umso mehr im sozialpädagogischen Denken und Handeln – muss über das eigene Handlungsfeld hinaus immer auch diese größere Dimension von Ungleichheit, Benachteiligung, Unrecht und Verwerfung in den Blick nehmen.

Reflexionsfragen

- Warum wird die lange europäische Friedenszeit als „Scheinfrieden" bezeichnet?
- Wie lassen sich die Definitionen von negativem und positivem Frieden verstehen, und welchen Zusammenhang sehen Sie hier für die Internationale Soziale Arbeit?
- Wie wirken, dem Briefwechsel Einstein-Freud folgend, individualpsychologische Dynamiken und strukturelle Ordnungen in der Konstante des Krieges zusammen?
- Welche Bedeutung kommt Dichotomien für Diskriminierungstendenzen und Solidaritätsmangel zu? Welche Aufgaben, Ziele und Haltungen ergeben sich hieraus für die Internationale Soziale Arbeit?
- Welche Parallelen lassen sich zwischen Kolonialismus und Schwarzer Pädagogik erkennen?
- Warum kann Global Citizenship Education eine Antwort auf die zentralen Herausforderungen unserer Zeit sowie auch der Internationalen Sozialen Arbeit sein?

Literatur zur Einführung

Bonacker, Thorsten/Imbusch, Peter (2010): Zentrale Begriffe der Friedens- und Konfliktforschung: Konflikt, Gewalt, Krieg, Frieden. In: Imbusch, Peter/Zoll, Ralf (Hrsg.): Friedens- und Konfliktforschung: Eine Einführung. Wiesbaden: VS Verlag für Sozialwissenschaften, S. 67–142.

Brunner, Claudia (2015): Das Konzept epistemische Gewalt als Element einer transdisziplinären Friedens- und Konfliktforschung. In: Wintersteiner, Werner/Wolf, Lisa (Hrsg.): Friedensforschung in Österreich. Bilanz und Perspektiven, Klagenfurt: Drava, S. 38–53.

Fanon, Frantz (1980): Schwarze Haut, Weiße Masken. Frankfurt am Main: Syndikat.

Freire, Paolo (2007): Pedagogy of the Oppressed. New York: Continuum.

Jäger, Uli (2010): Friedenspädagogik – Grundlagen, Herausforderungen und Chancen einer Erziehung zum Frieden. In: Peter Imbusch/Ralf Zoll (Hrsg.): Friedens- und Konfliktforschung: Eine Einführung. Wiesbaden: VS Verlag für Sozialwissenschaften, S. 537–556.

Morin, Edgar (2012): Der Weg. Für die Zukunft der Menschheit. Hamburg: Reinhold Krämer.

Peterlini, Hans Karl (2017): Erziehung nach Aleppo. Pädagogische Reflexionen zu Rechtspopulismus, Rassismus und institutioneller Kälte gegenüber Menschen in Not. In: Gruber, Bettina/Ratković, Viktorija (Hrsg.): Migration. Bildung. Frieden. Perspektiven für das Zusammenleben in der postmigrantischen Gesellschaft. Münster: Waxmann, S. 175–200.

Peterlini, Hans Karl (2019): Über den Abgrund der Dichotomie. Pädagogische Dilemmata und Perspektiven für einen neuen Umgang mit Natur und Erde. In: Dozza, Liliana (Hrsg.): Io corpo – Io racconto – Io emozione. Bergamo: Zeroseiup, S. 31–43.

Spivak, Gayatri Chakravorty (2008): Can the Subaltern Speak? Postkolonialität und subalterne Artikulation. Wien: Turia + Kant.

Wintersteiner, Werner (2021): Die Welt neu denken lernen – Plädoyer für eine planetare Politik. Lehren aus Corona und anderen existentiellen Krisen. Hrsg. von Hans Karl Peterlini. Bielefeld: transcript.

Weiterführende Literatur

Agamben, Giorgio (2003): Das Offene. Der Mensch und das Tier. Übers. von Davide Giuriato. Frankfurt am Main: Suhrkamp.

Berghold, Josef (2007): Feindbilder und Verständigung. Grundfragen der politischen Psychologie. 3. Aufl., Wiesbaden: VS.

Boal, Augusto (1993): Theatre of the Oppressed. New York: Theatre Communications Group.

Derrida, Jacques (1998): Ich mißtraue der Utopie, ich will das Un-Mögliche. In: Die Zeit, 5.3.1998, S. 46–50.

Derrida, Jacques (2003): Eine gewisse unmögliche Möglichkeit, vom Ereignis zu sprechen. Berlin: Merve.

Deutsche Gesellschaft für Soziale Arbeit (DGSA) (2022): Positionspapier „Kein Krieg in der Ukraine – No war in Ukraine". https://www.dgsa.de/fileadmin/Dokumente/Kein_Krieg_i n_der_Ukraine_deutsche_v17_3_22.pdf, 11.7.2022.

Einstein, Albert/Freud, Sigmund (1972 [1932]): Warum Krieg? Ein Briefwechsel. Zürich: Diogenes.

Galtung, Johan (1971): Gewalt, Frieden, Friedensforschung. In: Senghaas, Dieter (Hrsg): Kritische Friedensforschung. Frankfurt am Main: Suhrkamp, S. 55–104.

Galtung, Johan (1975): Strukturelle Gewalt. Beiträge zur Friedensforschung. Reinbek.

Galtung, Johan (1993): Kulturelle Gewalt. In: Zeitschrift für Kulturaustausch, 43. Jg. (4), S. 473–487.

Galtung, Johan (1998): Friede mit friedlichen Mitteln. Opladen: Leske.

Gorton Ash, Timothy (2022): Russia's invasion of Ukraine will change the face of Europe forever. In *theguardian.com*, 24.2.2022. www.theguardian.com/commentisfree/2022/feb/24/russia-invasion-ukraine-europe-ukrainians, 10.3.2022.

Greiner, Bernd/Müller, Christian Th./Walter, Dierk (Hrsg.) (2006): Heiße Kriege im Kalten Krieg. Hamburg: Hamburger Edition.

Habermas, Jürgen (1976): Einleitung: Historischer Materialismus und die Entwicklung normativer Strukturen. In: Ders.: Zur Rekonstruktion des Historischen Materialismus. Frankfurt am Main: Suhrkamp, S. 9–48.

Hobbes, Thomas (1984) [1651]: Leviathan oder Stoff, Form und Gewalt eines kirchlichen und bürgerlichen Staates. Hrsg. von Iring Fetscher. Frankfurt am Main: Suhrkamp.

Hof, Tobias (2011): Staat und Terrorismus in Italien 1969–1982. München: Oldenbourg Wissenschaftsverlag.

Kant, Immanuel (1900 [1795]): Zum ewigen Frieden. Ein philosophischer Entwurf. Gesammelte Schriften, Bd. 23. Berlin: Deutsche Akademie der Wissenschaften.

Kant, Immanuel (1977 [1776]): Über Pädagogik. In: Werkausgabe in 12 Bänden, XI: Schriften zur Anthropologie, Geschichtsphilosophie, Politik und Pädagogik Bd. 1, hrsg. von Wilhelm Weischedel. Stuttgart: Suhrkamp, S. 695–765.

King, Martin Luther jr. (1964): A Martin Luther King Treasury. New York: Educational Heritage, Yonkers.

Ley, Michael (2005): Zivilisationspolitik: zur Theorie einer Welt-Ökumene. In Zusammenarbeit mit Wilfried Graf. Würzburg: Königshausen & Neumann.

Lessenich, Stephan (2016): Neben uns die Sintflut. Die Externalisierungsgesellschaft und ihr Preis. Berlin: Hanser.

Meadows, Donella/Meadows, Dennis/Randers, Jørgen/Behrens, William W. III (1972): The Limits to Growth. A Report for the Club of Rome's Project on the Predicament of Mankind. New York: Universe Books.

Morin, Edgar/Kern, Anne B. (1993): Heimatland Erde. Versuch einer planetarischen Politik. Wien: Promedia.

Orwell, Georg (1968): You and the Atomic Bomb. In: The Collected Essays, Journalism and Letters of George Orwell, IV. New York: Harvest Book, S. 3–9.

Peterlini, Hans Karl (1993): Bomben aus zweiter Hand. Zwischen Gladio und Stasi. Bozen: Raetia.

Peterlini, Hans Karl (2016): Lernen und Macht. Prozesse der Bildung zwischen Autonomie und Abhängigkeit. Innsbruck-Wien: Studienverlag.

Peterlini, Hans Karl (2017): Erziehung nach Aleppo. Pädagogische Reflexionen zu Rechtspopulismus, Rassismus und institutioneller Kälte gegenüber Menschen in Not. In: Gruber, Bettina/Ratković, Viktorija (Hrsg.): Migration. Bildung. Frieden. Perspektiven für das Zusammenleben in der postmigrantischen Gesellschaft. Münster: Waxmann, S. 175–200.

Peterlini, Hans Karl (2019): Über den Abgrund der Dichotomie. Pädagogische Dilemmata und Perspektiven für einen neuen Umgang mit Natur und Erde. In: Dozza, Liliana (Hrsg.): Io corpo – Io racconto – Io emozione. Bergamo: Zeroseiup, S. 31–43.

Peterlini, Hans Karl (2020): Phänomenologie als Forschungshaltung. Einführung in Theorie und Methodik für das Arbeiten mit Vignetten und Lektüren. In: Donlic, Jasmin/Straßer, Irene (Hrsg.): Gegenstand und Methoden qualitativer Sozialforschung. Einblicke in die Forschungspraxis. Opladen: Barbara Budrich, S. 121–138.

Richter, Dieter (1978). Das fremde Kind. Zur Entstehung der Kindheitsbilder des bürgerlichen Zeitalters. Frankfurt am Main: S. Fischer.

Rote Armee Fraktion (1997): Guerilla, Widerstand und antiimperialistische Front. Mai 1982. In: Hoffmann, Martin (Hrsg.): Rote Armee Fraktion. Texte und Materialien zur Geschichte der RAF. Berlin: ID-Verlag, S. 291–306.

Rossi, Marisa Elena (1993): Untergrund und Revolution: der ungelöste Widerspruch für Brigate Rosse und Rote Armee Fraktion. Zürich: VdF.

Schmidt-Eenboom, Erich/Stoll, Ulrich (2015): Die Partisanen der NATO. Stay-Behind-Organisationen in Deutschland 1946–1991. Christoph Links, Berlin 201.
Steyerl, Hito (2008): Die Gegenwart der Subalternen. In: Spivak, Gayatri Chakravorty (2008): Can the Subaltern Speak? Postkolonialität und subalterne Artikulation. Wien: Turia + Kant, S. 7–16.
UN (2015): Transforming our World: The 2030 Agenda for Sustainable Development. https://sustainabledevelopment.un.org/post2015/transformingourworld/publication. 20.10.2021.
Unger, Hella von (2014): Partizipative Forschung. Einführung in die Forschungspraxis, Wiesbaden: Springer Fachmedien.

III. Chancen, Grenzen, Perspektiven

Ausblick:
Die Verhältnisse zum Tanzen bringen.
Internationale Soziale Arbeit und soziale Bewegungen als Bündnispartnerinnen

Claudia Lohrenscheit, Andrea Schmelz, Caroline Schmitt & Ute Straub

Dieser Band hat zum Anliegen, die Verwobenheiten von sozialen Bewegungen und der Internationalen Sozialen Arbeit herauszustellen und weiterzudenken. Die vorangegangenen Kapitel haben ihren Blick dezidiert auf soziale Bewegungen gerichtet, die sich für Menschenrechte, soziale Gerechtigkeit, Inklusion, Gleichberechtigung und ökologische Anliegen einsetzen. Zugleich geben wir zu bedenken, dass soziale Bewegungen auch nationalistische, rassistische, antimuslimische, antisemitische, antifeministische, transphobe und weitere ausschließende Beweggründe zum Ausgangspunkt nehmen können, welche wiederum nach starken weltoffenen Bündnissen verlangen.

Wir sehen eine gesellschaftspolitische und global dringliche Notwendigkeit darin, inklusive Stimmen in ihrer Vielstimmigkeit zu bündeln. Deshalb haben wir bewusst einen Weg eingeschlagen, der einer kritischen Sozialen Arbeit nahesteht und Sie als Leser:innen mitgenommen hat auf eine Reise in die Geschichte Internationaler Sozialer Arbeit von den alten sozialen Bewegungen im ausgehenden 19. Jahrhundert und ersten Drittel des 20. Jahrhunderts über die neuen sozialen Bewegungen der 1970er und 1980er Jahren bis hin zu den „neuen" neuen sozialen Bewegungen im 21. Jahrhundert.

Hierbei machen die einzelnen Beiträge auch darauf aufmerksam, dass soziale Bewegungen nicht in machtfreien Räumen agieren und sie – genau wie die Soziale Arbeit – hinsichtlich ihrer ein- und ausschließenden Effekte gründlich zu untersuchen sind.

Die vorgestellten Bewegungen eint das Anliegen, an sozial und ökologisch gerechteren, nachhaltigeren Verhältnissen zu arbeiten und in intergenerationaler Verantwortung eine zukunftsfähige Welt zu schaffen. Damit sind sie für eine Internationale Soziale Arbeit wertvolle Partnerinnen vor dem Hintergrund sich global verschärfender Ungleichheiten. In diesem Sinne versteht sich der Band auch als Suche nach alten und neuen kollaborativen Zusammenschlüssen zur Lösung dieser Problemlagen und als Aufforderung an die Soziale Arbeit, ihre professionelle Perspektive zu öffnen.

Claudia Lohrenscheit, Andrea Schmelz, Caroline Schmitt & Ute Straub

Gemeinsame Tänze

Wie beim Beispiel des Tanzes, mit dem wir in diesen Band eingestiegen sind, hat die Internationale Soziale Arbeit sich mal nah an soziale Bewegungen ‚herangewagt' und sie gar selbst mit befördert, mal standen Internationale Soziale Arbeit und soziale Bewegungen aber auch viele Schritte auseinander. Nicht immer waren und sind sie einander partnerschaftlich zu einem Reigen verbunden. So war etwa der Arbeiter:innenbewegung die Nähe Sozialer Arbeit zum Staat suspekt. In ein progressives Handeln von Sozialarbeitenden setzte die Bewegung wenig Hoffnung und sah sie gar als Erfüllungsgehilfin, um bürgerliche Normen durchzusetzen.

Doch auch diese Distanz markiert, dass es der Sozialen Arbeit und den von uns bedachten Bewegungen um ähnliche Agenden geht, weshalb sie – so eine zentrale These des Bandes – voneinander Notiz nehmen und dabei abklopfen sollten, ob ein gemeinsamer Tanz nicht gar sinnvoll sein könnte.

Ein solcher Tanz, egal ob mit Standardschritten, als Kreistanz zu abgestimmten Rhythmen oder free style, braucht in einem ersten Schritt eine mutige Annäherung und ein Aufeinander-Einlassen. Soziale Bewegungen und Internationale Soziale Arbeit haben längst unter Beweis gestellt, dass gemeinsame Tänze möglich, ertragreich und lustvoll sein können. Bereits mit Blick auf die alten sozialen Bewegungen wurde deutlich, wie eng Sozialarbeitende mit diesen alten Bewegungen verwoben waren. Auch mit neuen sozialen Bewegungen – wie sie in der Aufbruchsstimmung in den späten 1960er Jahren entstanden – waren nicht wenige Sozialarbeiter:innen eng verbunden oder waren selbst Teil von Bewegungen. In den 1970er und 1980er Jahren eröffneten sich durch diese Verwobenheit eine Vielzahl alternativer Denkhorizonte; alte und bewährte Ansätze wie Gruppenarbeit oder Gemeinwesenarbeit wurden wieder aufgegriffen und es entstanden neue pädagogische Konzepte und Projekte – von welchen freilich einige wieder verschwanden. Andere aber überdauerten und wurden in institutionalisierte Strukturen überführt. Zentrale Fragen wie ein Zusammenleben in Gleichberechtigung, Frieden und ökologischer Verantwortung waren Kernanliegen, welche nun in den „neuen" neuen sozialen Bewegungen tradiert und weiterentwickelt und heute noch mehr als damals mit Blick auf sich weltweit verstärkende Ungleichheiten weiter thematisiert werden.

In diesem Kontext ist es unabdingbar, die Bewegungen des Globalen Südens einzubeziehen. Diese reichen von den antikolonialen nationalen Befreiungsbewegungen, indischen Gulabi-Frauengangs gegen sexualisierte Gewalt über Proteste gegen *landgrabbing* bis hin zu indigenen Bewegungen gegen die Zerstörung des Regenwaldes.

Wir mussten uns in diesem Band auf ausgewählte Bewegungen beschränken und haben die Auswahl den Autor:innen des Bandes überlassen. Diese Auswahl ist somit als exemplarisch zu verstehen und keineswegs abgeschlossen. Lassen Sie sich hierdurch inspirieren, zu den Sie umtreibenden Themengebieten weiterzurecherchieren und Sie in Verzahnung zu denken zu einer Sozialen Arbeit, die geradezu danach verlangt.

Solotänzer:innen im neoliberalen Kleid

Denn: Paradoxerweise hat die Anerkennung von Sozialer Arbeit und damit einhergehend ein immer differenzierter werdendes Unterstützungssystem mit dazu beigetragen, dass die Bearbeitung sozialer Probleme in spezifische Settings ausgegliedert und stärker versäult statt vernetzt gedacht wird. Profession wie Disziplin sehen sich immer wieder mit der Aussage konfrontiert, sich de-politisiert zu haben und zu wenig Einsatz gegen neoliberale Politikentwürfe zu zeigen oder sogar selbst an der Konstruktion und Durchsetzung neoliberaler Politik beteiligt zu sein (z.B. Wagner 2009: 17). Doch als Solotänzerin im neoliberalen Kleid verliert die Soziale Arbeit ihre Verbündeten und kann auch keine neuen Bündnispartner:innen dazu gewinnen. Es braucht also ein Umsteuern.

Vor dem Hintergrund sozialarbeiterischer Solo-Tänze ist es nicht verwunderlich, dass auf die fortschreitende Globalisierung und sich global verschärfende Ungleichheiten ab den 2000er Jahren vor allem die „neuen" neuen sozialen Bewegungen reagierten. Finanz- und Bankenkrise, Neoliberalismus, Antifeminismus, Homo- und Transphobie, die Klimakrise, Kriege und Gewalt und die auseinanderklaffende Schere zwischen Arm und Reich lassen Akteur:innen aus unterschiedlichen Orten der Welt zusammenkommen. Der Protest spannt sich translokal und transnational auf, ist fluide und digital unterstützt. Die „neuen" neuen sozialen Bewegungen zeigen mit Flashmobs oder Kunst-Performances, Paraden und Musik fantasievolle, innovative Choreographien mit politischem Inhalt, welche nach weiteren Analysen verlangen.

Ein gemeinsamer Tanz dieser „neuen" neuen sozialen Bewegungen und der Internationalen Sozialen Arbeit wird aus dem Umfeld der Sozialen Arbeit heraus immer stärker gefordert. Die Soziale Arbeit dürfe sich angesichts der großen Probleme auf der Welt nicht damit begnügen, Individuen in ihrer Lebensbewältigung zu unterstützen – was unbestreitbar eine ihrer wichtigen Aufgaben ist –, sondern sie müsse wieder mehr an politischer Kraft gewinnen und in die gesellschaftlichen Verhältnisse intervenieren und diese mitverändern (z.B. Thole/Wagner 2019; Kleibl et al. 2020; Lutz 2022). Dies fordern regelmäßig auch die internationalen Fachverbände der Sozialen Arbeit, deren wichtige Positionen, Kampagnen und Ressourcen an deutschsprachigen Hochschulen nicht immer ausreichend Berücksichtigung finden. Auch dies ist ein Anliegen des vorliegenden Bandes: wir möchten Sie als Studierende ermutigen, über den „nationalen Tellerrand" hinaus zu blicken, internationale Positionen und Entwicklungen wahrzunehmen, und sich über Grenzen hinweg zu vernetzen und zu solidarisieren.

Let's dance: (Wieder) mehr Tänze wagen

Unser Lehrbuch versteht sich vor diesem Hintergrund als Einladung an uns alle – an weltoffene soziale Bewegungen und die Internationale Soziale Arbeit – wieder mehr gemeinsame Tänze zu wagen. Wenn wir Tipps brauchen, wie gemeinsame Schritte angestoßen werden könnten, finden wir wertvolle Erfahrungen in der Geschichte. Zugleich ist auch Mut vonnöten, neue Bündnisse zu wagen, sich aufeinander einzulassen und gemeinsame Tänze zu erproben. Tanzen bedeutet, dem Gegenüber zu vertrauen und sich zu verzeihen, sollten sich die Partner:innen doch einmal auf die Füße treten. Tanzen erzeugt Energie und Schwung, was wir in Zeiten globaler Krisen dringend brauchen. Und beim Tanzen können die Rollen von Führen und Folgen ständig wechseln, je nachdem, welche Tanzpartner:innen zusammen kommen und wie sich diese gegenseitig inspirieren.

Von den „neuen" neuen sozialen Bewegungen können wir lernen – so unser Resümee –, dass die Arbeit an der Veränderung von Ungleichheitsstrukturen nicht nur sinnstiftend ist, sondern auch Spaß machen darf und hierdurch die wichtigen Agenden nicht zwingend in den Hintergrund geraten müssen, sondern digitale, kreative und fröhliche Protestformen das Potenzial haben, neue Öffentlichkeiten zu erschließen (z.B. Stauber 2013; Hill/Schmitt 2021: 18–20). Was hier deutlich wird, ist: wir sind handlungsfähig – individuell sowie vor allem auch im Kollektiv der sozialen Bewegungen, die immer an konkreten Utopien arbeiten, auch wenn sich diese häufig nicht zu Lebzeiten der handelnden Akteure realisieren lassen. Diese Erkenntnis ist umso wichtiger in einer Zeit multipler Krisen und wenig Mut machender Zukunftsaussichten, in der sich viele Menschen angesichts der Größe der Herausforderungen ohnmächtig fühlen. In diesem Sinne sind die sozialen Bewegungen, die hier im Buch vertreten sind, demokratisches Gegengift, weil sie zeigen, welches Potenzial Menschen entwickeln können, wenn sie Demokratie aktiv mitgestalten. Neue Öffentlichkeiten und ein Zuständigkeitsempfinden, zivilgesellschaftliche Ambitionen sowie ein Aktionsradius, der über einzelne Orte, Städte, Regionen und Nationalstaaten hinausreicht, sind für die Internationale Soziale Arbeit von hoher Relevanz, um sich als Profession und Disziplin ohne Grenzen immer weiter zu etablieren, weltweit Einfluss zu nehmen, Anerkennung zu finden und die miteinander verzahnten Problemlagen auf der Welt aufgreifen zu können.

Den Bündnisgedanken und ein Besinnen auf die vielfältigen Formen von Sozialer Arbeit findet sich im Konzept einer *popular social work* wieder, das in unseren Augen für eine zukünftige Ausrichtung unserer Disziplin und Profession wichtig ist (Lavalette/Ioakimidis 2017; Schmelz 2021). *Popular social work* nimmt die Verbindungen von sozialen Bewegungen und der Sozialen Arbeit zum Ausgangspunkt, liest die internationale Geschichte Sozialer Arbeit als Geschichte sozialer Bewegungen und umgekehrt, und würdigt die Vielfalt an Unterstützungsformen – von staatlich eingebetteter Sozialer Arbeit über Interventionen in sozialen Bewegungskontexten bis hin zu aktivistischen Initiativen gegen Rassismus, Transphobie, Nationalismus und für Frieden, Solidarität und die Rechte marginalisierter Gruppen wie etwa von geflüchteten Kindern, Jugendlichen und Erwachsenen, LGBTQI* oder BIPoC.

Internationale Soziale Arbeit „..soll im Tanze sich dreh'n..."

Wir enden diesen Band mit einer Vision für eine mit sozialen Bewegungen eng verwobene Internationale Soziale Arbeit. Eine solche Internationale Soziale Arbeit versteht sich als bewegte und bewegende Tänzerin zwischen gefestigten professionellen und disziplinären Strukturen einerseits sowie fluiden Bündnismöglichkeiten andererseits, die sie immer wieder einer kritischen, dekolonialen und inklusiven Befragung unterzieht. Diese Bündnismöglichkeiten lassen sie aufmerksam bleiben für Ungleichheiten, die von sozialen Bewegungen häufig besonders rasch angezeigt, skandalisiert und bearbeitet werden.

Zwischen ihrer Institutionalisierung – und damit ihrer gesellschaftlichen Legitimierung und Möglichkeit, Unterstützung nicht dem Zufall zu überlassen, sondern in organisationale Strukturen zu überführen – und ihrer Beweglichkeit und Offenheit für Chancen der Politisierung, Intervention und Widerrede sehen wir die Internationale Soziale Arbeit als Akteurin, die zwar auch Kräfte sammeln muss, aber qua ihres Mandats, Ungleichheiten zu bearbeiten und gemeinsam mit ihren Adressat:innen für Partizipation einzustehen, nicht stehen bleiben darf.

Vision eines weltoffenen Tanzsaals

Mit diesem Band möchten wir alte und neue Debatten in der Internationalen Sozialen Arbeit anstoßen und einen weltoffenen Tanzsaal eröffnen. Gäste sind neben wichtigen Instanzen wie den Adressat:innen Sozialer Arbeit, Träger:innen und *community based organizations* auch und insbesondere soziale Bewegungen, um die großen Themen unserer Zeit gemeinsam anzugehen.

Fühlen Sie sich eingeladen, in Ihrem Studium und Ihrer beruflichen Praxis ebenso nachzudenken, welche Bündnisse Sie über Ihr unmittelbares Umfeld hinaus eingehen möchten und welche sozialen Bewegungen für Ihr Handlungs- und Arbeitsfeld möglicherweise wichtig sind.

Literaturverzeichnis

Hill, Marc/Schmitt, Caroline (2021): Solidarität in Bewegung. Neue Felder für die Soziale Arbeit. In: ebd. (Hrsg.): Solidarität in Bewegung. Neue Felder für die Soziale Arbeit. Bd. 44. Grundlagen der Sozialen Arbeit. Schneider Verlag Hohengehren: Baltmannsweiler, S. 11–32.

Kleibl, Tanja/Lutz, Ronald/Noyoo, Ndangwa/Bunk, Benjamin/Dittmann, Annika/Seepamore, Boitumelo (Hrsg.) (2020): The Routledge Handbook of Postcolonial Social Work. Routledge: London/New York.

Lavalette, Michael/Ioakimidis, Vasilios (2017): Popular social work in extremis: two case studies on collective welfare responses to social crisis situations. In: Social theory, empirics, policy and practice 13, H. 2, S. 117–132.

Lutz, Ronald (2022): Anthropozän und Klimaverwandlung. Skizzen einer „transformativen Sozialen Arbeit". In: Pfaff, Tino/Schramkowski, Barbara/Lutz, Ronald (Hrsg.): Klimakrise, sozialökologischer Kollaps und Klimagerechtigkeit. Beltz Juventa: Weinheim/Basel, S. 370–394.

Schmelz, Andrea F. (2021). Rebellin gegen Klassenverhältnisse: Mentona Moser (1874-1971). Eine Pionierin der internationalen Sozialen Arbeit. In: Soziale Arbeit 70, H. 9, S. 337-344.

Stauber, Barbara (2013). Jugendkulturell geprägter Protest: Eine Reflexion zum Zusammenhang von Solidarität und anderen Strategien gegen die Entfremdung. Oder: Solidarität ist auch da drin, wo sie nicht draufsteht. In: Billmann, Lucie/Held, Josef (Hrsg.): Solidarität in der Krise. VS: Wiesbaden, S. 271–280.

Thole, Werner/Wagner, Leonie (2019): Von der radikalen Kritik zum politischen Dornröschenschlaf. In: Sozial Extra 43, S. 35–39.

Wagner, Leonie (2009): Soziale Arbeit und Soziale Bewegungen – Einleitung. In: Wagner, Leonie (Hrsg.): Soziale Arbeit und Soziale Bewegungen. VS: Wiesbaden, S. 9–19.

Stichwortverzeichnis

Die Angaben verweisen auf die Seitenzahlen des Buches.

A

Advocacy 40, 113, 152, 189
Agency 72, 103, 111, 157, 216
Allgemeinen Erklärung der Menschenrechte der Vereinten Nationen 83, 187
Artivismus 18, 121, 130, 133
Asymmetrische Kriege 205
Aufklärungsepoche 210

B

BIPoC 9, 69–71, 73–76, 78, 80, 127, 145, 146, 226
Buen Vivir 153, 159, 165, 172, 174, 178–180

C

care chains 38
Climate Justice Program 151
Club of Rome 204
Community-Action 151
Critical Whiteness 79

D

De-Institutionalisierung 188, 194, 199
Deep Ecology 146, 150, 153, 165
Dichotomien 123, 133, 168, 208, 209, 212, 219
Disability Studies 189, 190, 200
Diskriminierung 9, 11, 15, 37, 56, 62, 64, 70, 87, 92, 102, 113–115, 136, 145, 154, 173, 175, 188–190, 197, 205, 209–211, 214, 217, 218

E

Eco-Spirituality 153, 165
Ecological/Environmental Social Work 19, 143, 150
Ecosocial Work 19, 143, 150, 151
Eurozentrismus 153, 170

F

Fluchtmigration 18, 102, 109, 113, 126, 136, 211
Frieden als Prozess 20, 203, 206

G

Gewalt 9, 12–14, 16, 17, 20, 30, 47, 48, 51–58, 62, 65, 70, 74, 86, 88, 90, 92, 96, 99, 103, 104, 113–115, 157, 188, 203–206, 208–210, 213, 224, 225
Global Citizenship Education 20, 203, 212, 216–219
Global Governance 25
global/local divide 27
Globaler Norden 216
Glokal 18, 32, 108, 138, 146, 157, 205, 212, 225
Green Belt Movement (GBM) 19, 143, 154–156, 159
Green Social Work 19, 143, 146, 150–152, 159, 165

H

Hegemonieanspruch 27
Hybris 213

I

Information Overflow 32
Inklusion 9, 99, 105, 108, 109, 127, 136, 138, 186, 188, 196, 199, 223
Internationalismus 34, 35
Intersektionalität 36

K

Klimagerechtigkeit 18, 143, 144, 146, 147, 156
Konvivialität 216

L

Lobbying 128, 152

M

Mad Studies 189, 190, 200
Migration 17, 18, 24, 99–103, 107, 110, 116, 121, 126, 152, 214

N

Negativer Frieden 20, 203, 205
Neighbourhood-Arbeit (Gemeinwesenarbeit) 144

O

Ownership 35

P

parasoziale Arbeit 39
Paternalismus 34, 89, 92
People-First-Bewegung 19, 185, 186, 189, 199
Performance Art 14
Persönliche Assistenz 19, 185, 195–199
Popular Social Work 18, 35, 36, 104, 121, 136, 138, 226
Positiver Frieden 205
Postwachstum 150

R

Rassismus 9, 12, 15, 17, 29, 36, 39, 53, 59, 60, 69–81, 100, 107, 113, 114, 145, 149, 175, 209, 226
Ratifizierung 86, 185, 186
Realökonomie 218
Realpolitik 217, 218

S

Sans-Papiers 122, 128–130

Selbstbestimmt-Leben-Bewegung 19, 185, 188, 189, 193–195, 199
Self-Empowerment 157
Service User Involvement 27
Settlementbewegung 34, 99
Shrinking Spaces 11, 12, 41
Solidarische Stadt 127
Solidarität 9, 10, 18, 107, 109, 110, 115, 121, 126, 127, 130, 133, 136–138, 176, 204, 214, 226
Stadt 18, 76, 109, 121, 123–133, 137, 138, 188, 214
Stadtausweis 125–129, 136
Stellvertreterkrieg 204, 211
Sustainable Development Goals (SDG) 27, 51, 137, 144, 217

U

Ubuntu 159, 168, 179
Umweltgerechtigkeit 143, 145, 146, 149
Umweltrassismus 145, 159
UN-BRK 185, 186, 194, 198, 199
Urban citizenship 18, 121, 123, 124, 129, 130, 136, 138

V

Vulnerabilität 101, 106, 110, 152

W

white supremacy 30

Z

Zivilgesellschaft 11–13, 30, 51, 88, 107, 129, 199

**Bereits erschienen in der Reihe
STUDIENKURS SOZIALE ARBEIT**

Link zum Nomos-Shop

Recht für die Soziale Arbeit
Von Prof. Dr. Thomas Beyer
3. Auflage 2022, 254 S., broschiert,
ISBN 978-3-8487-7285-8

Einführung in die Soziale Arbeit
Von Prof. Dr. Hugo Mennemann, Prof. Dr. Jörn Dummann
4. Auflage 2022, 247 S., broschiert,
ISBN 978-3-8487-7226-1

Sozialpolitik für die Soziale Arbeit
Von Prof. Dr. Thilo Fehmel
2. Auflage 2022, 239 S., broschiert,
ISBN 978-3-8487-8372-4

Psychologie für die Soziale Arbeit
Von Prof. Dr. Barbara Jürgens
2. Auflage 2021, 305 S., broschiert,
ISBN 978-3-8487-6917-9

Bereits erschienen in der Reihe STUDIENKURS SOZIALE ARBEIT

Pädagogik für die Soziale Arbeit
Von Prof. Annette Ullrich, Ph.D., Prof. Dr. Karin E. Sauer
2021, 189 S., broschiert,
ISBN 978-3-8487-5340-6

Theorien für die Soziale Arbeit
Herausgegeben von Prof. Dr. Michael May, Prof. Dr. Arne Schäfer
2. Auflage 2021, 229 S., broschiert,
ISBN 978-3-8487-7689-4

Soziologie für die Soziale Arbeit
Von Prof. Dr. Klaus Bendel
2. Auflage 2020, 259 Seiten, broschiert,
ISBN 978-3-8487-5050-4